Essai Documentaire

DE
Accaparement

~s Cartels et Syndicats en Allemagne

par

Francis LAUR

Ancien Député de la Seine et de la Loire

Préface de M. J. MÉLINE

uté des Vosges, ancien Président du Conseil des Ministres

TOME SECOND

DEUXIÈME ÉDITION

ociété Anonyme des Publications Scientifiques & Industrielles

Capital : Un Million

PARIS — 26, RUE BRUNEL, 26 — PARIS

1903

DE
L'ACCAPAREMENT

Essai Documentaire

DE
l'Accaparement

Les Cartels et Syndicats en Allemagne

par

Francis LAUR

Ancien Député de la Seine et de la Loire

Préface de M. J. MÉLINE

Député des Vosges, ancien Président du Conseil des Ministres

TOME SECOND

DEUXIÈME ÉDITION

Société Anonyme des Publications Scientifiques & Industrielles
Capital : Un Million
PARIS — 20, RUE BRUNEL, 20 — PARIS

1903

Ce Volume est dédié

à M. ROOSEVELT

Président de la République
des États-Unis de l'Amérique du Nord.

Avec prière de vouloir bien provoquer à Washington la Réunion de la Conférence internationale proposée par l'Empereur de Russie, afin de poser auprès des Gouvernements la question des Trusts et de la Concentration industrielle dans le monde.

PRÉFACE

Mon cher ancien collègue,

Je viens de lire avec le plus vif intérêt l'étude approfondie et si attachante qui fait l'objet de votre deuxième volume sur l'Accaparement et la Concentration industriels. Il n'est pas, je crois, à l'heure actuelle, de sujet plus instructif, plus suggestif que celui-là pour les économistes et les hommes politiques qui veulent se rendre un compte exact de l'évolution qui bouleverse si profondément le fonctionnement de nos principales industries et de notre agriculture.

Ce grave problème, encore ignoré du grand public, n'est cependant pas nouveau ; il n'est que le résultat des transformations profondes qui depuis un demi-siècle s'opèrent sous nos yeux dans les conditions de la production et avec lesquelles ne cadre plus notre vieille organisation commerciale.

Le passé et le présent.

Autrefois les industries vivaient dans un isolement absolu et la limitation de la production en était la conséquence ; c'était leur faiblesse, mais c'était aussi leur force. Bornées dans leur développement par le nombre de bras disponibles, condamnées par les difficultés et le haut prix des transports à n'approvisionner qu'un rayon restreint, elles ne pouvaient guère ni s'étendre ni grandir. Elles étaient figées dans leur médiocrité par la force des choses et les vastes ambitions leur étaient interdites. L'industriel était, sauf de très rares exceptions, un petit bourgeois vivant tranquillement dans son atelier comme le propriétaire sur sa terre, content de peu et mettant toute sa vie à amasser péniblement une petite fortune.

Cette modestie d'existence avait, il est vrai, sa compensation et ses avantages. Si l'industriel ne s'enrichissait pas vite, il se ruinait bien rarement ; à défaut de richesse il avait la sécurité. Les conditions de la production changeaient fort peu, et le même outillage lui servait indéfiniment; quant à sa clientèle, qu'il avait autour de lui, elle ne bougeait pas davantage et elle était comme sa propriété. Personne n'était tenté de produire au delà des besoins de la consommation qui étaient bien connus et qu'il aurait été inutile de dépasser parce que les difficultés de transport n'auraient pas permis de trouver des débouchés pour le trop plein. La surproduction était un mal inconnu et le mot n'existait même pas ; on ne savait pas davantage ce que c'était que les grandes crises économiques.

Quand on se reporte par la pensée à cette époque qui n'est pas si loin de nous et qu'on la compare au spectacle qui se déroule aujourd'hui sous nos yeux, quel changement à vue ! En moins d'un siècle les progrès de la science ont tout transformé et fait surgir à nos yeux un monde nouveau.

Le perfectionnement des moyens de transport et de communication entre les hommes, leur multiplicité et leur bon marché ont complètement supprimé les distances ; la vapeur et l'électricité ont rapproché et presque confondu tous les marchés du monde qui ressemblent de plus en plus à un immense vase communiquant dont toutes les parties tendent à se niveler incessamment.

De là plusieurs conséquences qui pèsent comme une nécessité inéluctable sur l'agriculture et sur l'industrie des grandes nations productrices.

Le marché de chaque branche de production s'étant

élargi démesurément, étant devenu national et même universel de régional qu'il était autrefois il devient de plus en plus difficile d'en évaluer la capacité et de mesurer les besoins de la consommation.

Cette ignorance des nécessités de la consommation qui aurait dû être un avertissement salutaire pour les producteurs, un appel à leur prudence a produit sur eux jusqu'à présent l'effet tout contraire ; entraînés par une sorte de vertige contagieux ils semblent s'être dit que, puisque leur marché n'avait plus de limites connues, il n'y avait pas besoin d'en mettre davantage à la production et qu'ils ne couraient après tout aucun risque à produire au hasard puisqu'on pouvait toujours aller chercher au loin le consommateur qu'on ne trouverait pas sur place.

Cette mentalité particulière due à l'extension indéfinie des moyens de transport n'aurait cependant pas suffi à pousser la production à outrance, si la fabrication elle-même était restée renfermée comme il y a un siècle dans son cadre étroit et si elle n'était pas sortie du travail à bras. Ici encore les progrès de la science ont tout changé et la substitution chaque jour plus intense de la machine au travail humain a en un clin d'œil bouleversé toutes les conditions de la production et fait surgir une situation économique nouvelle dont on commence seulement à apercevoir les conséquences lointaines.

La première de ces conséquences qui contient en germe toutes les autres c'est que la puissance de production universelle qui était autrefois limitée strictement par le nombre des bras et des vies humaines est aujourd'hui sans bornes. On peut monter autant de machines, construire autant d'usines qu'on veut. Ce n'est plus qu'une question de capital et comme aujourd'hui le capital court les rues en quête d'emplois fructueux, il en est résulté que ceux qui le détiennent ont été pris d'une sorte de fièvre qui les pousse à produire pour produire sans se demander s'il y a encore une place à prendre sur le marché et s'il reste des acheteurs à conquérir dans le monde.

Cet accroissement dans le nombre et surtout dans la puissance des moyens de production est la grande révolution économique du siècle dernier et il est très fâcheux qu'on ne puisse pas en dresser le bilan exact; il n'y aurait pas d'enseignement plus salutaire à mettre sous les yeux des industriels de tous les pays.

Cette statistique a été faite en partie pour la France par un économiste éminent, M. Edmond Théry, qui en a fait connaître les résultats dans la préface de votre premier volume qui est tout entière à lire.

M. Edmond Théry, voulant appuyer sa démonstration sur des chiffres indiscutables n'a fait porter son calcul que sur la différence existant dans le nombre des chevaux-vapeur utilisés en France en 1850 et aujourd'hui qu'il a pris uniquement comme signes de notre activité nationale, et qu'il a ramenés aux proportions du travail humain qu'ils remplacent. Il a ainsi établi que le marché français se trouvait rien que de ce chef et sans parler de l'augmentation de nos forces hydrauliques dans la même situation que si le travail humain avait quadruplé depuis un demi-siècle.

Si on faisait le même calcul pour l'Angleterre, les États-Unis et l'Allemagne on serait plus frappé encore par les chiffres auxquels on arriverait.

De la surproduction et de ses résultats.

Sans doute la production n'a pas été seule à marcher à pas de géant et la consommation, sous l'influence du bien-être général et du bon marché croissant des produits a fait aussi des progrès immenses ; mais personne ne saurait contester qu'elle n'a pas marché du même pas et qu'elle est de plus en plus en retard sur la production.

Je n'en veux d'autre preuve que les crises périodiques que traversent nos différentes industries et notre agriculture elle-même. Bien loin de diminuer elles augmentent sans cesse en intensité et en durée. Les périodes de prospérité ou même de simple accalmie se font de plus en plus rares et sont suivies de dépressions prolongées.

On entend tous les jours des industriels qui s'écrient dans leurs moments d'épanchements : je vends de plus en plus difficilement et de plus en plus mal; le marché a une tendance permanente à la baisse qui décourage les acheteurs, paralyse les affaires et condamne les vendeurs à vivre au jour le jour avec des stocks écrasants. Ah ! si on pouvait parvenir à régulariser les cours, à prévenir les hausses et les baisses excessives, comme tout irait bien !

Telle est la situation angoissante en face de laquelle se trouvent aujourd'hui beaucoup de producteurs, et en face de laquelle vous vous êtes placé vous-même pour l'analyser d'abord et pour en chercher le remède ensuite. Tous les esprits éclairés la déplorent parce que tout le monde en souffre et qu'elle est aussi funeste aux ouvriers dont elle atteint les salaires et qu'elle met au chômage qu'aux patrons dont elle épuise les forces et qui ne sont jamais sûrs du lendemain.

Ce qui s'est fait à l'étranger.

Il a fallu du temps, beaucoup de temps et surtout beaucoup de souffrances pour apercevoir ces vérités et pour réveiller l'attention publique dans tous les grands pays producteurs ; aujourd'hui le mouvement d'opinion est lancé et il s'accentue depuis quelques années autour de nous avec une vigueur surprenante.

Partout on s'est mis à rechercher les moyens de lutter contre la surproduction, et de corriger ses plus fâcheux effets. Partout a surgi de l'étude des faits la même idée, c'est que la plus sûre façon d'enrayer la surproduction et de mettre un peu d'ordre dans l'anarchie économique engendrée par les excès de la concurrence c'était de donner aux industries une direction rationnelle et scientifique, en réglant la production et en organisant la vente.

Cette conception générale a pris selon le génie particulier à chaque nation, selon les races, et même selon les gouvernements des formes très différentes, et vous avez pensé avec juste raison que la première chose à faire pour nous était de les bien connaître et d'en bien étudier les avantages et les inconvénients avant de décider du système qui convenait le mieux à la France. En pareille matière rien ne vaut une bonne leçon de choses.

Les États-Unis.

C'est là ce qui fait le haut intérêt du nouveau volume que vous publiez. Dans le premier vous aviez mis en lumière la formidable organisation des États-Unis : vous aviez montré comment, avec leur génie hardi et conquérant, ils avaient tout de suite adopté le système le plus audacieux, le plus énergique, le plus violent, la concentration générale, absolue, simultanée de la production et de la vente sous la forme du trust.

Vous avez en même temps fait ressortir tous les dangers d'une combinaison qui va jusqu'au monopole. Pour corriger les inconvénients de la concurrence les Américains n'ont rien trouvé de mieux que de la supprimer. Leurs grands trusts, sont ou des accaparements monstrueux comme celui du blé en 1897 ou des monopoles gigantesques comme celui de l'acier contre lesquels toute résistance individuelle est impossible.

Ce n'est plus de la concentration, c'est de la confiscation industrielle puisqu'il n'y a plus d'industriels dans le vrai sens du mot, le trust absorbant tous les établissements particuliers et supprimant leurs chefs pour en faire des sous-ordres, de simples satellites d'un maître unique qui s'appelle Carnegie, Rockefeller ou Pierpont Morgan.

En face d'une centralisation à outrance comme celle qui réunit dans la même main la production du minerai, de la fonte, du fer, du charbon, de l'acier, des rails, des machines et même des moyens de transport de ces produits, toute velléité de lutte est condamnée d'avance et personne ne peut y songer. C'est l'écrasement brutal de toutes les concurrences possibles et la remise aux mains d'un seul ou de quelques-uns d'une partie essentielle de la vie nationale.

Sous cette forme autocratique le trust constitue par-

tout un vrai danger contre lequel le législateur a le droit de prendre des mesures de protection et de défense. Il est aussi une menace pour tous les marchés du monde dont il facilite l'envahissement ; sa puissance est telle que les tarifs de douane ne sont plus contre lui qu'une barrière souvent insuffisante et trop facile à franchir.

Les cartels allemands.

Combien plus sage, plus prudente, plus pratique s'est montrée, l'industrie allemande dans sa concentration industrielle et commerciale. Elle s'est bien gardée de toucher à l'indépendance des industriels et de la confisquer au profit de quelques individus, fussent-ils des hommes de génie. Elle a parfaitement compris que les monstres économiques ne sont pas des êtres viables et qu'ils sont destinés à périr tôt ou tard après d'affreuses convulsions.

Entre la formule allemande des cartels et la formule américaine des trusts il y a un abîme ; le nouveau volume que vous publiez a surtout pour but de faire toucher du doigt la différence qui les sépare et c'est ce qui en fait l'originalité, ce qui lui donne un intérêt si palpitant.

Nulle part encore on n'avait procédé à une enquête aussi complète, aussi approfondie, aussi exacte sur le mouvement économique de l'Allemagne dans les 20 dernières années. Le tableau que vous en avez tracé sera une véritable révélation pour la masse du public français qui s'intéresse trop peu à ces questions vitales et qui suit, hélas ! d'un œil si distrait les transformations qui s'accomplissent chez nos concurrents étrangers.

Vous essayez de réveiller ces sceptiques et ces apathiques en entrant dans tous les détails de cette savante et puissante organisation qui enserre maintenant presque toute l'industrie et même toute l'agriculture allemandes. Elle prouve que l'esprit d'union et d'association, si en retard chez nous, a poussé de profondes racines dans l'âme allemande et qu'il a suffi de lui faire appel pour créer un courant d'une force irrésistible, qui en quelques années a pénétré toutes les parties de l'Empire.

Ce sera l'honneur des grands industriels allemands, d'avoir compris que l'industrie moderne souffre surtout de l'excès d'individualisme et de l'absence d'entente générale. Il ne suffit pas de se lamenter et de gémir sur la surproduction et sur ses désastreux effets, il faut rechercher les moyens de la canaliser, de la limiter, de la corriger. Elle a au fond pour cause principale les vues étroites et l'aveuglement de beaucoup de producteurs qui produisent au hasard, qui produisent le plus possible pour réduire leurs frais généraux et avec le secret espoir d'écraser plus aisément leurs concurrents et d'en diminuer le nombre. C'est la guerre industrielle à l'état sauvage, hasardeuse et désastreuse pour les vainqueurs comme pour les vaincus parce que les vainqueurs d'aujourd'hui sont destinés à devenir des vaincus de demain.

A cet état chaotique et violent les Allemands substituent de plus en plus depuis 20 ans une organisation rationnelle et scientifique des industries reposant sur le grand principe de la solidarité industrielle et sur cette idée très juste que la meilleure manière de garantir les intérêts de tous, c'est de ne sacrifier les intérêts de personne.

Ils se sont montrés en général, sauf quelques exceptions, infiniment plus prévoyants de l'avenir, plus pratiques et en même temps plus respectueux du droit que les Américains. Ils ont considéré qu'il était contre nature d'essayer de faire marcher ensemble des centaines d'établissements différents ; en supposant qu'un homme de génie, un Carnegie, puisse les tenir un instant dans sa main, tout peut s'effondrer le jour où il disparaîtra, et de pareilles combinaisons sont forcément éphémères quand elles ne deviennent pas malfaisantes par l'abus de leur principe.

Les Allemands sont ainsi arrivés par le raisonnement et l'expérience à cette conclusion qu'il fallait bien se garder de toucher au fonctionnement, à l'autonomie de chaque établissement ; ils estiment avec juste raison que la meilleure direction au point de vue de la fabrication est encore celle du maître, de celui qui a la responsabilité de tout et qui est le plus intéressé à bien produire.

Ils ne touchent à sa liberté, ils ne la restreignent qu'en ce qui concerne la vente et la quotité de la production.

Caractère général des Cartels.

Le cartel consiste en principe à confier la vente sur le marché intérieur du produit des industries syndiquées à une Société distincte des industriels et qui constitue le cartel. C'est cette société qui passe les traités et reçoit les commandes comme une grande maison de Commission, qui les répartit et qui fixe les prix. Beaucoup de cartels se chargent également de l'exportation qu'ils ont extraordinairement développée.

On voit de suite les avantages de cette organisation si simple, si méthodique, si pratique. Elle réduit d'abord dans des proportions considérables les frais de vente de chaque établissement et de ce chef abaisse déjà le prix de revient du produit au grand avantage du consommateur. Elle réduit au strict nécessaire cette nuée d'intermédiaires si coûteux pour chaque maison, qui se disputent la clientèle, s'arrachent les affaires à force de concessions et qui sont une des causes principales de la baisse systématique et de la dépression persistante des marchés.

Le cartel a un autre avantage, il débarrasse l'industriel de ce souci rongeur de la vente qui absorbe la meilleure partie de ses forces ; il lui laisse toute sa liberté d'esprit pour se consacrer exclusivement à la partie technique de la fabrication, l'améliorer et la perfectionner sans relâche. Les immenses progrès scientifiques réalisés par l'industrie allemande dans ces dernières années tiennent plus qu'on ne croit à cette sécurité de la vente que lui procurent les cartels.

L'organisation de la vente, pour être complète et efficace, conduisait par la force des choses à la réglementation de la production ; les cartels de vente auraient été hors d'état de tenir leurs engagements et d'écouler les marchandises qui leur étaient livrées par leurs adhérents s'ils n'avaient pas eu le droit d'en limiter les quantités aux possibilités que leur offrait le marché : de là le droit qu'ils se sont attribué dès l'origine de fixer aux producteurs un quantum de production qu'il leur est interdit de dépasser.

Quant aux prix de vente ils dépendent de l'état du marché, des besoins de la consommation et sont rarement fixés d'avance ; cependant certains cartels s'engagent à ne pas descendre au-dessous d'un minimum fixe, qui représente en général le prix de revient du fabricant.

Telles sont dans leurs grandes lignes les combinaisons d'ensemble sur lesquelles repose sauf de rares exceptions l'organisation générale de la production allemande; elle a donné des résultats tellement satisfaisants, que toutes les industries l'adoptent les unes après les autres si bien qu'aujourd'hui le cartel est presque devenu la règle et l'établissement isolé l'exception.

L'opinion publique est entièrement favorable à un système qui donne de pareils résultats, et le gouvernement le protège ostensiblement.

Il est juste de reconnaître que les inspirateurs et les directeurs de ce mouvement de concentration ont su le renfermer dans de sages limites et qu'ils ont soigneusement évité les abus, les excès qui auraient pu le compromettre.

Ils se sont bien gardés d'aller jusqu'au bout de leur droit et d'exagérer les prix. Ils ne l'ont fait que dans des circonstances exceptionnelles et uniquement pour favoriser au dehors l'essor de l'industrie allemande, comme par exemple pour les sucres et les charbons qui constituent de véritables monopoles voisins du trust ; l'amour-propre national les y a encouragés et les a soutenus. Mais dans la plupart des autres industries ils ne se sont servis du cartel que pour régulariser les cours, en prévenant les hausses et les baisses excessives. Ils n'ont pas poussé en général aux gros bénéfices et ont su se contenter de prix très modérés. Leur but est moins d'aider les industriels à faire rapidement fortune que de les empêcher de se ruiner en leur assurant des prix suffisamment rémunérateurs.

Il faut lire votre livre en entier et avec attention pour se rendre un compte exact de l'importance et de la puissance de ce courant irrésistible qui entraîne aujourd'hui en Allemagne les petites comme les grandes industries. A côté des colosses de la métallurgie, des mines, des sucres, de l'alcool, à côté de la ligue générale des agriculteurs allemands qui ne compte pas moins de 230.000 adhérents on trouve la masse des infiniment petits comme les tuyaux à gaz, les peluches, les satins de Chine, les tanneries, la colle, l'huile de pavot, les biscuits, les batteurs d'or, les brûleurs à gaz, les brosses, les pierres lithographiques, les savons, l'amidon, le caoutchouc, les vis à bois, les pointes de Paris, les machines à coudre, les pinceaux, les mèches de lampe, les cages d'horloge, les bandages, etc., etc.

Tous ces cartels réunis s'élevaient en 1900 au chiffre respectable de 290 ; si on songe qu'en 1890 il n'y en avait que 119 on peut se faire une idée de la poussée formidable qui jette de plus en plus la production allemande dans le moule des cartels.

Vous ne vous êtes pas contenté de dresser pour le public français cette statistique si instructive, vous l'avez éclairée en reproduisant le texte des statuts qui régissent les principaux cartels et qui permettent de bien voir leur fonctionnement. Ces documents précieux mettent en pleine lumière les résultats du travail souterrain qui s'est accompli chez nos voisins dans les 20 dernières années et dont nous nous doutons à peine. Tous ceux qui l'ignoraient voudront lire votre livre qui sera pour notre pays un salutaire avertissement et une utile leçon.

Situation de la France. — Syndicats et Comptoirs.

Puissions-nous en profiter et regagner le temps perdu en nous organisant à notre tour comme nous le devons ;

arrivant des derniers nous aurons l'avantage de pouvoir profiter de l'expérience des autres pour éviter les fautes qu'ils ont commises et rester dans la juste mesure d'une organisation rationnelle défiant toute critique.

Nous n'avons pour cela qu'à marcher avec un peu plus de résolution et de hardiesse dans la voie où notre agriculture et quelques-unes de nos industries se sont déjà engagées et à accélérer, à agrandir le mouvement dont elles ont pris l'initiative.

C'est assurément une chose curieuse, que la seule branche de production qui ait pris chez nous la tête du mouvement et qui ait fait preuve d'un véritable esprit d'entente, soit précisément celle qu'on considérait comme la plus réfractaire à l'esprit d'association, l'agriculture ; en moins de 20 ans elle s'est organisée en syndicats innombrables qui couvrent aujourd'hui toute la France, qui se concentrent de plus en plus et qui étendent sans cesse leur action.

On ne peut malheureusement en dire autant de la plupart de nos industries qui sont fort en retard et qui pour l'organisation rationnelle de la production et de la vente marchent bien après les Etats-Unis et l'Allemagne et même après l'Angleterre et l'Autriche.

Elles ne connaissent ni les trusts ni les cartels.

Les seuls trusts qu'on rencontre chez nous, et il faut s'en féliciter, sont des trusts internationaux qui nous viennent du dehors et qui ont leur centre ailleurs: tels les trusts du pétrole, de la dynamite, de l'acide sulfurique et du carbonate de soude.

Quant aux cartels nous ne les suivons que de loin, au moins dans leur forme complète et perfectionnée. Nous en sommes encore dans beaucoup d'industries au modeste syndicat qui n'est qu'un simple comité de défense générale ou un bureau d'enregistrement des cours, sans action directe et efficace sur la marche de la production.

Quelques-uns cependant se rapprochent davantage des grands cartels tout en restant encore bien en deçà de leur puissante organisation. Qu'est-ce que notre syndicat des fabricants de sucre par exemple et même notre syndicat des raffineurs, deux syndicats séparés et souvent hostiles, en comparaison de l'immense syndicat allemand qui réunit à la fois et qui fond ensemble les fabricants et les raffineurs ? Que sont nos syndicats miniers à côté du colossal cartel des mines de Westphalie qui enserre l'Allemagne et la Belgique ?

Notre métallurgie possède aussi quelques syndicats très voisins des cartels ordinaires mais qui sont encore à une grande distance de leurs similaires allemands, dont ils diffèrent sur des points essentiels. Le Comptoir de Longwy peut être considéré comme le modèle le plus parfait du genre, le plus approprié à notre génie prudent et mesuré, le plus conforme à notre législation.

C'est un simple syndicat de vente, centralisant la vente de fonte des principaux hauts fourneaux de la région de l'Est. Il n'embrasse pas l'ensemble du territoire comme les grands cartels allemands et laisse en dehors de son action plus des deux tiers de la production. Il ne fixe pas davantage les prix d'avance ; il se borne à répartir entre ses membres le montant des marchés qu'il a réalisés ; il ne doit à ses sociétaires que ce qu'il a reçu.

Il en est de même de la production qu'il ne limite pas directement ; il se contente de faire connaître à ses membres la quantité de fonte qu'il se charge de vendre et au delà de laquelle ils n'ont plus que la ressource de l'exportation à leurs risques et périls. Toute son intervention sur ce point se réduit à un avertissement, à un appel à la sagesse, à la prudence des membres du Comptoir.

Le Comptoir des poutrelles, celui des tôles sont constitués à peu de chose près sur les mêmes bases.

On peut leur assimiler les Comptoirs de la Céramique, des Salines, des Phosphates Thomas, des houilles de Douay.

Enfin il existe quelques syndicats qui sans être des comptoirs de vente essaient de régulariser et de soutenir les cours par l'entente raisonnée et rigoureuse de leurs membres : un des mieux organisés est celui des filateurs de coton.

En dehors de ces 20 ou 30 comptoirs et syndicats,

rien ou presque rien ; la plupart de nos industries, même de nos grandes industries vivent dans un abandon presque complet d'elles-mêmes. La production s'y fait au hasard, sans aucune étude préalable des besoins de la consommation, de l'état des marchés du monde, sans direction d'ensemble et avec des procédés de vente tout à fait rudimentaires.

En face de l'Amérique avec ses trusts formidables, de l'Allemagne retranchée derrière ses 300 cartels nous nous contentons de mettre en ligne quelques rares syndicats, avec lesquels nous combattons en ordre dispersé le plus tranquillement du monde.

Nous avons heureusement pour nous défendre un peu nos tarifs de douane sans lesquels nous serions morts depuis longtemps ; mais notre défense commence déjà à faiblir si on en juge par certaines infiltrations de produits américains et allemands qui trouvent aujourd'hui le moyen de franchir notre barrière douanière. Pour retarder leur invasion nous ferons bien de nous organiser à notre tour ; c'est le seul moyen que nous ayons de ne pas relever nos propres tarifs.

Ceux-ci, fussent-ils du reste suffisants à empêcher l'écrasement de nos industries par la concurrence étrangère, seraient impuissants contre la concurrence intérieure qui peut également mettre les industries en péril quand elle est désordonnée et sans frein. Aussi le danger existe-t-il dans les pays libre-échangistes comme dans les pays protectionnistes et nous voyons les Anglais eux-mêmes s'organiser comme les Allemands pour le conjurer en formant de vastes groupements dont quelques-uns constituent de véritables monopoles.

Organisation nécessaire.

La conclusion qui se dégage avec la clarté de l'évidence de cette revue d'ensemble de la situation et de l'organisation économiques des principaux pays du monde, c'est que partout l'industrie et même l'agriculture marchent vers la concentration progressive de leurs forces et que partout elles cherchent au milieu du déchaînement de la concurrence universelle sous des formes diverses la régularité et la sécurité de leur fonctionnement.

On dit quelquefois que ce mouvement est tout à l'avantage des forts et qu'il sert admirablement leurs desseins contre les faibles, qu'il aura pour résultat infaillible la disparition de la petite et même de la moyenne industrie. Si ce point de vue est dans une certaine mesure exact en ce qui concerne les trusts et les cartels visant au monopole, il est complètement inexact pour les ententes générales et raisonnées entre producteurs, pour les syndicats ordinaires et les comptoirs. Il ne faut pas oublier que ce sont précisément les très grands établissements qui ont le moins besoin de concentration puisqu'ils sont eux-mêmes de la concentration à la plus haute puissance, et c'est précisément pour lutter avec avantage contre leur masse énorme qu'en Allemagne les petites et les moyennes usines ont éprouvé le besoin de s'unir entre elles, de se serrer les unes contre les autres pour être de taille à lutter contre les colosses qui menaçaient de les écraser.

Que nous le voulions ou que nous ne le voulions pas, ce mouvement continuera sa marche avec nous ou sans nous parce qu'il est dans la force des choses. Les gouvernements étrangers qu'il commence à préoccuper ne l'arrêteront pas et se borneront à le surveiller de loin, attendant que ses excès deviennent intolérables pour intervenir et les réprimer. On peut être sûr qu'ils s'en tiendront là et qu'ils se refuseront à supprimer en principe des organisations, des ententes, dont les avantages au point de vue national ne leur échappent pas.

Le Président Roosevelt lui-même n'a nulle envie de supprimer les trusts et se bornera vraisemblablement à les limiter, à les contenir, à prévenir leurs abus trop criants. L'Empereur Guillaume songe encore moins à s'attaquer aux cartels dans lesquels sont entrés les régies fiscales de l'Empire elles-mêmes. S'il a consenti à rogner les ongles de celui des sucres, c'est parce qu'il n'avait que ce moyen de nous désarmer. Le cartel sucrier n'est pas mort pour cela et on peut être certain que dès demain il reparaîtra et reprendra la lutte sur un autre terrain contre notre industrie sucrière ; il se contentera de changer son fusil d'épaule.

Pour toutes ces raisons nous ferons bien de ne pas nous endormir et surtout de ne pas compter sur le désarmement de nos rivaux ; tâchons au contraire de les imiter en nous mettant de notre côté à l'œuvre et en travaillant à l'organisation méthodique de nos industries par la substitution de l'esprit d'union et de solidarité à l'esprit particulariste qui nous fait tant de mal.

Voilà la campagne à faire et elle doit être la conclusion de votre étude si consciencieuse pour tous ceux qui observent, qui réfléchissent et qui ont le souci de l'avenir.

Notre législation. — Sens et portée de l'article 419 du Code pénal.

Qu'on ne dise pas que notre législation s'y oppose, que l'article 419 du Code Pénal est là suspendu comme une épée de Damoclès sur la tête des téméraires qui s'aviseraient de porter la main sur l'arche sainte de la libre concurrence. L'article 419 ne dit rien de pareil et les atteintes à la concurrence qu'il a entendu réprimer n'ont rien de commun avec l'organisation rationnelle, scientifique, permanente de la production industrielle ou agricole.

Cet article, comme le décret de la Convention des 26-28 août 1793 dont il s'est inspiré, a surtout en vue dans son premier paragraphe l'opération dite d'accaparement, c'est-à-dire la spéculation qui consiste à ramasser à un moment donné dans un vaste coup de filet une catégorie spéciale de produits ou de denrées, plus particulièrement de produits ou de denrées de première nécessité, et après avoir créé leur rareté à les faire monter du jour au lendemain à des cours exorbitants.

Voilà le délit que la conscience réprouve et que l'article 419 prévoit et punit. L'opération qu'il vise est une opération limitée, temporaire, qui se liquide forcément à un moment donné et qui ne laisse d'autre trace que les ruines qu'elle a accumulées. Elle porte sur des marchandises déjà créées et mises en vente ; c'est pour cela que le texte de l'article dit : les détenteurs et non les producteurs.

Personne ne songeait en 1810 aux syndicats de producteurs, encore moins aux trusts et aux cartels ; il ne serait pas venu du reste un seul instant à la pensée du législateur d'assimiler des industriels qui s'entendent pour la vente des produits de leur industrie aux meilleures conditions possibles, à des spéculateurs sans scrupule qui réunissent des capitaux pour faire main basse en quelques jours sur des matières premières ou des denrées de première nécessité, réalisant ainsi du jour au lendemain sans travail, sans efforts des bénéfices fabuleux au détriment du consommateur.

Il n'y a pas de loi qui puisse obliger un industriel à vendre au-dessous de son prix de revient et quand il n'a pas d'autre moyen d'échapper à la ruine que de s'entendre avec ses concurrents pour organiser la vente et limiter la production commune aux besoins de la consommation qui pourrait blâmer un acte aussi sensé, aussi nécessaire ?

La libre concurrence n'implique nullement que tout le monde doit produire au hasard et vendre au hasard. Elle signifie simplement que tout producteur a le droit de porter son produit sur le marché et de l'offrir au prix qu'il lui plaît sans que ses concurrents puissent l'en empêcher, soit en l'excluant en vertu d'un monopole absolu, soit en employant contre lui des moyens malhonnêtes tels que le boycottage ou la vente à vil prix dans le seul but de lui nuire.

C'est dans cette mesure seulement que l'article 419 par son deuxième paragraphe limite la liberté des producteurs ou des associations de producteurs en déclarant punissables d'une amende et même de la prison « tous ceux qui par des voies et des moyens frauduleux quelconques auront opéré la hausse ou la baisse du prix des denrées ou des marchandises ou des papiers ou effets publics au-dessus ou au-dessous des prix qu'auraient déterminés la concurrence naturelle et libre du Commerce...»

Le sens et la portée de cette partie de l'article 419 résultent de la façon la plus claire des déclarations décisives portées à la tribune par Faure lors du vote de l'article 419 et qui constituent l'exposé des motifs de la loi :
« La disposition, dit Faure, ne peut s'appliquer à ces spéculations franches et loyales qui distinguent le vrai commerçant. Celles-ci fondées sur des réalités sont utiles à la société. Loin de créer tour à tour les baisses excessives et les hausses exagérées, elles tendent à les contenir dans les limites que comporte la nature des circonstances et par là servent le commerce en le préservant des secousses qui lui sont toujours funestes... » (Locré 151-153-154.)

Il semble que Faure en laissant tomber ces paroles avait comme le pressentiment de l'évolution économique que l'avenir nous réservait et que d'avance il prenait ses précautions pour que les gouvernements n'aient pas un jour la tentation de retourner l'article 419 contre la production française en paralysant ses mouvements et en la désarmant.

Sur ce terrain très solide nos syndicats n'ont rien à craindre et le Code pénal n'a rien à voir dans leur organisation. Il leur serait du reste trop facile de démontrer que, bien loin de forcer les cours, ils ont le plus souvent contribué à les abaisser en diminuant les frais de production et que par conséquent ils sont arrivés à un résultat que la concurrence désordonnée n'aurait pu produire. Ils ont empêché les hausses et les baisses exagérées et prévenu ces à-coups subits qui bouleversent le marché et font brusquement succéder la cherté excessive au bon marché trop facile.

Ce que nous disons du producteur et du consommateur nous pourrions le dire des ouvriers qui sont les premières victimes des débâcles du marché et qui souffrent cruellement des crises industrielles. Un système qui a pour but de prévenir ces crises ou de les abréger est destiné avec le temps à donner aux ouvriers, en assurant *la continuité de leur travail, la même sécurité qu'aux patrons et à solidariser de plus en plus leurs intérêts.*

Conclusion.

Tâchons donc de profiter de l'expérience des autres puisque nous entrons les derniers dans la lice.

La situation de la France, si nous savons en tirer parti, peut-être une des meilleures dans le mouvement vertigineux qui emporte le monde industriel.

Grâce à nos tarifs de douane, nous sommes en état de défendre notre marché intérieur contre les trusts et les cartels ; s'ils n'étaient pas suffisants pour cela il dépend de nous de les renforcer, ce qui prouve une fois de plus combien nous avons été sages et avisés en conservant en 1892 la liberté de nos mouvements.

Cette liberté est du reste de nature à rassurer ceux qui craignent que nos industriels ne soient tentés d'abuser des tarifs pour monter leurs prix jusqu'à la limite extrême du droit. L'expérience est là pour prouver que cette limite extrême n'est atteinte que dans des cas très rares, que les droits de douane ne produisent leur effet intégral que dans les jours de crise, quand l'importation étrangère menace d'écraser notre marché, c'est-à-dire quand ils sont vraiment nécessaires. En temps ordinaire nos droits de douane jouent très peu pour la plupart et même bien souvent ils ne jouent pas du tout.

Il faut ajouter que nos taxes douanières sont très modérées, qu'elles n'ont rien de prohibitif comme celles de certains pays protectionnistes, qu'elles ne sont, comme le prouve bien la discussion à laquelle elles ont donné lieu au parlement, que la représentation de l'écart existant dans les conditions de la production entre la France et l'étranger.

S'il était cependant démontré à un moment donné par l'expérience que cet écart a baissé et que le droit est trop élevé pour certains produits, il dépendrait du législateur de le réduire ; il y a là une soupape de sûreté parfaitement suffisante pour garantir l'intérêt du consom-

mateur et prévenir les excès des syndicats s'il s'en produisait.

Il ne faudrait pas tirer de là cette conclusion que les ententes commerciales n'ont d'intérêt et d'utilité que dans les pays protectionnistes. C'est une grave erreur de lier les deux idées et de répéter, comme on le fait tous les jours que c'est le protectionnisme seul qui a engendré les trusts et les cartels. Personne ne songe à nier qu'il les facilite et les favorise en permettant au producteur de relever ses prix sur le marché intérieur à la faveur du droit de douane ; mais il n'en reste pas moins vrai que l'entente des producteurs pour lutter contre la surproduction, organiser leur vente et réduire leurs frais généraux est utile partout. On pourrait même dire sans paradoxe qu'elle est encore plus utile dans les pays libre-échangistes, puisqu'ils ont à se défendre et à s'organiser à la fois contre la concurrence intérieure et contre la concurrence étrangère. Les Anglais l'ont compris depuis longtemps et plusieurs de leurs grandes industries n'ont pas attendu l'exemple des Etats-Unis pour se syndiquer et former des associations fortement centralisées et admirablement disciplinées.

Le vrai danger de l'heure présente réside dans la constitution des trusts internationaux contre lesquels les régimes douaniers actuels sont bien souvent impuissants. Contre eux les gouvernements seront bien obligés de prendre des mesures pour échapper à cette invasion d'un nouveau genre ; ils y songent déjà du reste, et la question vient d'être mise à l'ordre du jour par le gouvernement russe qui fait appel à une conférence européenne pour la régler.

Nous serons tout à fait à notre aise pour répondre ; car si nous sommes menacés par les autres nous ne menaçons personne et nous ne pouvons donner d'inquiétude à personne. Nos syndicats n'ont pas d'autre ambition que de mettre un peu d'ordre sur notre marché intérieur et ne cherchent nullement à créer à nos industries une situation privilégiée à l'étranger. Ils se réduisent comme organisation au minimum indispensable pour diriger la marche de la production d'une façon méthodique en la préservant des accidents auxquels l'exposent l'excès de la production et la mauvaise organisation de la vente.

Bien loin donc de décourager nos industriels et nos agriculteurs, comme on le fait trop souvent et si étourdiment, en criant au monopole et à l'accaparement dès qu'ils font mine de s'entendre, on ferait beaucoup mieux de les pousser à s'unir, à oublier leurs méfiances réciproques et à se solidariser pour faire sortir du chaos de l'évolution moderne un état économique ordonné et durable. C'est ainsi seulement que nous parviendrons à concilier tous les intérêts dans une synthèse supérieure et à réaliser la véritable harmonie économique et sociale.

J. MÉLINE.

Où nous mène la concentration
   industrielle et commerciale
      dans le monde

OU NOUS MÈNE LA CONCENTRATION INDUSTRIELLE ET COMMERCIALE DANS LE MONDE.

Avant d'aborder l'examen documentaire de tous les trusts, syndicats, cartels, etc., qui existent dans le monde, avant de montrer autant que possible leurs statuts, le champ de leurs opérations, les résultats qu'ils ont obtenus, il est bon de se demander, étant donné le fait bien établi désormais de leur existence, où ils nous mènent.

Il n'y a pas à le contester, nous sommes à un tournant de l'histoire économique, non pas de notre pays, non pas de l'Europe ou de l'Amérique, mais du genre humain tout entier.

Cela vaut qu'on s'y arrête.

La phase nationale

La concentration industrielle et commerciale, dont la société anonyme a été l'ébauche et le point de départ, semble constituer d'abord une arme puissante pour la lutte économique des nations entr'elles.

Elle a transformé en quelques années les Etats-Unis, dont le peuple pacifique au point de vue industriel, c'est-à-dire protectionniste, est devenu subitement belliqueux, c'est-à-dire exportateur, comme si la guerre devait être comme le début de toute évolution.

L'Allemagne et l'Autriche, en sourdine, ont suivi le mouvement américain et leurs syndicats avec un caractère plus mystérieux, moins amoureux du *boom*, mais peut-être plus pratiques et moins éphémères, ont, depuis une douzaine d'années, transformé dans le même sens l'allure économique de ces deux grands pays d'Europe.

L'Allemagne protectionniste devient aussi vigoureusement exportatrice que les Etats-Unis.

Il n'y a donc pas à le nier, le mouvement syndical industriel a pour premier résultat une poussée nouvelle vers l'extension des relations commerciales, disons-le franchement, vers le libre échange. Chaque nation va certainement essayer de protéger son marché industriel intérieur et de porter la guerre économique chez les autres. Nous en sommes à cette phase curieuse et un peu naïve, en effet, où certains pays sont protectionnistes et libre-échangistes à la fois.

C'est là peut-être la nouvelle formule que nous avions esquissée jadis en disant qu'on serait un jour opportuniste en matière économique comme en matière politique, le régime économique étant avant tout une question d'intérêts. Mais les pays qui vont se trouver le plus gênés dans cette occurrence nouvelle, ce sont les pays résolument libre-échangistes comme l'Angleterre et la Belgique.

La nouvelle tactique de la concentration industrielle permet, en effet, comme dans la guerre véritable, aux troupes d'opérer contre l'ennemi à l'abri de la forteresse protectionniste.

La fortification douanière va donc servir plus qu'on ne pense durant quelque temps dans certains pays comme la France, pendant que d'autres, comme l'Angleterre et la Belgique, seront envahis et réduits à la défensive économique.

La phase internationale

Telle est la première phase de cette lutte nouvelle. On pourrait l'appeler la « phase nationale ».

Mais il y a une seconde phase que nous avons pressentie. C'est la « phase internationale ».

On nous excusera de nous citer nous-même, mais nous disions dans notre premier volume :

« Contre l'accaparement international il n'y a point
« de remède ; la protection, le libre-échange sont éga-
« lement désarmés.

« Un exemple fera bien comprendre notre pensée.

« Supposons qu'il se forme en France un puissant
« syndicat des cokes (on verra tout à l'heure pourquoi
« nous choisissons cette denrée comme exemple) qui
« en élève le prix au point d'alarmer la métallurgie
« française. Le premier mouvement de cette dernière
« industrie sera de faire venir des cokes étrangers,
« de Belgique ou d'Allemagne, et même au besoin elle
« pourrait demander au gouvernement de supprimer
« le droit de 1 f. 30 par tonne dont le coke étranger

« est frappé à son entrée en France, afin de réduire et
« faire capituler les accaparements.

« On le voit donc, dans le cas d'un accaparement
« national, le pays est sauvegardé par le droit de
« douane et le danger n'est jamais bien grand.

« Mais on ignore généralement qu'il existe en Bel-
« gique un syndicat des cokes admirablement orga-
« nisé, très militant, comprenant toutes les usines à
« coke et qui, en ce moment, traite un peu à l'améri-
« caine tout le marché belge.

« Les journaux sont pleins des doléances de la mé-
« tallurgie contre ce syndicat qui a tenu le prix du
« coke aux environs de 32 francs la tonne (c'est-à-dire
« à peu près au double de ce qu'il était précédemment)
« et dont les préférences pour certains, les exigences
« pour d'autres, les refus absolus de traiter avec la
« plupart, ont donné comme un avant-goût de ce que
« nous allons révéler à nos lecteurs.

« Le syndicat des cokes de Belgique n'est pas le
« seul, en effet ; il a un voisin, le syndicat de West-
« phalie. Et, fait à notre avis de la dernière gravité,
« ces deux puissances se sont entendues, se sont par-
« tagé la clientèle des hauts-fourneaux, comme on se
« partage un fief, bref, les deux syndicats des cokes
« ont formé une petite fédération qui règne en maî-
« tresse sur la Belgique, l'Allemagne et un peu la
« France.

« Supposons alors que le syndicat des cokes an-
« glais, qui est dans l'air, et le syndicat des cokes
« français, imitent l'exemple alléchant de leurs deux
« aînés et se fédèrent avec eux. Voilà quatre pays, la
« France, la Belgique, l'Allemagne, l'Angleterre à la
« merci de quatre associations syndiquées.

« Et là, il n'y a plus de barrières douanières effi-
« caces, plus de protection, plus de libre échange qui
« puisse réagir contre les prix fixés par cette associa-
« tion nouvelle se partageant ainsi le continent sans
« concurrence possible.

« La *Fédération des Syndicats industriels* se met
« ainsi hors la loi, au-dessus des tarifs.

« Le « syndicat de syndicats » ! Voilà donc le vrai
« péril social. »

Depuis l'époque où nous écrivions ces lignes, les conséquences de la fédération de ces syndicats se sont
affirmées et sont apparues pour la première fois aux
yeux étonnés des économistes.

Une crise des plus curieuses a tout à coup éclaté
dans l'industrie métallurgique. On le sait, après
l'énorme élan de 1899-1900, une accalmie incompréhensible, absolue, s'est produite. Certes, rien n'était
plus naturel qu'un ralentissement des affaires après
l'emballement des premiers mois de 1900, mais cette
paralysie complète du marché restait inexplicable.

Voici ce qui s'était passé :

Le syndicat des Cokes germano-belge, qui domine le
marché de la fonte dans les trois pays, Allemagne, Belgique, et aussi France (notre marché de l'Est étant tributaire des cokes allemands), le syndicat international
avait passé avec la métallurgie des marchés à des prix
très élevés pour 1900 et aussi 1901. Depuis, pour les
nouveaux marchés, il était resté inaccessible à la baisse.

De sorte que le marché métallurgique s'est trouvé
tout à coup comprimé entre sa matière première, la
fonte, très chère par suite du haut prix du coke, et les
produits sidérurgiques finis, en baisse marquée.

Cette situation intenable et sans précédent, car ordinairement les marchés charbonniers et métallurgiques étaient toujours solidaires, a été créée de toutes pièces par la fédération des syndicats des cokes.

A l'heure où nous écrivons, la fédération maintient encore le prix de la tonne de coke à 22 francs et 23 francs pour les nouveaux marchés, et la moyenne des cokes publiée par le Comptoir de Longwy est encore de 32 fr. 35.

On adjure en vain le syndicat des cokes belge et allemand de pratiquer le prix de 18 francs, qui sauverait la métallurgie. Il est sourd à ces objurgations jusqu'à présent.

Voilà donc l'exemple (que nous n'avions pas en 1900 lorsque nous publiions notre premier volume) de l'influence d'une fédération internationale de syndicats industriels sur la production de toute une grande industrie.

C'est sa ruine possible.

Le syndicat de syndicats au-dessus des lois

Il y a cependant quelque chose de plus grave et de plus symptomatique ; c'est la prétention qui va se produire de la part des fédérations de syndicats de se mettre au-dessus des gouvernements.

Prenons, par exemple, les cartels du sucre, qui opèrent de concert en Allemagne et en Autriche. Au moyen de l'allocation de primes syndicales aux producteurs de sucre brut, les raffineurs austro-allemands rendent les producteurs complètement indifférents aux droits de douanes, aux impôts, et à toutes les fluctuations de la concurrence.

Voici l'opération :

Les raffineurs fédérés assurent aux fabricants de sucre brut un prix normal de 31 fr. 875 par 100 kil. (marks 12,75 par quintal de 100 livres) de sucre brut. Le fabricant reste libre de vendre à la Bourse son sucre soit à l'exportation, soit au raffineur national syndiqué. Le cours de la Bourse s'entend donc aussi bien du sucre d'exportation que du sucre à livrer à l'intérieur; mais quand c'est le raffineur qui achète, la différence entre le cours public et le prix normal de 31 fr. 785 est à restituer au fabricant.

Le fabricant de sucre est assuré d'un prix normal à l'intérieur. Il peut développer sa production sans crainte, ayant la faculté d'exporter l'excédent de la quantité qu'il doit et peut livrer aux raffineries du cartel.

On devine d'avance où les raffineries syndiquées puisent l'argent nécessaire pour indemniser les fabricants de sucre brut, qui ont peu à peu adhéré tous au cartel, et ne peuvent vendre du sucre brut, par suite d'une clause de l'Association, qu'aux raffineries syndiquées ou aux exportateurs. Les raffineries du cartel, maîtresses de la matière première, sont donc également maîtresses de la distribution, à l'intérieur, de tout le sucre de consommation.

C'est cette consommation qui paie alors la prime syndicale.

Ainsi voilà deux grandes nations de 100 millions d'habitants où la production d'un aliment de première nécessité n'est plus soumise aux lois du pays, est affranchie de toute concurrence, de tout aléa, de toute fluctuation de la barrière douanière, voire même de tout impôt vraiment direct.

Cela existe déjà pour le pétrole depuis vingt ans et pour toutes les nations.

L'indépendance des syndicats fédérés vis-à-vis des gouvernements et l'asservissement de ces derniers par les *trusts* comme en Amérique, voilà la seconde phase que nous pressentions dans le développement de la concentration industrielle.

L'*internationalisation* — qu'on nous permette le mot — dans la production des quarante et quelques gros produits indispensables à l'humanité, voilà où nous allons, voilà où nous mène la concentration immodérée et sans contrepoids.

Du coup, le libre échange et la protection, les deux écoles économiques rivales qui se partagent le monde et qui ont quand même des principes et un idéal, sombrent dans une sorte de coalition universelle des intérêts, coalition sans noblesse, sans règles et sans frein. La puissance du capital triomphe, et nous n'avons plus qu'une forme véritable de gouvernement dans le monde : la Monarchie industrielle. Les quarante Royautés du sucre, du fer, du coton, de l'huile, du charbon, etc., se substituent aux nations, aux races, aux affinités naturelles ; une sorte d'Univers nouveau apparaît, formé de groupes d'intérêts puissants symbolisés par le métal jaune, unique étalon de la richesse.

Voilà l'ère future.

L'intervention de la Concentration ouvrière

Ce tableau est-il bien exact ? Et puisque les gouvernements semblent trop faibles ou trop accessibles à la corruption, pour combattre la puissance des capitaux, puisqu'un syndicat comme celui des aciers en Amérique peut porter impunément un défi au monde, agglomérer cinq milliards et demi, n'y a-t-il donc aucune puissance qui puisse s'opposer à l'évolution que nous venons de retracer ?

Eh bien ! si, car devant « l'Internationale des *trusts* » se dresse déjà « l'Internationale des Travailleurs ».

La Concentration industrielle aura comme contrepoids la Concentration ouvrière.

Déjà, automatiquement, dès que les prix des denrées s'élèvent un peu artificiellement, la grève surgit, protestation confuse contre l'accaparement possible.

Aveugle et ignorante encore aujourd'hui, souvent en retard sur les évènements économiques, sur les statistiques, la grève se fera de plus en plus systématique, opportune, avisée.

Les *Trades-unions* de Londres ont personnifié le pouvoir nouveau, conscient de sa force et de sa compétence.

Les forces socialistes s'organisent partout.

Ce sera, il faut le dire, la diminution graduelle et universelle de la force productive individuelle de l'homme, ce sera la hausse forcée des prix, mais aussi la diminution au moins momentanée des bénéfices des syndicats, c'est-à-dire le contrepoids des excès de la concentration industrielle et commerciale. Nous aurons un certain équilibre — au moins pour un temps — car les deux facteurs de la production se seront partagé les profits de l'exploitation humaine.

Nous disons « au moins pour un temps », car, dans toute lutte, il y a forcément un jour ou l'autre un vainqueur et un vaincu.

Si c'est « Le Roi du Trust » qui triomphe, nous l'avons dit, c'est la moralité publique qui est compromise (à moins cependant que le monopole ne réalise des conditions essentielles que nous formulerons dans le chapitre relatif à la Belgique à propos du monopole Solvay).

Mais si c'est l'élément ouvrier qui triomphe, c'est autre chose : nous aurons abouti au collectivisme d'Etat.

Car c'est en se frottant les mains que les collectivistes révolutionnaires voient la concentration industrielle se livrer à de véritables excès.

Borrows l'a dit au Congrès ouvrier international de 1889 : « Lorsque le capital universel sera entre les « mains d'une minorité, le problème social sera sim« plifié, comme le problème politique serait simplifié, « s'il n'y avait qu'un seul monarque. En le supprimant « évidemment ».

Paroles peut-être prophétiques.

Le collectivisme n'attend, en effet, que l'anéantissement des petits bourgeois « rejetés dans le prolétariat » par la grande industrie centralisée, pour tenter l'assaut de ce qu'on appelle la forteresse capitaliste.

Alors, l'assaut livré, la Bastille nouvelle enlevée, submergée par le flot populaire devenu immense à cause de cette adjonction de toute la bourgeoisie réduite à la misère, le collectivisme entrera dans la place, y trouvera l'accaparement et le monopole installés partout, les ressorts de la coalition, en place et la concentration en plein fonctionnement.

Et, sans fausse honte, comme tous les pouvoirs révolutionnaires arrivés, il se mettra à la place de ceux qu'il aura chassés et fera identiquement comme eux, c'est-à-dire du monopole, de la concentration industrielle, sous le vocable de « Socialisation des moyens de production ».

L'intervention des « Consommateurs » dans la lutte

Hélas ! serions-nous donc destinés à vivre sous la tyrannie des Rois industriels ou sous celle des Collectivistes révolutionnaires ? Toujours retomberions-nous dans la même alternative : ou monarchie, ou anarchie, et cela, même dans le domaine économique ?

Non ! affirmerons-nous avec la plus sincère conviction.

Non ! Il est un troisième pouvoir, une troisième force qui, dans la lutte actuelle entre la Concentration industrielle et la Concentration ouvrière, n'apparaît pas, reste engourdie, inconsciente, muette.

C'est la Consommation. Elle aura la parole un jour, voici pourquoi :

Au-dessus de ces luttes d'intérêts, luttes gigantesques, luttes épiques dans leur réalisme, s'ébauche une grande loi qui plane au-dessus de tout et de tous.

Loi mystérieuse, implacable, dont on peut dire qu'elle est plus forte que l'humanité toute entière, car les lois économiques, surtout, ont cela de particulier que l'homme n'a aucune action sur elles. Il ne les voit que lorsqu'il en est accablé ou ébloui, elles naissent, elles marchent, elles broient sur leur passage sans qu'on puisse ni les prévoir, ni les arrêter.

Dans le monde, à l'heure actuelle, dans le monde de l'industrie, du commerce, de la production, un dogme est né dont la grandeur ne se révèlera que peu à peu et qui s'appelle d'un nom vulgaire :

« BON MARCHÉ »

Dans notre éducation d'ingénieur, une sorte de religion technique s'ébauche lentement, celle du *prix de revient minimum*. C'est là le criterium absolu, l'*ultima ratio* de tout projet, de tout perfectionnement, de toute invention, de tout progrès.

Fabriquer au meilleur prix, produire à meilleur marché ; oui, on pourrait presque dire que c'est là l'obsession du monde moderne, et lorsqu'à cela se joint la nécessité de produire à bas prix et bien, en même temps, lorsqu'à l'idée de bon marché on joint l'idée de qualité, l'idéal apparaît, c'est le *summum*, c'est la perfection :

« BON ET BON MARCHÉ »

Mais, dira-t-on, que trouvez-vous de grand et d'idéal dans cette tendance terre à terre vers le prix de revient minimum, le bon marché, comme vous dites ! Où est la sublimité de cette loi économique ?

Vous allez le comprendre.

Il apparaît de plus en plus que le progrès moderne consiste à donner au plus grand nombre d'êtres humains la plus grande somme de bien-être physique et intellectuel. Toutes nos institutions gouvernementales ont répandu l'instruction, imposé l'hygiène, ouvert les musées, démocratisé les transports, commencé à abaisser le prix des denrées de consommation courante, tout cela dans le but d'augmenter le bien-être physique et intellectuel des masses.

Mais les masses, mises en goût par ces sacrifices spontanés, conscientes de la souveraineté que leur conférera de plus en plus le bulletin de vote, en viendront à exiger davantage.

Le jour n'est pas loin où elles voudront les vivres, le couvert, le vêtement, le plaisir même, au plus bas prix possible, pour en avoir la plus grande somme possible.

« Le droit au bien-être », voilà ce qui s'agite obscurément au fond de toutes les revendications de la foule. Cela a commencé par la charité chrétienne et se continue par le droit au travail, le droit au secours, le droit à l'hôpital, le droit à la retraite dans la vieillesse, etc., qui ne sont que les formes élémentaires de ce « droit au bien-être » qui commence par vouloir supprimer la souffrance en attendant d'exiger le plaisir.

C'est cette poussée moderne — qu'on nous permette le mot — vers la « jouissance universelle » qui va se heurter à la surélévation du prix de toutes choses par suite de la lutte entre la concentration industrielle qui aura prélevé sur la production des bénéfices illégitimes et la concentration ouvrière qui, par ses revendications aura encore surélevé le prix des marchandises.

Et pendant que patrons et ouvriers n'auront d'autre pensée que d'augmenter la dîme industrielle, la foule criera de plus en plus impérieusement :

Bon marché ! bon marché !

Et alors, si l'on n'obéit pas, réapparaîtra comme sous la Terreur le spectre des accaparements. C'est la foule qui a réclamé de la Convention la peine de mort et l'a obtenue contre les accapareurs des denrées de première nécessité. C'est elle qui entrera encore en scène et fera de vive force les révolutions économiques nécessaires.

Lorsque la lutte aura revêtu ce caractère d'un conflit de la majorité du peuple contre la minorité des producteurs, la solution ne fait aucun doute.

On verra se vérifier une nouvelle loi économique qui se formulera ainsi : « LA CONSOMMATION A TOUJOURS RAISON DE LA PRODUCTION ».

*
* *

Sans envisager cependant d'aussi sombres perspectives, nous avons la conviction que le Consommateur qui est le plus grand nombre, qui a l'arme politique entre les mains, sera le troisième pouvoir qui mettra le holà ! dans le duel actuel entre le fabricant et l'ouvrier. Le consommateur fera lui-même des syndicats, il fera, comme l'a dit M. LEVASSEUR, de la coopération défensive, il poussera plus loin l'idée de l'association pour la consommation, qui est déjà pratiquée et réussit ; il boycottera les trusts, il s'insurgera, et au milieu de ces oscillations, de ces guerres mêmes, après maintes victoires et maintes défaites des uns et des autres, l'harmonie, l'équilibre, finiront par s'établir entre les trois facteurs de la vie économique : le producteur, le travailleur et le consommateur.

La grande loi dont j'ai parlé et dont les trusts et les syndicats ne sont que les moyens mystérieux d'action, la grande loi des temps futurs — LE BIEN-ÊTRE MAXIMUM AU PRIX MINIMUM — gouvernera le genre humain.

Les formes de la
Concentration industrielle

II

LES FORMES DE LA CONCENTRATION INDUSTRIELLE

Certes, depuis que les hommes commercent, il a dû y avoir des ententes entre négociants. Les groupements entre corporations et ouvriers sont de tous les temps. La franc-maçonnerie est le plus ancien des syndicats vendeurs de travail. Les Naviculaires remontent aux premiers temps de Paris.

Mais rarement les usiniers ont dû s'entendre, car il ne faut pas oublier quelle jalousie, quelle défiance régnait il y a à peine quelques années encore entre les fabricants d'un même article. C'était — et cela semblait naturel — une sorte de rivalité obligatoire qui tenait sans cesse éveillées les susceptibilités des concurrents et les faisait s'espionner, se prendre leur personnel, se dérober leurs procédés, etc.

Il a fallu des circonstances toutes particulières pour que ces hommes pussent un jour se réunir et s'entendre. La nécessité est plus forte que tout, et c'est d'elle que sont nées les ententes modernes.

On croit généralement que c'est le *trust* le plus célèbre, le fameux prototype, le Standard Oil, qui a débuté dans la carrière des ententes en 1872.

Certes, les débuts de la domination de M. Rockfeller sur l'industrie pétrolifère datent de cette époque ; ses manœuvres sur les chemins de fer afin de les forcer à élever leurs prix de transports pour tous ses concurrents, excepté pour lui, se développent pendant les années suivantes.

Mais on peut dire que durant cette première période tout le trust se résume en un seul homme, un maître en spéculation, un aventurier hardi, intelligent et sans scrupules. Pendant dix ans, il prépare l'opération finale. Mais ce n'est qu'en 1882 que l'affaire est complète et prend une forme positive et légale. Le premier *trust* véritable naît et reçoit ce nom de baptême bizarre qui va faire le tour du monde.

Il paraît donc avéré que c'est en 1882 — il y aura bientôt vingt ans — que la concentration industrielle moderne a fait son apparition.

Eh bien ! c'est une erreur, et c'est en France qu'est née la première entente industrielle digne de ce nom : le premier *trust*.

Le premier trust

Ce *trust*, tout le monde l'ignore, et tout le monde le connaît pourtant.

C'est au milieu du siècle dernier qu'il est né. Il s'appelle le *trust* des cinq grandes Compagnies de Chemins de fer de la France.

Nous l'avons si naturellement accepté que nous ne le remarquons même pas. Le monopole des transports par chemin de fer existe en effet chez nous, complet, absolu, reconnu et autorisé par le gouvernement.

Les chemins de fer de grande et de petite Ceintures qui relient entr'elles les grandes Compagnies ont pour administrateurs les directeurs de ces grandes Compagnies. La Compagnie de l'Ouest et du Nord, avec l'approbation du gouvernement, se sont partagé le trafic entre la France et l'Angleterre pour éviter une concurrence qui eut été préjudiciable à l'une et à l'autre.

Le monopole des transports est donc concédé exclusivement à un petit nombre de Compagnies, et ces Compagnies s'entendent entr'elles. C'est la définition même des *trusts*, comme on le verra plus loin.

Le premier Comptoir

Ce n'est pas encore du cerveau d'un spéculateur qu'est sorti le premier comptoir, c'est de l'entente raisonnée, réfléchie, d'industriels éclairés, obéissant aux nécessités économiques des temps modernes.

C'est exactement le 16 novembre 1876 que M. Joseph LABBÉ, agissant pour la Société métallurgique de Gorcy (Meurthe-et-Moselle), M. le baron Oscar D'ADELSWARD, maître de forges au Prieuré ; M. Théophile ZIANE, agissant pour la Société de la Providence, et M. Gustave RATY, agissant pour la Société Gustave Raty et Cie, fondent le comptoir de vente de leurs fontes, qui s'appellera d'un nom désormais célèbre : le COMPTOIR DE LONGWY.

Dans les années suivantes, les grandes sociétés Ferry Curicque, Aciéries de Longwy, de Saintignon, etc., etc.

— nous donnerons leurs noms plus loin, dans l'historique complet — viennent se grouper autour de ce premier noyau, et aujourd'hui, après vingt-cinq années d'existence, le Comptoir de Longwy est le plus puissant syndicat métallurgique de l'Europe et, chose curieuse, celui qui du premier coup — comme on le verra plus loin — a trouvé une forme sociale presque parfaite.

Une autre entente a eu lieu dès 1881 entre toutes les Compagnies d'assurances françaises, afin d'unifier leurs tarifs.

La France peut donc revendiquer l'honneur d'avoir créé le premier *trust* et le premier *comptoir*, mais elle peut surtout revendiquer l'honneur d'avoir trouvé la forme légale qui a permis la longue durée de ces associations sans aucune péripétie judiciaire. Il n'en a pas été de même du trust de la *Standard Oil and C°*. Il a été dissous le 21 mars 1892, mais, plus puissant que jamais malgré cela, il s'est reformé en se jouant des lois américaines.

Le Comptoir français n'a cessé, lui, de vivre au contraire au grand jour, donnant l'exemple dans cette nouvelle forme sociale de l'entente parfaite entre les intéressés et de la persévérance dans les vues commerciales.

Quant aux cinq grandes Compagnies, aucun incident n'est venu marquer leur existence en tant que groupe.

C'est que, ainsi que nous le disons plus loin, le Monopole ne peut être durable et bienfaisant que lorsque l'*Intérêt privé* s'allie à l'*Intérêt général*. Or, l'Intérêt général était représenté au sein des grandes Compagnies par l'Etat. Voilà pourquoi ce grand trust a été ignoré dans le monde.

On peut donc dire que la concentration industrielle est née officiellement dans le pays de France. C'est un point d'histoire qu'il était utile d'établir.

*
* *

Mais, depuis quinze ans, le mouvement s'est développé ; il devient vertigineux aujourd'hui. Le grand *trust* du sucre en Amérique est de novembre 1887. En 1899, il y avait 353 trusts en Amérique, avec un capital de 4,248 millions de dollars, soit plus de 20 milliards. Aujourd'hui, avec les nouveaux trusts de l'acier, le capital dépasse 30 milliards.

C'est un peu plus que l'ensemble des budgets de tous États du monde réunis.

En Europe, c'est l'Autriche et l'Allemagne qui sont entrées le plus résolument dans la voie des ententes, cartels, etc., et cela sans trust, mais avec une sûreté et un esprit pratique qui ont porté rapidement à un haut point la prospérité industrielle de ces pays. La France, l'Angleterre, et les autres nations, ont suivi lentement et avec modération le grand mouvement qui transforme les conditions de la production industrielle.

On peut fixer à une cinquantaine de milliards le capital des ententes actuellement existantes dans le monde, représenté par 900 à 1.000 groupements commerciaux.

On le voit, c'est un mouvement formidable comme on n'en a jamais vu de semblable dans l'univers.

Et il n'est qu'à ses débuts. Il est donc intéressant, avant de passer en revue les associations existantes dans les différents pays, de se rendre compte des formes qu'ont pu revêtir déjà ces associations.

La classification des ententes industrielles

En 1883, le docteur KLEINVACHTER, nous dit l'ingénieur J. CARLIOZ (1), a donné une classification des associations dont se sont inspirés tous les économistes qui, depuis, ont écrit sur ce sujet ; chacun l'augmentant des exemples survenus postérieurement et la complétant, à mesure que les associations arrivaient progressivement vers une forme plus parfaite et mieux en harmonie avec les besoins du moment de l'industrie et du commerce.

Cette classification naturelle, toujours intéressante, doit être conservée, parce qu'elle est l'histoire même des associations et de leurs développements ; nous la complétons également de nos observations personnelles, notamment sur les fédérations internationales de syndicats.

1° Associations de production ;

2° Associations de prix de vente ;

3° Associations de prix d'achat de matières premières et de vente des produits fabriqués ;

4° Associations de débouchés ;

5° Associations de répartition des commandes ;

6° Associations mettant en commun les bénéfices provenant de primes prélevées sur la surproduction ;

7° Comptoirs uniques d'achat et de vente des produits fabriqués ;

---

(1) Études sur les associations industrielles et commerciales, par J. Carlioz. — Imp. Chaix 1900.

8° Cartels (1) ;
9° Trusts ;
10° Pools ;
11° Corners ;
12° Associations entre patrons et ouvriers ;
13° Syndicat de chambres syndicales (forme toute nouvelle essentiellement française).
14° Fédération internationale de syndicats.

1° *Associations de production*

Ces associations ont pour but d'éviter l'avilissement des prix en limitant la production aux besoins du marché. Cette forme a été la plus fréquente au début.

C'était la plus simple en apparence.

La limitation était obtenue soit par des amendes frappant toute surproduction, au bénéfice d'une caisse commune, soit par la réduction proportionnelle de la production de chaque usine, soit encore par la fermeture momentanée d'un ou de plusieurs établissements.

Le troisième moyen était le meilleur, parce qu'il ne laissait en activité que les usines travaillant le plus économiquement ; une prime de chômage était payée aux usines fermées, ou bien les bénéfices réalisés par les usines maintenues en activité étaient mis en commun et partagés entre tous les associés au prorata de

---

(1) Nous avions le choix pour écrire à l'allemande *Kartell*, mais au pluriel ce nom fait *Kartelle* et les Français n'auraient point compris cela. *Cartel* et *Cartels* est le mot nettement francisé, nous l'adopterons.

leur part proportionnelle théorique de la production totale.

Pour réussir, ce type d'association doit grouper au moins 90 % de la production totale d'un pays ou au moins d'une région et le comité directeur doit être investi de pouvoirs étendus pour la recherche et la répression des fraudes.

Le Comptoir de Longwy a pu, en 1887, réduire la production de ses usines à 37,5 % de leur production normale prise pour base. La réduction faisait l'objet d'une adjudication au rabais et était supportée par l'usine qui avait demandé l'indemnité minima. Dans d'autres industries, comme l'industrie textile, on réduisait simplement les heures de travail uniformément, dans toutes les fabriques.

Il est excessivement rare que les associations basées uniquement sur la limitation de la production aient réussi ; on les a vues se rompre très rapidement, tantôt parce qu'elles ne groupaient pas une proportion suffisante de la production, tantôt parce que les associés n'observaient pas leurs engagements. Quand venait une crise, les stocks augmentaient, les industriels s'inquiétaient et ne songeaient plus qu'à reprendre leur liberté, espérant faire plus facilement seuls face aux difficultés de la situation.

Les cartels allemands qui, au début, ne reposaient que sur la limitation de la production, sombrèrent presque tous par le fait du manque de bonne foi des syndiqués. Des amendes étaient prévues, qui punissaient les infractions aux engagements pris, et le recouvrement de ces amendes était assuré par le versement préalable d'un cautionnement ; mais la difficulté consistait à découvrir les infractions.

On a vu dans notre premier volume de l'*Accaparement* que le Syndicat des houilles de Westphalie n'a dû sa fondation qu'à l'abandon complet de cette forme d'association basée uniquement sur la bonne foi.

2° *Associations de prix de vente*

On a cru arriver à une association plus solide en laissant chacun maître de sa production et en limitant seulement les prix de vente. Mais ce lien n'est pas plus solide que le précédent : dès qu'une affaire importante se présentera, l'intérêt personnel, qui a conservé toute sa liberté, ne résistera pas au désir de l'enlever à un concurrent, même associé, en pratiquant des prix inférieurs aux minima fixés. On a prévu des amendes, comme dans l'association de production ; mais, ici comme là, la difficulté est de découvrir les fraudes si faciles à dissimuler, surtout quand les commandes sont reçues et les livraisons faites directement.

D'ailleurs, ce type d'association favorise les grandes usines qui, mieux outillées, produisent à des prix inférieurs.

Le Comptoir des poutrelles a préludé par une entente entre les Forges du Nord et du Pas-de-Calais, qui limitait les prix seulement. — Les Compagnies françaises d'assurances ont adopté, dès 1881, un tarif commun et se sont engagées à ne pas descendre au-dessous.

3° *Associations de prix d'achat de matières premières et de prix de vente des produits fabriqués*

Ce mode d'association n'est qu'une variante du précédent ; il a sur lui l'avantage d'obtenir, par des achats en commun de matières premières, des prix plus avantageux et, par suite, une diminution du prix de revient ; mais il porte en lui-même les mêmes germes de destruction que les types 1 et 2.

Il fut essayé par le Syndicat des fabricants d'iode de Bretagne. — Le Comptoir de Longwy a acheté, pour tous ses membres, des cokes au Syndicat de Westphalie.

4° *Associations de débouchés*

Cette association assigne à chaque usine une région dans laquelle elle a seule le droit de vendre ; elle ne peut vendre au dehors, mais, en retour, elle n'a aucune concurrence à redouter au dedans ; sa production n'est pas limitée et elle est maîtresse de ses prix.

Cette combinaison est évidemment supérieure à celles qui précèdent. Mais, pour réduire son prix de revient, chaque usine poussera sa production et que fera-t-elle de son excédent ? Tôt ou tard, elle l'écoulera en fraude hors de la région qui lui est attribuée. Et cette fraude, comme les autres, sera difficilement atteinte.

Le Syndicat Nord-Centre de 1892, pour la vente des poutrelles en France, était établi sur ces données : le Nord était réservé aux usines de la région ; le Centre aux trois grandes usines qui y dominent ; Paris était partagé entre les deux séries d'usines ; la région de la Loire était commune et les deux séries pouvaient y vendre au même prix.

5° *Associations de répartition des commandes*

Appelons p la puissance de production de chaque usine syndiquée et P la puissance de production totale de l'association,

$$p_1 + p_2 + p_3 + \ldots + p_n = P$$

Mais il arrivera bien rarement que la consommation absorbe toute la production ; elle n'atteindra généralement qu'un nombre C s'approchant plus ou moins de P, mais qui lui sera généralement inférieur. La part revenant à chaque usine sera alors :

$$p \times \frac{C}{N'}.$$

et le Comité directeur de l'association devra veiller à ce que, à chaque moment, les commandes envoyées aux usines satisfassent sensiblement, pour chacune d'elles, à cette équation :

$$\text{Commandes} = p\frac{C}{N} ;$$

Ou bien, on part d'une consommation probable et on attribue à chaque usine une partie de cette consommation proportionnée à sa puissance de production. Cela revient au même.

Les deux Compagnies de Chemins de fer du Nord et de l'Ouest se sont réparti, suivant ces principes, le trafic des marchandises entre la France et l'Angleterre.

Quand il s'agit d'une adjudication, le Comité directeur de l'Association désigne l'usine qui doit être adjudicataire ; les autres s'abstiendront ou proposeront des prix plus élevés que ceux de l'usine désignée.

C'est ce qui a eu lieu pour les adjudications de pétroles aux Compagnies de Chemins de fer de la part des quatre grands marchands de pétrole de France : DEUTSCH, DESMARAIS, FENAILLE ET DESPEAUX, USINE DE COLOMBES.

Cette association suppose implicitement une association de prix, au moins dans certains cas.

Le Comité directeur doit être armé de pouvoirs étendus et d'un droit de contrôle effectif, pour voir si chaque usine déclare bien à la Direction la totalité des commandes qu'elle reçoit.

Le côté faible de cette association est encore la facilité des fraudes et la difficulté de les découvrir ; elle sera d'un fonctionnement bien difficile tant que le Comité directeur ne recevra pas lui-même toutes les commandes et n'en opérera pas lui-même la répartition entre les usines. Aussi ne doit-elle être considérée que comme un acheminement vers l'association la plus parfaite que nous retrouverons plus loin.

6° *Associations mettant en commun les bénéfices provenant de primes prélevées sur la surproduction*

Il est parfois impossible d'opérer la répartition des commandes, notamment quand il s'agit de transports; l'association prend alors pour base la répartition des bénéfices réalisés. C'est le principe des *pools* américains, qui ont l'inconvénient grave de se prêter facilement à des dissimulations sur les bénéfices réalisés.

La solution adoptée, en France, par les fabricants de bougies a su éviter cet inconvénient. Elle a en outre l'avantage de laisser à chaque associé son initiative, sa responsabilité et sa clientèle, et de l'intéresser à diminuer son prix de revient en perfectionnant son outillage et ses procédés de fabrication. Elle permet aux petites usines de vivre à côté des grandes ; elle prolonge l'existence de celles dont l'outillage est défectueux, ce qui sera considéré comme un bien ou comme un mal suivant qu'on placera l'intérêt individuel avant ou après l'intérêt général de l'industrie et du pays. Il est incontestable, en effet, que le maintien d'usines mal outillées ou seulement moins bien outillées est un frein qui retarde la marche de l'industrie vers le perfectionnement des moyens et des procédés de production et par conséquent vers l'abaissement des prix de revient.

C'est cet abaissement qui doit être le principe tutélaire de toute entente.

7° *Comptoirs uniques pour l'achat
et la vente des produits
fabriqués par toutes les usines associées*

On a successivement essayé toutes les combinaisons des types qui précèdent ou, plus exactement, on a successivement ajouté aux conditions des premiers types les conditions nouvelles que l'on croyait de nature à resserrer les liens de l'association et à la rendre plus efficace et plus viable. Aucun des types précédents n'est capable de réaliser seul une association efficace et solide ; il a fallu réunir en un seul faisceau les liens fragiles de toutes les associations précédemment étudiées, pour en faire une suffisamment efficace et résistante au-dedans et au-dehors. C'est ainsi qu'on est arrivé à la combinaison du Comptoir de vente, qui, tout à la fois :

Limite la production ;

Fixe les prix de vente ;

Traite en gros pour l'achat des matières premières ;

Répartit les commandes entre les usines tant au point de vue des débouchés, pour éviter des transports inutiles, qu'au point de vue du *quantum* ;

Enfin, il répartit, à la fin de l'exercice, entre les associés, au prorata de leurs livraisons, les bénéfices résultant de la différence entre son prix d'achat aux usines et son prix de vente à la clientèle.

C'est actuellement la forme la plus parfaite de l'association industrielle et commerciale : elle assure des prix rémunérateurs à une production normale répondant à la demande du marché intérieur ; quant à l'exportation, elle est un bénéfice supplémentaire.

Même faite à des prix inférieurs, la vente à l'exportation constitue un bénéfice, car elle permet à l'usine d'abaisser son prix de revient en répartissant ses frais généraux sur une production plus importante.

L'association sous forme de comptoir intéresse l'usine à perfectionner son outillage et sa fabrication afin d'abaisser son prix de revient pour augmenter le premier bénéfice résultant de l'écart entre le prix de revient et le prix d'ordre de vente au comptoir ; elle a en outre l'avantage de diminuer beaucoup l'influence de l'élément personnel dans la direction de l'association et de supprimer ainsi une cause d'échec fréquent.

C'est la France qui a donné l'exemple de cette forme d'association à peu près parfaite, et c'est le premier comptoir, celui de Longwy, qui l'a inaugurée sans l'appui de l'Etat et en pleine liberté.

D'autres comptoirs semblables ont été fondés dans l'industrie métallurgique française. Ce sont les Comptoirs des Poutrelles, des Tôles et Larges Plats, des Ressorts de Carrosserie, etc.

8° Cartels

Le cartel est une association allemande fondée sur le principe du comptoir ; c'est un syndicat général de vente, selon MM. GRUNER et FURSTER, société par actions, complètement indépendante de toutes les sociétés productrices et qui achète, dans des conditions déterminées, la totalité de la production, pour la vendre au mieux des intérêts de tous, à l'abri de toute concurrence dans le district même, et en tenant compte des conditions commerciales partout où la concurrence se fait sentir.

Les cartels ont seuls le droit d'acheter et de vendre les produits des usines ; ils règlent la production en exigeant, au besoin, la fermeture des usines moyennant une prime de chômage ; ils ont, en outre, de plus que les comptoirs, la consécration officielle et l'appui du Gouvernement allemand, qui fait partie de certains d'entr'eux, notamment du cartel des Sels de potasse.

On peut considérer le cartel comme plus autocratique que le comptoir et comme l'intermédiaire entre celui-ci et les trusts.

9° *Trusts*

Trust signifie, littéralement fidéicommis ; *trustee*, administrateur ; *board of trustees*, Conseil d'administration.

L'association désignée sous le nom de *trust* est une société de sociétés, la réunion sous une direction unique de toutes les usines et sociétés faisant partie de l'association, ou mieux, la fusion de toutes ces usines et sociétés en une seule société, avec un seul comité de direction.

C'est la concentration industrielle poussée à sa dernière limite.

Un actionnaire d'une société remet à un *trustee* son action ; il lui confère ainsi, en même temps, son droit à l'administration de la société et son droit à la participationx au bénéfices du trust. Le *trustee* lui remet en échange un *trust-certificate* représentant seulement le droit au dividende.

Le certificat peut changer de mains, le droit au dividende change de mains avec lui ; mais le droit d'administrer reste immuable entre les mains du *trustee*.

Que tous les actionnaires de la société fassent de même et le *trustee* devient seul administrateur de la société.

C'est le pouvoir absolu aux mains d'un seul. C'est l'image de la royauté dans les affaires.

Supposons maintenant plusieurs sociétés ayant confié chacune à un même *trustee* son administration, la réunion de tous ces *trustees* formera le *board of trustees*, le conseil d'administration du *trust*.

Les avantages d'une telle organisation apparaissent immédiatement, immenses :

Une usine mal outillée ou mal située gagne peu, on la ferme purement et simplement et l'on force la production d'autres usines travaillant plus économiquement ; du même coup, on a réduit les frais généraux ;

Les achats faits en gros par le trust pour toutes ses usines permettent d'obtenir, avec un personnel moindre, des prix plus avantageux ;

Les perfectionnements d'outillage, qui sont souvent au-dessus des forces d'un seul, se réalisent facilement avec les capitaux accumulés dont dispose le trust ;

Le trust fait profiter toutes ses usines du meilleur outillage et du meilleur procédé de fabrication ;

Si le personnel d'une usine est récalcitrant, s'il menace d'une grève, le trust ferme l'usine et supplée sans gêne, par la production augmentée des autres usines au déficit provenant de cette fermeture ;

Le trust a, cela va sans dire, et à un degré plus complet, tous les avantages des comptoirs et des cartels.

Le monopole se trouve ainsi créé, complet, absolu au profit du trust ; il est à craindre que celui-ci n'en abuse aux dépens des consommateurs. De fait, cette accusation est portée contre tous les trusts et l'on doit reconnaître qu'elle est généralement fondée :

Le trust du sucre a distribué à ses actionnaires un dividende représentant 75 % de son capital réel ;

Celui des rails a vendu au Japon 20 dollars ce qu'il faisait payer 28 dollars en Amérique ;

Le trust des *wire-nails* a élevé le prix des pointes de 85 cents à 2 d. 60 c. en Amérique, alors qu'il vendait à l'exportation 80 cents seulement ;

Le trust des pelles fait hausser les prix de 50 à 100 % ;

Le trust des boulons se rompt et immédiatement les prix fléchissent de 20 % ;

A l'entrée de l'hiver de 1896-1897, le prix de la tonne d'anthracite monte subitement de 1 dollar et l'on apprend qu'un trust vient de se former : les prix passent bientôt de 4 dollars à 6 dollars 1/2 la tonne ;

Le trust des cigarettes n'augmente pas les prix des cigarettes, mais les planteurs se plaignent d'une diminution du prix de vente de la matière première.

10° *Pools*

Un *pool* est « un arrangement par lequel des industriels conviennent de verser dans une caisse commune (pool) les bénéfices de leurs exploitations, soit d'une manière partielle au-dessus d'un certain chiffre, soit en totalité. Ces bénéfices ainsi centralisés sont répartis ensuite entre les associés suivant certaines proportions déterminées d'avance ». (BABLED.)

C'est une spéculation momentanée qui a exclusivement pour but le relèvement des prix par des moyens artificiels.

M. P. de Rousiers nous en montre le fonctionnement dans deux exemples intéressants :

« Au moment de notre enquête, les cinq maisons les plus grandes et les mieux outillées pour la fabrication des fers employés dans la construction avaient établi un *pool* au moyen duquel elles s'assuraient toutes les fournitures les plus considérables et prélevaient sur ces fournitures un bénéfice élevé. Lorsqu'une grosse commande était annoncée, ces cinq maisons, parfaitement certaines qu'elles seules aux Etats-Unis pouvaient la prendre, en raison de son importance, procédaient entre elles à une sorte de contre-adjudication : chacune d'elles établissait son prix ; celle qui avait demandé le prix le plus élevé était désignée comme devant accepter la commande, mais elle versait à la caisse commune du *pool* la différence entre le prix officiel payé par le client et le prix le plus bas qu'un des cinq membres du *pool* eût consenti. De cette manière, le fer de construction se trouvait maintenu artificiellement à un taux supérieur à celui que le jeu naturel de la concurrence aurait déterminé, et le *pool*, ayant une caisse bien alimentée, pouvait distribuer à ses membres de beaux bénéfices, et même désintéresser entièrement ceux qui arrêtaient leur fabrication,

— 38 —

lorsque cet arrêt était jugé avantageux à l'intérêt commun. » (*Les Industries monopolisées*, p. 169.)

Le *pool* des *wire-nails* (pointes faites avec du fil de fer) est plus saisissant encore : le prix des *wire-nails* avait passé de 222 fr. les 100 kil. en 1875, à 166 fr. 66 en 1897, pendant que la production montait de 900,000 kilogr. Cette baisse anormale était due en partie à la baisse du prix de la matière première, et surtout à la surproduction. Huit compagnies formèrent un *pool* sous l'habile direction de M. John H. Parks, de Boston.

M. Parks vit dès le début que les *wire-nails* ne pouvaient faire l'objet que d'une entente momentanée ; parce que, à la faveur du relèvement des prix provoqué par le *pool*, de nouveaux fabricants allaient apparaître d'autant plus certainement qu'une usine *wire-nails* peut se monter en six semaines, avec 50.000 fr. « Il fallait donc agir énergiquement et rapidement hausser les prix dans la plus forte proportion possible, tant que la clientèle ne refuserait pas d'acheter ; profiter de cette hausse par le fait que les membres du *pool* se trouveraient au début seuls en mesure de fournir aux demandes ; retarder la chute inévitable par tous les moyens qui assureraient un bénéfice très prompt, puis s'y résoudre dès que ces moyens deviendraient trop coûteux, dès qu'ils ne *paieraient* plus à brève échéance ».

Le prix du baril de 45 kilogr. qui était de 4 fr. 25, le 15 mai 1895, était de 10 fr. 50 en juillet, et atteignait 13 fr 70 le 1ᵉʳ mai 1896. Pendant ce temps, on vendait 5 francs à l'exportation et un marchand de Baltimore gagnait 70 francs par 1.000 kilogr. sur les prix du *pool* en faisant revenir des clous américains de Hambourg!

11° *Corners* (1)

Les *corners* sont des *pools* s'exerçant sur un champ plus vaste. Ce sont des tentatives d'accaparement d'une denrée aboutissant à peu près toujours à des liquidations désastreuses et à la ruine de leurs auteurs. Leurs moyens : accaparer, sur les différents marchés, à l'aide de gros capitaux, la marchandise visée ; acheter toutes les existences disponibles ; revendre à des cours de hausse des quantités strictement nécessaires à la consommation quotidienne. Ces opérations sont essentiellement temporaires et cherchent fatalement à embrasser le monde entier.

Au début, ils ruinent les vendeurs à découvert ; à la fin, ils ruinent ceux qui, ayant acheté aux hauts cours, sont obligés de vendre aux cours d'effondrement.

Pendant tout le temps, le consommateur a payé le produit beaucoup plus cher qu'il ne vaut.

Généralement les *corners* ruinent leurs auteurs, parce qu'ils provoquent la trahison des associés, l'arrêt de la consommation, l'augmentation de la production et la concurrence étrangère. (Conf. Babled, thèse pour le Doctorat.)

Le *corner* est une spéculation qui n'a rien de commun avec les associations qui nous occupent ; il a l'accaparement pour moyen, et, pour but, l'exploitation du consommateur. Il s'élève momentanément sur les

---

(1) Ainsi nommé parce que c'est une opération qui se pratique ordinairement sur le blé *corn*.

ruines qu'il accumule et il expie ses forfaits en s'effondrant lui-même dans une ruine finale.

C'est une opération de ce genre qu'a tentée récemment le jeune Leiter sur les blés en Amérique. Il a succombé. M. SECRETAN, en France, a fait de même dans l'affaire du Syndicat des cuivres. *(De l'Accaparement.)*

12° *Associations entre patrons et ouvriers.*

Les associations des patrons avec leurs ouvriers, dans le but d'éviter l'avilissement des prix de vente des produits fabriqués et l'abaissement des salaires, qui en est la conséquence forcée, ne sont pas un fait récent : nous avons vu, en 1849, deux bonnetiers s'associer ainsi, à Bar-le-Duc ; plus récemment, les brodeurs de Saint-Gall, les teinturiers de Bradford et les mineurs du pays de Galles nous en ont donné de nouveaux exemples.

Certes, ces ententes sont infiniment préférables à la guerre ouverte qui se manifeste si souvent sous forme de grèves, aussi nuisibles aux intérêts des ouvriers qu'à ceux des patrons ; et le syndicat de Saint-Gall nous a prouvé que cette association est parfaitement viable, tant qu'elle ne commet pas d'excès de pouvoir.

Dans ce genre d'association, les patrons s'engagent, envers les ouvriers, à leur payer un salaire minimum et ils conviennent entre eux d'un prix de vente minimum au-dessous duquel ils s'engagent à ne pas descendre.

Nous estimons que le comptoir de vente vaut mieux : les ententes entre les patrons et ouvriers sont trop sensibles aux conseils des meneurs rarement intéressés qui les font se désavouer avec une facilité qui supprime toute confiance et lasse les meilleures volontés.

Avec la pratique des affaires, cela pourra changer.

13° *Syndicats de Chambres syndicales*

Il vient de se former à Paris une association nouvelle de Chambres syndicales sous le titre *Union des Industries métallurgistes et minières et des Industries qui s'y rattachent*. C'est la plus nombreuse des associations connues.

Elle comprend déjà une trentaine de chambres syndicales.

Le but poursuivi est purement corporatif. Il s'agit :

1° D'étudier en commun les questions économiques et sociales qui intéressent le développement et l'avenir des Industries adhérentes et sur lesquelles un accord paraît pouvoir se faire ;

2° De déterminer à ce sujet la ligne de conduite de l'Union ;

3° De représenter les Chambres adhérentes dans toutes les questions où une action commune est jugée nécessaire.

Il y a là une forme d'association à l'état d'ébauche et c'est en France qu'elle prend naissance, probablement, par cette raison, que les chambres syndicales ayant une existence légale, il semble aux associés qu'ils sont un peu sous l'égide de l'Etat et par conséquent n'ont rien à craindre des curiosités de la justice.

En outre, il est probable que certaines notions d'*Intérêt général* s'y feront jour, en raison de la forme même de l'association.

14° Fédération internationale de syndicats

C'est cette nouvelle forme que nous avons signalée le premier comme la plus dangereuse et la plus formidable.

Si, comme nous l'avons déjà démontré pour le syndicat des Cokes belges et le syndicat des Cokes allemands, des ententes internationales s'établissent entre syndicats nationaux, nous marchons à l'*internationalisation* des moyens de production et de vente.

(Comme exemple, nous citerons déjà la fédération des Syndicats des Cokes, celle des Syndicats du Pétrole et de la Dynamite.)

C'est un pouvoir nouveau, rival du pouvoir politique, qui se révèlera dans le monde et réalisera peut-être un jour le vœu d'Auguste Comte qui, dans son désir de voir les hommes s'intéresser aux choses de l'économie politique, et non aux choses de la politique et de la religion, disait :

« Je ne serai content que le jour où je verrai le
« peuple faire des révolutions pour une question de
« tarif. »

Il se peut que si nous voyons un jour triompher les

syndicats de syndicats, le vœu du maître positiviste soit exaucé !

*
* *

En résumé, nous venons d'étudier quatorze formes de la concentration industrielle. Il y en a une quinzième qui ne peut rentrer dans le cadre des associations, c'est le cas que j'appellerai *individuel*, le cas où une personne seule accapare un produit dans ses magasins ou est seule à le produire dans ses mines ou ses usines, ou enfin en possède seule la matière première. M. DE ROTHSCHILD a monopolisé ainsi le mercure ; certains métaux rares peuvent être de même concentrés en une seule main. Il est clair qu'il y a en ce moment une recherche très active des quelques denrées rares qui peuvent être accaparées. En général, cela a peu d'intérêt pour la collectivité, car les denrées rares ne sont pas de celles qui intéressent le peuple et ont le caractère de denrées de première nécessité.

Néanmoins, il fallait mentionner cette forme de la concentration industrielle.

Les causes de la concentration industrielle

Terminons ce chapitre par un mot très court sur les causes du phénomène économique qui nous occupe.

On a cherché bien loin, dans la Protection, dans le Libre échange, les causes de la concentration industrielle et commerciale.

Les causes en sont bien simples. La crainte de l'effort, le désir légitime de consacrer plus de temps aux occupations non manuelles, les tendances vers la réalisation de plus gros profits, ont engendré le *machinisme*.

Le machinisme, lui, a entraîné la production intensive des marchandises ; l'écoulement de ces dernières a été rendu plus facile grâce aux chemins de fer, aux moyens de transport perfectionnés et au télégraphe.

Mais, à un moment donné, cette production intensive a dépassé le but, la surproduction est arrivée et la baisse des prix a obligé les producteurs à se réunir pour limiter la production, éviter la ruine, en attendant de hausser les prix.

Les effets de cette entente ont été si soudains, si efficaces, que les avantages de la coopération ont sauté aux yeux de tous.

Un levier industriel et commercial d'une grande puissance était trouvé.

Au fond, tout cela : machinisme, puis chemins de fer et télégraphes, puis production intense, puis surproduction et, finalement, association, tout cela, c'est le progrès, c'est la marche normale en avant.

A quoi bon alors s'insurger contre le progrès ?

Il faut éviter les excès, empêcher les manœuvres dolosives, voilà tout.

Pour cela, il faudra légiférer quand on aura bien étudié le phénomène.

**

Et maintenant que nous avons vu où nous mène la concentration industrielle, maintenant que nous connaissons les formes d'associations qu'elle engendre, et les causes qui l'ont fait naître, étudions-là en Europe à l'heure actuelle.

Allemagne

IV

ALLEMAGNE

Si j'osais émettre une opinion dès le début de ce livre, je dirais que l'Allemagne, au point de vue de la concentration industrielle, est peut-être le pays du monde le plus intéressant à étudier et pratiquement le plus avancé.

C'est là que les associations ont pris depuis longtemps, depuis quarante ans au moins, un caractère pratique en même temps que hardi.

Déjà, dans l'agriculture, l'idée d'exploiter en commun des forêts en réunissant les propriétés sous une même administration et en partageant les revenus des coupes à la fin de l'année, était mise en pratique sur beaucoup de points du territoire, il y a presque des siècles. Les syndicats agricoles ont depuis longtemps précédé les syndicats industriels. Les mines fiscales, c'est-à-dire exploitées par l'Etat, de temps presque immémorial, ont fait les esprits à ces administrations industrielles centralisées. Mais c'est surtout dans les dernières années, après la guerre de 1870, que l'essor des associations industrielles et commerciales qui nous occupent a été très vif.

Je n'hésite pas à penser que le développement économique inouï de l'Allemagne est dû, non-seulement à la situation prépondérante que la victoire donne toujours à un peuple dans le monde, mais précisément aussi à ce développement des *cartels* qui sont passés rapidement dans les mœurs allemandes.

Une circonstance a surtout facilité ce développement. Tandis qu'en Amérique les différents Etats se montraient plus ou moins hostiles aux *trusts*, les combattaient parfois, légiféraient toujours contre eux, tandis qu'en France l'existence de l'article 419, l'emprisonnement de Secrétan lors de l'accaparement des cuivres, l'affaire du Comptoir céramique, et, tout récemment encore, l'affaire Jaluzot, refroidissaient les zèles et jetaient sur les esprits, généralement timorés chez nous, l'ombre de l'illégalité, tandis qu'en Autriche enfin, l'opposition et le gouvernement déposaient à l'envi au Parlement des propositions de loi hostiles ou soupçonneuses contre les syndicats, le Gouvernement allemand prenait pour ainsi dire sous son aile les cartels et les syndicats. Bien plus : il y adhérait lui-même pour ses salines !

Un ministre, que nous avons cité maintes fois, poussait sous une autre forme le cri de Guizot : « Enrichissez-vous ! » Il s'écriait : « Associez-vous, faites prospérer l'Empire ! »

Et la chose avait lieu. Et pendant que l'Amérique allait aux excès, que la France s'avançait timidement, que l'Angleterre semblait presque ignorer le grand mouvement de la concentration industrielle, que l'Autriche enfin y mêlait l'antisémitisme, l'Allemagne opérait en paix, travaillait, bénéficiait avant tout le monde des effets de la nouvelle et magique formule sous l'égide même du Gouvernement.

C'est certainement à l'intelligence de ce Gouvernement, à la puissance de travail de la nation qu'est due la soudaine ascension commerciale de l'Empire d'Allemagne.

Bref, les résultats sont là. En 1870, il y avait 5 syndicats, 8 en 1875, 14 en 1879, 90 en 1885, 210 en 1890, 345 en 1897, et un peu moins à l'heure actuelle, parce qu'il y a eu un mouvement très curieux de fusion de syndicats qui représente l'ébauche d'une ère nouvelle imminente.

Cela se passe de tout commentaire, et un mouvement économique de cette nature et de cette intensité est appelé peut-être à modifier toutes les idées économiques des écoles un peu vieillies du Libre échange et de la Protection pures. C'est à ce point de vue, et avant de dire dans un prochain volume quelles sont les modifications profondes qu'introduit dans la science économique le développement des ententes, qu'il y a lieu de les étudier dans tous leurs détails. Commençons donc maintenant.

Ce que c'est que le cartel

La forme d'association type en Allemagne, a dit M. F.-H. MASON, consul général d'Amérique à Berlin, est ce que l'on a appelé le *cartel*.

Un « cartel », ou syndicat, est ainsi défini par Liefmann, une des autorités parmi les économistes qui ont écrit sur ce sujet :

Une combinaison formée pour maintenir la puissance de concurrence de chacun de ses membres, quelque variables que soient leurs aptitudes et facultés, tout en les faisant jouir des avantages du monopole.

Et cela :

1. — En obtenant un prix maximum uniforme pour la vente.

2. — En créant et maintenant une demande normale et rationnelle de matière première et de travail.

3. — En créant un monopole pour chaque membre ou chaque groupe de membres dans chaque branche de la production.

Les syndicats organisés dans un, deux ou trois de ces buts peuvent se diviser en trois groupes :

A. — *Convention relative au prix de vente.* — Les producteurs d'un certain article ou d'une certaine classe de produits s'engagent à ne pas vendre au-dessous d'un prix minimum, ce prix pouvant être modifié par agrément mutuel, selon le cours des matières premières ou toutes autres conditions du marché. Les organisations assez libres de ce genre furent les premières de toutes, et rendirent des services dans les temps prospères, mais dans les moments de crise ou de moindre demande il devint difficile de retenir tous les adhérents dans leur union, et on décida d'adopter une forme plus étroite d'association et de placer la vente sous une seule direction centrale. C'est ce qu'on appelle les syndicats de vente.

B. — *Syndicats de vente.* — Tous les syndicats confient la vente de leurs produits à un comité central qui fixe les prix et répartit entre tous les adhérents les commandes en proportion de leurs capacités productives, des qualités de marchandises commandées et des conditions de transport. C'est la classe la plus nombreuse en Allemagne. Exemples : les mines de Stassfurth; le syndicat houiller de Westphalie. Dans ce cas, les compagnies intéressées gardent leur autonomie, distribuent leurs bénéfices d'après leurs gains particuliers et achètent la matière première en liberté.

C. — Trusts. — La troisième classe comprend les trusts. Là, la valeur des usines ou les actions qui les représentent sont absorbées ; on forme un nouveau capital et toutes les affaires sont sous la direction absolue d'une autorité centrale. Il y a peu de ces trusts en Allemagne, sauf ceux ayant un caractère international. Les usines de Krupp, à Essen, ont, en réalité, absorbé les ateliers Germania à Kiel, une fabrique d'outils à Berlin, et nombre de mines, houillères et hauts-fourneaux. De même, quelques grosses banques de Berlin ont absorbé des banques de Hambourg, Dresde, etc., etc., créant ainsi des syndicats de banquiers qui ont eu une immense influence sur les entreprises commerciales et industrielles.

C'est à ces syndicats de banquiers que l'on doit le développement industriel un peu anormal qui a abouti à la crise actuelle.

Mais en fait il n'y a que peu ou point de *trusts* en Allemagne.

Les principaux cartels allemands

Toutes ces formes syndicataires sont organisées d'après la loi des Corporations, mais ne sont pas soumises au contrôle de l'Etat. Il n'est pas nécessaire qu'un cartel obtienne une charte du gouvernement ou soumette à aucun bureau une copie de son acte d'association. Dans le cas des syndicats de vente, le bureau central est enregistré comme toute autre maison de commerce à la Chambre de commerce et reste soumis à la loi générale concernant les corporations, mais n'a pas à subir d'autres formalités. Dans ces conditions, il est impossible de connaître officiellement le nombre de cartels ni le capital qui y est engagé. Plusieurs de ces combinaisons sont tenues plus ou moins secrètes. Elles changent chaque jour en nombre, en caractère, puis plusieurs syndicats se réunissent en un seul, de sorte que, actuellement, il en existe moins qu'en 1897. Comme exemple nous citerons l'industrie du sucre. Un syndicat contrôle la production des betteraves, un autre la fabrication du sucre brut, un troisième la raffinerie. Actuellement, 97 % des usines et raffineries ont adhéré à des syndicats.

On peut dire que toute cette industrie est monopolisée et dans tous les pays voisins. C'est, à notre avis, une des choses les plus graves à signaler en Allemagne, car le sucre est une matière première de première nécessité, et, selon la doctrine de la Convention, il y a là un accaparement tout à fait condamnable.

Voici le dénombrement des cartels connus à ce jour :

L'industrie chimique, 82 syndicats ; fer, 10 ; carrières et minières, 59 ; industrie textile, 38 ; papier, 19 ; bois, 18 ; charbon et coke, 17 ; petite métallurgie, 15 ; produits alimentaires, 12 ; cuir et produits en cuir, 5.

Au 1er janvier 1900, il existait 224 espèces de matières premières et d'articles manufacturés dont la production, l'achat, la fabrication, la vente étaient contrôlés par des syndicats. Les derniers annoncés sont ceux du zinc en feuilles, ciment de Portland, chaînes, lait, papier pour l'impression. Six cartels régissent les transports maritimes et internationaux, ainsi que la vente entre l'Angleterre, la France, la Belgique, la Suisse et l'Autriche, des articles suivants : carbonate d'ammoniaque, borax, couleurs d'urane, acide muriatique, sucre de lait, chloral, soude, alizarine, acide oxalique, potasse, iodine, strontium, bromine, engrais, chromate et autres, sels de potasse, produits salins, dynamite, munitions de chasse, rails, billettes, fils de fer, tuyaux à gaz, vis à bois, ciment, miroirs, coke, zinc brut, bismuth, plomb, cuivre, etc.

Le syndicat de la dynamite, qui a absorbé tous les autres explosifs, est un des plus puissants syndicats internationaux. Il possède des brevets importants et a conclu de larges marchés avec les gouvernements européens. Il réunit l'Allemagne, la Suisse, la France, la Belgique, l'Angleterre ; le bureau central est à Londres.

C'est certainement un syndicat d'accaparement international qui domine toute l'industrie des mines.

Le trust westphalien du charbon est une réunion d'autres syndicats formés en 1892. Il estime la consommation de l'année à venir, répartit la production pour l'année future entre tous les exploitants, et fixe le prix. Le gouvernement prussien paie au syndicat le prix fixé par lui pour ses chemins de fer. Les usines, ateliers, etc., qui ne possèdent pas de mines, font de même. Les houillères de la Silésie sont également syndiquées et, pour la vente, trois directeurs en sont chargés à Berlin. Nous en parlerons plus loin, du reste.

Il y a six syndicats pour l'industrie du fer : fonte, lingots et billettes acier, longrines, fils de fer, fer en U et T, barres. Leur but est, comme toujours, d'empêcher la concurrence déloyale, en remettant la vente de la production dans une seule main, fixant les prix, répartissant les commandes, et réglant la production en raison de la consommation.

Le syndicat de la fonte est la réunion de trois autres syndicats : Rheinish Westphalien, Lorraine et Luxembourg, Siegerland. L'office central est à Dusseldorf ; ce syndicat date de 1897. Le syndicat des lingots d'acier a aussi son bureau central à Dusseldorf. On le connaît sous le nom de syndicat des produits à moitié finis. Le syndicat des longrines est de formation récente ; il comprend trois sections : Allemagne du Sud, Rhin et Wesphalie, Hanovre ; bureau central à Dusseldorf ; ce syndicat est maître du marché des longrines et des poutrelles. Le syndicat des fils de fer est récent ; il compte quatre sections : office central à Hamm, les succursales à Berlin, Dresde, Manheim, Breslau. Le syndicat des fers, fondé en 1896, a son bureau à Hagen.

Le syndicat des aciers profilés est à Essen ; organisé en 1897, il forme une association à responsabilité limitée.

Ce sont certainement les syndicats métallurgistes et miniers qui sont les plus puissamment organisés. Aussi a-t-on vu un développement inouï des mines et de la métallurgie en Allemagne. Ce mouvement n'a d'analogue que celui qui a eu lieu en Amérique sous l'influence des grands trusts.

Tels sont sommairement les principaux exemples de cartels.

Règles générales suivies dans les cartels

Ces syndicats ont le même but, la même organisation que le Syndicat westphalien. Les membres ont convenu de remettre toute leur production à un comité central. Une commission a, au préalable, inspecté toutes les usines, noté leur capacité, leur matériel, leur situation au point de vue du marché local et des transports. Toutes les commandes sont alors reçues par le directeur général du syndicat et distribuées parmi les membres suivant la capacité de leurs usines et les facultés spéciales de chacun d'eux.

Les commandes d'exportation sont données aux usines plus rapprochées des frontières ; si une usine a reçu une année plus d'ordres que son *quantum*, on porte l'excédent en déduction l'année suivante. A la fin de l'année, tous les comptes sont balancés et chaque usine est créditée de son *quantum* ou débitée de son surplus.

L'organisation est celle d'un engagement absolu : chaque adhérent se soumet sans conditions à tous les articles, règles et mesures, et même aux amendes.

A cet effet, des acceptations en blanc sont signées par chaque membre et remises au trésorier du syndicat. Si un membre est mis à l'amende, le trésorier met sur l'acceptation le montant de l'amende, et la valeur est mise en circulation.

Un pareil organisme a naturellement une grande puissance pour favoriser l'exportation. Dans la distribution des commandes, les usines les plus rapprochées des frontières sont favorisées parce qu'elles sont mieux placées pour exporter leur surplus, et que l'accumulation des produits nuirait au maintien des prix à l'intérieur. S'il arrive que ce surplus doive être exporté à perte, le déficit est remboursé par les fonds du syndicat au membre qui a subi la perte. Ces fonds sont obtenus par une taxe fixée par l'assemblée générale et prise sur la totalité des affaires.

On se rappelle qu'il y a quelques années on découvrit avec stupeur en Angleterre que les Allemands vendaient des fers et aciers marchands ainsi que du matériel de chemin de fer à Londres et à Liverpool, et qu'ils fournissaient aux colonies anglaises ces produits au-dessous des prix du marché anglais. Un expert fut chargé de faire des investigations et reconnut que le phénomène tenait à deux causes fondamentales. La première était que les fours à coke allemands perfectionnés économisaient 40 % de sous-produits que les fours à coke anglais et américains laissaient perdre. La seconde cause que les Allemands, pour maintenir leurs prix à l'intérieur, exportaient leurs produits à des prix aussi bas qu'il fallait pour obtenir des ordres.

Dans son rapport, l'expert disait que ce mode de concurrence était particulièrement désagréable et nuisible. Ce qui s'est passé pour le fer s'est renouvelé pour bien d'autres produits de l'industrie allemande.

**

Il y a aussi des syndicats dont les produits ne sont pas exportés. J'en donne un exemple dans l' « Aktien Briket Verkaufsverein », à Dortmund. Ce syndicat des Briquettes est la réunion de 25 Compagnies houillères qui, avec les menus de houille, fabriquent des briquettes. C'est un syndicat de vente, mais néanmoins acheteur de brai. Ce cartel date de 1891 et a été réorganisé en 1898. Son capital n'est que de 145,000 marks. Le siège est à Dortmund, avec une succursale à Hambourg. Les affaires de ce syndicat se chiffrent par millions.

Tel est l'ensemble rapidement entrevu des syndicats allemands et de leur fonctionnement.

Nous les ferons connaître plus loin en détail.

Les syndicats engendrent les syndicats

Il y a un phénomène bien curieux à étudier, c'est que le syndicat provoque la formation d'autres syndicats. Rien n'est plus suggestif, en effet, que cette influence d'un groupement sur la formation d'autres groupements dans des branches de l'industrie en corrélation avec le syndicat originaire. Cette observation s'applique d'abord aux syndicats de consommateurs, qu'il y a lieu d'étudier, car nous en tirerons des conclusions peut-être intéressantes. C'est le contrepoids des trusts et syndicats de production, le frein du mouvement général qui nous entraîne. Ces syndicats ont pour objet :

1° D'acheter les matières, de payer la main-d'œuvre à un prix uniforme et de ne pas dépasser un certain maximum ;

2° De limiter aux besoins de la consommation l'achat des matières et l'emploi de la main-d'œuvre ;

3° De produire autant que posible eux-mêmes les matières nécessaires à leur industrie.

Comme exemple du pouvoir générateur de ces syndicats, nous citerons celui des fabricants de fils de fer. Ceux-ci élevèrent leurs prix de 25 %. Mais ces fils sont la matière essentielle à la fabrication des vis et aussi de certaines chaînes. Les industriels voulurent résister aux exigences des tréfileurs et décidèrent, si leurs réclamations restaient inutiles, d'élever également le prix de leurs produits. Ils se formèrent en syndicat.

Le Syndicat des Mines de potasse amena de pareilles combinaisons chez les marchands de savon, etc.

Il y a eu en 1900 lutte entre le syndicat du papier et celui des journaux et éditeurs allemands. Ces derniers, s'ils n'avaient pu obtenir une réduction sur le prix du papier tel que l'a fixé le cartel, étaient décidés à construire des usines à pâtes de bois et des papeteries.

En 1890, un syndicat qui contrôlait certains produits employés dans la manufacture du verre éleva les prix de 7 %. Aussitôt, 24 usines à bouteilles haussèrent leurs prix de 10 %. Mais les marchands de vins regimbèrent et à leur tour ils formèrent un syndicat pour résister et construire une verrerie à bouteilles.

*
* *

En résumé, le groupement ne s'arrêtera pas là. Les syndicats de matières premières provoqueront la formation des syndicats de produits mi-ouvrés, lesquels engendreront les syndicats de produits finis ; puis, par un travail inverse, les syndicats de produits finis chercheront à s'assurer par des ententes les matières demi-ouvrées et les matières premières, afin de constituer un tout indépendant et autonome. C'est le *processus* suivi par le syndicat américain des aciers, commencé par M. Carnegie avec ses usines de Homestead et terminé par le grand *trust* de 4 milliards et demi, comprenant mines, minerais, flotte, chemin de fer, usines, etc. C'est la seconde phase du groupement industriel caractérisée par la diminution des syndicats, leur entente ou leur fusion.

Cette phase est fatale, et nous y marchons. C'est la concentration industrielle à la deuxième puissance, la plus grave et la plus grosse de périls.

Les Syndicats vont aller en diminuant comme nombre et en augmentant comme puissance jusqu'à la dernière limite, c'est-à-dire jusqu'à la constitution des 40 ou 50 Royautés industrielles dont nous avons parlé.

Les causes de la formation des syndicats en Allemagne

Quoi qu'il ait été beaucoup écrit sur les raisons qui ont amené la formation des cartels en Allemagne, il ne paraît pas que l'on ait trouvé la raison prépondérante. D'après ce qu'on a écrit, les temps difficiles, les périodes de dépression industrielle, revenant à des époques fixes, ont stimulé la formation des syndicats dont le but, comme l'a constaté Brentano, était d'abord un « parachute contre la surproduction ».

D'un autre côté, dans les ères de prospérité, les syndicats se sont formés pour résister aux exigences des producteurs de matières premières et empêcher une trop grande hausse des produits manufacturés, hausse qui aurait amené la construction de nouvelles usines et, par suite, une surproduction future. Cette possibilité a été prise en considération sérieusement. Ainsi, lorsqu'en 1887 le brevet de l'acide salicylique expira, les fabricants de ce produit formèrent un syndicat et abaissèrent les prix de 20 % pour empêcher la création de nouvelles manufactures. Enfin, l'adoption en 1879 d'un tarif qui mettait des droits sur les produits manufacturés et laissait en franchise les matières premières, permit aux Allemands de constituer des syndicats intérieurs, qui, sans ce tarif, auraient dû être internationaux.

LIEFMANN, dans son traité (1897) dit sur ce sujet :
Si l'Allemagne n'avait pas adopté un régime protecteur, il y aurait maintenant un grand nombre de puissants trusts internationaux, et il est douteux que les consommateurs eussent gagné à ce changement.

Il est certain, répétons-le, que le régime de la protection retardera beaucoup l'ère de l'*internationalisation* des produits dont nous avons parlé, c'est-à-dire cette seconde phase du grand mouvement économique de concentration industrielle à la seconde puissance qui semble inévitable cependant.

Les résultats généraux des syndicats allemands

M. F.-H. Mason dit dans son rapport confidentiel au gouvernement de Washington :

Sans condamner ou défendre les trusts et syndicats allemands, nous nous bornons à constater qu'ils existent en Allemagne, en tel nombre, avec un tel pouvoir, que virtuellement ils contrôlent toutes les industries importantes, qu'ils se sont développés pendant la période de transformation, où l'Allemagne, de nation agricole, est devenue industrielle, enfin qu'on n'y trouve pas, comme dans d'autres pays, une aversion populaire contre ces trusts. Cette absence d'hostilité et de méfiance tient à trois faits :

1° A part quelques rares exceptions, les cartels allemands ont usé de leur puissance d'une façon modérée. Ils ont prévenu la spéculation, la surproduction, et les variations ruineuses dans les prix. Ils ont rendu les prix stables et donné à la main-d'œuvre la régularité dans le travail et dans le salaire ; ils n'ont pas non plus eu recours aux spéculations sur leurs titres.

2° La publicité a contribué à désarmer les critiques et les soupçons. Toute société tombe, dès son organisation, sous le coup de la loi des corporations. Cette loi permet d'entrer dans tous les détails de l'organisation, oblige à publier des bilans véridiques, permet de vérifier toute la comptabilité, tient les directeurs responsables de toute infraction. Ni influence, ni fortune, ne peut sauver de la prison un directeur malhonnête. Les gains, le capital, les dividendes d'un syndicat sont soumis à un examen officiel, à une publication périodique.

3° Le peuple allemand est arrivé à cette conclusion : que la création des cartels est une nécessité dérivant du développement général : que pour tirer parti des ressources du pays, accroître l'exportation, entrer en lutte avec les autres nations, il fallait que le capital se concentrât, que la direction fut capable et économique.

Un défenseur des cartels a dit : Les Syndicats ont mis le contrôle sur les industries principales avec de larges ressources, avec une direction technique et commerciale de toute valeur ; ce contrôle s'étend de la matière première à la vente des produits manufacturés ; ils ont permis d'abandonner les méthodes surannées, d'employer les meilleures machines, de diminuer les déchets, de prévenir la concurrence inutile, d'appliquer une économie intelligente, de diminuer les frais généraux, *par conséquent d'abaisser le prix de revient*. Grâce à eux, les prix restent stables, la spéculation est supprimée et l'industrie allemande peut lutter sur les marchés étrangers.

Cet éloge est un véritable programme à proposer à tous les syndicats, car il apparaît clairement ainsi qu'ils conduisent l'Humanité vers le BIEN-ÊTRE MAXIMUM AU PRIX MINIMUM, qui est la grande loi économique dominant, d'après nous, toutes les autres.

Mais il faudra prévenir les excès toujours possibles par une législation bien étudiée permettant la répression des abus tout en laissant à l'initiative privée tout son ressort. Ce ne sera pas chose facile.

La répercussion des syndicats sur les salaires et le coût de la vie

La concentration industrielle a-t-elle influé sur les salaires et le coût de la vie ? C'est un point important à établir.

Grâce aux syndicats, les dernières quinze années ont vu un développement inouï du commerce et de l'industrie allemands. Dans cette période, le nombre des ouvriers de l'industrie s'est accru de 48 % et a passé de 7,340,000 à 10,900,000. De plus, la situation, l'intelligence, la prospérité du travailleur se sont bien améliorées. Depuis 1880, le salaire de l'ouvrier des chantiers de construction de navires s'est accru annuellement de 1 %. Ci-dessous les salaires moyens comparés en 1894 et 1898 des ouvriers des industries soumises aux cartels et exprimés en francs.

OUVRIERS	1894	1898
	Fr.	Fr.
Houillères	1100	1210
Minières	500	550
Métallurgie	970	1065
Construction de machines	1055	1150
Produits chimiques	985	1060
Textiles	725	870
Papier	750	865
Cuir	950	1040
Bois	810	870
Confection	695	755
Construction	630	760
Transports	890	990

Ce sont encore de petits salaires, sans doute, et il semble que le travail n'ait pas profité suffisamment du développement industriel. Mais, ce que l'on peut dire, c'est que l'ouvrier exercé a trouvé un emploi plus constant et plus actif pendant ces quinze dernières années qu'auparavant, que les salaires quoique encore très bas se sont peu à peu et constamment élevés, et la preuve, c'est que la loi de 1892 sur les invalides du travail a dû être modifiée et qu'on y a joint une cinquième classe de travailleurs à salaires plus élevés, classe qui n'existait pas lorsque les statuts ont été créés.

Les articles d'habillement et de consommation générale, quoique incontestablement plus chers qu'ils ne l'auraient été sous un régime de concurrence ouverte entre les fabricants, sont cependant relativement meilleur marché que les articles de nourriture qui, sauf le sucre, ne sont pas soumis au contrôle des syndicats. Mais il y a d'autres et abondantes raisons pour que le pain, la viande et les autres matières alimentaires soient chères dans un pays peuplé, dense et industriel comme l'Allemagne.

Le tabac sous toutes ses formes et la bière sont bon marché, abondants et excellents. Il existe dans chaque ville une entente entre les marchands de bière pour en régulariser le prix.

Le fer, l'acier, le charbon pour tous les objets de consommation domestique sont devenus plus chers sous l'action des syndicats, mais dans une mesure qu'il est difficile de déterminer.

On s'est beaucoup plaint dernièrement du trust du charbon, des prix élevés et de la rareté de cette matière. Mais il est juste de dire que cette rareté du combustible a été générale et que le charbon, pendant la crise, a été meilleur marché en Allemagne que partout ailleurs. Nous verrons cela plus loin.

En résumé, on peut dire que la concentration industrielle a provoqué une hausse légère sur les salaires, mais en même temps sur le coût de la vie, de sorte que l'on peut presque dire qu'elle n'a eu aucune influence sur le bien-être de l'ouvrier et n'a pas amélioré son sort.

L'opinion du professeur von Halle sur les cartels

Enfin, pour se rendre un compte exact de tous les effets des syndicats, le Bureau des Enquêtes a soumis au professeur von Halle la série des questions suivantes

Quelle est votre opinion sur l'effet des cartels et syndicats allemands :

1° Sur le prix des produits manufacturés :

En Allemagne ;
A l'Exportation ;

2° Sur les salaires ;
3° Sur le développement industriel de l'Allemagne ;
4° Quelle classe de la population est opposée aux cartels et syndicats, et pour quelles raisons ?

La réponse du professeur von Halle est remarquable. La voici :

1° Les cartels existent tant dans le commerce de gros que dans celui de détail. Je ne connais qu'un cas où des plaintes se soient élevées sur la hausse des prix, hausse dûe à l'organisation des cartels. Les syndicats du gros commerce paraissent avoir réglé les prix selon les tendances du marché ; ceux du détail ont, au contraire, tenu à ce que les prix restent fixes. Depuis quelques années, les cartels du *gros* ont aussi adopté la fixité des prix, et en même temps qu'ils empêchaient des baisses de prix locales ils avertissaient leurs membres de ne pas exagérer la hausse et ne pas chercher des bénéfices trop élevés lorsque les demandes étaient actives.

Ils ont offert des marchés à long terme, d'un à deux

ans, et souvent ils ont forcé les consommateurs à les accepter. L'impression générale est que l'effet le plus caractéristique des cartels sur le commerce intérieur a été de maintenir les prix.

Une minorité de cartels a seule des intérêts dans le commerce d'exportation. Quelques-uns font partie de trusts internationaux.

Il n'est pas douteux que ces cartels n'aient vendu au dehors à des prix inférieurs à ceux du dedans toutes les fois qu'ils avaient intérêt à étendre leurs transactions. Leur puissance leur a permis d'obtenir des marchés dans des pays voisins, ce que n'avait pu faire un seul individu.

2° Il ne paraît pas que les cartels se soient occupés du problème des salaires. Il existe des organisations défensives faites par les ouvriers et employés, dont souvent les membres du cartel font eux-mêmes partie. Parfois les cartels ont agi sur le taux des salaires et la durée du travail, mais jusqu'à présent les ouvriers n'ont élevé aucune réclamation. En fait, les salaires ont en général haussé depuis vingt ans, tant dans les industries syndiquées que dans celles qui ne le sont pas ; les apologétistes des trusts ont insisté sur cette hausse du salaire due aux syndicats, qui ont maintenu les prix et accru le commerce et l'industrie allemands.

3° Je n'hésite pas à affirmer que, sans les syndicats, l'Allemagne serait actuellement dans une dangereuse crise commerciale. Le pays, avec sa population dense et ses capitaux qui cherchent un emploi, se serait lancé dans des spéculations hasardeuses résultant d'une concurrence sans frein.

La production actuelle par la machine ne peut supporter une concurrence illimitée qui mène trop souvent à la perte de grands capitaux. La production mécanique exige des règles techniques très étroites et ne peut se concilier avec une anarchie économique. Aussi l'effet des cartels a-t-il été de créer un système industriel plus harmonieux, d'engager les capitaux à entrer dans des affaires avec sécurité, capitaux qui auraient été plus timides devant la crainte d'une concurrence illimitée.

C'est à cet emploi industriel des capitaux que l'on peut attribuer en partie le taux peu élevé des rentes allemandes et des fonds publics.

4° Je ne crois pas qu'aucune partie de la population fasse opposition aux cartels. Parmi les agrariens et autres partis conservateurs d'un côté, les libéraux extrêmes et le parti ouvrier d'un autre, il y a des opposants. Mais seulement très peu d'entre ceux-ci ont combattu ouvertement les cartels. Cette opposition n'a jamais revêtu une forme politique et n'a jamais servi à la plateforme électorale. Les fonctionnaires, les économistes, les hommes de loi ne regardent pas les cartels comme dangereux ou malfaisants *per se*. La Cour suprême a, en mars 1898, reconnu officiellement la justification économique des cartels et leur droit à la protection, tant qu'ils n'emploient pas de moyens illégaux pour supprimer la concurrence et le commerce de ceux qui ne veulent pas adhérer à leur syndicat.

On s'est seulement occupé du danger que pourraient présenter en matière politique les influences de ces grandes associations. La formation d'Etats dans l'Etat avec un pouvoir illimité dans leur champ d'action respectif a fait réclamer la création d'un contrôle sur les affaires des syndicats. Les prix très élevés exigés du Gouvernement allemand par le Syndicat des explosifs a poussé quelques membres du Reichstag à demander que la fabrication des explosifs devienne une manufacture de l'Etat. D'un autre côté l'on prépare une loi sur le modèle de la loi autrichienne de 1897, loi qui, sans faire obstacle à la création des trusts, les mettra sous le contrôle de l'Etat et exigera la publicité de leurs opérations.

Telle est la consultation du professeur von Halle. Il faut prendre en considération dans ses réponses les traditions et les qualités de la race allemande. En général, l'Allemand est conservateur en matière d'affaires. Il croit à l'éducation, à la science et à ses applications, au développement régulier de l'industrie par les procédés techniques lents et réguliers. Il est hostile aux spéculateurs, aux chances de gros gains avec de gros risques. Il préfère les bénéfices réguliers, mais modestes, aux gains exagérés. Aussi bien souvent les Allemands reportent une partie de leurs bénéfices ou amortissent leurs usines pour maintenir les dividendes et empêcher la hausse elle-même. Patrons et ouvriers sont convaincus que la grandeur future de l'Allemagne dépend de l'accroissement de son commerce extérieur et, pour obtenir ce résultat, ils se soumettent patiemment à un système commercial et industriel qui seul, selon leurs croyances, doit produire le résultat espéré.

Conclusion

En résumé, si nous condensons les idées de von HALLE, de M. FRANK MASON, le consul général des Etats-Unis à Berlin, de LIEFMANN et d'autres écrivains avec ce que nous avons indiqué nous-même au début de ce chapitre, nous pouvons dire que les cartels ont servi merveilleusement les intérêts politiques et industriels de la nation allemande. Ils ont augmenté sa richesse et sa puissance de rayonnement sans grands changements des salaires ouvriers et en surélevant légèrement le prix des choses. Ils ont permis dans tous les cas au peuple allemand de supporter allègrement son augmentation de population. C'est comme une famille qui, par le travail de ses membres, serait parvenue à élever ses nombreux enfants et à augmenter en même temps son patrimoine.

Naturellement, la faculté de travail du peuple allemand est le grand facteur de ce résultat, mais les syndicats ont donné à cette force un bras de levier d'une puissance incomparable.

Bref, au point de vue social prolétarien, peu ou point de résultats ; mais au point de vue national, énormes et rapides progrès.

La crise industrielle de l'année 1901 n'aura été qu'un accident qui n'infirmera certainement pas nos conclusions.

On verra avec quel bon sens l'Allemagne saura tirer parti des leçons de l'expérience.

Examinons maintenant une à une les associations allemandes.

Étude des cartels
dans chaque ville allemande

V

ÉTUDE DES CARTELS DANS CHAQUE VILLE ALLEMANDE

Un trust d'Etat

Maintenant que nous avons jeté un coup d'œil général sur les cartels, trusts et syndicats en Allemagne, nous allons, si le lecteur veut bien nous suivre, tâcher de donner sur chacun d'eux des détails aussi circonstanciés que possible. Nous n'oublions pas que notre livre est principalement un livre documentaire où l'on devra rechercher surtout des détails précis et des chiffres, quand il aura été possible de s'en procurer.

***

A tout seigneur tout honneur.

L'Etat prussien a réuni sous une même administration toutes les mines et toutes les usines qui vivaient jadis d'une vie propre et appartenaient à des ducs, des princes, voire même à de simples particuliers. Par un lent travail d'expropriation savante ou brutale, l'Etat prussien est parvenu à centraliser dans sa forte main toutes ces individualités industrielles. Il a anéanti leur personnalité, il les a fondues dans un grand tout dont il s'est déclaré le maître et l'administrateur. Aujourd'hui, l'œuvre est complète. Quand donc on dit qu'en Allemagne il n'y a point de trust à l'américaine, on se trompe un peu, il y en a un, c'est le *Trust de l'Etat prussien*, car c'en est un si l'on entend par là un *groupement d'industries sous une volonté unique et dictatoriale*.

L'Etat a donc été plus loin en Allemagne que l'industrie privée dans la voie de la concentration industrielle. Il fait partie des vulgaires cartels pour ses salines, par exemple, mais il reste au-dessus d'eux. On pourrait presque imaginer l'heure où il entrera en concurrence, lui, trust (c'est-à-dire l'absolu), avec les syndicats entachés de parlementarisme.

Dans tous les cas, l'exemple de la centralisation industrielle et commerciale est venu de haut, et l'on peut dire que c'est le « Trust d'Etat » que nous allons décrire, qui a été le précurseur des cartels allemands.

Les Mines et Usines fiscales de l'Etat prussien

L'Etat prussien, dit M. Paul Weiss, auquel nous empruntons les principales lignes de cette étude (1), exploite des mines, des carrières et des usines métallurgiques pour le revenu qu'elles peuvent donner à son domaine privé; les ressources qu'elles fournissent au

---

(1) *L'Exploitation des mines par l'Etat*, par Paul Weiss, ingénieur au corps des mines, docteur en droit. Arthur Rousseau, éditeur, 14, rue Soufflot, Paris.

budget, et cela sur un pied de complète égalité économique avec les autres exploitants.

C'est le principal exploitant d'Allemagne, sinon en regard de la totalité des autres, du moins de chacun d'eux pris isolément.

Quant aux origines de son domaine minier, elles sont des plus variables.

Tantôt l'Etat s'est substitué aux droits des anciens seigneurs qui exploitaient eux-mêmes leurs mines, tantôt, comme dans le Harz, l'Etat a racheté des parts de différentes sociétés minières *(Gewerkschaften)* qu'il subventionnait, maintenant ainsi pour le bien du pays des exploitations rendues difficiles par la baisse de valeur des métaux précieux.

On voit donc bien apparaître là l'essence même du *trust (société de sociétés,* selon la définition).

Ailleurs, enfin, l'Etat a pratiqué des sondages de recherche à grande profondeur, là où des particuliers ne pouvaient ou n'osaient en faire les frais, et s'est octroyé des concessions en se conformant aux règles générales de la loi des mines.

Le domaine minier que s'est ainsi réservé l'Etat est administré par le ministère du commerce (Ministerium für Handel und Gewerbe) alors que les domaines ordinaires de la couronne dépendent du ministère de l'agriculture (Ministerium für Landwirthschaft, Domanen und Forsten) ; il comprend des houillères, des mines, des salines, des carrières, des usines métallurgiques, dont le nombre s'élève à 65, se répartissant de la manière suivante :

Mines et Carrières

Mines de charbon..........................	18
Mines de lignite............................	8
Mines de fer	8
Mines de plomb, zinc, cuivre, etc.....	5
Mines de sel.................................	5
Salines	6
Carrières	3
	53

Usines

Usines à fer.................................	5
Usines à plomb, argent et divers....	7
	12

(On le voit encore, c'est un *trust* d'industries similaires, un trust minier et métallurgique par excellence.)

Au cours de l'exercice budgétaire 1898-1899, ces mines et établissements ont occupé 66.259 ouvriers ; leur produit brut total a été de 163.213.047 marks, laissant un bénéfice net de 30.053.466 marks, qui s'est élevé encore en 1899-1900 pour atteindre 37.261.782 marks.

La perle de ce vaste domaine industriel est sans conteste le bassin houiller de Sarrebrück, où l'Etat prussien jouit d'un véritable monopole et dont les bénéfices dépassent annuellement 12 millions de marks.

C'est lui qui sert de type à toutes les exploitations de l'Etat. Nous décrirons donc plus spécialement l'organisation de ce centre industriel comme pouvant servir d'exemple pour tous les autres.

Comment l'Etat devient industriel

Il est bon de savoir comment l'Etat a acquis par exemple le bassin houiller de Sarrebrück, qui s'étend sur une longueur de 52 kilomètres environ, depuis Karlingen en Lorraine, à l'Ouest, jusqu'aux environs de Waldmohr en Bavière rhénane, à l'Est.

Il dépend des cantons de Forbach et de Saint-Avold en Lorraine ; des districts prussiens de Sarrebrück, Sarrelouis et Ottweiler et des cantons de Saint-Ingbert et Waldhmohr en Bavière rhénane.

A la fin du dix-huitième siècle, les mines de Sarrebrück étaient devenues très prospères ; les comtes de Nassau Sarrebrück, les comtes palatins de Deux-Ponts, les seigneurs d'Ottweiler, de Püttlingen, d'Illingen, et autres, en tiraient de gros revenus, lorsqu'en 1793 les armées françaises envahirent le pays et occupèrent Sarrebrück.

Le comte régnant, Louis de Sarrebrück, se réfugia sur la rive gauche du Rhin, et mourut en 1794 à Aschaffenbourg ; après sa mort et celle de son fils, qui survint en 1797, les mines revinrent à la maison de Nassau-Usingen, qui les céda par nécessité à la France en 1798. Il en fut de même pour les autres mines. L'invasion française de 1793-1794 abolit la suzeraineté des divers seigneurs qui se partageaient le pays, et, tout en restant administrées en partie par les anciens agents seigneuriaux, les mines furent englobées dans le district français de Sarrelouis (1).

---

(1) Cf. Geschichtliche Entwickelung des Steinkohlen Bergbaues im Saargebiete : A. Hasslacher, Berlin.

Ce furent les citoyens Purnot et Rolland, conventionnels envoyés comme commissaires dans le ci-devant pays de Nassau-Sarrebrück, et de la Layen, qui présidèrent à cette première organisation.

Les mines passèrent ensuite entre les mains de la direction générale de l'administration des pays conquis d'Outre-Rhin et Moselle (nivôse an III), et furent enfin attribuées au département de la Sarre.

Les mines des seigneuries de Püttlingen et de Schaumbourg furent comprises dans le nouveau département de la Moselle, qui fut annexé à la République française après la paix de Lunéville, en même temps que les autres départements de la rive droite du Rhin (loi du 18 ventôse an IX, 9 mars 1801).

Les armées de la République ne cessant de guerroyer, le Directoire eut besoin de houille pour la fabrication du matériel de guerre, et dès qu'il fut entré en possession des mines, il les afferma à la Compagnie Equer, de Paris, pour neuf ans, à partir du 1er messidor an V, à raison de 71,000 francs par an (1).

Une concession, celle d'Hostenbach, fut accordée à M. Villeroy de Wallerfangen et C¹ᵉ, suivant le régime de la loi de 1791.

Ce fut d'ailleurs la seule concession octroyée pendant la domination française ; elle s'étendait sur le territoire de l'ancienne abbaye de Wadgassen, d'une superficie de 900 hectares environ.

Lorsque le bail de la Compagnie Equer fut arrivé à échéance, le gouvernement impérial, au lieu de le re-

---

(1) V. *Histoire du centenaire de l'École Polytechnique.*

nouveler, remit les mines à l'administration de l'enregistrement et des domaines, le 1ᵉʳ janvier 1808. Une *régie provisoire des houilles* fut instituée, et l'on se résolut à soumettre le bassin au régime des concessions exploitées par des particuliers. Toutefois, l'administration n'était pas éloignée d'admettre un régime spécial qu'aurait justifié dans l'espèce l'origine domaniale des exploitations.

Un décret impérial du 13 septembre 1808 avait prescrit de procéder à une étude dans ce sens pour l'ensemble du bassin houiller. Ce travail fut fait en 1810 par les ingénieurs Beaunier et Calmelet, sous la direction de Guillot Duhamel. Ces ingénieurs proposèrent de créer 66 concessions en laissant en dehors 7 réserves devant être indissolublement affectées à des usines locales ; plusieurs de ces concessions devaient être exploitées par l'administration ; les autres, remises à des sociétés particulières, devaient être astreintes à verser une part importante de leur produit net au Trésor.

Ces propositions firent naître des hésitations dans l'esprit de l'Empereur, qui entrevoyait le parti que le fisc pourrait tirer des mines par voie d'amodiation domaniale.

Le 11 mai 1812, passant à Sarrebrück, l'Empereur y fit appeler l'ingénieur en chef Calmelet, pour s'entretenir avec lui de la question ; il lui laissa entendre qu'il préférait garder les houillères pour l'Etat ; en fait elles se trouvaient encore entre ses mains en 1814, lorsque l'armée de Blücher mit fin à la domination française sur le pays de Sarrebrück.

Le premier traité de Paris (30 mai 1814) rendit à l'Allemagne une partie du bassin houiller.

La France conservait cependant le territoire du département de la Moselle, sauf le canton de Tholey. Dans le département de la Sarre, les cantons de Sarrebrück, de Saint-Arnial et une partie du canton de Lebach, restaient également français.

Le second traité de Paris (20 novembre 1815) attribua définitivement à la Prusse les trois cantons de la Sarre que le premier traité avait laissés à la France.

Les territoires rendus aux alliés par le traité de 1814 furent placés sous l'administration d'une commission mixte austro-bavaroise, qui siégea à Kreuznach jusqu'en 1816. Quant aux territoires rétrocédés par le traité de 1815, ils furent remis directement au royaume de Prusse qui en prit officiellement possession à Sarrebrück le 30 novembre, et à Sarrelouis le 2 décembre 1815.

Lors du règlement territorial définitif, conclu au congrès de Vienne, la Prusse obtint tous les anciens territoires du Nassau et les petits territoires enclavés ; la Bavière n'eut que les cantons de Blieskastel et de Waldmohr ; les ducs de Saxe-Cobourg, une partie des cantons d'Ottweiler et de Saint-Wendel qu'ils cédèrent à la Prusse en 1834 ; à la France restaient les districts de la Moselle, où furent accordées plus tard (sous le régime de la loi de 1810), onze concessions, notamment celles de Forbach, de Sarre-et-Moselle, et de la Houve. A force d'arrondir ses possessions, soit à la faveur des divers traités survenus à cette époque, soit par d'habiles négociations avec quelques petits princes moins clairvoyants, la Prusse se réveilla un jour, propriétaire des neuf dixièmes du terrain houiller ; « elle prenait la bonne habitude de se tailler la part du lion ! » dit M. Paul Weiss.

Dès leur prise de possession, la Prusse et la Bavière tout imbues des anciennes idées allemandes qui considéraient l'industrie des mines comme une industrie d'Etat, réservèrent à la couronne l'exploitation des anciennes mines de houille seigneuriales, sur les territoires nouvellement acquis, et désintéressèrent les petits exploitants qui s'y étaient établis à la faveur des troubles politiques et des invasions successives ; la seule concession d'Hostenbach resta exploitée par une société particulière.

Les deux gouvernements délimitèrent définitivement les territoires réservés au fisc, et rendirent le reste à la libre exploitation des particuliers ; il est vrai de dire que le fisc ne croyait pas y laisser grand'chose.

La loi française de 1810 ne resta en vigueur que dans le duché de Cobourg ; plusieurs concessions particulières y furent instituées et respectées même par le gouvernement prussien, au moment où il en devint possesseur (1834).

L'étendue minière telle que la Couronne l'avait réservée au fisc était de 154,502,967 *Lachtern*, soit 6764 hectares ; au cours de l'exploitation on reconnut qu'il y avait un intérêt majeur à étendre le champ d'exploitation vers l'ouest et vers le nord, au delà des limites de l'ancien territoire des Nassau.

Par un très remarquable respect de la législation établie et agissant comme un simple particulier, le fisc prussien se conforma à la loi française de 1810, restée en vigueur dans le Palatinat et la Prusse rhénane, et introduisit une demande en extension de concession, qui lui fut accordée par ordonnance royale du 16 janvier 1860 (1). 253.364.326 *Lachtern*, soit 11.092 hectares, vinrent arrondir son domaine.

C'est ainsi qu'après avoir passé par tant de mains différentes et tant de législations diverses, selon les hasards de la guerre et les principes des vainqueurs, après avoir subi l'épreuve plus dangereuse d'un morcellement, l'immense domaine minier de la Sarre a été saisi, lui aussi, par l'œuvre d'unification allemande et est devenu le principal agent de la prospérité industrielle de l'Allemagne du Sud, répandant ses produits en concurrence avec ceux de la Belgique, du Nord et du Pas-de-Calais jusque sur les marchés de la Suisse et de l'est de la France.

On le voit, il y aurait beaucoup à dire sur la légitimité des titres de propriété de l'Etat prussien, et il aurait mauvaise grâce à chicaner quelques malheureux syndicats sur le droit de coalition.

Voyons néanmoins comment l'Etat a usé de sa puissance industrielle au point de vue commercial et au point de vue social. C'est un point qu'il est intéressant d'étudier, car on pourrait penser que l'Etat a naturellement cédé comme chez nous au désir de faire du professorat en matière d'industrie ou de la démocratie socialiste, conformément au fameux rescrit du chef du *trust d'Etat*, Sa Majesté Guillaume II.

Nous verrons qu'il n'en a rien été.

Tout d'abord, constatons ce que l'Etat a fait au point de vue de la production.

---

(1) Ordonnance royale du 16 janvier 1860 publiée le 15 avril 1860 dans le *Journal officiel* de Trèves.

Il suffit de jeter les yeux sur le tableau suivant pour se rendre compte de l'importance acquise par les houillères royales.

Production des houillères fiscales

De 1850 à 1890

Années	Tonnes	Nombre d'ouvriers
1850	593.856	4.580
1860	1.955.961	12.159
1870	2.734.019	15.662
1880	5.211.389	22.010
1890	6.212.540	27.895

De 1890 à 1899

1891	6.389.960	28.583
1892	6.258.890	29.070
1893	5.883.177	27.581
1894	6.591.862	30.091
1895	6.886.097	31.452
1896	7.705.670	33.369
1897	8.358.413	34.248
1898	8.768.532	35.856
1899	9.025.072	37.108

Pendant la gestion de l'Etat prussien, l'administration vit centupler ce qu'avait été l'extraction au temps des comtes de Nassau-Sarrebrück et de Deux-Ponts.

A la fin du dix-neuvième siècle, on avait extrait du bassin de la Sarre un total d'environ 225 millions de tonnes de houille, se répartissant comme suit :

Du début du quinzième siècle jusqu'au milieu du dix-huitième siècle	350.000
Du milieu du dix-huitième siècle jusqu'à l'occupation française	1.300.000
Pendant l'occupation française	1.500.000
De 1816 à 1850	10.540.000
De 1850 à 1890	145.714.000
De 1891 à 1899	65.867.000

A cette somme il faut ajouter environ 20 millions de tonnes produites par les houillères de Lorraine et de Bavière, ce qui fait un total de 240 millions de tonnes. Ce chiffre imposant représente à peine la cinquantième partie des richesses renfermées dans le bassin de la Sarre.

Organisation administrative et technique des mines fiscales

Il est très intéressant de connaître l'organisation intime du grand *Trust d'Etat*. Voici cette organisation d'après M. Paul Weiss.

L'immense domaine industriel formé par les houillères de la Sarre est administré par un comité de direction à la tête duquel se trouve un Président, ayant le titre de *Geheimer Bergrath* et ne relevant que du ministre du commerce.

Un *Oberbergrath* (conseiller supérieur des mines) lui est adjoint et le supplée en cas de besoin. La direction comprend en outre 6 autres membres : trois conseillers des mines, dont l'un est chargé plus spécialement de la direction commerciale ; 2 architectes (*Baurathe*) et un jurisconsulte, chef du service du contentieux.

De nombreux agents sont adjoints à la direction pour l'expédition des affaires courantes : 2 ou 3 ingénieurs des mines, 1 géomètre en chef, 1 inspecteur des chaudières, 40 secrétaires et comptables et une dizaine d'employés divers.

Les fonctions du comité de direction de Sarrebrück sont très semblables à celles du conseil d'administration d'une société particulière. Le comité, soit directement, soit par l'intermédiaire d'un de ses membres auquel sont délégués des pouvoirs spéciaux, s'occupe des affaires administratives et commerciales, et n'intervient dans les affaires techniques que pour donner une direction générale à l'exploitation. Le service actif des mines est confié à des ingénieurs ayant des pouvoirs très étendus, tout en restant soumis à l'autorité du comité de direction.

Le bassin houiller est divisé en 11 inspections territoriales formant pour ainsi dire autant de mines distinctes : leurs limites ont été déterminées de telle manière que chaque champ d'exploitation soit autonome et puisse être exploité sans dépendre des voisins.

Ces 11 inspections, dont chacune a une importance comparable à celle d'une grande mine privée, sont les suivantes :

Noms des inspections	Production de l'année budgétaire 1899-1900	Nombre d'ouvriers au 1er avril 1900
Kronprinz	608.293	2.513
Gerhard	1.034.263	4.253
Von der Heydt	637.850	2.482
Dudweiler	888.251	3.687
Report.....	3.168.657	12.935

A reporter.....	3.168.657	12.935
Sulzbach Altenwald	843.532	3.731
Reden Itsenplitz	855.063	4.157
Heinitz Dechen	1.224.753	5.334
Konig Kohlwald	907.829	4.334
Friedrichsthal Maybach	996.044	4.774
Gottelborn	398.703	1.545
Camphausen Kreuzgraben ...	775.339	2.098
Total	9.169.920	39.908

A côté de ces 11 inspections, et tout à fait indépendamment d'elles, fonctionnent deux autres inspections qui relèvent immédiatement du comité de direction :

Le *magasin central* de Sarrebrück (Bergfaktorei Kohlwaage), qui s'occupe de tous les achats de matériaux nécessaires à l'exploitation, bois, fers, graisses, machines, etc., et les *bureaux du port* de Malstatt (Hafenamt Malstatt) où est concentré, sous l'autorité du Bergrath délégué aux affaires commerciales, le service des expéditions par eau.

A la tête de chaque inspection se trouve un directeur (koniglicher bergwerksdirektor), généralement un bergrath assisté de deux ou trois ingénieurs, suivant l'importance des puits et de l'extraction.

Le directeur a, dans les limites qui lui sont assignées par le budget, tous pouvoirs pour tout ce qui concerne l'extraction et la direction du personnel ; c'est un chef de service dans la plus large acception du mot, responsable devant le conseil de direction comme le directeur d'une mine privée l'est devant son conseil d'administration.

Les directeurs, ainsi que tout le haut personnel de l'administration des mines, sont nommés par le ministre du commerce ; quant aux employés secondaires, tels que obersteiger (chefs porions), steiger (porions), werkmeister (chefs d'ateliers) et marckscheider (géomètres), buchhalter (comptables), ils sont nommés par le comité de direction et sont considérés comme des fonctionnaires d'Etat, jouissant des privilèges et avantages attribués en général aux fonctionnaires ; ils sont soumis aux règles générales sur l'avancement, et ont droit, à la fin de leur carrière, à des pensions d'invalidité ou de vieillesse. Ils ne peuvent être révoqués que dans certains cas et dans les formes prévues par la loi.

Les autres employés secondaires, surveillants, stagiaires, etc., sont engagés au mois par les directeurs des inspections et ne jouissent d'aucune des garanties accordées aux fonctionnaires. Ils peuvent être congédiés sans indemnité si leurs services ont cessé de plaire et n'ont droit, à la fin de leur carrière, à aucune autre pension que celles prévues par les lois générales de l'Empire.

Au 1er avril 1900 on comptait pour les 11 inspections, le magasin central et le port de Malstatt, 12 directeurs, 18 inspecteurs, 18 géomètres, 12 comptables et secrétaires, 54 employés supérieurs de 1re classe, 63 employés supérieurs de 2e classe, 525 employés moyens et 126 employés inférieurs, tous fonctionnaires payés sur des crédits prévus au budget : il y avait en plus 220 employés secondaires au mois.

Tout ce nombreux personnel, qui assure le fonctionnement des services des mines royales, est recruté presque exclusivement dans le pays même parmi les éléments les plus instruits de la population minière. Contrairement à ce qui se passe le plus souvent en France et en Belgique, on exige de la part des contre-maîtres, une instruction technique relativement très développée ; les chefs porions (obersteiger, fahrsteiger), les porions (steiger), ont tous été obligés de suivre les cours, et de subir avec succès les examens, soit de d'Ecole des Mines (Bergschule) de Sarrebrück, soit des écoles préparatoires (Bergvorschule) de Louisenthal, Sulzbach, ou Neunkirchen. Ce développement de l'instruction, qui est très général en Prusse, a pour effet d'élever le niveau intellectuel et moral du personnel, mais paraît avoir quelquefois pour effet de détourner les contre-maîtres des petits détails d'exploitation et d'en faire des « messieurs » un peu trop tentés de jouer au fonctionnaire.

La rémunération des agents de toute nature est presque large, sauf celle des directeurs dont les appointements ne sont pas en rapport avec la lourde responsabilité qui leur incombe.

En 1899, les traitements et appointements des divers fonctionnaires des mines royales s'élevaient, non compris le logement et le chauffage fournis gratuitement, aux chiffres suivants :

Traitements des fonctionnaires et agents des mines royales

	Marks
Président de la direction	9300
Directeurs 1ʳᵉ classe	4200 à 6000
Directeurs 2ᵉ classe	3600 à 4200
Architectes, inspecteurs des machines	3600 à 4800

Inspecteurs de l'exploitation	3000 à 3600
Géomètres	2400 à 3600
Secrétaires et employés	1650 à 3300
Commis aux écritures	1500 à 2200
Employés supérieurs	1800 à 2800
Employés moyens	1800 à 2800
Employés inférieurs	900 à 1500

On voit que le *Trust d'Etat* n'est pas très généreux pour ses employés. On verra s'il l'est plus pour ses ouvriers.

Considérée dans son ensemble, l'administration des mines est dotée d'une forte organisation qui lui permet de concourir dans le domaine industriel avec les entreprises privées les mieux dirigées. Nous devons constater que, malgré les habitudes d'autorité inhérentes à la race, malgré ce qu'on appelle le caporalisme prussien, l'administration est très décentralisée ; les responsabilités sont bien définies, une large initiative est laissée aux agents d'exécution.

Les directeurs des inspections sont, sous l'autorité de la direction générale de Sarrebrück, les maîtres absolus, mais responsables de leur inspection ; leur autonomie est infiniment plus grande que celle des ingénieurs en chef de bien des compagnies particulières. Le personnel qui les seconde est discipliné, et profondément attaché à la mine.

C'est grâce à cette solide organisation que l'Etat prussien, gérant le plus grand domaine minier du monde, est arrivé à de brillants résultats, malgré les difficultés inhérentes à toute exploitation d'Etat.

Hâtons-nous de dire cependant qu'il n'a pas vaincu, à

aucun point de vue, les entreprises privées, comme on le verra plus loin.

Il est à remarquer, d'ailleurs, que si la direction des mines ne relève que du ministre du commerce, elle n'en est pas moins soumise, comme les mines privées, à la surveillance des autorités minières, chargées du contrôle administratif de la région.

Règlements, enquêtes sur accidents, relations entre le fonds et le tréfonds sont assujettis aux règles appliquées aux industries privées ; aucune faveur n'est faite à l'Etat, qui doit se soumettre aux mêmes formalités que les particuliers. Le tout-puissant président de la direction de Sarrebrück est obligé de se conformer aux injonctions de « l'Oberberghauptmann » de Bonn, tout comme un simple petit exploitant.

Cette assimilation complète des exploitations fiscales aux industries privées, cette surveillance de l'Etat par l'Etat, a eu pour effet de pousser les directeurs des inspections dans la voie du progrès. Pendant longtemps, les installations des mines étaient restées assez médiocres ; grâce au monopole de fait, la direction n'était pas obligée de soigner la qualité de son charbon pour lequel elle trouvait toujours preneur ; mais, depuis une dizaine d'années, de grandes transformations ont été entreprises ; tous les perfectionnements de l'art des mines ont été appliqués, et les mines fiscales sont presque aussi bien outillées que les mines les mieux installées des districts voisins.

Il nous suffira de rappeler qu'en 1899, il y avait 18 sièges d'extraction comprenant 200 puits et exigeant pour les travaux souterrains 156 machines de 30.466 chevaux ;

Pour les travaux du jour, 82 machines de 6.662 chevaux ;

Pour la fabrication du coke, 20 machines de 1,127 chevaux ;

Pour des emplois divers, 40 machines de 12.258 chevaux ;

Au total, 298 machines d'une force de 50.513 chevaux.

Quel chemin parcouru depuis le temps des comtes de Sarrebrück et les timides essais de l'administration des domaines du gouvernement de Napoléon !

On peut donc dire, en résumé, que par nature l'exploitation d'Etat était rétrograde et antiprogressiste, et ce n'est qu'en ces dernières années, apercevant enfin la gravité de cette stagnation au point de vue des revenus, sentant la concurrence en un mot, que le fisc a imposé à l'organisation royale un cachet absolument moderne, qu'il a copié les œuvres de l'initiative privée et s'est modelé sur ses pratiques industrielles. On a pu voir alors le bassin de Sarrebrück rivaliser timidement avec celui de la Westphalie.

C'est le syndicat privé des charbons d'Essen qui a montré la voie au trust royal.

Quel aveu !

L'organisation ouvrière du trust d'Etat

Nous avons déjà vu qu'au point de vue des employés le régime fiscal n'était rien moins que généreux. Le puissant président de la direction d'un bassin qui produit 9 millions de tonnes a 9,300 marks d'appointements.

Les petits employés sont relativement un peu mieux payés, on l'a vu.

Voyons comment les ouvriers sont traités :

L'extraction de quantités si considérables de houille exige une main-d'œuvre abondante.

A la fin de 1900, les mines royales employaient plus de 40.000 ouvriers, faisant vivre une population de plus de 150,000 personnes. Cette population ouvrière s'est formée peu à peu sans introduction d'éléments étrangers ; les paysans de la région sont venus travailler aux mines où ils trouvaient des salaires plus rémunérateurs qu'aux champs. La direction les a attirés par des avantages de toute nature : maisons ouvrières, soins médicaux, caisses de retraite, caisses d'accidents, etc. Aujourd'hui encore, bien que le personnel soit à peine suffisant pour faire face à l'augmentation tant réclamée de la production, la direction se refuse à recruter des ouvriers au loin et préfère retarder le développement de ses mines afin de se limiter aux ouvriers du pays.

Pour la direction de ce personnel considérable, les règles les plus simples ont été adoptées, *et les méthodes de l'industrie privée strictement appliquées*. Pas de commissionnement comme dans les grandes compagnies de chemins de fer français, pas de nominations par le ministre ou le préfet comme pour le personnel des travaux publics, ou de la ville de Paris.

Le chef de chaque inspection, *Bergwerksdirektor*, embauche ou congédie son personnel sans en référer à la direction de Sarrebrück. Comme dans les entreprises privées, les ouvriers mineurs *travaillent à la tâche* aussi souvent que possible, et *sans minimum de salaire*.

Règlements ouvriers

Pour chaque inspection, un règlement édicté par le *Bergwerksdirektor* fixe d'une manière précise les droits et les devoirs du personnel, qui se résument dans les prescriptions suivantes :

Les ouvriers doivent exécuter aussi bien en semaine que pendant les jours fériés, les travaux ordonnés par leurs chefs ; ils ont à y apporter le plus grand soin et sont responsables des dommages occasionnés par leur négligence.

Lorsque des accidents d'exploitation ou le manque de commandes obligent la direction à imposer des jours de chômage, *les ouvriers n'ont droit à aucun salaire pour ces journées.*

Si le chômage est occasionné par le manque de commandes, les ouvriers intéressés doivent en être avertis 15 jours d'avance au moins, et lorsque le chômage dépasse deux journées par semaine, ils ont le droit de quitter immédiatement le service des mines.

Des congés ne peuvent être accordés aux ouvriers, sauf en cas d'extrême urgence, que si les besoins de l'exploitation le permettent. Les congés d'une journée peuvent être accordés par le contremaître du quartier où travaille l'ouvrier ; ceux de un jour à un mois par le maître mineur (obersteiger), ceux de plus d'un mois par le directeur de l'inspection.

Les réclamations doivent être présentées par les ouvriers à leur chef direct, et si les réponses obtenues ne les satisfont pas, ils peuvent s'adresser à l'employé hiérarchiquement supérieur à leur chef. *Les réclama-*

tions ne doivent, en aucun cas, être présentées par un groupe de plus de trois personnes.

On voit que les directeurs se défendent jalousement contre toute association syndicale.

Au point de vue de leurs fonctions, les ouvriers de plus de seize ans sont divisés en trois classes : les rouleurs (schlepper), les aides-mineurs (lehrhauer) et les mineurs (vollhauer). Les ouvriers restent rouleurs pendant six ans, de seize à vingt-deux ans, puis ils passent sans autre formalité dans la classe des aides-mineurs, sauf dans les cas d'infirmités ou de mauvaise conduite, qui permettent de maintenir le jeune ouvrier dans la classe des rouleurs.

Le stage dans la classe des aides-mineurs dure deux ans, au bout desquels l'ouvrier doit subir une épreuve (probe) consistant à faire pendant deux mois, sous la surveillance d'un mineur, des travaux d'abatage proprement dits ; l'ouvrier doit faire ainsi preuve d'aptitude au métier, et de connaissance des mesures de police concernant la sécurité.

Après avoir pris l'avis des maîtres mineurs et du mineur sous la surveillance duquel le travail s'est effectué, la direction de l'inspection décide si l'aide peut être promu à la classe des ouvriers mineurs. Si son épreuve n'est pas jugée satisfaisante, l'aide peut la recommencer au bout d'un an, mais dans le cas où cette deuxième épreuve est encore négative, l'aide est définitivement exclu de la classe des mineurs. Quant à l'ouvrier déjà formé qui est embauché dans les mines royales, il doit faire la preuve de trois années de travail comme mineur ; sinon, il débute comme rouleur, quel que soit son âge.

Ces dispositions très originales qui règlent l'état des ouvriers rappellent les anciennes règles du compagnonnage. L'épreuve, c'est le chef-d'œuvre d'autrefois.

La durée normale du travail est fixée pour les ouvriers mineurs à huit heures ; la présence au fond, en y comprenant l'entrée et la sortie, ne doit pas dépasser neuf heures. Pour les ouvriers du jour, mécaniciens, chauffeurs, manœuvres, etc., la durée du travail est de dix heures ; en cas de danger imminent pour les travaux ou pour le personnel, les ouvriers peuvent être tenus de prolonger leur travail au delà des heures réglementaires ; il en est de même lorsque par suite d'accidents d'exploitation, ou de manque de wagons, des journées ont été supprimées ou raccourcies ; le directeur de l'inspection peut exiger dans ce cas des coupes supplémentaires, qui ne doivent pas avoir lieu plus de deux fois par semaine ni durer plus de deux heures.

Chose curieuse, c'est encore l'industrie privée qui trace la voie à l'industrie d'Etat en matière ouvrière.

Dans les mines de Westphalie la durée du travail est un peu plus courte et varie de six à neuf heures, descente comprise ; en Silésie, il est vrai, elle est au contraire bien plus longue et atteint 10, et parfois douze heures.

Le travail souterrain s'exécute soit à la tâche, soit à la journée ; dans chaque cas, le maître mineur ou son remplaçant, le fahrsteiger, décide du mode d'exécution.

Les prix de journée sont fixés pour chaque classe d'ouvriers par le directeur de l'inspection et publiés sous forme d'un tarif, quinze jours au moins avant sa mise en vigueur.

Quant aux prix de tâche, une fois déterminés par l'obersteiger, ils doivent être acceptés par les ouvriers. Si l'entente ne peut se faire, l'obersteiger remet aux ouvriers une pièce où il consigne ses offres par écrit. Dans un délai de trois jours, les ouvriers peuvent déclarer à la direction de l'inspection qu'ils n'acceptent pas les offres, et sont, dans ce cas, payés à la journée suivant le tarif général; si dans le délai de trois jours les ouvriers ne protestent pas, ils sont considérés comme ayant accepté les prix proposés.

Les prix de tâche sont fixés en principe pour un mois, mais peuvent être modifiés au cours du mois lorsque les conditions d'exploitation sont brusquement changées.

Pour les travaux du jour les mêmes règles sont applicables ; toutefois ce sont, pour chaque nature de travail, les employés correspondants qui fixent les prix à la place de l'obersteiger.

Les salaires sont calculés et définitivement établis à la fin de chaque mois ; lorsque plusieurs ouvriers se sont réunis pour entreprendre une tâche commune, la somme totale gagnée par le chantier est répartie dans la proportion de 10 pour les mineurs, 8 pour les aides, 7 pour les rouleurs de première classe, et 6 pour les rouleurs de deuxième classe.

La paie a lieu en deux fois, au cours de la première, puis de la deuxième quinzaine du mois. *A la première paie, les ouvriers reçoivent à peu près la moitié des sommes gagnées*, et à la seconde ils sont réglés définitivement. Ce n'est qu'à titre tout à fait exceptionnel qu'il est fait des avances au cours du travail. Les réclamations concernant la paie doivent être faites dans le délai de huitaine devant l'obersteiger ; appel peut être interjeté contre sa décision, pendant la huitaine suivante, devant le directeur de l'inspection.

Les punitions que peuvent encourir les ouvriers sont l'amende et la mise à pied.

Les règlements prévoient autant que possible les diverses fautes pouvant être commises de manière à éviter toute discussion pour l'application des punitions.

Ainsi, sont punis d'une amende qui ne peut dépasser la moitié du salaire journalier, les ouvriers qui ne se conforment pas aux ordres de leur chef, ceux qui arrivent en retard au travail, ceux qui ne travaillent pas aux endroits qui leur ont été indiqués, etc., etc. ; en cas de récidive dans le délai de trois mois, l'amende est remplacée par une mise à pied de six jours. L'amende est portée au double du salaire journalier pour les ouvriers qui se livrent à des voies de fait sur leurs camarades, pour ceux qui s'enivrent, ou qui troublent la tranquillité et l'ordre des chantiers ; en cas de récidive, dans le délai de 3 mois, l'amende est remplacée par une mise à pied de trois mois au maximum.

Les absences sont sévèrement punies ; l'ouvrier qui s'absente sans motif est puni d'amende ; s'il s'absente plus de trois jours consécutifs, il peut être renvoyé ; s'il s'absente pendant des jours de fête non légaux, il est mis à pied pour un nombre de jours égal à son chômage.

Les amendes ne doivent pas dépasser 6 marks par mois et par ouvrier ; elles sont versées à la caisse de secours.

C'est le directeur de l'inspection qui prononce les punitions ; les réclamations contre les punitions doivent être adressées dans les trois jours de la signification ; appel de la décision peut être porté devant la direction générale de Sarrebrück.

Le renvoi n'est pas considéré comme une punition, mais comme une application des clauses du contrat de travail. *L'ouvrier, en effet, n'est point un fonctionnaire ;* il est lié à la mine par un contrat de louage de service, auquel lui ou le directeur de la mine peut mettre fin, avec préavis de quinze jours, sans avoir à en donner les motifs. Le règlement qui fait partie des clauses du contrat de travail accepté par les deux parties, spécifie nettement les cas où la cessation peut avoir lieu sans préavis.

L'ouvrier peut être immédiatement renvoyé lorsqu'il s'est rendu coupable de vol et de faux, lorsqu'il a manqué sans motif valable plus de trois jours de suite ou qu'il se refuse d'une manière persistante à remplir sa tâche, lorsqu'il a commis des infractions graves aux règlements sur la police des mines, etc. Le renvoi ne peut plus être prononcé lorsque la faute est connue par la direction de l'inspection depuis plus de huit jours.

De son côté, l'ouvrier peut cesser immédiatement son travail : s'il est trop malade pour continuer sa tâche, si des employés se rendent coupables d'injures ou de voies de fait à son égard, ou à celui de sa famille, si la paie n'est pas régulièrement soldée, enfin si, en raison de l'insuffisance des expéditions, il est obligé de chômer plus de deux jours par semaine.

Telles sont les principales règles qui président aux relations entre l'Etat et ses ouvriers ; on ne saurait trop remarquer combien l'Etat a soigneusement évité de transformer ses ouvriers en fonctionnaires. *Sur cette terre d'Allemagne, où a pris naissance et où fleurit encore le socialisme d'Etat, le fisc soumet ses ouvriers à un régime aussi particulariste et aussi individualiste que celui des grandes industries privées* (sinon plus).

Que nous voilà loin des grandes administrations françaises, Etat, chemins de fer et villes ! s'écrie M. Paul Weiss.

Comparons le régime de Sarrebrück à celui de la ville de Paris qui emploie elle aussi une armée de travailleurs.

A Paris, c'est le préfet, et non les chefs de service, qui nomme et révoque le personnel ; à Sarrebrück c'est le Bergwerksdirektor d'une circonscription qui choisit comme il l'entend les hommes dont il a besoin.

A Paris l'ouvrier est fonctionnaire ; il est titularisé et ne peut être révoqué que pour faute grave ; on le paie, qu'il soit malade ou bien portant, qu'il travaille ou non ; on lui donne dix jours de congé payé par an, et on le garde même s'il devient moins apte à remplir ses fonctions ; à Sarrebrück on se sépare de lui pour un oui ou pour un non, on ne le paie que lorsqu'il est présent et on le punit lorsqu'il s'absente.

Si de la Ville ou de l'Etat nous passons aux grandes compagnies de chemins de fer françaises, nous voyons que la même solennité préside aux rapports avec le personnel. C'est le conseil d'administration qui commissionne les moindres agents, ou prononce, le cas échéant, leur révocation ; l'employé de chemin de fer est un fonctionnaire dont on ne se sépare qu'en cas de faute très grave. *L'Etat prussien, au contraire, s'est bien gardé de donner tant de garanties à ses ouvriers ; il les mène durement ; tant pis pour ceux qui ne savent pas se soumettre.*

Salaires

Malgré l'autorité plutôt brutale du fisc, la population minière s'est progressivement accrue ; en 1899 le nombre d'ouvriers occupés était de 37.108, et les salaires payés se sont élevés à 38.778.878 marks, se répartissant suivant les règles que nous avons indiquées entre les ouvriers de toutes catégories, occupés tant à la tâche qu'à la journée. Le tableau suivant en donne la répartition avec l'indication du salaire journalier et du salaire annuel moyen.

Année 1899

Catégorie des ouvriers	Nombre d'ouvriers	Salaire journalier moyen (marks)	Salaire annuel moyen (marks)
Mineurs	22.275	3.99	1.158
Ouvriers divers du fond	8.600	2.72	812
Ouvriers de la surface	5.412	2.86	846
Enfants	821	1.11	276
Total	37.108	3.47	1.019

Les salaires des ouvriers des mines royales sont soumis aux mêmes fluctuations que ceux des ouvriers employés par l'industrie privée. Lorsque le charbon se vend cher, les salaires montent ; lorsque le charbon est bon marché les salaires baissent. Si l'on étudie les salaires moyens payés pendant les quinze dernières années, on voit en effet que les salaires passent par un minimum en 1886 et en 1887, lors de la crise très grave qui sévit à cette époque sur l'industrie houillère ; puis ils se relèvent en 1890, 1891 et 1892 pour rebaisser pendant la période de dépression qui a marqué les années 1893 et 1894 et remonter à nouveau d'une manière continue jusqu'en 1900. Les oscillations, tant du salaire journalier moyen que du salaire moyen annuel, ont eu autant d'amplitude à Sarrebrück qu'en Westphalie ou en France, *mais le fisc, après les grèves des années 1891, 1892 et 1893, a abusé de sa victoire pour ne pas faire profiter ses ouvriers de la situation florissante de l'industrie houillère, tandis que les compagnies privées de Westphalie et du Pas-de-Calais ont consenti à leur personnel de très larges augmentations de salaires, que rendaient légitimes les superbes bénéfices réalisés au cours de ces dernières années par les houillères.*

En Westphalie notamment, où les conditions d'existence sont sensiblement les mêmes qu'à Sarrebrück, le salaire journalier moyen était resté longtemps inférieur à celui des mines fiscales, bien qu'en raison du moins grand nombre de journées de chômage le salaire moyen ait été sensiblement le même ; mais en 1894, après la constitution du grand syndicat de vente qui a régularisé les cours de la houille et la production, les prix westphaliens ont atteint ceux de la Sarre ; depuis cette époque, les progrès se sont accentués et aujourd'hui les mineurs des bords du Rhin ont une situation privilégiée ; leurs salaires sont presque aussi élevés que ceux des mineurs anglais. *Les mineurs de l'industrie privée n'ont donc rien à envier aux mineurs de l'État.*

Rendements

L'effet utile des ouvriers de Sarrebrück a subi les mêmes fluctuations que dans les autres bassins houillers.

Jusqu'en 1880 environ, l'effet utile a été en croissant

par suite de l'emploi de plus en plus développé des machines à vapeur et du perfectionnement des méthodes d'exploitation : mais depuis 1880, l'art des mines ne semble pas avoir fait de progrès ; les rendements moyens cessent d'augmenter et sont, à très peu de chose près, les mêmes en 1899 qu'en 1880.

Rendement moyen en tonnes de houille par ouvrier de toutes catégories et par an

Années	Sarrebrück	Haute-Silésie	Basse-Silésie	West-phalie	Pas-de-Calais
1869	190	—	—	—	—
1870	183				155
1880	237	310	229	283	210
1890	226	341	202	286	243
1899	235	368	211	266	256

Variations annuelles du rendement dans les mines royales depuis 1884

	Baisse					Hausse				Baisse			Hausse		
1884	1885	1886	1887	1888	1889	1890	1891	1892	1893	1894	1895	1896	1897	1898	1899
239	238	236	246	256	237	226	225	210	214	219	226	235	241	245	235

TONNES.

Les variations annuelles du rendement suivent les fluctuations des salaires. Au fur et à mesure que le salaire du mineur s'élève, son rendement diminue ; il semble qu'il ait besoin pour vivre d'une somme déterminée, et qu'une fois sa moyenne gagnée, il préfère se reposer plutôt que d'augmenter son bien-être. Pendant les périodes de hausse où ses chefs lui accordent facilement des prix de tâche élevés, il travaille moins. Quand vient la baisse, et que, de tous côtés, les exploitants cherchent à diminuer le prix de revient, il travaille pour regagner par son labeur ce qui lui est enlevé par un abaissement du prix de la tâche.

Il ressort des tableaux de rendement que la *production par ouvrier a toujours été inférieure dans les mines royales à celle des autres bassins houillers*, à l'exception de la Basse-Silésie.

Accidents dans les mines du Trust d'Etat

Au point de vue de la sécurité des travailleurs, les mines royales ont une situation privilégiée parmi les mines allemandes ; *leurs conditions naturelles d'exploitation ne sont pas moins dangereuses que d'autres, mais le nombre d'accidents y est moindre* parce que les règlements concernant la police des chantiers sont plus strictement observés qu'ailleurs, et que, d'autre part, la population ouvrière est habituée de longue date au travail des mines ; elle s'est formée peu à peu, sans introduction brusque d'éléments étrangers et inexpérimentés, comme en Westphalie, et possède une habileté professionnelle qui la protège dans une certaine mesure contre les dangers inhérents aux exploitations souterraines.

Les tableaux ci-dessous permettent de faire des comparaisons qui sont tout à l'honneur des mines royales :

ACCIDENTS MORTELS

Nombre d'ouvriers tués par an pour mille ouvriers occupés :

Années	Silésie	Westphalie	Sarrebrück (1)	Pas-de-Calais
1894	1.94	2.36	2.03	1.20
1895	2.58	2.60	2.23	1.04
1896	3.27	2.53	1.66	1.19

(1) Y compris les ouvriers des mines de la circonscription de Bonn

1897	2.18	2.59	1.56	1.40
1898	2.57	3.31	1.66	1.30
1899	2.21	2.54	1.74	1.28

Nombre de tonnes extraites pour un ouvrier tué

Années	Silésie	Westphalie	Sarrebrück
1894	161.948	110.965	104.794
1895	117.345	101.095	97.545
1896	96.256	109.496	136.694
1897	146.598	106.426	121.892
1898	129.102	80.191	140.665
1899	148.722	104.877	131.811

Les Institutions de prévoyance du Trust d'État

On aurait pu croire que l'ouvrier, à ce point de vue, aurait une situation privilégiée dans une exploitation d'État. Il n'en est rien.

L'État, exploitant de mines, n'a pas cru devoir faire profiter ses ouvriers du bénéfice des pensions civiles de retraites qu'il accorde à ses fonctionnaires ; il ne leur a pas créé une situation privilégiée, et les a assimilés aux ouvriers des entreprises privées ; les mineurs de la Sarre sont donc soumis, comme leurs camarades des autres districts, aux prescriptions de la loi des mines, t des lois générales qui régissent les assurances sociales en Allemagne, et que tout le monde connaît.

Quand les lois générales d'assurance furent promulguées, on maintint cependant la caisse de secours qui était créée sous le nom de « *Saarbrücker Knappschaftsverein* » (Société coopérative de secours) ; elle comprend tous les ouvriers des mines de la Sarre et a pour objet de leur procurer les secours auxquels leur donnent droit la loi prussienne des mines du 24 juin 1865, et la loi sur l'assurance-maladie du 10 avril 1892 ; elle est considérée, en outre, par application de l'article 8 de la loi sur l'invalidité du 13 juillet 1899, comme une caisse spéciale, remplissant pour tous ses adhérents les obligations de l'assurance contre l'invalidité. Elle se charge enfin du service de trésorerie de l'assurance-accident, et assure les relations entre les ouvriers et la corporation minière contre les accidents « *Berufsgenossenschaft* ».

La caisse des maladies est alimentée par les cotisations des ouvriers fixées actuellement à 33 pfennige et 22 pfennige par semaine, suivant que le salaire journalier dépasse, ou ne dépasse pas 3 marks, par un versement égal de la direction, et par diverses autres recettes, notamment les ristournes de la caisse des accidents.

La caisse des pensions est alimentée par les cotisations des adhérents fixées actuellement à 1 mark 20 par semaine, par un versement égal de la direction, par les amendes encourues par les ouvriers, par les intérêts des sommes appartenant à la caisse corporative, par les ristournes de la caisse des accidents et les versements de l'assurance contre l'invalidité, notamment les primes allouées par l'Empire.

La caisse des maladies fournit gratuitement à ses adhérents les soins médicaux et pharmaceutiques, des secours journaliers de 1 m. 30 et 2 marks suivant que l'ouvrier a versé 22 ou 33 pfennige par semaine, des allocations funéraires et divers secours extraordinaires lorsque l'état de la caisse le permet.

La caisse des pensions alloue à ses adhérents des

pensions d'invalidité et de vieillesse variant de 120 marks à 936 marks par an suivant l'âge et la durée des services de l'invalide ou du vieillard ; elle accorde en outre aux veuves et aux orphelins des secours variant de 50 à 250 marks annuellement ; quant aux victimes d'accidents, elles sont indemnisées par la corporation minière *Berufsgenossenschaft* dans les mêmes conditions et d'après les mêmes tarifs que les mineurs des compagnies privées.

L'administration de la société coopérative est confiée à un conseil de direction assisté de délégués, *Knappschaftsaeltesten*, qui, élus par les ouvriers, sont chargés de contrôler la gestion de la société et d'assurer la tricte observation des statuts.

Le conseil de direction est composé de trois membres de la direction des mines, nommés par l'ingénieur en chef du district de Bonn, et de trois délégués ouvriers, *Knappschaftsaeltesten*, désignés par leurs camarades.

De même que pour la police des mines, le *Knappschaftsverein* est soumis à la surveillance de l'Etat, non point par l'intermédiaire du président de la direction qui représente le Ministre du commerce, mais par l'Oberbergamt de Bonn, qui a la haute main sur la société de secours des mines fiscales aussi bien que sur celles des mines privées.

Le fonctionnement du *Knappschaftsverein* paraît avoir donné toute satisfaction aux ouvriers et n'a pas occasionné de plaintes au cours de ces dernières années.

La direction des mines a d'ailleurs consenti en faveur de son personnel des sacrifices considérables ;

alors que dans l'industrie privée la contribution du patron à l'assurance maladie n'est que la moitié de celle de l'ouvrier, la direction fait à la caisse de secours des versements égaux à ceux des mineurs, et ces versements sont d'autant plus considérables que les statuts prévoient pour les pensions d'invalidité les taux quatre ou cinq fois plus élevés que ceux accordés par la loi aux ouvriers de l'industrie.

Les charges résultant de toutes ces mesures de prévoyance ne laissent pas que d'être considérables. Au cours de l'exercice 1898-1899, la direction des mines fiscales a versé à la *Knappschaftkasse* 2.498.452 marks, à la corporation d'assurance contre les accidents 652.724 marks, et à la caisse d'assurance contre la vieillesse 279.252 marks, soit un total de 3.431.428 marks, auquel il faut ajouter, pour évaluer l'importance des charges sociales, 449,888 marks pour le charbon fourni gratuitement aux mineurs, 60.161 marks pour les écoles, bibliothèques, etc., et 72,510 marks pour des primes de construction de 7 à 800 marks allouées aux ouvriers qui désirent se construire des maisons.

Près de 4 millions sont donc consacrés annuellement par la direction aux œuvres d'assistance ; c'est 100 marks par ouvrier, 10 pour cent du prix de revient, dont l'Etat fait abandon, en vue de soulager les misères de la population qu'il fait vivre.

Il résulte de ce qui précède que l'Etat n'a fait pour ses ouvriers, au point de vue secours et retraites, rien d'exceptionnel, malgré le rescrit impérial de

Guillaume II. Il ne les a pas traités comme des serviteurs spéciaux du gouvernement, mais comme des ouvriers quelconques de l'industrie privée.

En résumé, en soumettant ses ouvriers à la loi commune, en ne les considérant pas comme des fonctionnaires, l'État a donné la véritable caractéristique de son administration socialiste. Il veut bien avoir les avantages de la main d'œuvre, mais il ne veut lui concéder aucun privilège.

Revendications ouvrières dans l'organisation des Trusts d'État

Le fait était bon à constater.

De même que l'industrie privée, l'État n'est pas à l'abri des agitations ouvrières qui apportent périodiquement le trouble dans les entreprises minières.

Pendant longtemps les houillères fiscales avaient joui d'un calme profond, parce que la population très dense de la région fournissait plus d'ouvriers que l'exploitation n'en exigeait ; mais vers 1888, lorsque la demande de charbon devint tout à coup si pressante et que les ouvriers durent faire des heures supplémentaires pour permettre de livrer les commandes, l'agitation se répandit à Sarrebrück, comme dans les autres districts houillers.

En Westphalie, sous la pression du gouvernement, les Compagnies minières avaient accordé à leurs ouvriers la limitation de la journée normale à huit heures de travail ; les mineurs de Sarrebrück crurent pouvoir obtenir de l'État exploitant ce que l'État lui-même avait imposé aux Compagnies privées : le 15 mai 1889 une grève éclata, mais la direction de Sarrebrück déclara que la fixation à huit heures de la durée de la journée de travail était impossible et techniquement irréalisable ; à la fin de mai les ouvriers durent reprendre le pic, après avoir simplement obtenu la limitation du poste normal à dix heures ; ils étaient vaincus par le besoin, mais ne se soumettaient qu'à contre-cœur. Leur mécontentement persistant se traduisit par un relâchement dans leur activité et une diminution du travail individuel.

Du 1er mai 1889 au 31 octobre de la même année la production diminua de 162.000 tonnes sur la production de l'année précédente, et cela au moment où l'industrie allemande se développait et augmentait fébrilement ses demandes. Les mineurs se vengeaient.

La situation de l'industrie devenant de plus en plus prospère, les mineurs se sentirent indispensables, et crurent le moment venu d'obtenir la réalisation de leurs revendications.

Le 13 et le 14 décembre la grève éclata sur plusieurs points, et le 18 décembre la direction lança une circulaire à ses clients, en vue de dégager sa responsabilité en cas d'insuffisance des expéditions. Heureusement le conflit put s'apaiser et le travail reprit, mais la situation restait tendue, aussi bien à Sarrebrück qu'en Westphalie.

L'industrie toute entière de l'Allemagne fut prise de panique, se croyant déjà privée du charbon qui alimentait ses machines. L'Empereur Guillaume II, qui venait de rompre avec les traditions de lutte à outrance contre le socialisme, caractérisant la politique de Bismarck, crut pouvoir rénover le monde et amener la pacification sociale universelle, de par sa seule volonté. Le 4 février 1890, par un rescrit impérial, il proposa aux différentes nations de s'entendre pour améliorer le sort des ouvriers. En même temps, par rescrit royal s'adressant aux industriels de Prusse, l'empereur disait : « Je désire qu'en ce qui concerne toutes les mesures de protection et de secours, en faveur des ouvriers, les mines de l'Etat deviennent des institutions modèles. »

En mars 1900, les délégués des différentes nations se rendirent à Berlin, sur l'invitation de l'empereur ; beaucoup de beaux discours furent prononcés, de belles pensées furent remuées, mais les délégués se séparèrent sans que leurs travaux eussent reçu la moindre sanction.

Toutefois, à la suite de la Conférence de Berlin, l'Etat prussien se décida à faire élire des commissions ouvrières, dont les membres eurent pour mission de faire connaître aux directeurs des mines les propositions, désirs ou réclamations des ouvriers, et de discuter tout ce qui se rattache aux conditions du travail, aux modifications à apporter aux règlements, et, en général, à tout ce qui concerne le bien-être des ouvriers.

Les membres de ces commissions *(vertrauensmanner)* doivent également remplir le rôle de conciliateurs dans les querelles et litiges des ouvriers entre eux, et en outre faire observer consciencieusement les règlements du travail, ainsi que les prescriptions tendant à protéger le personnel contre les maladies et les accidents.

Les *vertrauensmanner* sont élus tous les trois ans à raison de un par quartier *(steigerrevier)*, comprenant

130 à 150 ouvriers ; sont électeurs les ouvriers âgés de 21 ans au moins, et ayant travaillé trois mois aux mines ; sont éligibles les mineurs âgés de vingt-cinq ans, et ayant travaillé cinq ans aux mines. Les premières élections donnèrent 220 délégués, dont les trois quarts faisaient partie de l'association pour la défense des droits des mineurs ; c'étaient des hommes remuants, opposés à l'organisation fiscale : tous socialistes et socialistes catholiques voulaient la journée de huit heures, le minimum de salaire et l'institution de la justice arbitrale.

Dans le début, l'administration royale montra la plus grande déférence vis-à-vis des délégués ; il y eut, dans chaque inspection, des entrevues fréquentes et de longues discussions. Mais comme toutes ces discussions portaient sur des revendications violentes, impossibles, les demandes des délégués ne reçurent pas satisfaction. La désillusion fut grande, parmi les ouvriers, en voyant qu'il ne suffisait pas de présenter une réclamation pour recevoir immédiatement satisfaction.

Aussi, après une première période de fonctionnement, y eut-il de part et d'autre un vif mécontentement qui, heureusement, s'atténua peu à peu ; malgré les difficultés inhérentes au système, il faut reconnaître que l'échec ne fut pas complet. Les entrevues fréquentes entre directeurs et délégués firent connaître les réclamations du personnel, et contribuèrent à faire pénétrer des idées plus saines parmi la population minière.

Les rescrits de l'Empereur, et la création des délégations furent impuissants à ramener les mineurs au calme. Depuis la grève de 1889, les ouvriers avaient pris officiellement une attitude très déférente vis-à-vis de leurs chefs et de leurs ingénieurs, mais, en fait, presque tous les ouvriers s'affilièrent à l'*Association pour la défense des droits des Mineurs*, qui arriva à compter 25.000 membres dans la région.

Le 3 août 1890, dans une réunion tenue à Bildstock, on décida l'envoi de délégués au Congrès général minier de Halle. C'était la première fois que les ouvriers de Sarrebrück faisaient officiellement acte d'adhésion au parti socialiste. Il y eut dans la réunion un seul opposant, un lorrain annexé, qui chercha à démontrer aux auditeurs qu'il valait mieux s'appuyer sur l'Empereur que sur les agitateurs socialistes. Sa voix ne fut pas écoutée, et à l'unanimité, chacune des inspections décida la nomination d'un délégué.

Après le congrès de Halle, l'association pour la défense des droits de mineurs, continua à resserrer ses liens et s'efforça de recruter de nouveaux adhérents. Grâce à elle, les revendications des mineurs se font jour à nouveau ; ils réclament une fois de plus la journée de huit heures, l'unification du salaire normal pour chaque catégorie d'ouvriers, la constitution de tribunaux arbitraux pour le règlement des conflits entre direction et ouvriers, enfin ils protestent contre la modification des statuts de la caisse de secours, qui ont dû être mis en harmonie avec les lois générales d'assurance contre la vieillesse et l'invalidité.

Toute l'agitation, sourdement contenue, se manifesta le 29 décembre 1890, où Warken, le principal meneur de la grève de 1889, fut libéré après neuf mois d'emprisonnement ; le bureau tout entier de l'association pour la défense des droits des mineurs, se transporta à Trèves pour l'acclamer à sa sortie de prison ; le gouvernement, prévenu, fit transporter secrètement Warken à Sarrebrück ; vaine précaution ! Le pays noir, tout entier, fit à Warken un cortège triomphal jusqu'à sa demeure d'Altenwald ; des souscriptions populaires furent organisées en sa faveur, et produisirent un total de 12,000 marks !

Le chef de grève rentrait triomphant et martyr.

Malgré les efforts de la direction, l'Association étend de jour en jour son influence ; toutes les vexations restent inutiles. On va jusqu'à interdire aux propriétaires des principales salles de réunion de louer leurs locaux à l'association, afin d'empêcher les séances ; peine perdue : l'association décide la construction d'une salle spéciale à Bildstock, près Sarrebrück ; chaque membre doit apporter *deux* briques, et verser un mark. De toutes parts, les matériaux affluent, et l'édifice s'élève sous les yeux de l'administration impuissante.

L'année 1891, qui s'ouvre, promet d'être fertile en agitation aussi bien à Sarrebrück que dans les autres districts houillers ; la demande de houille est toujours abondante, et encore une fois les ouvriers se croient maîtres de la situation.

Au mois d'avril, en Westphalie, les mineurs adressent un ultimatum aux Compagnies, et la grève éclate ; mais les mineurs sont forcés de capituler après deux semaines, sans avoir obtenu aucune concession.

L'exemple entraîne la Sarre ; l'association pour la défense des droits des mineurs présente à l'administration les demandes suivantes :

Réembauchage des ouvriers renvoyés en 1889 ;

Réduction de la journée à huit heures ;

Augmentation des allocations de chauffage ;

Engagement de ne pas envoyer de charbon dans les autres districts en grève.

Dans le cas où cet ultimatum ne serait pas accepté, la grève générale est décidée pour le 10 mai.

Sur ces entrefaites la grève générale éclate en Belgique, et sans plus attendre les mineurs de Sarrebrück cessent tout travail.

Le 11 mai, la direction déclare refuser de discuter avec d'anciens ouvriers renvoyés, et met son personnel en garde contre le renvoi immédiat en cas d'insubordination. Le 24, elle informe son personnel, par voie d'affiches, que les ouvriers, malgré tous avertissements, ayant rompu le contrat de travail, tout ouvrier n'ayant pas repris le travail le 25 mai sera définitivement congédié.

En même temps, tous les membres de la délégation qui avaient soumis les réclamations à la direction sont renvoyés.

Cette attitude du gouvernement met fin à la grève. Le 25, tous les mineurs reprennent le travail, sentant que l'administration royale était bien décidée à exclure définitivement tous ceux qui ne rentreraient pas ; mais le conflit n'était que momentanément apaisé.

Au cours de 1892, le gouvernement porta à la connaissance des ouvriers le règlement type, rédigé en application de la loi nouvelle des mines du 24 juin 1892. Les agitateurs socialistes ne laissèrent pas échapper une aussi belle occasion, et excitèrent les mineurs toujours sourdement hostiles depuis deux ans.

Le 8 décembre, les mineurs répondent en masse à l'appel de leurs chefs, et dans la grande salle des séances de Bildstock, ils votent la grève générale pour le 1ᵉʳ janvier 1893, dans le cas où l'administration refuserait de tenir compte des amendements au nouveau règlement, proposés par l'association. Un comité d'organisation de la grève, composé de cinq membres, est nommé par acclamations, avec Warken pour chef : Warken, l'ancien prisonnier de Trèves, le martyr de la cause des mineurs.

Le comité ne tarde pas à se mettre à l'œuvre, et intervient ouvertement dans tous les centres miniers en vue de propager l'agitation.

Le 28 décembre, dans une réunion tenue à Bildstock, la grève générale est décidée pour le 29 ; toute la nuit, des émissaires parcourent le pays, et le 29 au matin 7.000 hommes sur 30.000 manquent au travail ; le lendemain et les jours suivants, la situation s'aggrave. Les grévistes décident de donner tous pouvoirs au bureau de l'association pour la défense des droits des mineurs, à l'effet de traiter avec les autorités minières et défendre toutes les revendications récemment présentées à l'administration, et toutes celles qui pourraient être ajoutées ultérieurement à la suite de décisions nouvelles des délégués ouvriers.

Peu à peu la surexcitation grandit ; le 30 décembre, une troupe de mineurs se dirige vers le puits d'aérage de la mine Maybach, brise les portes, et met hors de service le ventilateur et les chaudières ; de nombreux ouvriers non grévistes sont blessés, les grévistes font usage de leurs revolvers.

Dans les premiers jours de janvier, la cessation de travail est presque complète.

En présence de la gravité de la situation, la direction prend des mesures énergiques. Warken, le chef du comité de la grève, est arrêté, et la direction fait afficher qu'aucune dénonciation du contrat de travail n'ayant eu lieu, les ouvriers n'auront à s'en prendre qu'à eux des conséquences de leur conduite ; en même temps elle prend ses dispositions pour protéger aussi efficacement que possible les ouvriers qui désirent travailler, et se refuse d'une manière absolue à entrer en négociation avec les chefs du mouvement.

Ne pouvant discuter avec la direction, les grévistes se décident à envoyer une délégation auprès du gouverneur de la province à Coblentz, qui refuse de les recevoir sous prétexte qu'elle n'est pas composée de vrais ouvriers, et qu'elle vient l'entretenir de réclamations et de plaintes que les autorités minières sont seules à même d'apprécier.

En même temps, la direction prononçait définitivement le renvoi par bulletins individuels de 500 ouvriers environ, et en avertissait 2.000 autres que l'état du commerce ne lui permettait pas de leur donner du travail actuellement.

Cette attitude intransigeante sema le découragement parmi les grévistes. Voyant la direction bien décidée à ne faire aucune concession et à exiger la reprise du travail avant d'examiner leurs revendications, les mineurs recommencèrent peu à peu à travailler ; le 16 janvier, le nombre des grévistes n'était plus que de 2.800, et le 17, le personnel était presque au complet.

Plus de 500 ouvriers étaient définitivement exclus par la direction, et 2.000 renvoyés provisoirement. La direction, soutenue en tout point par l'Administration, avait encore une fois obtenu gain de cause.

Que les temps étaient changés depuis le jour où l'empereur, recevant les délégués des mineurs de Westphalie, en pleine période de grève, leur faisait espérer une transformation de l'état social !

La rigueur de l'Administration porta ses fruits. Depuis cette dernière grève, le calme n'a plus été troublé dans le bassin de Sarrebrück.

L'avènement de l'empereur Guillaume, son désir de paraître l'apôtre de la pacification sociale avaient fait naître au cœur des ouvriers certaines espérances bien vite déçues ; le souverain ayant changé l'orientation de sa politique intérieure et ayant manifesté sa ferme intention de couper court à tous les troubles, les mineurs, avec l'esprit de discipline qui caractérise leur race, se sont soumis, et les grèves n'existent plus qu'à l'état de souvenir.

En résumé, on le voit, l'organisation d'Etat au point de vue ouvrier est en tous points — sauf pour les accidents — inférieure à celle de l'industrie privée. Elle n'empêche pas les grèves, elle est plus sévère, plus dure même, et ne crée pas à l'ouvrier une situation spéciale, loin de là.

Organisation commerciale du Trust d'Etat

Voyons maintenant le fonctionnement du *trust d'Etat* au point de vue économique.

La direction des mines royales de Sarrebrück alimente non-seulement toute l'industrie de l'Allemagne du sud, mais encore elle envoie ses houilles à l'étranger, dans l'est de la France, en Suisse et même jusqu'en Italie et en Autriche. C'est un négociant exportateur.

En Prusse et en Bavière rhénane, elle jouit d'un véritable monopole de fait, parce qu'elle dispose des neuf dizièmes de la production du bassin houiller ; en Alsace, dans le pays de Bade, en Würtemberg et en Suisse, elle règne presque sans partage, malgré les efforts constants du syndicat westphalien, qui essaie de mettre à profit les améliorations progressives de la navigation sur le Rhin, pour le transport de ses houilles.

Dans l'est de la France, elle lutte victorieusement contre les mines du Nord, du Pas-de-Calais et de la Belgique, sur lesquelles elle a l'immense avantage de la proximité.

Cette richesse, cet « or noir » qui se répand dans le pays, amène un développement extraordinaire de toutes les industries ; non seulement le fisc en retire de superbes bénéfices, mais la richesse nationale allemande s'en accroît. Forges, verreries, usines, surgissent de toute part, et l'exportation vers la France, qui variait entre 40 et 50 pour cent de la production avant 1870, diminue graduellement au profit des pays rhénans qui grandissent. En 1898-1899 elle n'est plus que de 6,91 pour cent ; l'Allemagne se réserve la plus grande partie, 80 pour cent, de la houille des mines royales. Les exportations en 1898-1899 sont inférieures à ce qu'elles étaient en 1869 ; quant à l'exportation du coke elle tombe de 50 pour cent à 2,72 pour cent de la production, bien que la fabrication ait passé, depuis 1869, de 377.417 tonnes à 882.173 tonnes.

Ce sont les hauts-fourneaux allemands qui dévorent le coke brûlé autrefois par les forges de France.

Il a même été récemment question au Reischtag de supprimer toute expédition de combustibles en France.

Pendant l'année budgétaire de 1898-1899 la production de houille s'est élevée à 8.816.605 tonnes, dont 872.465 ont été consommées pour les besoins des mines et 1.722.391 transformées en coke. Les expéditions vers les divers pays se sont réparties de la manière suivante :

Allemagne

Destination des chemins	Charbons en tonnes	0/0	Coke en tonnes	0/0
Prusse, 1898/99	1.830.723	29.42	708.683	80.32
— 1869	645.833	24.5	159.643	42.3
Allemagne du Sud, 1898-99	2.254.437	36.24	14.640	1.66
— 1869	634.766	24.1	31.385	8.3
Alsace, 1898/99	1.001.614	19.10	134.960	15.30
Total pour les pays allemands et annexés 1898/99	5.086.774	81.76	858.283	97.28
1869	1.208.099	48.6	191.023	50.6

Etranger

France 1898/99	429.980	6.91	13.085	1.48
— 1869	1.192.619	45.3	178.965	47.2
Suisse, 98/99	620.148	9.97	10.720	1.22
— 1869	140.128	5.3	1.382	0.4
Luxembourg	49.167	0.79	166	0.02
—	20.210	0.8	6.042	1.6
Autriche	12.370	0.36	10	
Italie	13.310	0.21		
Total des expéditions à l'étranger 1898/99	1.134.975	18.24	23.980	2.72
1869	1.353.250	51.4	186.389	49.4

Au cours de l'exercice budgétaire 1899-1900, la production augmente encore et monte à 9.169.920 tonnes, dont 6.093.128 tonnes sont expédiées par chemins de fer, 545.672 tonnes par voie d'eau, 1.063.662 tonnes employées à la fabrication du coke, 536.767 vendues au détail, et 907.775 consommées par les mines.

La vente de cette énorme production, dont la valeur dépasse annuellement 80 millions de marks, est centralisée à Sarrebrück par le service commercial sous l'autorité immédiate de la direction.

Toute l'industrie de l'Allemagne du Sud étant tributaire des mines royales, et forcée de s'adresser à la direction pour assurer ses approvisionnements, l'organisation commerciale est restée à l'état rudimentaire et n'a pas été développée, comme elle l'est dans les régions où la concurrence s'exerce librement.

Pendant les premières années de l'administration prussienne, la direction fixait pour un an, par des tarifs publiés officiellement, le prix des houilles. Les grandes industries locales, verreries, forges, briquetteries, tuileries, ainsi que les négociants en houille de la Moselle et du Rhin obtenaient des réductions de cinq, six, quinze et même vingt pour cent, sur les prix fixés par les tarifs officiels.

Un système aussi simple ne pouvait plus être suffisant lorsque la création des chemins de fer permit d'étendre le rayon de vente, et en même temps rendit plus active la concurrence des bassins éloignés. Dès 1854 et 1855, la direction fut obligée de fixer ses prix tous les trimestres, mais elle revint à l'ancien système de fixation annuelle au cours des années suivantes.

En 1859, la vente devenant de plus en plus difficile, on créa à Sarrebrück le service commercial (*Handels-Bureau*), et des tarifs généraux furent publiés avec l'indication qu'ils seraient valables jusqu'à nouvel ordre. C'était, pour toutes les industries, l'incertitude du lendemain.

En 1862, les prix de faveur consentis aux industries locales furent supprimés, et au cours de la même année, la direction des mines royales s'entendit avec la direction des chemins de fer pour établir des « tarifs combinés » abaissant les prix des houilles proportionnellement à la distance à laquelle elles devaient être expédiées. Ces tarifs eurent le grand avantage de mettre les mines en relation directe avec les consommateurs éloignés. Tandis que, précédemment, la direction n'était en relation qu'avec un petit nombre de clients qui prenaient de gros tonnages pour bénéficier des réductions consenties, elle vit augmenter le nombre des consommateurs qui s'adressaient directement à elle, sans passer par les fourches caudines des intermédiaires. En même temps elle se rendit mieux compte des besoins de la clientèle et de l'importance de la consommation.

Les « tarifs combinés » ne purent être maintenus longtemps parce que les fréquents changements de prix nécessités par la concurrence des autres districts houillers étaient difficilement compatibles avec ce système ; on revint au système de l'égalité de prix pour tous, mais les relations directes entre les mines et les consommateurs n'en subsistèrent pas moins depuis cette époque, et le commerce autrefois si actif des négociants de Sarrebrück se réduisit de plus en plus à des affaires de banque et de commission.

La fixation de prix égaux pour tous les clients, quelle que fût l'importance de leurs achats et la durée de leurs contrats, rendit très difficile à la direction de développer ses ventes à l'extrémité de ses rayons de consommation ; elle se vit obligée, pour maintenir son extraction, de passer des contrats de longue durée et à des prix de faveur avec d'importants acheteurs étrangers, notamment la Compagnie du gaz de Paris. Ce traitement de faveur à l'égard des étrangers souleva de vives critiques.

La direction ne put refuser longtemps les mêmes

avantages aux consommateurs indigènes et dès 1865 elle passa des marchés pour une durée déterminée, et à des prix fixés d'avance, avec les clients qui pouvaient recevoir les envois par canaux.

En 1869, cette mesure fut généralisée et d'importants contrats furent passés, tant avec de grands industriels qu'avec des négociants qui s'engageaient à rétrocéder les houilles aux petits consommateurs, moyennant une commission officiellement déterminée. Ces contrats furent conclus au début, pour un an, et pour un tonnage minimum de 1.500 tonnes.

Les violentes oscillations des prix qui marquèrent les années 1872, 1873, 1874, montrèrent que la durée d'un an était trop considérable, et en 1874 la direction organisa le système des contrats semestriels, applicable aux clients consommant au moins 150 tonnes par mois, et qui est encore en vigueur aujourd'hui ; la vente aux petits clients dont les besoins sont inférieurs à 150 tonnes fut entièrement abandonnée aux négociants, et intermédiaires, la direction ayant jugé inutile d'avoir dans les différents districts des agents spéciaux pour la représenter en vue de la vente au détail.

A la fin de chaque semestre, la direction fixe, suivant les rayons de vente, le prix des houilles pour les marchés du semestre suivant. Jusqu'en 1898, elle envoyait à sa clientèle la liste de toutes les catégories de ses houilles, avec indications de prix, et le client n'avait qu'à faire son choix. Depuis 1898 la concurrence du syndicat rhénan westphalien s'étant fait sentir avec plus de vigueur, la direction cessa de publier officiellement son tarif, et se borna à envoyer à chacun de ses clients le prix des catégories dont il était preneur pendant le semestre précédent. Elle se réserva ainsi la possibilité de faire des concessions à ceux de ses clients qui pourraient traiter avec les producteurs voisins.

En dehors des fournitures par marchés réguliers, la direction fixe les prix du jour suivant les demandes, mais toujours à un prix supérieur à celui des marchés ; elle vend d'après ce tarif modifié au jour le jour, les houilles restées disponibles.

La caractéristique du système est l'égalité pour tous les acheteurs ; tous paient les mêmes prix, sont soumis aux mêmes règles. Exceptionnellement, des remises sont faites aux industriels qui pourraient s'approvisionner dans la Ruhr, ou aux clients de l'étranger qui pourraient s'adresser aux producteurs français et belges. Mais ces avantages ne sont consentis qu'en période de dépression commerciale.

Par contre, pendant la hausse, la direction maintient à des taux raisonnables ses tarifs de consommation indigène, mais fait payer cher aux étrangers le charbon qu'ils viennent lui demander, lorsqu'elle daigne leur en donner. *C'est ainsi que, depuis deux ans, elle a fixé ses prix d'exportation vers la France et vers la Suisse, à 3 ou même 4 marks au-dessus du prix de base adopté pour les pays allemands ;* les houilles de première sorte ont été payées par les filateurs et maîtres de forges de Meurthe-et-Moselle jusqu'à 20 marks (25 francs) et plus, tandis que leurs concurrents de l'autre côté de la frontière ne payaient pas plus de 16 marks, à qualité égale.

Là encore, *l'exploitation fiscale a protégé l'industrie nationale en remplissant ses caisses de l'argent des concurrents étrangers.*

Bien que réservant, en temps de hausse, ses prix les plus modérés à l'industrie locale, la direction des mines royales est loin de donner satisfaction à tout le monde, même en Allemagne. Grâce à son monopole de fait, elle ne craint pas la concurrence, et mène sa clientèle avec la même autorité, le même caporalisme que ses ouvriers. Elle impose à ses acheteurs des conditions très dures, libre à eux de se pourvoir ailleurs s'ils le peuvent. Les conditions générales de vente stipulent en effet une série de règles, à l'application desquelles la direction tient strictement la main. Elle vend la houille de la même manière que la Régie, en France, ses tabacs. *Bon gré malgré, l'acheteur doit consommer ce qu'on lui fournit.*

Cette brutale organisation de la vente ne laisse pas que de soulever de sérieux mécontentements parmi les clients ; notamment dans ces dernières années l'irritation des gros consommateurs s'est manifestée à plus d'une reprise. En cas de ralentissement des affaires, les grands et puissants maîtres de forges de la Sarre ne manqueront pas de se mettre à la tête d'un mouvement de réaction, dont les mines royales auront peut-être à supporter les conséquences.

Il est vrai de dire que si la direction mène le public avec le plus grand sans gêne, elle cherche à le préserver des exigences des intermédiaires, qui font souvent payer fort cher aux petits clients le charbon qui leur est indispensable.

A cet effet, la direction exige que chaque commissionnaire lui adresse une feuille de commande indiquant le prix de vente, commission comprise, accepté par le client ; la commission ne doit pas dépasser 0 fr. 30 par tonne pour l'Allemagne, et 0 fr. 35 pour la

France et la Suisse ; comme sanction, le chef du service commercial a annoncé tout récemment qu'il cesserait de traiter avec tout intermédiaire qui majorerait les prix consentis.

Pour la fixation de ses prix courants, la direction se base sur la situation commerciale ; lorsque la demande est forte, elle hausse ses prix, et en profite pour augmenter les revenus du trésor ; lorsque la demande se ralentit, elle sait abaisser ses prix tout comme ses concurrents. Aussi les prix de vente ont-ils subi au cours de ce siècle de larges fluctuations.

Sous l'administration française du commencement du siècle, le prix de la houille était de 40 à 50 centimes le quintal. En 1816, le prix moyen de vente n'était plus que de 5 marks environ par tonne. L'élévation du prix de revient par suite de l'amélioration des salaires entraîna la hausse du prix de vente qui atteignit 7 marks en 1850 ; de 1850 à 1853 les prix restèrent stationnaires, mais s'élevèrent graduellement, à partir de 1854, pour atteindre 9 marks 12 en 1858 pendant l'époque de prospérité commerciale qui marqua, dans toute l'Europe, le commencement du second empire ; après 1858, les prix redescendirent lentement jusqu'à 7 m. 38 en 1864 et subirent quelques oscillations sans importance jusqu'à la crise houillère des années 1872 et suivantes.

Après l'année terrible, le renouvellement des armements, les efforts de chacun pour réparer les pertes subies au cours de la guerre, amenèrent une recrudescence extraordinaire de l'industrie ; partout, en Angleterre, comme sur le continent, la houille fit défaut, et les prix montèrent à des hauteurs vertigineuses. À

Sarrebrück le prix moyen de la houille atteignit 16 m. 84 en 1873, et le prix du coke 36 m. 62.

Ces beaux jours furent de courte durée ; une crise intense sévit à partir de 1875. Vers 1879 survint une légère accalmie, mais qui ne put enrayer la crise ; en 1887 et 1888, les prix étaient, relativement aux prix de revient, plus bas que jamais, lorsqu'enfin les demandes de l'industrie recommencèrent à affluer ; en 1890-91 les prix s'élevèrent notablement, et depuis cette époque, sans rester tout à fait au même niveau, le marché des houilles garda une allure satisfaisante, malgré les dépressions momentanées de 1892-1893 ; en automne 1899 et en 1900 la demande redevint subitement plus active. La guerre du Transvaal avait désorganisé le marché anglais ; les énormes transports vers le Cap des troupes et du matériel de guerre, la mobilisation partielle de la flotte, l'activité extraordinaire de l'industrie anglaise chargée de fournir le matériel de guerre, absorbèrent presque toute la production des mines anglaises.

Les industries de certaines régions, et particulièrement des bords de la Vistule, de l'Oder et de l'Elbe durent se soustraire aux prix intolérables des charbons anglais et s'adressèrent aux producteurs indigènes, déjà surchargés de commandes par suite du magnifique développement des affaires métallurgiques et électriques.

Les mines allemandes n'étaient pas en mesure de répondre à cette demande tumultueuse, d'autant plus que les grèves de Bohème et de Saxe venaient de créer de nouveaux vides dans les stocks de l'Allemagne du Sud.

La situation devint critique ; le manque d'ouvriers ne

Prix de vente moyens à Sarrebrück, en Westphalie et dans le Pas-de-Calais de 1850 à 1900 (1)
Echelle de 5 mm. pour un mark.

permettait pas de développer la production, et la disette de houille ainsi que l'anxiété des consommateurs étaient telles que les prix auraient pu monter aux taux les plus excessifs, comme en 1873, si le fisc prussien, et le grand syndicat rhénan westphalien n'avaient donné un magnifique exemple de modération et gardé la plus grande mesure dans la hausse, qui se réduisit à 2 ou 3 marks par tonne pour la consommation indigène, tandis qu'elle atteignit 6 et 7 marks pour les exportations.

Cette hausse semble tout à fait insignifiante si on la compare à la hausse des charbons anglais et belges. A Cardiff, le charbon à vapeur passe de 8 s. 3 d. au début de 1898 à 16 s. en janvier et à 35 s. en août 1900. En Belgique l'Etat achète ses charbons pour locomotives 26 fr. 50 en 1900, alors qu'il les obtenait à 9 fr. 65 en 1898. En Prusse, au contraire, l'Etat les payait 9 m. en 1896 et 11 m. 20 seulement en juillet 1900.

Il suffira de jeter un coup d'œil sur le tableau ci-contre pour voir qu'au point de vue des prix depuis de longues années c'est toujours le syndicat rhénan qui a tenu les prix de vente à la consommation le plus bas. Le trust d'Etat s'est bien plutôt rapproché des prix de vente du Nord et du Pas-de-Calais, les plus élevés du continent. Le trust d'Etat est donc désavantageux pour la consommation. Néanmoins, on peut émettre l'opinion suivante :

La concentration des houilles en une seule main, soit Etat, soit syndicat rhénan westphalien, a donc eu pour effet de régulariser les cours des houilles au grand avantage de l'industrie allemande.

Actuellement, en 1901-1902, la dépression industrielle qui sévit en Allemagne n'a pas fait fléchir les prix de la houille comme dans les autres pays, et pourtant aucun d'eux n'a été atteint comme la région rhénane.

Mais on peut dire que l'organisation commerciale du grand trust d'État ne présente rien de particulier ; elle est copiée sur celle des industries privées, avec un caractère plus brutal, plus intransigeant et moins avisé. Elle est tout aussi avide de bénéfices que les sociétés ordinaires.

Résultats financiers du Trust d'État

Les dépenses d'exploitation des mines fiscales font chaque année l'objet d'une étude attentive de la part du parlement prussien ; les comptes, comme ceux du budget général, sont arrêtés pour chaque exercice au 31 mars, le début de l'année fiscale étant fixé au 1er avril.

Dès le mois de décembre le ministre du commerce soumet au Landtag un projet détaillé du budget pour les mines et usines domaniales ; le budget prévoit toutes les dépenses courantes, frais généraux, main-d'œuvre, fournitures, dépenses sociales, et fixe les sommes allouées à la direction pour les installations nouvelles, dont le devis est annexé au budget.

En même temps que le projet de budget, le ministre remet au parlement un compte rendu sommaire des opérations des mines et usines du domaine au cours de l'exercice précédent.

En se reportant au compte rendu, on trouve que les

prix de revient, non compris les installations neuves, se sont élevés aux chiffres suivants par tonne extraite :

Années budgétaires.	Prix de revient.	Années.	Prix de revient.
83/84	5 73	92/93	8 03
84/85	5 75	93/94	7 29
85/86	5 58	94/95	7 13
86/87	5 61	95/96	6 94
87/88	5 43	96/97	6 85
88/89	5 46	97/98	6 87
89/90	6 70	98/99	7 14
90/91	7 98	99/1900	7 51
91/92	8 39	1900/1901	7 »

Conformément à la loi générale que nous avons déjà eu l'occasion de signaler, les prix de revient ont subi les fluctuations de la prospérité industrielle. En temps de hausse ils se sont élevés, en temps de baisse ils sont descendus, la direction demandant aux ouvriers un effort plus considérable lorsque le charbon se vend mal, qu'en période prospère. Dans tous les cas, le prix de revient augmente normalement.

Le crédit spécial de premier établissement est assez maigre en général; il n'a pas dépassé 30 pfennige par tonne au cours de ces dernières années. Aussi la direction des mines a-t-elle pris pour règle de ne compter au premier établissement que les dépenses de matériel et d'installations spéciales, telles que acquisitions de ventilateurs, machines d'extraction, machines électriques, chaudières, etc. ; toutes les autres dépenses, telles que fonçage de puits ou autres travaux en régie que les sociétés particulières portent à leur compte d'actif immobilisé, sont comptées par la direction comme frais d'exploitation courante.

Ce procédé de comptabilité a l'inconvénient grave de

masquer les travaux d'aménagement et d'en rendre le contrôle impossible au Parlement. *Les directeurs restent maîtres de faire ou de ne pas faire les dépenses que comporte le développement de la production ;* en matière de mines, une pareille indépendance est dangereuse, et l'Etat prussien pourrait bien en faire un jour la dure expérience. Il est regrettable également que les comptes rendus soient aussi sobres de détails sur les dépenses d'exploitation.

Il paraît établi par une étude qu'a faite M. Paul Weiss entre le grand syndicat et une petite mine privée voisine de Sarrebrück, que l'Etat, n'ayant à payer ni impôts ni intérêts d'obligations, n'ayant de charges financières d'aucune sorte, exploite plus économiquement que cette petite société privée ; la centralisation et l'unité de direction, la grande production, lui permettent de réaliser d'importantes améliorations techniques ; toutefois, *pour tout ce qui a un caractère commercial, achat de matériaux et frais de vente, l'Etat est dans une situation d'infériorité marquée sur l'industrie privée,* qui, plus souple, sait mieux profiter des occasions qui se présentent.

Si la comparaison avec une mine particulière de peu d'importance, comme celles qui existent dans la région de la Sarre, tourne à l'avantage de l'Etat, il n'en serait probablement pas de même, si on mettait les exploitations fiscales en parallèle avec les grandes exploitations de Westphalie, où l'initiative privée a réussi à grouper des gisements presque aussi importants que ceux de Sarrebrück.

La comparaison est évidemment délicate parce que les conditions d'exploitation ne sont pas les mêmes dans les deux bassins ; mais il semble bien *qu'à diffi-*

cultés égales les dépenses d'exploitation sont inférieures de 1 mark par tonne dans les grandes mines des bords du Rhin, à celles des mines fiscales.

Prenons par exemple la compagnie des mines de Harpen ; au cours de l'exercice 1896-1897 son extraction a été de 4.028.137 tonnes. Les frais directs d'extraction se sont élevés à 5 marks 24 par tonne ; les frais généraux d'administration à 0 m. 28, les charges sociales à 0 m. 34, soit au total 5 marks 86, dont il faut déduire 0 m. 30 environ pour la consommation de houille des mines.

Le prix de revient net, 5 m. 56, a donc été inférieur de 1 m. 35 par tonne à celui des mines de l'Etat prussien pendant le même exercice, différence que ne pourrait justifier la dureté plus grande de la houille de Sarrebrück, mais qui paraît due en grande partie à une meilleure organisation de l'exploitation.

En résumé, on peut donc dire qu'au point de vue économique et commercial l'Etat est en infériorité marquée sur la grande industrie centralisée, mais, au point de vue du bénéfice, l'infériorité est encore plus grande étant donné l'organisation fiscale à laquelle est soumis le trust d'Etat.

Jusqu'à présent, nous avons vu que l'Etat « Industriel » gérait ses exploitations, vendait ses produits, dirigeait ses ouvriers, à peu près comme un simple particulier, quoique peut-être avec un peu moins de sens commercial ; mais lorsque nous examinerons sa gestion financière, nous trouverons au contraire une différence capitale avec les Sociétés privées.

Le fisc minier, en effet, n'a pas une personnalité juridique et fait partie intégrante du budget général de l'Etat, qui, lui, au contraire, doit être considéré comme un être moral ayant la personnalité juridique, qu'aucune loi ne lui confère, il est vrai, mais que peu d'auteurs lui contestent. Il n'y a qu'un seul fisc prussien, l'Etat, en sa qualité de possesseur de biens (1).

Si l'on distingue des fiscs spéciaux (la loi elle-même parle de Postfiskus, Marinefiscus, Bergfiscus, etc.) ce n'est que pour des raisons pratiques afin de faciliter l'administration des biens et la gestion de la fortune publique, tout comme un commerçant peut ouvrir pour ses différentes entreprises différents livres de comptes.

Il en résulte que l'exploitation du domaine industriel de l'Etat, aussi bien d'ailleurs des chemins de fer que des mines, a une profonde répercussion sur le budget général dont l'équilibre peut être gravement compromis par les variations inhérentes à toute entreprise industrielle.

L'Etat, en raison de l'unité de son budget, ne pouvant constituer de réserves spéciales, doit fatalement hésiter dans les mauvaises années à recourir à l'emprunt, pour permettre à son industrie de créer l'outillage nécessaire à son développement, alors que précisément il tire de cette industrie les ressources nécessaires à l'équilibre de son budget.

Aussi n'est-il pas étonnant de constater que, depuis plus de trente ans, malgré les augmentations considérables de la production, le total net des bénéfices annuels n'a guère varié et est resté compris entre 6 et 8

---

(1) Laband, *Staatsrecht des deutsches Reiches*. Vol. I, p. 339.

millions de marks, sauf pendant les courtes périodes où la demande exceptionnelle de charbon entraînait l'Etat lui-même à réaliser des bénéfices extrordinaires.

Cette nécessité de régler les dépenses de premier établissement de manière à niveler les excédents de chaque année, a pour conséquence l'obligation fréquente de reporter des dépenses indispensables, pour ne pas troubler l'économie générale du budget ; c'est, à notre avis, *une grande infériorité de l'exploitation fiscale prussienne, qui ne peut, en conséquence, s'adapter aussi facilement que les sociétés privées aux besoins croissants de l'industrie.*

Il faudrait, pour tirer le meilleur parti possible du domaine industriel de l'Etat, rompre avec les traditions de l'unité du budget, et donner au fisc minier une personnalité propre lui permettant de créer des réserves et de faire des amortissements en vue de grands travaux de développement. Cette mesure donnerait une vitalité nouvelle à l'industrie pourtant très florissante du bassin de la Sarre.

Au cours de ce siècle, le gouvernement prussien a d'ailleurs très sagement évité de faire de son monopole de fait un instrument d'oppression fiscale, qui aurait entravé le développement de l'industrie nationale.

Les bénéfices qui, depuis 1816, se montent à plus de 360 millions de marks, ne sont pas supérieurs à ceux que réalisait l'industrie privée des bassins houillers voisins, pendant la période correspondante.

Les excédents annuels de recettes, qui étaient de 175,000 marks en 1816, ont progressé graduellement jusqu'à 1 million de marks en 1838, et sont restés stationnaires jusqu'en 1853 ; en 1854 ils se sont brusquement élevés à 3 millions 1/4 par suite de l'ouverture à la circulation des chemins de fer de la Sarre ; en 1858 ils ont atteint 5 millions ; en 1866, année de l'ouverture du canal de la Sarre, les bénéfices constatés sont de 7 millions 1/2 ; après la guerre de 1870 la poussée violente de l'industrie les fait monter à 20 millions 1/2 en 1872 et 38 millions 1/2 en 1873 ; en 1874 la baisse survient très rapidement et les caisses de l'Etat prussien ne touchent plus que 6 à 8 millions par an, sauf en 1891, où l'industrie minière brille d'un éclat vif, mais éphémère. En 1898, la situation redevient meilleure et reste excellente jusqu'en 1901, où elle recommence à être précaire.

Excédents de recettes réalisés par le fisc prussien de 1884 à 1900

Années budgétaires	Excédent total marks	Gain par tonne marks
1883/84	7.798.618	1.37
84/85	7.215.732	1.35
85/86	7.775.051	1.30
86/87	6.898.098	1.18
87/88	6.576.259	1.08
88/89	8.084.239	1.25
89/90	8.892.313	1.47
90/91	12.546.948	2.03
91/92	7.589.034	1.183
92/93	6.707.005	1.113
93/94	5.914.945	0.958
94/95	6.323.215	0.954
95/96	8.474.314	1.189
96/97	9.324.086	1.196
97/98	12.330.007	1.397
98/99	12.352.262	1.403
99/1900	15.045.316	1.739
1900/1901		

Soit en moyenne un bénéfice de 1 franc 318 par tonne, ce qui est assez maigre, on l'avouera.

Néanmoins, les résultats de l'exercice 1899-1900 ont excité un vif enthousiasme dans le monde politique de la Prusse.

Le ministre du commerce, M. Brefeld, a entretenu à plusieurs reprises le parlement de ses espérances. Se basant sur la progression régulière des bénéfices, au cours de ces dernières années, il célèbre hautement la prospérité des mines fiscales et prévoit un développement rapide de l'extraction qu'il attribue à la bonne gestion de l'Etat.

La crise de 1901 a refroidi un peu cet enthousiasme. Il est donc certain que le trust d'Etat, au point de vue des bénéfices, donne les résultats les plus maigres et varient de 1 franc à 2 francs par tonne, alors qu'ils sont souvent de 5 à 6 francs par tonne dans l'industrie privée. Il semble que la valeur du trust d'Etat au point de vue industriel est jugée définitivement par ces simples chiffres de bénéfices par tonne.

Conclusion

Essayons avec M. Paul Weiss de tirer une conclusion de tout ce qui précède.

L'Etat, tout en essayant de procéder en tout et pour tout suivant les méthodes de l'industrie privée, semble avoir eu la main plus lourde que des exploitants particuliers ; ses ouvriers sont menés plus militairement et plus durement que ceux des mines privées ; leurs salaires, en raison des nécessités budgétaires, n'ont pas été augmentés dans la même proportion que ceux de leurs camarades de Westphalie. Les prix de vente, quoique ne subissant pas de variations comparables à celles qui ont eu lieu en France et en Angleterre, n'ont pas présenté au cours de ces dernières années une stabilité plus grande que ceux des houilles de Westphalie, où un puissant syndicat, ne groupant que des intérêts privés, a réussi à enrayer les éxagérations de hausse et de baisse. L'organisation commerciale du fisc, brutale dans son uniformité, ne donne pas toujours satisfaction à la clientèle qui est facilement rebutée par les exigences draconiennes du fisc. Les résultats financiers, qui se chiffrent annuellement par un bénéfice respectable en raison de l'énorme quantité de houille extraite, sont fâcheusement influencés par les nécessités budgétaires ; l'obligation de maintenir les excédents aussi constants que possible ne permettant pas à l'Etat, au cours des mauvaises années, de consacrer des sommes suffisantes au développement normal de l'extraction. Pendant de longues années, de 1870 à 1890 notamment, l'insuffisance des travaux préparatoires et de l'outillage a entravé la production.

Conclusion :

L'industrie privée aurait fait aussi bien sinon mieux que l'Etat.

Aussi ne croyons-nous pas que l'exemple de l'exploitation fiscale de Sarrebrück, qui nous paraît cependant arrivée au plus haut degré de prospérité dont soit susceptible une industrie d'Etat, soit de nature à encourager dès maintenant les nations à entrer dans la voie de l'exploitation partielle ou totale des mines par les gouvernements.

Les avantages d'une pareille réforme économique seraient trop problématiques pour qu'il soit sage d'en courir les risques ; personne n'y aurait un intérêt immédiat.

Les ouvriers n'y gagneraient rien, ni en salaires ni en rachetées sans dépréciation, verraient leurs actions industrielles transformées en valeurs d'Etat, qui, on le sait, ne sont guère susceptibles de plus-value. L'esprit d'entreprise qui pousse éternellement les chercheurs à l'exploration de mines nouvelles, serait entravé dans son essor. Les pionniers de la mine ne seraient plus aiguillonnés par l'appât du gain et cesseraient d'enrichir le pays par leurs découvertes.

Ce serait le *statu quo* industriel partout.

Les ouvriers ne gagneraient rien, ni en salaires ni en indépendance, car les nécessités budgétaires ne permettraient pas d'élever leurs avantages au-dessus du niveau normal des salaires industriels ; quant aux grèves et revendications, elles seraient bien moins tolérées par l'opinion publique si les mineurs devenaient ouvriers de d'Etat au lieu d'être considérés comme opprimés et exploités par la puissante féodalité financière et industrielle, comme ils disent.

L'exemple de l'Etat prussien le prouve bien ; c'est lui qui s'est montré le plus dur, et le moins miséricordieux des patrons ; les mineurs renvoyés en 1893 pour faits de grève sont encore exclus aujourd'hui. Quant aux salaires, ils sont restés inférieurs à ceux de Westphalie, où les conditions d'existence sont les mêmes, mais où l'entente des producteurs a permis de réaliser d'importantes améliorations à l'égard de la population ouvrière.

Les socialistes allemands, qui savent par expérience ce qu'on peut attendre des exploitations fiscales, ne réclament d'ailleurs nullement la nationalisation des mines comme leurs camarades français ou belges.

Au Congrès des mineurs allemands tenu à Essen en 1894, la nationalisation des mines, demandée par quelques adhérents, fut repoussée nettement et même rudement. Cette défiance à l'égard de l'Etat propriétaire de mines se retrouve dans la plupart des publications socialistes allemandes ; la *Berg und Hüttenarbeiter Zeitung*, organe du syndicat socialiste des mineurs allemands, s'est élevée à plusieurs reprises, contre le rachat des mines par l'Etat, déclarant hautement que les ouvriers des mines fiscales n'avaient pas une situation meilleure que celle des mines privées, et que les mineurs devaient s'abstenir de souscrire à une revendication qui tendrait à les livrer au plus puissant des capitalistes, l'Etat, sous sa forme actuelle.

Les bénéfices que les ouvriers retireraient de la transformation de l'industrie des mines en industrie d'Etat semblent donc illusoires.

Quant aux consommateurs, ils ne trouveraient pas dans l'organisation de la vente par l'Etat à satisfaire la variété de leurs goûts ; le fisc appliquant avec trop de raideur des règles trop strictes et trop uniformes. Certes l'exploitation par l'Etat aurait pour effet de combattre les hausses excessives tout comme les fâcheux avilissements des prix. Mais ce résultat pourrait s'obtenir tout aussi bien par l'initiative privée ; la preuve en est faite par le syndicat rhénan westphalien, qui s'est montré plus modéré encore que la direction des mines de Sarrebrück lors de la récente crise houillère.

Le contribuable enfin ne verrait guère diminuer ses charges par les bénéfices d'une exploitation fiscale ; car si en apparence les résultats de l'exploitation soit de mines rachetées aux particuliers, soit de mines nouvelles découvertes par les prospections de l'Etat, venaient alléger le budget, il n'en est pas moins très probable que l'ensemble des contribuables devrait supporter les charges supplémentaires dues à l'augmentation de prix de revient inhérente à toute industrie d'Etat. Si enfin le stimulant de l'industrie privée rivale — car c'est le syndicat de Westphalie qui a fait faire tous ses progrès aux mines fiscales de Sarrebrück — venait à disparaître, on retournerait à la tyrannie du fonctionnaire, à l'immobilité, à l'ignorance des progrès industriels, c'est-à-dire à la surélévation du prix de toutes choses.

***

La *nationalisation des mines* est donc jugée par un exemple pris sur le vif. C'est une utopie. Mais combien plus fâcheux en seraient encore les résultats pratiques financiers et autres si, au lieu d'une administration impitoyable comme celle de la Sarre, brutale et sans entrailles, on se laissait aller à des considérations de sentiment, et si au lieu de l'ouvrier libre, comme en Prusse, on arrivait à *l'ouvrier fonctionnaire*, comme cela serait inévitablement en France. La nationalisation des mines deviendrait alors une ruine pour le pays, une cause de renchérissement de la houille, des métaux, et, par conséquent, de tous les produits manufacturés.

Le trust d'Etat, précurseur de la *Socialisation des moyens de production*, ne présente donc en réalité aucun avantage pour la collectivité humaine, au contraire.

Voilà notre conclusion.

Le syndicat de l'Agriculture
en Allemagne

VIII

LE SYNDICAT DE L'AGRICULTURE EN ALLEMAGNE

Nous venons d'étudier une « concentration industrielle d'État » en ce qui concerne les mines, mais, avant d'aborder la concentration industrielle privée, les *cartels* véritables où se débattent uniquement des intérêts matériels, nous ne pouvons négliger de faire connaître au lecteur une Concentration économique formidable — qui pour n'être pas un cartel bien défini, mais un de ces *Verein*, sortes de chambres syndicales professionnelles, derrière lesquels se cachent souvent des ententes commerciales déguisées — n'en constitue pas moins le plus puissant groupement économique du monde : j'ai nommé la Ligue des Agriculteurs d'Allemagne.

Certes, on n'y vend pas du blé ou de l'orge... ostensiblement du moins, mais on y exerce sur les prix, sur les intérêts généraux de l'agriculture, sur les droits de douane — qui influent si directement sur les cours — une action prépondérante — j'allais dire souveraine.

Voici quelques chiffres qui donneront une idée de cette puissance :

La Ligue des Agriculteurs d'Allemagne compte 232,000 adhérents, qui se répartissent ainsi :

110,000 à l'Est de l'Elbe ;
122,000 à l'Ouest de l'Elbe.

(Autrefois, la Ligue comptait sa majorité dans la Prusse Orientale.)

C'est une véritable armée.

Pour bien montrer combien cette institution est démocratique au fond, il faut observer que dans ce nombre de 232,000 on compte :

Gros propriétaires	1,480
Moyens propriétaires	28,520
Petits cultivateurs	202,000

ou, pour cent :

Grande propriété rurale	2/3 %
Moyenne propriété rurale	12 1/3 %
Petite propriété rurale	87 %

Elle a été caractérisée par un mot devenu célèbre et qui est un programme à lui seul.

« Personne chez nous ne doit avoir le droit d'acheter « à meilleur marché au dehors que dans le pays. » *(Bravo! bravo!)* Discours de M. de Wangenheim, président de la Ligue.

Pour donner une idée de l'action de cette ligue économique, nous dirons qu'elle a tenu en 1900, 9,000 réunions locales.

Son administration seule à Berlin compte :

23 fonctionnaires supérieurs ;
102 employés ;
11 chargés d'affaires.

La correspondance est formidable. Elle compte 107,423 entrées et 174,023 sorties en 1900, soit en moyenne 771 entrées par jour.

Le journal hebdomadaire de la Ligue se tire en moyenne à 130,000 exemplaires. C'est, on le voit, la publication spéciale la plus répandue.

L'action de la *Bund der Landwirte* est si puissante qu'elle est parvenue presque virtuellement à s'emparer de la direction économique agricole de l'Allemagne toute entière.

C'est devant elle, devant les agrariens, que se courbent les chanceliers d'Empire, c'est avec elle que l'on compte au Reischtag, où elle fait et défait les majorités ; c'est à elle que l'Empereur pense quand il propose un nouveau tarif douanier.

Elle représente, en effet, la plus colossale coalition d'intérêts qui existe et la concentration économique la plus puissante, puisqu'elle en est arrivée à se mettre pour ainsi dire presque au-dessus des pouvoirs publics, au-dessus de l'Etat, avec lequel elle traite d'égal à égal.

C'est donc un organisme spécial, essentiellement allemand, qu'il est utile d'étudier afin de nous rendre compte de tous les genres de *solidarisation d'intérêts* que peut engendrer l'esprit humain.

Mieux que tous les commentaires, les statuts du syndicat des Agriculteurs d'Allemagne, ainsi que le compte rendu officiel de la VIII° assemblée générale, qui vient d'avoir lieu, donneront au lecteur la notion exacte du rôle et de l'action de cette puissance essentiellement économique devenue forcément, pour cela même — et c'est un signe des temps nouveaux — puissance politique (1).

Les idées de la Ligue des agriculteurs

Nous venons de voir quel organisme robuste a été créé par les statuts qui précèdent.

Nous avons donné quelques chiffres pour montrer la puissance de la Ligue. Il est bon de voir quel esprit règne dans cette association. On y verra poindre, notamment, une alliance nouvelle avec un syndicat presqu'aussi puissant que la Ligue des Agriculteurs : nous voulons parler du grand Syndicat des Industriels allemands.

---

(1) **Statuts de la Ligue des Agriculteurs d'Allemagne**

L'Association a été fondée en 1893 ; elle a son siège à Berlin Dessauer Strasse n° 7.

Voici ses statuts :

Le Siège

ARTICLE PREMIER. — La Ligue des Agriculteurs embrasse tout le territoire de l'Empire allemand et fixe son siège à Berlin. Elle ne peut avoir des sections succursales.

But

ART. 2. — Le but de la Ligue est de grouper tous les intéressés de l'agriculture sans égard à leur position de parti politique ni à l'importance de leurs propriétés ou exploitations, en vue de la sauvegarde de l'influence revenant à l'agriculture sur la législation et afin de lui procurer dans les corps parlementaires une représentation en rapport avec son importance.

Nous ne pouvons donner un échantillon plus typique de la vigueur un peu verbeuse de l'éloquence allemande que le dernier compte-rendu de la VIII° assemblée générale de la Ligue, à Berlin.

Ce compte rendu, répandu dans toute l'Allemagne à profusion, débute ainsi :

De toutes parts l'autre jour ont afflué à Berlin les mâles statures des agriculteurs allemands. Plus de huit mille hommes se sont acheminés vers leur habituel local de réunion annuelle le cirque Busch. Le promeneur qui se mouvait à travers cette foule bigarrée pouvait entendre tous les idiomes et patois de l'empire « aussi loin que sonne la langue allemande et qu'elle chante des louanges à Dieu dans les cieux ». De la Memel au Rhin, des Alpes à la Mer Baltique tous sont accourus et avec eux de nombreux représentants des métiers et du petit commerce conscients de leur solidarité avec l'agriculture.

Les Moyens

ART. 3. — Ce but doit être atteint :
1° Au moyen de conciliabules et résolutions des membres réunis en assemblées ;
2° Par l'action commune sur les élections afin que des hommes indépendants soient nommés dans les parlements, prêts à soutenir énergiquement les intérêts agricoles et à faire partie, dans ce but, dès leur entrée dans un corps parlementaire d'une association économique ;
3° Par la représentation dans la vie publique et notamment dans la presse, des intérêts agricoles.

Adhésion à la Ligue

ART. 4. — Peut être membre de la Ligue tout agriculteur ou ami de l'agriculture, à condition :
1° Qu'il soit ressortissant de l'Empire allemand, de religion chrétienne et majeur ; il peut être dérogé à la condition de nationalité par décision du comité exécutif ;
2° Qu'il soit en possession de ses droits civils ;

Parmi les notabilités parlementaires, tant du Reichstag que de la Diète prussienne nous remarquons notamment MM. de Plettenberg, Sümmermann, de Wentzel, de Dallwitz, de Puttkammer-Plauth, Comte Oriola, Comte Kanitz, Hirt, Schrempf, Schall, de Mendel, de Neumann, Andrae, docteur Oertel, de Blankenburg, Lucke-Patershausen, comte Schwerin, de Blœdau, Comte Mirbach, Liebermann, de Sonnenberg, etc. Il faut citer encore parmi les éminents partisans des intérêts des agrariens dont la présence à l'Assemblée nous a frappé les majors de Loën et Endell, le Comte de Finckenstein, Schmidt-Platzhof, Schirmer-Neuhaus, Milberg, Woldering, Spiess et Pilgram.

A une heure moins un quart le président, noble de Wangenheim ouvre l'assemblée salué d'enthousiasme par toute l'assistance et il s'exprime en ces termes :

Discours de M. de Wangenheim

J'ouvre la huitième assemblée générale de la Ligue

3° Qu'il déclare reconnaître les présents statuts ;
4° Qu'il paye les cotisations.

On devient membre de la Ligue par l'inscription, sur proposition, sur le registre des sociétaires.

Si contre l'admission d'un membre il est fait opposition, le comité plénier décide de l'admission.

Tous les membres, sans distinction de domicile, appartiennent immédiatement à la société ayant son siège à Berlin.

Perte de l'admission

ART. 5. — La qualité de membre avec tous ses droits et devoirs s'éteint par le départ, par suite de démission volontaire ou sur décision du comité plénier ; le démissionnaire ou l'exclu est tenu, toutefois, d'acquitter sa cotisation entière pour toute l'année civile en cours.

Quiconque ne s'acquitte pas ponctuellement de sa cotisation, c'est-à-dire dans les huit premières semaines de l'année, ou qui, par le comité plénier, est trouvé impropre à faire partie plus longtemps de la Ligue, peut

des Agriculteurs. Très honorés Messieurs et chers amis, je vous dois la bienvenue au nom du Comité et je vous remercie particulièrement d'être venus si nombreux aujourd'hui, où nous sommes à la veille d'événements graves et de nous fournir ainsi la preuve que les agriculteurs de toutes les parties de notre patrie s'entendent entre eux et sont plus à l'unisson que jamais. *(Applaudissements).* Quand il y a huit ans nous fondions la Ligue des Agriculteurs poussés par la nécessité où nous étions, notre combat se dirigea contre le traité de commerce projeté avec la Russie qui nous menaçait alors et duquel nous savions que nous souffririons. Dans cette bataille nous avons succombé. (Hélas !) Il n'en pouvait être autrement. Le temps manquait pour une action décisive, l'unité n'était faite ni dans les sphères agricoles, ni dans le peuple allemand, ni dans les parlements, ni dans les sphères gouvernementales ; nulle part on n'eut conscience que l'on se trouvait devant une question où il allait du salut de l'agriculture allemande. Il en résulta

---

être exclu par ce dernier sans autre avis. Il peut être interjeté appel contre la décision du Comité plénier auprès de la Commission, et ce dans un délai de quatre semaines à partir du jour de la remise, au membre exclu, de la décision du Comité. La décision de la Commission est sans appel.

Le démissionnaire et l'exclu perdent toute prétention à l'avoir social.

Les organes de la Ligue

Art. 6. — Les organes de la Ligue sont :
A) L'Assemblée générale ;
B) La Commission ;
C) Le Comité (Comité plénier et Comité exécutif ou restreint ;
D) Le *Directorium*.

L'Assemblée générale

Art. 7. — L'Assemblée générale ordinaire doit être

de tristes années de misère. Maint homme parmi nous a dû en dépit d'un labeur sans trêve et d'un souci de tous les instants, quitter la glèbe ancestrale et nous pouvons bien dire que la disette et la misère furent les hôtes habituels des demeures de nos paysans.

Mais, messieurs, ce n'est pas dans le caractère allemand et encore moins dans le caractère du paysan allemand de se décourager sans lutte et de jeter au loin fusil et munitions. Notre bon Dieu qui nous a placés, nous autres, dans l'éternel combat avec les hommes et avec les éléments, nous a donné aussi de la ténacité pour soutenir la lutte jusqu'au bout. Et nous avons vaillamment combattu sur tous les domaines où cela était nécessaire. Nous pouvons dire aujourd'hui sans vantardise que l'agriculture allemande est techniquement la plus progressiste de tous les pays de l'Univers. Avant tout ce dont il y a lieu de se féliciter c'est du développement du sens de la solidarité dans le monde agricole allemand. Nous sommes tous pénétrés aujourd'hui de la vérité que

---

convoquée chaque année en février ou dans la première moitié du mois de mars, à Berlin.

Le Comité exécutif en fixe la date et fait publier les convocations au moins quinze jours avant celle-ci par l'organe de la Ligue, ou tous autres journaux à désigner par la Commission. De même doit être publié l'ordre du jour de l'Assemblée au moins huit jours à l'avance. Quant aux affaires ne figurant pas sur l'ordre du jour préalablement, il ne peut y avoir résolution valable en cas d'opposition.

Le Comité exécutif peut, en outre, convoquer en tout temps une assemblée générale extraordinaire; il y est obligé dès que le demande soit le Comité plénier, soit la Commission, à la majorité des deux tiers des membres présents ou si un dixième des membres exige la convocation par écrit et avec indication du but et des motifs, ou si l'intérêt de la Ligue des Agriculteurs rend la convocation nécessaire (articles 36 et 37 du Code civil allemand).

Le Bureau de la Ligue forme le Bureau de l'Assem-

l'homme isolé est un impuissant et que nous ne pouvons atteindre quelque chose que si nous nous tenons dans toutes les questions fermes et fidèles « un pour chacun, un pour tous. »

Mais nous avons, cette année-ci, éclairci surtout une chose : nous savons à l'heure qu'il est où sont nos amis, et nous avons montré aux autres professions où ils doivent chercher les leurs. Nous avons appris aussi à savoir où sont nos ennemis.

Les premiers qui vinrent à nous furent les *artisans* allemands, qui, apparentés à nous par leur activité professionnelle, reconnurent sans peine que leur avenir aussi dépendait d'une marche commune, la main dans la main, avec nous. Mais il y a mieux. Nous avons réussi, à persuader à l'heure qu'il est, même à la grande industrie que nous ne sommes pas des adversaires mais des amis. *(Bravos prolongés).*

Il nous sied de reconnaître avec gratitude que les re-

---

blée. Il lui est loisible de s'adjoindre d'autres membres.

La présidence de l'Assemblée générale appartient à l'un des deux présidents et, en cas d'empêchement de ceux-ci, à l'un des deux vice-présidents.

Le vote sur les résolutions à prendre par l'Assemblée générale a lieu par acclamation ou par pointage, soit que les votants se lèvent ou qu'ils élèvent la main.

L'Assemblée générale prend ses résolutions et oblige tous les membres dans toutes les affaires de la Ligue, à moins que celle-ci ne soient du ressort du Comité restreint ou de tout autre organe de la Ligue. Pour les résolutions, la majorité simple des membres présents à l'Assemblée est décisive.

Assemblées régionales

Art. 8. — La Ligue peut, selon son bon vouloir, organiser des réunions dans toute localité de son territoire. Celles-ci seront convoquées par le Comité exécutif à Berlin. Il désignera à cet effet des délégués le représentant.

présentants du *Syndicat des grands industriels* ont pris à une majorité écrasante la résolution de soutenir une augmentation des droits douaniers sur les produits agricoles étrangers *(Vifs applaudissements.)*

Peut être même que c'est un triomphe encore plus grand (pour notre tâche d'éclairer le pays) que même dans la Diète du Commerce allemand une résolution contre l'augmentation des droits douaniers sur les produits agricoles n'ait réuni qu'une majorité infime *(Mouvements d'attention)*.

Messieurs, je viens de dire aussi que nous avons appris à savoir de quel côté sont nos ennemis. Il y a une chose que nous savions d'avance : c'est que le socialisme sera de tout temps notre ennemi déclaré. La démocratie socialiste ne peut subsister en tant que parti qu'aussi longtemps qu'elle réussira, par son travail de décomposition, à égrener les différentes couches sociales. Le socialisme travaille à la chute de tout notre ordre social et son intérêt immédiat est de ruiner les éléments

---

La Commission

Art. 9. — La Commission se compose du Comité plénier et des représentants des différents États fédérés de l'Empire. Ils délèguent des représentants comme leurs délégués à la Commission :

1. — *Le royaume de Prusse* : pour les provinces de Prusse Orientale, Prusse Occidentale, Posen, Silésie, Poméranie, Brandenbourg, Saxe, Hanovre, Westphalie, Prusse-Rhénane, Schleswig-Holstein, leurs présidents provinciaux et vice-présidents ; pour les parties de provinces de Hessen-Cassel et Nassau, le président de la partie provinciale.

2. — *Le royaume de Bavière* : pour deux districts administratifs, un délégué d'après désignation des présidents de districts se concertant à cet effet, en tout quatre délégués.

3. — *Le royaume de Saxe* : le délégué du pays, plus deux délégués de districts à désigner par eux, en tout trois délégués.

sociaux qui constituent essentiellement les soutiens d'une monarchie forte et de préparer ainsi peu à peu ce qu'ils appellent *la grande culbute*.

Plus dangereux pour nous, peut-être, est cette autre catégorie d'adversaires pour le moment politiquement en retard, s'affublant de l'étiquette du libéralisme ou *progressisme* représenté par le grand commerce et le gros capital et marchant dans une voie pertinemment fausse.

Messieurs, nous avons toujours déclaré que nous ne voyions pas un adversaire dans le commerce. Mais il y a le commerce des intermédiaires, celui qui ne fait ses transactions que pour le commerce, qui voit dans le commerce en lui-même le but final, qui, des deux côtés, exploite et le producteur et le consommateur dans une mesure qui n'est plus admissible. Cette classe, qui considère le commerce, je le répète, comme un but final cette classe a une façon de voir éloignée de la nôtre comme le ciel est loin de la terre et à laquelle nous ne nous associerons jamais. *Vifs assentiments).*

---

4. — *Le royaume de Würtemberg* : le président du pays et son vice-président, soit deux délégués.

Tous les autres Etats fédérés de l'Empire envoient le président comme délégué dans la Commission dès que l'Etat en question compte plus de 500 membres dans la Ligue.

Ceux des Etats fédérés qui, pour cette dernière raison, n'ont pas de représentant propre dans la Commission, seront adjoints, d'après la décision du Comité, à une partie voisine d'Etat ou de Province, à l'effet de les faire représenter dans la Commission.

Le Comité exécutif est autorisé à appeler aux réunions de la Commission les chefs des divisions de pays ou provinces, mais avec voix délibérative seulement.

Convocations de la Commission. — Votes.
Conditions requises pour la validité du vote

ART. 10. — La Commission est convoquée par le Co-

Les suites d'une pareille manière de voir, nous les apercevons dès aujourd'hui à leur début : d'un côté l'agglomération exagérée des capitaux, de l'autre l'accroissement du prolétariat ouvrier. D'où le combat sans merci, le combat au couteau, à la vie à la mort entre le Capital et le Travail. *(Bravos répétés).*

Nos aspirations tendent à créer et à conserver entre les deux, une classe sociale moyenne, largement répandue, satisfaite de ses conditions de vivre et qui s'opposera à l'antagonisme entre le Travail et le Capital et cherchera plutôt à établir l'harmonie féconde et bienfaisante par un labeur commun. *(Vifs applaudissements.)* Et si l'on répète à satiété : *Am deutschen wesen soll die welt genesen* (intraduisible : la façon d'être allemande guérira le monde), nous voulons surtout dire que Dieu a réservé au peuple allemand, au peuple de l'idéalisme, de faire pénétrer dans le travail économique et dans la lutte, pour les intérêts matériels, des vues idéalistes et d'agir plus en nation conciliatrice dans la

---

mité exécutif selon la nécessité, mais une fois par an à l'approche de l'Assemblée générale.

La convocation a lieu par lettre, cinq jours au moins avant la séance.

La Commission doit être réunie si douze de ses membres au moins en font la proposition au Comité.

Les résolutions de la Commission sont prises à la majorité simple.

Le vote a lieu en conformité de l'article 7, ou par appel nominal.

Les résolutions de la Commission sont valablement prises si quinze membres au moins ont été présents à la réunion.

Il peut être apporté des modifications dans la représentation des provinces et pays dans la Commission sur proposition du Comité général et avec approbation de la Commission. Cette approbation doit réunir, pour être exécutoire, les deux tiers des membres de la Commission présents à la réunion.

bataille autour de ces graves problèmes que cela n'a jamais été donné à aucun temps. *(Applaudissements).*

Si nous suivons l'histoire de tous les peuples civilisés qui ont figuré sur le théâtre du monde, nous trouvons que la tendance exclusivement dirigée vers l'enrichissement pécuniaire à finalement ruiné toute nation qui s'y est adonnée *(Approbation).*

Si nous jetons nos yeux vers le sud du continent noir où aujourd'hui un petit peuple de cultivateurs soutient un combat sanglant pour son existence, pourquoi avons-nous de la sympathie pour ce petit peuple ? *(Applaudissements frénétiques).*

Messieurs, la chose est ainsi : ce n'est pas seulement que nos idées du juste et de l'injuste se trouvent froissées de voir honteusement violentée une nation apparentée à la nôtre, non, c'est parce que nous sentons que la bataille qui se livre là-bas, est, sous une autre forme,

---

La représentation dans la Commission peut être réglée selon l'état des membres dans les pays fédérés ou provinces. Les décisions s'y rapportant doivent réunir une majorité des deux tiers de la majorité des membres comparus.

Compétences de la Commission

ART. 11. — La Commission élit le Comité de la Ligue, dont les membres n'ont pas droit de vote.

La commission décide de l'emploi des fonds de la Ligue en vue des différents objets de celle-ci, en tant que la disposition des fonds sociaux n'est pas dévolue, par les présents statuts, à d'autres organes.

Elle doit expédier toutes les affaires à elle transmises par le Comité plénier ou le Comité exécutif.

La Commission est autorisée à prendre des dispositions spéciales pour que des membres qui, à titre honoraire, se dévouent dans le rayon de son organisation, soient indemnisés pour les débours leur incombant, en raison de leur activité.

la lutte que nous menons nous-mêmes. *(Enthousiastes acclamations).*

Là-bas, poussé à l'extrême, le nu et hideux règne du Mammon, là bas le combat au feu et au glaive, ici la ba-bataille plus raffinée avec les armes de la législation, les débats parlementaires et l'exploitation commerciale. Mais les résultats sont les mêmes : des deux côtés des fermes détruites et des paysans ruinés. *(Vif assentiment).*

Messieurs, nous ne sommes pas dans le secret de la politique extérieure et il faut nous résigner à accepter l'état actuel des choses, du moment que le peuple allemand dans la position où il se trouve n'est pas en posture de déclarer une guerre universelle. Mais personne ne peut nous en vouloir que nous *déplorions du fond du cœur que le seuil de notre pays ait été refusé au digne guide du peuple dont je viens de parler.) (Assentiment enthousiaste. Cris de : Vive Kruger !)*

En ce qui concerne les deux présidents de la Ligue, la décision à ce sujet revient, pour chaque cas isolé, à la Commission, en dehors d'eux au Comité exécutif, qui peut exclusivement décider dès que la Commission ne fait pas usage de ses prérogatives.

Elle examine la comptabilité annuelle et donne décharge en cas d'approbation, puis fait son rapport à l'Assemblée générale.

La Commission peut exiger en tout temps l'inspection de la gestion par trois hommes de confiance désignés par elle, ainsi qu'elle a droit, par ses hommes de confiance, d'examiner en tout temps caisse et comptabilité.

La Commission est responsable devant l'Assemblée générale.

Le Comité plénier

ART. 12. — Le Comité plénier comprend quatorze membres. Il se compose :
1° Des deux présidents ;
2° De onze autres membres ;

Messieurs, les années qui sont derrière nous ont démontré ce que savent faire nos adversaires en fait d'excitation et de diffamation. Il n'y a pas de petit mot cajoleur qui ne nous soit appliqué : Usuriers du pain du peuple, accapareurs agrariens, c'étaient encore des mots doux dont on nous gratifiait. Mais on a cherché à nous emballer en tous sens, même contre nous-mêmes, à nous désunir surtout. Vous connaissez le vieux jeu de rendre suspect le gros propriétaire, le hobereau, auprès du petit cultivateur. Eh bien ! pourquoi nos adversaires font-ils tant d'efforts pour nous désunir ? Uniquement parce qu'ils savent que le grand agriculteur, grâce à son savoir, grâce à son éducation et grâce à sa position sociale est aujourd'hui encore le chef indiqué des paysans. Tuer le chef pour massacrer ensuite les troupes, voilà la tactique de nos ennemis. *(Applaudissements et approbation).*

Voilà, messieurs, le pourquoi de toutes les attaques

3° Du directeur ou, en cas d'empêchement, de son remplaçant.

Les deux premières catégories de membres occupent leurs fonctions à titre purement honorifique. Tous les membres du Comité doivent faire partie de la Ligue. Les deux présidents sont élus par la Commission pour la durée de trois ans, et cela sans égard à leur domicile respectif pour toute l'étendue du territoire d'activité de la Ligue. Deux membres du Comité ou de la Commission seront désignés vice-présidents par la Commission.

Seront à nommer au Comité :
    Un représentant
Pour la Prusse Orientale et Occidentale ;
Pour Posen et Silésie ;
Pour Brandebourg et Poméranie ;
Pour les deux Mecklenbourg et Schleswig-Holstein ;
Pour le Hanovre, Oldenbourg et Brunswick ;

et de toutes les calomnies auxquelles nous sommes en butte et qui néanmoins ne nous touchent point.

Vous vous apercevez que non seulement chez les agriculteurs, mais dans toutes les classes réduites au « gain du vivre », la conviction s'est affermie dans toutes les couches sociales que notre combat est un combat juste. Et il faut reconnaître avant toutes choses que ni la calomnie ni le dédain immérité venus d'en haut n'ont pu nous ébranler dans notre fidélité nationale. *(Bravos répétés).*

Jetons donc un coup d'œil sur les dernières années de législature. Qui donc, au moment décisif, faisait passer les projets du gouvernement ? Sont-ce les messieurs progressistes ? ou sont-ce les démocrates-socialistes ? *(Cris : non! non!)* Qui est-ce qui a voté les fonds pour l'armée, qui est-ce qui a voté ceux pour l'augmentation de la flotte, sinon nous ? Qui, en dernière ligne, quand il s'agissait de venger l'honneur allemand souillé en Chine, a voté les fonds sinon nous ?

Pour la Province rhénane, la Westphalie et les principautés de Lippe ;
Pour Hessen-Nassau, Waldeck et la province de Saxe, y compris Anhalt ;
Pour la Bavière ;
Pour la Saxe et les Etats de Thuringe ;
Pour le Wurtemberg ;
Pour les grands-duchés de Hesse et de Bade,
Et pour l'Alsace-Lorraine.

Les membres du Comité à élire doivent avoir leur domicile dans une des régions pour lesquelles ils sont élus. Une exception à cette règle ne peut être faite qu'avec le consentement exprès des représentants des régions pour lesquelles le membre en question est à élire. Les membres du Comité, catégorie 2, sont élus pour une durée de trois ans chacun, avec la disposition spéciale que dans chaque année sera renouvelable un tiers, c'est-à-dire dans la première année quatre, la seconde année encore quatre et la troisième trois. Tant

Messieurs, c'est le parti conservateur de l'Etat auprès duquel le parti libéral et la démocratie socialiste n'ont jamais été qu'une vide négation. *(Bravos répétés.)*

Comme un hideux cauchemar est aujourd'hui derrière nous l'ère des Caprivi et des Hohenlohe. Messieurs, on ne se ressouvient pas volontiers des mauvais jours passés et il ne faut pas médire des morts. Caprivi trépassa et de Hohenlohe s'éclipsa sans que cela fut remarqué comme ils avaient fonctionné sans que l'on s'en aperçut. *(Hilarité, Applaudissements.)* On se sent tenté de leur appliquer avec une petite variante, le mot du poète et je crains que l'histoire ne le leur applique pour tout de bon : « La chanson de gestes ne connaîtra pas les noms des chanceliers, aucune romance ne parlera d'eux — ensevelis et oubliés — ce sera là la malédiction de leurs méfaits (1). *(Hilarité. Applaudissements.)*

---

qu'il n'y aura pas de roulement établi, les sortants seront désignés par le sort.

Dans les mêmes conditions, il y a lieu d'élire pour chacun des membres de la catégorie 2 un suppléant qui fera partie du Comité en cas d'empêchement du titulaire.

Les membres sortants sont rééligibles. Les représentants des Etats fédéraux dans la Commission ne peuvent faire partie du Comité qu'à titre de suppléants.

Pour motifs graves, la Commission peut annuler les élections pour le Comité.

La Commission peut modifier la composition du Comité plénier quant à la représentation proportionnelle de chaque Etat ou Province de l'Empire.

Compétences du Comité

Art. 13. — Appartient au Comité l'administration générale de la Ligue. Celle-ci ne peut agir que collectivement. Envers des tiers, tout acte du Comité est d'avance considéré comme valablement engagé dès qu'il

(1) Allusion à la poésie d'Uhland intitulée *la Malédiction du Chanteur*, dont il existe une belle traduction française.

Messieurs, un nouveau fonctionnaire se trouve à l'heure actuelle à la tête de l'administration de l'Empire. Il a été salué d'enthousiasme quand nous avons entendu de nouveau un langage clair et allemand, l'expression d'une conscience forte et saine.*(Approbations.)* Et justement au sujet de notre question agricole nous lui avons entendu dire des paroles qui nous ont touché sympathiquement. *(Applaudissements.)* Malheureusement il traîne un héritage derrière lui provenant de ses prédécesseurs aussi triste et aussi lourd qu'il peut en incomber à un homme d'Etat. *(Approbations.)* Ses prédécesseurs ont lâchement gaspillé la gigantesque provision de confiance que notre peuple avait mise en eux. *(Approbations).* Ce que de multiples générations avaient accumulé a été dilapidé en peu d'années. *(Approbations).* Les paroles si bien dites qu'elles soient et si harmonieuses qu'elles puissent sonner, ne ramènent pas la confiance perdue. Pour reconquérir la foi il faut une action farouche, non équivoque. Le peuple allemand, le

---

est signé par l'un des deux présidents ou, en cas d'empêchement, par leurs suppléants ou l'un d'eux, le le directeur ou suppléant du directeur.

Les missives officielles du Comité doivent porter les signatures d'un des présidents et du directeur ou du suppléant de celui-ci. Le règlement administratif peut déterminer des exceptions à cette règle.

Résolutions du Comité

Art. 14. — En face de la Ligue, toute résolution, tant du Comité plénier que du Comité restreint, est légalement valable dès que chaque membre a été convié à prendre part à la séance en temps utile, tenant compte de la distance du domicile de chacun d'eux du lieu de la réunion, et s'il assiste quatre membres au moins à la réunion.

Le Comité plénier ne doit prendre des mesures de portée générale et surtout publier des articles de ce genre qu'après qu'ils ont été spécialement discutés et approuvés en séance ordinaire du Comité.

paysan allemand veulent bien rendre leur confiance, mais il faut qu'elle soit conquise par des actions claires, manifestes, énergiques, alors disparaîtront les hésitations et les méfiances. Nous pouvons nous consoler, en attendant, car nous avons aujourd'hui confiance en nous mêmes et conscience de notre force. Nous avons appris à ne plus compter sur autrui, mais sur nous mêmes. *(Applaudissements enthousiastes).*

Tel est ce discours qui synthétise toutes les tendances, toutes les sympathies et toutes les haines de la Ligue allemande.

* * *

Le syndicat que nous venons d'étudier dans ses détails de constitution et dans ses tendances, est en réalité un organisme *sui generis* que nous avons été heureux de présenter aux lecteurs qui cherchent dans nos travaux une étude de toutes les formes de l'association économique.

Là le but principal avoué n'est pas la vente de tel

Le Comité plénier décide à la majorité simple des membres présents. En cas de partage des voix, le vote du président est prépondérant.

En cas d'urgence, le vote peut avoir lieu par correspondance, ou même par télégramme.

Comité central et Comités provinciaux

ART. 15. — Les Comités provinciaux et autres, ainsi que leurs délégués, sont subordonnés au Comité fédéral et doivent obtempérer à ses instructions. De même sont absolument exécutoires les instructions du Comité en ce qui concerne la gestion administrative de la Ligue.

Le Comité plénier lui-même est tenu aux résolutions de la Commission et de l'Assemblée générale.

Le Comité plénier nomme le directeur et fixe ses émoluments.

Chaque fois que la compétence du Comité paraît douteuse, il faut l'approbation de la Commission.

ou tel produit, blé, orge, pommes de terre ou autres denrées provenant du sol. Aucun bureau de vente ne centralise les opérations commerciales. Il n'y a pas cartel proprement dit, avec maintien des prix ou hausse et baisse de la marchandise.

S'il en avait été ainsi, en effet, cette association aurait évoqué le spectre des accaparements de denrées alimentaires, les *pactes de famine* d'autrefois et je ne conseille pas aux propriétaires réunis et même aux paysans réunis de tenter des opérations de ce genre.

Mais au fond que se passe-t-il? L'association des agriculteurs d'Allemagne veille jalousement sur les traités de commerce, elle exerce une protection de tous les instants sur les tarifs qui peuvent influer sur l'importation des denrées alimentaires, des viandes et des liquides. Le lard d'Amérique a fait couler assez d'encre et il a été l'origine d'un sourd antagonisme contre le nouveau monde. Il n'est pas de jour, pas d'heure où

Comités pléniers et les Présidents des Parties fédérales

ART. 16. — Le Comité plénier est en droit de révoquer les mandataires et présidents locaux de leurs fonctions et de procéder à leur réélection dans les cas suivants :

1° Si la conduite du mandataire en question ou préposé est en contradiction avec les tendances de la Ligue ;

2° S'ils ont, en dépit d'avertissements réitérés, manqué d'exécuter les résolutions du Comité ou de la Commission ou de l'Assemblée générale ou s'ils s'y sont refusés ;

3° S'ils ont été condamnés judiciairement pour une action incompatible avec l'honneur ;

4° Pour déconfiture.

Le Comité plénier doit compte au sujet de ses décisions à cet égard à la Commission.

Il y a recours contre la résolution du Comité plénier dans un délai de quatre semaines après remise de celle-ci par-devant la Commission.

le syndicat des agriculteurs ne cherche à donner, au blé allemand, à l'orge allemand, au bétail allemand une plus-value d'où quelle vienne.

Ce n'est pas, répétons le, un maintien des prix par un cartel régulier mais une entente pour obtenir *toujours le prix maximum des denrées produites* sur le sol allemand en raréfiant la marchandise étrangère et supprimant sa concurrence, c'est le principe du monopole le plus pur. Seulement il est appliqué à une nation tout entière par une industrie tout entière.

Ce n'est plus dès lors le gouvernement protectionniste, par exemple, qui juge la *quantité de protection* qu'il faut accorder à telle ou telle industrie agricole, c'est l'industrie elle-même qui se sert et s'attribue la protection qu'elle veut en opérant sur le gouvernement une pression politique.

Déjà en Amérique, les *argentistes*, au temps de Sher-

Comité exécutif

ART. — Dans le sein du Comité plénier, il est formé un Comité exécutif de trois membres, composés :
1° Des deux présidents ;
2° Du directeur.
En cas d'empêchement de l'un des deux présidents, il est suppléé par un des deux suppléants.

Compétences du Comité exécutif

ART. 18. — Le Comité exécutif a charge de représenter la Ligue tant à l'extérieur qu'à l'intérieur, en force de droit. Envers des tiers, tout engagement pour la Ligue est valable tant qu'il est signé par les deux présidents ou, en cas d'empêchement de l'un d'eux, par son suppléant ou le directeur, ou le suppléant du directeur.

Le Comité exécutif a charge de prendre toutes résolutions qui, par leur urgence, ne permettent pas l'ajournement jusqu'à la convocation du Comité plénier.

Ces résolutions ne sont toutefois exécutoires qu'autant

man, avaient, par la pression politique et par d'autres moyens moins avouables encore, imposé, dit-on, au gouvernement fédéral des bills pour l'achat de l'argent par l'Etat, bills qui ont failli mener l'Amérique du Nord à sa ruine financière.

Nous pourrions donner enfin un autre exemple en Allemagne même, d'un syndicat politico-économique, c'est l'*Association des grands industriels allemands* qui, elle aussi, avec la puissance des capitaux dont elle dispose et l'influence des personnages qui la représentent — tous ayant plus ou moins des mandats électifs — tente, non plus pour les denrées agricoles mais pour les matières industrielles de créer une puissance qui, par la politique, par l'influence dans l'Empire et sur l'Empereur cherche à faire prédominer aussi ses intérêts.

Shomérus l'a dit, le *Syndicat central des Industriels allemands* est la plus puissante, la plus étendue, la plus

---

qu'elles sont prises à l'unanimité des membres composant le Comité exécutif.

S'il n'y a pas unanimité, chaque membre peut exiger le renvoi de l'affaire au grand Comité, et exiger sa convocation immédiate.

Le vote peut avoir lieu par écrit ou par télégramme.

Si, dans le dernier cas, un membre n'a pas fait connaître son avis, il est considéré comme consentant.

Des résolutions de plus haute importance doivent être portées à la connaissance du Comité plénier dès sa plus proche réunion.

Des manifestations publiques du Comité exécutif doivent être signées de tous ses membres.

ART. 19. — Dans le cas où les intérêts particuliers de l'Allemagne du Sud seraient en jeu, il est adjoint au Comité exécutif un membre de l'Allemagne du Sud, à moins qu'il n'y ait déjà un membre de l'Allemagne du Sud présent dans le Comité; ce membre, ainsi que son suppléant, seront élus par voie d'élection parmi les membres du Comité plénier.

riche représentation d'intérêts qui existe. Elle est supérieure même en puissance au syndicat des agriculteurs allemands. Son influence se retrouve dans le moindre projet de loi d'ordre économique présenté aux Parlements dans les vingt dernières années.

Que l'entente soit complète entre les deux colosses économiques et le pouvoir central politique est annihilé. L' Empereur Guillaume le sent si bien... qu'il n'a d'autre souci que de faire croire qu'il en est le chef réel. De fait il est d'ores et déjà leur prisonnier.

En réalité, l'entente est faite entre le Syndicat des Industriels allemands et la Ligue des Agriculteurs.

Ainsi, peu à peu, s'esquisse dans le monde, le mouvement qui nous emporte : la société anonyme a succédé au petit patron, le syndicat et le cartel ont succédé à la société anonyme, mais le *trust* tend à les remplacer avec le *syndicat des syndicats*. Enfin au-

---

Dans ces cas il suffit, pour la validité des résolutions du Comité exécutif, de la présence de trois membres après réglementaire convocation de tous les membres.

Au surplus, toutes les dispositions s'appliquant au Comité plénier trouvent application correspondante au Comité exécutif. La signature exigible est celle de tous les membres ayant pris part à la résolution.

Présidence

ART. 20. — Les fonctions des deux présidents sont déterminées par le réglement général. Les présidents se remplacent réciproquement et, en cas d'empêchement, ils sont remplacés par les deux suppléants.

Compétence du Comité exécutif

ART. 21. — Le Comité exécutif décide la convocation du Comité plénier, de la Commission et de l'Assemblée générale.

Dans les réunions du Comité plénier, de la Commission. de l'Assemblée générale, l'un des présidents occupe

jourd'hui apparaît l'association économico-politique qui, pour arriver à ses fins intéressées escalade le Pouvoir et tend à le conquérir.

Les principes religieux, historiques, philosophiques ou autres, qui ont mené l'humanité jusqu'à ce jour disparaissent, pour faire place aux appétits économiques.

Les collectivités ne se mettront plus en mouvement pour la gloire ou la foi mais pour le bien-être et pour l'argent. Soit :

Depuis quelque temps, sous couvert de collectivisme, il en était ainsi, mais avec l'hypocrisie des grands mots en plus.

Aujourd'hui la situation est plus nette et plus franche : l'intérêt, voilà le vrai mobile des collectivités. Le *maximum de bien-être au minimum de prix*, voilà le but.

Pourquoi pas?

C'est une éclipse momentanée de l'idéal amenée par

---

la présidence en conformité du règlement d'administration du Comité exécutif.

La convocation du Comité plénier est obligatoire — abstraction faite du cas prévu à l'article 18 — quand trois de ses membres la réclament.

La Direction

ART. 22. — La gestion de la Ligue est assumée par le directeur, qui est responsable devant le Comité et doit obtempérer à ses injonctions. Un fonctionnaire spécial est désigné par le Comité exécutif pour suppléer au directeur.

Les compétences spéciales du directeur sont déterminées par le contrat d'engagement dressé par le Comité respectivement par le règlement de gestion.

Le commissionnement des autres employés et du personnel du bureau se fait selon les prescriptions du règlement et en conformité du budget arrêté par le Comité.

l'exaltation des besoins. On en reviendra. En attendant, à cette heure, constatons-le, *le Parti politique des Intérêts matériels* est né.

Maintenant que nous avons vu les grandes associations économiques spéciales, étudions le cartel ordinaire, qui est légion, dans chacune des villes allemandes.

La Commission peut décider de l'engagement de plusieurs directeurs et de leurs suppléants éventuels.

En ce cas, les stipulations d'engagement, respectivement le règlement, déterminent les fonctions de chacun d'eux et de leurs suppléants dans la sauvegarde des droits et devoirs statutaires du directeur, et avec la restriction qu'il ne peut jamais être accordé à la direction, pour les résolutions du Comité exécutif, plus d'une voix.

Tous les membres du Comité exécutif sont responsables de l'exécution des résolutions de l'Assemblée générale, de la Commission et du Comité plénier.

Finances. — Règlement de caisse

ART. 23. — Les dépenses annuelles à prévoir seront évaluées et proposées par le Comité et approuvées par la Commission.

Le Comité plénier est autorisé, en outre, à ordonner des dépenses extraordinaires jusqu'à concurrence de 20,000 marcs.

Les dépenses imprévues et ne devant pas subir de retard, comme les affaires courantes, sont ordonnancées par le Comité exécutif.

Le droit de disposer des fonds sur la caisse revient au Comité. Un règlement de caisse à arrêter par le Comité exécutif déterminera dans quelles limites les membres peuvent exercer les mêmes prérogatives.

La comptabilité et la caisse doivent être révisées dans le délai de deux mois par un expert-comptable assermenté.

(Voir la suite page 173.)

Les Cartels dans les
villes allemandes

AIX-LA-CHAPELLE (1)

Cette grande ville possède très peu de syndicats.

Le Syndicat des épingles

Les fabricants d'épingles et d'aiguilles d'Aix-la-Chapelle mettent un certain soin à cacher les conventions qui les lient, et officiellement « il n'y a point de syndicat « des aiguilles et des épingles à Aix-la-Chapele ni à So- « lingen, ni dans les autres centres industriels de cette « région qui produisent ces articles.

» Des tentatives pour la création d'un syndicat des « aiguilles ont bien été entreprises à Aix-la-Chapelle,

---

Annuellement, en dehors de la révision comptable et de la caisse précitée, il y aura lieu de procéder au moins deux fois encore par an à une vérification par le Comité exécutif qui s'adjoindra à cet effet un expert-comptable assermenté. Les membres du Comité exécutif peuvent se faire représenter à cet effet par des membres du Comité plénier.

Chaque membre du Comité exécutif est en tout temps autorisé à faire les vérifications de caisse quand bon lui semble.

Procès-verbal

ART. 24. — Les résultats les plus importants des délibérations du Comité sont enregistrées dans un livre spécial et mis à la disposition, à titre d'information, des membres du Comité.

Des séances des autres organes de la Ligue (Comité plénier, Commission et Assemblée générale) il est tenu procès-verbal qui doit être signé par l'un des présidents et le directeur. Le procès-verbal de l'Assemblée géné-

(1) Chaque ville allemande possédant des cartels est classée par ordre alphabétique.

« disent les rapports officiels, mais elles n'ont pas
« abouti, la fixation du prix de vente ayant été impos-
« sible à régler en raison des variétés trop nombreuses
« d'aigüilles, soit comme qualités, soit comme espèces.
« Il n'y a pas non plus de syndicat spécial pour les
« épingles ; quelques fabricants ont simplement conclu
« entre eux une Convention à Aix-la-Chapelle qui règle
« leurs prix et leurs conditions de vente. »

Nous avons été peut-être plus heureux que les représentants officiels, et voici quels sont nos renseignements particuliers.

C'est le docteur LEHMAN, syndic de la Chambre de Commerce d'Aix-la-Chapelle, qui est l'arbitre de cette Convention. Il y apporte une grande autorité, et ses décisions sont en général respectées.

---

rale doit contenir l'ordre du jour, le résultat des votes et résolutions.

Organisation

ART. 25. — L'organisation de la Ligue est réglée ainsi qu'il suit.
Il est formé :
1° Des groupes locaux ;
2° Des groupes collectifs (embrassant plusieurs groupes locaux autour d'un centre commun);
3° Des groupements de districts comprenant les groupes locaux et collectifs d'un même arrondissement administratif;
4° Des groupes d'arrondissements électoraux ;
5° Des groupes provinciaux ou de pays (ces derniers pour les monarchies fédérales en dehors de la Prusse).
Dans cet ordre d'organisation, il peut être apporté des modifications par le Comité exécutif, de concert avec les parties fédérales qu'elles concernent.
Dans cette limite et dans le cadre des présents statuts, les différentes parties de la Ligue peuvent se donner des règlements d'exécution, sauf approbation du Comité.
Les groupes locaux, collectifs et autres, sont essentiel-

Il ne fait pas de doute pour nous, au contraire, que les maisons suivantes ne soient liées par une entente pour les épingles, notamment :

F. Schumacher et C°; — J. Zimmermann; — Rheinische Nadelfabriken ; — Hugo Heusch et C° ; — Joh Casp et W. Rumpe ; — Neuss Gebr. ; — Vonpier Gebr. ; — Brause et C° ; — Jos. Preutz ; — Fr. Schmets Sohn ; — Kern Gebr. ; Harding Cocker fils.

L'entente qui lie ces maisons comprend la fixation de tous les prix de vente pour les épingles *tête d'émail, à chales, toilet pins, Mourning Steel et Email-pins, Berry cases*, et une foule d'autres articles.

Nous avons en main ce tarif, qui serait sans intérêt pour nos lecteurs. Mais, pour donner une idée de la

---

lement des subdivisions de la Ligue définie à l'article premier. Leurs présidents et mandataires sont des organes de la Ligue et ne peuvent agir indépendamment, c'est-à-dire sans ordre du Comité de la Ligue.

Présidents des Parties fédérales et Suppléants

Art. 26. — A la tête des groupes locaux est placé un chef local (homme de confiance, dit le texte allemand). A la tête des autres corps organisés se tient un président ou délégué.

A chaque président, chef ou délégué, il est adjoint au moins un suppléant qui, en cas d'empêchement des premiers, se charge, sans autres formalités, de leurs affaires à expédier.

Élection du Président

Art. 27. — Tous les présidents et suppléants d'une région déterminée sont élus par les membres de la Ligue domiciliés dans la région respective. Un règlement électoral élaboré par le Comité plénier décide du reste. Il peut y être apporté des modifications à condition d'approbation du Comité, notamment aussi en ce sens que les élections se feront d'en bas, à partir du président du

puissance de cette association, elle a réussi à fixer dans une entente internationale cinq maisons françaises :

A. TESTE, MONET et C¹ᵉ, à Lyon ; — Benjamin BOHIN fils, Saint-Sulpice ; — Les Fils de F. CHARPENTIER, Paris ; H.-J. NEUSS, Paris ; — PAGÈS et PLOQUIN, Paris.

Voici cette convention :

Convention entre les Fabricants d'Epingles émail et les Fabricants et Vendeurs du même article en France

1. — Engagement par MM. Benjamin Bohin fils, Pagès et Bloquin, H.-J. Neuss, les fils de F. Charpentier de ne pas fabriquer cet article en France et de ne pas s'intéresser directement ou indirectement à une fabrication d'épingles émail en France pendant la durée de la convention qui est fixée à cinq années.

---

district, par des électeurs délégués. Tous, mandataires, présidents, suppléants ou délégués, sont nommés, à moins que les présents statuts n'en disposent autrement, pour une période électorale. La période électorale comprend trois années avec point de départ du 1ᵉʳ janvier 1894. Une élection effectuée dans le cours d'une période ou une élection de remplacement ne compte chaque fois que pour le laps de temps qui reste à courir jusqu'à la nouvelle période électorale.

La réélection est admise à tous les degrés.

Les fonctions ne peuvent être remplies, à partir des préposés de districts, que par des agriculteurs pratiquants. Le Comité exécutif peut, toutefois, autoriser qu'il soit dérogé à cette règle.

Année comptable

ART. 28. — L'année comptable court avec l'année civile.

Cotisation

ART. 29. — Les membres paient ou une cotisation statutaire ou une cotisation facultative.

La cotisation facultative, qui est plus élevée que la

2. — Engagement par MM. Teste, Moret et C° et Harding, Cocker fils, de ne pas vendre en Allemagne et dans les pays compris dans la convention allemande au-dessous des prix de cette convention.

3. — Les fabricants compris dans la convention allemande ne monteront pas de fabrique en France et ne s'intéresseront ni directement ni indirectement à aucune fabrication d'épingles émail en France pendant la durée de la Convention.

4. — Les quatre maisons citées plus haut abandonneront la moitié des marchés qu'elles ont encore chez les fabricants d'Aix-la-Chapelle de manière à donner aux fabricants chez lesquels elles n'ont pas de marchés, une chance de faire des affaires avec elles.

La première partie des marchés permettra à ces maisons de remplir leurs engagements avec leurs clients,

---

cotisation statutaire, est fixée par les membres qui s'y astreignent d'après leur bon vouloir.

Il est établi, comme base pour la fixation de la cotisation statutaire, en Prusse, 3 pour cent de la contribution foncière, ou 10 pfennings par hectare de superficie agricolement exploité.

En conformité avec ce principe, le Comité de la Ligue détermine, de concert avec les Comités des parties régionales, la cotisation de chaque membre; en même temps il fixe le taux selon lequel la superficie boisée doit être astreinte à cotisation.

La cotisation minima est de 50 pfennings. Pour les cotisations dépassant cent marcs, le Comité exécutif est autorisé à conclure des arrangements spéciaux avec les membres.

Les fonctionnaires agricoles et les non-agriculteurs paient, selon leur bon vouloir, une cotisation qui ne pourra être inférieure à 2 marcs.

Tous les membres payant au minimum une cotisation annuelle de 2 marcs ont droit au service gratuit du journal hebdomadaire de la Ligue à l'adresse du mandataire du groupe local.

ce qu'elles n'ont pu faire en raison de la non-livraison actuelle de leurs marchés.

5. — En cas d'installation d'une fabrique en France ou d'un importateur autre que les maisons citées plus haut et qui tirerait ses produits d'un autre pays que l'Allemagne, une réunion serait convoquée d'urgence à laquelle assisterait le délégué de la convention allemande avec pleins pouvoirs. Le groupe français aurait le droit de suspendre la convention jusqu'à ce qu'on soit arrivé à faire entrer ce fabricant ou cet importateur dans la convention.

6. — Tous les envois seront livrés franco de port et de droits à Paris, le port de Paris au domicile de l'acheteur serait à la charge de celui-ci. Pour les colis-postaux, les fabricants ajouteront à leur facture le montant du colis postal français.

Les membres payant une cotisation moindre ne jouissent de ce droit qu'en communauté avec d'autres membres dont la cotisation additionnée à la leur parfera la somme de 2 marcs au moins.

Une convocation spéciale entre le Comité plénier et les Comités locaux des provinces ou Etats fédéraux édictera s'il y a lieu de percevoir un droit d'entrée et quel en sera le montant.

L'Office de vente de la Ligue des Agriculteurs, société à responsabilité limitée, se charge des avantages économiques à accorder aux membres de la Ligue.

Règlement

Art. 30. — Le reglément applicable à l'Assemblée générale de la Ligue est celui du Reichstag.

Les règlements d'expédition d'affaires pour le Comité exécutif, le Comité plénier et la Commission sont établis par chacun de ces corps eux-mêmes.

Modifications aux statuts

Art. 31. — Les propositions en vue de modifications à apporter aux présents statuts ou à fin de dissolution de

7. — Dans le cas de non acceptation de cette clause numéro 6 par les fabricants allemands, ceux-ci s'obligent à ajouter à leur facture le prix du transport de Paris à la ville où réside leur client.

8. — Pour les *Mournings Pins* sur cartes, les assortiments seront 0/4, 2/6, 3/7, 5/9 et 7/11.

Il n'est pas permis d'en faire d'autres assortiments. Les petites boîtes ne seront que par 50 et 100 épingles.

9. — Si une des maisons faisant partie de la convention vendait au-dessous des prix fixés, les fabricants prennent l'engagement entre eux de ne plus fournir de marchandise à cette maison.

10. — En cas d'acceptation des clauses ci-dessus 1-9 par les fabricants d'Aix-la-Chapelle, cette convention sera mise en vigueur à partir du 1er janvier 1900. Les fabricants et vendeurs français qui ont des marchés à

---

la Ligue ne peuvent être adoptées qu'en Assemblée générale à la majorité des deux tiers des membres présents.

La résolution de dissolution n'est valable qu'autant qu'une deuxième Assemblée générale, convoquée au plus tôt quatre semaines après la première, l'aura confirmée à la même majorité de deux tiers des membres présents.

Dissolution

ART. 32. — En cas de dissolution ou de perte de la capacité civile de la Ligue, la Commission désigne dans une assemblée spécialement convoquée à cet effet les ayants-droit à l'avoir social existant à ce moment.

ART. 33. — En cas de dissolution de la Ligue ou du retrait de la capacité civile, la liquidation s'opère selon les prescriptions du Code civil, par les soins du Comité exécutif.

ART. 34. — La Ligue des Agriculteurs sera enregistrée dans le registre des Associations du Tribunal royal du premier district judiciaire de Berlin.

Nominations

ART. 35. — Le comte de WANGENHEIM, le docteur

livrer auront un délai de quatre mois pour livrer leurs marchés. Ce délai est naturellement subordonné pour les vendeurs à la rapidité avec laquelle les fabricants allemands exécuteront leurs livraisons.

Signé : MM. Neuss Gebr, Gebr. Vonpier, Brauss et Cº, Jos. Prentz, Fr. Schmets Sohn, Gebr. Kern, Hardin, Cogker fils, A. Teste, Moret et Cº, Benjamin Bohin fils, les fils de F. Charpentier, H.-J. Neuss, Pagès et Ploquin, F. Schumacher et Cº, Jos. Zimmermann, Rheinische Nadelfabriken, Hugo Heusch et Cº, Joh. Casp et W. Rumpe.

Moi, soussigné, signe cette convention en me réservant le droit, en cas de dissolution du contrat que j'ai avec la maison Harding Cocker fils, à Lille, d'en faire un autre avec une autre maison française quelconque.

(Signature).

Roesicke et le docteur Hahn, forment le Comité exécutif, MM. de Wangenheim et le docteur Roesicke en qualité de présidents de la Ligue, et ce pour les années civiles 1900, 1901 et 1902, jusqu'à la séance de la Commission précédant l'Assemblée générale de 1903, et M. le docteur Hahn à titre de directeur de la Ligue, en conformité avec son traité arrêté entre lui et la Commission. Leur sont adjoints à titre de suppléant pour cas de besoin : au comte de Wangenheim, le major Endell, à Kiekrz, et M. Lucke-Patershausen au docteur Roesicke ; est nommé vice-directeur à côté du directeur M. le docteur Hahn, M. Plaskuda, selon son contrat conclu avec la Commission.

Art. 36. — Par les présents statuts, la Ligue actuellement existante ne se donne essentiellement qu'une forme nouvelle et se met d'accord avec les dispositions du nouveau code civil de l'Empire qui concernent les associations enregistrées. La Ligue des Agriculteurs reste donc, surtout au point de vue juridique de son avoir, même après son enregistrement, identique, avec la Ligue agricole antérieure.

Les statuts auront pleine vigueur, même dans le cas où la Ligue n'obtiendrait pas son enregistrement.

À cette convention, est annexé le prix courant de la convention des fabricants d'épingles têtes d'émail pour les cinq maisons françaises, sauf MM. Teste, Moret et Cº, et un prix courant F. 2 de la Convention des fabricants d'épingles têtes d'émail en général.

On le voit, cette Convention précise une foule de points qui sont assez obscurs pour le commun des mortels, mais qui imposent aux associés une grande discipline et le respect de leur parole.

C'est là, malheureusement, le point délicat. Un incident s'est produit, qui jette un jour très instructif sur ces sortes de conventions.

M. HARDING COKER, à Lille, s'est un beau jour simplement retiré de la Convention avant son terme pour vendre en dessous des tarifs approuvés par lui, car, disait-il naïvement, « cette convention signée par lui ne lui était pas profitable ».

Voici le rapport que MM. Erich Schumacher et W. Jungbecker envoyaient au sujet de l'incident au docteur Lehmann, d'Aix-la-Chapelle :

Concernant la réunion de la convention française tenue à Paris le 18 octobre 1901 à la maison de M. H.-I. Neuss, je prends la liberté de vous en faire le rapport suivant :

Ouverture de la séance à dix heures du matin.

Etaient présents :

MM. *Charpentier*, Pa, les fils de F. Charpentier ; *Ploquin*, Pa, Pagès et Ploquin ; *Bohin* sen, Pa, Benjamin Bohin fils ; *Neuss* sen, Pa, H.-I. Neuss.

Comme représentants des quatre maisons en gros :
MM. *Moret*, maison Teste, Moret et Cº ; *Harding*, maison Harding, Cocker et fils ; *Wiborn* ; *Junglecker*

sen, Pa, Jos. Zimmermann; *Schuhmacher*, Pa, F. Schuhmacher et C°.

Monsieur Harding avoua sans difficulté avoir vendu au-dessous des prix fixés par le contrat et donna comme motif qu'en adhérant à la convention il s'était vu dans l'impossibilité de vendre sa marchandise en France. Une réclamation à ce sujet faite à la direction de la convention n'aurait pas été suffisamment prise en considération ou il aurait eu une réponse insuffisante.

« De plus, une maison ne serait tenue à faire honneur à sa signature qu'autant que ses avantages seraient d'accord. »

D'abord, on essaya, sans discuter le passé, d'obtenir un accord pour continuer le contrat français.

La discussion n'a pas abouti à cause des trop grandes exigences de M. Harding qui voulait avoir une garantie des quatre maisons en gros d'une fourniture mensuelle de 4 millions d'épingles de Toilettes Pins et cela sans être lié d'aucune façon.

On expliqua à M. Harding qu'il est tenu comme tous les contractants de faire honneur à sa signature et que dans le cas contraire les maisons participantes pourraient instrumenter contre lui.

Monsieur Harding déclare vouloir attendre les conséquences et la séance est levée vers midi.

Les 21 et 22 octobre, les contractants ont eu plusieurs pourparlers concernant l'action contre Harding Cocker et fils.

En principe, les conclusions ont tendance d'empêcher l'acquisition du matériel brut et des tiges. Les autres membres de la convention mettent cette maison à l'index et rompent avec elle toutes relations commerciales.

La maison Bohin porterait plainte comme représentant les intérêts des maisons en gros, comme également la maison Teste, Moret et C°, comme représentant des intérêts des fabricants contre Harding, Cocker et fils.

On peut s'attendre à ce que Harding, Cocker et fils arrêtent la fabrication des épingles à tête de verre en France.

Signé : Erich SHUHMACKER, W. IUNGBECKER.

Vu et signé : Dr LEHMANN.

L'incident a été réglé définitivement, ainsi qu'il résulte de l'extrait du procès-verbal de la 28e réunion de la convention des fabricants d'épingles du 30 octobre 1901.

M. Shumacher fait un rapport au sujet de la discussion de la convention française qui a eu lieu à Paris le 18 octobre 1901, ayant trait à la contravention de la maison Harding, Cocker et fils.

Le président, au nom de la convention se déclare solidaire avec les membres de la convention française.

En ce qui concerne cette affaire, M. R. Neuss interpellé, déclare qu'il n'y était pour rien. Le reproche qu'on lui avait fait d'avoir livré à Harding, Cocker fils au-dessous du prix n'était pas fondé. Il avait engagé en son temps Harding à faire partie de la convention, mais lorsque ce dernier avait violé sa promesse, il aurait cessé toute relation commerciale avec lui. Il déclare se trouver d'accord avec la convention dans cette affaire.

Il est à remarquer que si MM. Harding Coker, de Lille, ont si allégrement renié leur signature, c'est qu'il n'existait pas dans la Convention française la pénalité de 5,000 marks pour infraction, existant dans le texte de la Convention allemande. Ces 5,000 marks sont préalablement déposés entre les mains du Président de la Convention, qui est le docteur Lehman.

Ainsi apparaît le vice principal de ces sortes d'ententes incomplètes.

Il n'en est pas moins vrai que la Convention franco-allemande avait eu pour but principal de relever les prix qui, par suite de la concurrence allemande, étaient descendus à 25 pour cent en dessous du prix de revient. Ce sont les Allemands eux-mêmes qui sont venus proposer l'entente aux fabricants français, lesquels n'avaient pas de raison pour ne pas accepter. C'est une maison anglaise qui a trahi ses engagements.

On le remarquera, rien de plus normal que cette convention et de plus correct que les procès-verbaux de ces séances où l'on examine, de bonne foi, la situation créée par un dissident inconscient.

Nous avons tenu à donner ces détails pour faire voir, par un exemple, ce qu'est la vie intérieure de ces syndicats ignorés.

BERLIN

La ville de Berlin est, contrairement à ce que l'on pourrait penser, relativement assez pauvre en cartels, comme on va le voir.

Cartel du zinc laminé de Silésie

Un bureau de vente des zincs laminés de Silésie existe à Berlin, Albrechstrasse II.

On connaît la puissance du centre silésien pour la production du zinc. C'est, après la Vieille-Montagne, en Belgique, le second centre de production du Continent.

Au moment où paraissent ces lignes, l'Europe vient virtuellement de former une entente de toute l'industrie du zinc, c'est-à-dire un syndicat international, auquel viendra se joindre un jour le syndicat américain du même métal, de sorte qu'il est fort probable que le trust universel du zinc sera une réalité prochaine. Chose curieuse : ce sont les Américains qui ont décliné jusqu'à présent la proposition du continent européen pour former une combinaison.

M. GŒBELÉ, gérant du vice-consulat de France à Breslau, a donné sur les opérations du Syndicat du zinc laminé de Silésie des chiffres intéressants :

La production des mines de zinc s'est élevée en 1900 à 190.733 tonnes de calamine et 312.428 tonnes de blende contre 184.637 tonnes de calamine et 343.677 tonnes de blende en 1899.

Les mines de zinc ont employé en 1900, 8.223 ouvriers et 2.650 ouvrières contre 8.573 ouvriers et 2.487 ouvrières en 1899.

Les usines à zinc de la Haute Silésie ont produit pendant l'année 1900, 102.142 tonnes de zinc cru et 13.533 kilog. de cadmium, contre, en 1899, 100.113 tonnes de zinc cru et 9.840 kilog. de cadmium.

Elles ont employé, en 1900, 6.039 ouvriers et 1.600 ouvrières, contre 5.953 ouvriers et 1.663 ouvrières en 1899.

Le prix moyen de l'année pour les bonnes marques courantes du zinc a été de 38 marks les 100 kilog. (47 fr. 50).

Par suite de la dépression générale de l'industrie, les affaires en zinc laminé ont été assez calmes en 1900, principalement pendant le second semestre. En 1901 les affaires ont été encore plus déprimées.

Er 1902, elles sont en reprise marquée par suite de la constitution du cartel européen du zinc.

Les ventes ont été toutes effectuées par l'intermédiaire du comptoir de vente du syndicat des laminoirs de zinc de Berlin.

La production du zinc laminé s'est élevée, en 1900, à 38.467 tonnes, contre 35.648 tonnes en 1898.

Les laminoirs à zinc ont employé, en 1900, 699 ouvriers et 12 ouvrières, contre 704 ouvriers et 12 ouvrières en 1899.

Les laminoirs à zinc allemands réunis *(Verkaufs-*

telle der Vereinigten deutschen zinkwalkwerke Albrechtstrasse, Berlin), comprenaient d'abord les laminoirs suivants : Silesia (Lipine), Ohlau, Iedlitze, Hohenlohehütte, Piel, Humboldt (Kalk), Grillo (Oberhausen), Colonier (Eschveiler), St. Heinrichshütte (Stolberg), Letmathe.

Cette association a été fondée le 1er mai 1892 et n'embrassait au début que les six laminoirs silésiens de laminés de zinc appartenant à quatre propriétaires différents. Son but était, essentiellement, de concentrer de façon uniforme la vente des produits des usines, de mieux satisfaire aux exigences de la clientèle consommatrice et, en même temps, d'occuper les usines d'une manière plus continue, attendu que d'une place unique les dispositions d'exploitation sont mieux et plus rationnellement et plus facilement arrêtées notamment au point de vue de la répartition des commandes, en tenant compte de ce que, à un moment donné, chacune des usines syndiquées peut fournir. Les usines ne peuvent non plus chacune produire les mêmes spécialités et un office central de vente peut, dans la répartition du travail tenir compte aussi de cette circonstance ; en outre il peut répartir les commandes en prenant en considération les conditions de transport. Les prix sont fixés, indépendamment, par l'Office de vente selon les conjonctures momentanées des marchés en tenant compte des prix du zinc brut et de l'occupation des usines.

La répartition des usines se fait au prorata des quantités attribuées à chacune d'elles en vertu de la convention syndicataire de manière que toutes les entreprises soient autant que possible uniformément occupées. Les recettes de vente sont distribuées uniformément tous les mois selon les quantités facturées, à la seule exception de quelques produits spéciaux pour lesquels il peut être fixé un prix différent du prix normal, en sorte qu'il n'importe en aucune façon aux usines si elles sont chargées de telle commande plutôt que de telle autre. Les prix sont stables si possible et maintenus à un niveau bien calculé et qui assure aux usines une bonne rénumération. Souvent le syndicat a eu à éviter des oscillations de prix en engageant la clientèle à ne pas commander des livraisons au-delà de la consommation probable des deux mois à venir, il a cherché à protéger le commerce de gros en reculant, quand par hasard il lui fallait, à un moment donné, consentir à des réductions de prix, la publication des prix de vente. Il a fait aussi aux petits consommateurs pendant un certain temps après cette publication des prix plus élevés, afin de les déterminer à acheter à meilleur compte chez les intermédiaires. Grâce à ce procédé les relations du syndicat avec le commerce de gros sont restées excellentes.

Le syndicat auquel nous devons ces détails explique les avantages du cartel par les considérations suivantes :

1° Le principal avantage d'un Office de vente unique réside en ce qu'il permet d'embrasser d'un seul coup d'œil la consommation vraie et de diriger ainsi selon ses besoins la production *absorbable*, de plier les exploitations aux besoins des marchés et de fixer les prix en conformité de ces dispositions ; de juger notamment aussi au moment d'une recrudescence de la demande s'il s'agit seulement d'une spéculation passagère ou si l'on se trouve en présence d'une réelle augmentation de la consommation. A des achats de spéculation à longue vue le syndicat s'est toujours opposé, dans l'intérêt des consommateurs, en ne vendant jamais au delà de la production de deux mois. C'est une faute des « cartels » du fer de vendre autant que possible pour toute une année, forçant ainsi tant le marchand que le consommateur à la spéculation. De là la violente et tenace opposition du commerce contre les cartels du fer.

2° La concurrence souvent si insensée et presque toujours préjudiciable entre les usines est ainsi éludée et le marché y a gagné plus de stabilité et de régularité.

3° Les usines obtiennent, en fait, de meilleures conditions qu'elles n'obtenaient auparavant et qu'elles n'obtiendraient sous le régime de la libre concurrence. Elles peuvent mieux adapter leur exploitation à la consommation réelle étant constamment informées des conjonctures du marché par l'Office de vente et étant pourvue de façon uniforme de commandes.

4° Les faux frais des usines se trouvent essentiellement réduits, surtout aussi par le fait que les courtiers deviennent pour ainsi dire superflus. Ceux-ci agitant souvent le marché par leurs machinations, celui-ci a gagné en stabilité et tranquillité.

5° Le commerce est devenu plus solide et plus honnête ; le consommateur se trouve bien par le fait même de la stabilité des prix.

L'habile conduite des affaires par les soins éclairés du syndicat a donc déterminé, en 1900, aussi les quatre usines-laminoirs de zinc rhénanes à se joindre au cartel d'abord exclusivement silésien ainsi qu'il vient d'être dit. L'association est même occupée en ce moment à élaborer une convention de prolongation du syndicat à partir de 1902 pour une durée plus grande.

Elle entretient les meilleures et les plus cordiales relations avec les groupements de laminoirs de zinc similaires d'Autriche et de Belgique, y compris la Vieille-Montagne et traite la question des prix avec eux sans avoir de formels contrats syndicataires.

Nous croyons que le syndicat a fait ses preuves et est bien apprécié tant par le gros commerce que par le consommateur.

Tel est ce grand syndicat un des plus sages et des mieux administrés d'Allemagne.

Nous disions au début qu'il fait partie, à l'heure où nous écrivons ces lignes, d'un grand trust européen du zinc. Puisse ce groupement nouveau s'inspirer des traditions de prudence et de loyauté du syndicat de vente des zincs laminés de Berlin.

Tôles

Un bureau général de vente pour les tôles existe à Berlin, mais il est sous la dépendance du cartel dont nous parlerons plus loin.

Syndicat des Pointes

L'association des fabricants de pointes allemands *(Verkaufsstelle des Verbandes deutscher drahstift-Fabrikanten)* s'est constituée le 6 septembre 1898, à Cologne-sur-le-Rhin. Elle entra en fonctions par l'intermédiaire de la maison de banque Delbrück Léo et C°, de Berlin (Mauertrasse 61/62), qui fut désignée pour la vente et comme office de compensation de comptes des maisons associées sous la date du 1ᵉʳ octobre 1898. A cet effet ont été aménagés dans les immeubles Mauertrasse 78, 79, 80 et 81, à Berlin, des bureaux spécialement affectés à l'administration de l'Association.

L'Association a pour objet, conformément à ses statuts, de régulariser la vente des pointes, d'enrayer la concurrence ruineuse entre les fabricants de pointes et d'obtenir pour les produits des maisons associées des prix rémunérateurs.

Pour atteindre cet objectif bien défini, il a été conclu, avec la maison de banque sus-nommée, une convention spéciale en vertu de laquelle celle-ci se charge, à titre de commissionnaire de l'Association, de la vente des produits et de la compensation des comptes ainsi que de la représentation judiciaire et contentieuse de la dite Association.

Ont adhéré jusqu'à ce jour :

50 fabriques de pointes de l'Allemagne du Nord ;

1 fabrique de l'Allemagne orientale ;

13 fabriques saxonnes ;

18 fabriques de l'Allemagne du Sud,
soit ensemble 82 fabriques dont la production dépasse, selon le compte-rendu syndical de l'année, 150,000 tonnes.

L'Association a été conclue tout d'abord pour une durée se terminant fin décembre 1901, et elle a pleinement répondu aux espérances que ses membres avaient mises en elle, tant sous le rapport du débit que sous celui des prix réalisés. Aussi une assemblée des fabriques associées tenue ce 26 juin passé, à Cassel, a-t-elle décidé le renouvellement de l'Association pour trois autres années, c'est-à-dire du 1ᵉʳ janvier 1902 au 1ᵉʳ janvier 1905.

Voilà donc un cartel qui a l'existence assurée pendant une longue période. Il est clair que dans ces conditions les résultats ne peuvent qu'être très sérieux. Il faut féliciter la Maison Delbrück Leo et Cᵒ d'avoir incarné un mouvement industriel de cette importance.

Cartels des fabricants de wagons et de locomotives

Il existe en Allemagne deux cartels de fabricants de locomotives et deux cartels de fabricants de wagons.

Le principal a son siège à Berlin. Nous ferons l'historique de tous ces cartels en même temps.

« Après 1871 et l'accomplissement de l'unité allemande, a dit le directeur d'une grande fabrique de locomotives hanovrienne, la question du rachat des chemins de fer appartenant à des Compagnies privées s'est vite posée, mais, bien entendu, elle n'a pas été résolue tout de suite, et, pendant tout le temps qu'elle a été en discussion, les Compagnies qui savaient devoir être rachetées ont réduit leurs commandes au strict minimum. Après le rachat, une période de recueillement, très peu active aussi, s'est ouverte : l'Etat voulait se rendre compte de sa nouvelle acquisition, étudier la question et commandait fort peu. De là une dépression industrielle très marquée dans notre industrie. Ici, par exemple, elle s'était fait sentir si gravement que nous avions dû réduire de 2.000 à 500 ouvriers notre personnel de fabrication de locomotives. » Avant d'en arriver à cette extrémité, on avait fait dans cette usine, comme dans les autres, toutes les concessions possibles pour obtenir des commandes, pour les enlever aux concurrents à force de bon marché. Et les prix baissaient toujours, ne laissant aux industriels la marge suffisante pour aucun bénéfice ; il fallait, coûte que coûte, réduire la production.

La situation économique avait ainsi préparé le terrain pour la création du cartel. Il n'était pas besoin de raisonnements pour prouver aux fabricants de locomotives la nécessité d'une diminution de leur activité. D'eux-mêmes, sous un régime de complète liberté, ils avaient dû s'y soumettre. Il s'agissait simplement de rendre le sacrifice efficace, et de relever par une entente commune les prix continuellement abaissés par l'effet d'une concurrence désespérée. Il fallait bien se résoudre à produire moins, mais on pouvait s'arranger pour ne pas produire à perte.

C'est dans ces circonstances que les syndicats furent créés ; l'un, le plus puissant, celui du Nord, groupant les usines de la région desservie par les chemins de fer prussiens ; l'autre, celui du Sud, composé de cinq maisons seulement, situées dans le grand-duché de Bade, le Wurtemberg, etc. En fait, les deux syndicats ne vont pas sur les brisées l'un de l'autre, de telle sorte que l'entente est complète sur toute la surface de l'empire.

La construction des wagons avait traversé une crise analogue pendant la période de 1871 à 1880, et pour les mêmes raisons. Le Syndicat des fabricants de wagons du Nord se constitua dès 1877, sous la forme d'une *Konvention*; il eut pendant plusieurs années une existence difficile, puis, devenu plus fort vers 1890, il prit corps dans une société à responsabilité limitée.

De même que pour les locomotives, un syndicat s'est formé aussi dans le Sud avec les fabriques de wagons de Stuttgart, Mannheim, Nuremberg, Carlsruhe. Mais il existe un certain nombre de fabriques *sauvages*, soit dans le Nord, soit dans le Sud. L'énorme développement du trafic depuis plusieurs années, la création d'un grand nombre de chemins de fer vicinaux appartenant à des Compagnies privées, et dont la clientèle reste toujours en dehors de l'entente, ont amené l'établissement de nouvelles fabriques de wagons. La plupart du temps, ce sont des usines métallurgiques déjà existantes qui ont tourné leur activité de ce côté-là. Des constructeurs de machines, de ponts en fer, se sont mis à faire le wagon, comme la maison Harkort, de Duisbourg. Un membre du syndicat du Nord estime que douze grandes fabriques de wagons se sont constituées en Allemagne depuis trois ou quatre ans, et qu'environ huit d'entre elles sont destinées à disparaître à la première crise. Le syndicat en a admis plusieurs depuis sa fondation ; comme le syndicat des houilles il n'a pas le farouche exclusivisme d'un trust ; il exige seulement que l'usine qui sollicite son admission ait marché pendant quelque temps parallèlement au syndicat, qu'elle se soit créé une clientèle, en un mot, qu'elle ait fait ses preuves.

C'est actuellement une simple mesure de précaution pour l'avenir. Les membres du cartel ne veulent pas augmenter leur nombre d'une manière inconsidérée et compromettre ainsi leur prospérité future. Il faut qu'au jour de la dépression industrielle, qui arrivera fatalement, les usines syndiquées ne soient pas obligées de réduire beaucoup leur production en la répartissant sur une foule d'associés ; mais, pour le moment, aucune difficulté ne se présente, car la demande de wagons dépassé les possibilités de fabrication. Il en est de même pour les locomotives d'ailleurs, et le résultat de cette situation est que les syndicats de locomotives comme de wagons n'agissent pas depuis l'ouverture de la période des « vaches grasses ». Souvent, je me suis heurté à cet obstacle dans l'enquête que je poursuivais ; les industriels, désireux de rester fidèles à la politique du secret, surtout vis-à-vis d'un étranger, avaient un excellent prétexte pour échapper à mes questions. « Comment partagez-vous les commandes entre les membres du cartel? demandais-je à un directeur de l'usine Schwartzkopf, à Berlin. — Mais nous les donnons à qui peut les exécuter! Nous ne pouvons pas suffire! — Oui, sans doute, en ce moment, mais cela est exceptionnel, et en temps ordinaire, surtout aux époques de dépression, vous êtes bien obligés de procéder à un partage, souvent même d'imposer des réductions de production? — Oh! quand la crise viendra, nous verrons comment nous y prendre pour la combattre, mais actuellement il ne s'agit pas de cela, et je ne puis vous donner aucune information précise, certaine, sur les moyens que nous emploierons dans d'autres circonstances.

Disons que les « vaches maigres » sont venues en 1901-1902 et que le cartel n'a éprouvé aucune difficulté.

L'action du gouvernement prussien a été très directe et très décisive sur la constitution du cartel des fabricants de locomotives du Nord. Bien que les statuts de cette organisation soient gardés secrets et que ses membres se montrent peu enclins aux confidences, il y a pourtant deux points sur lesquels tous les témoignages sont concordants : le premier, c'est que le partage des commandes se fait au Ministère des Travaux publics, dont dépendent les chemins de fer ; le second, que ce partage a lieu d'une façon régulière depuis l'entrée au ministère du ministre actuel, M. de Thielen, et seulement depuis cette époque. Ici, le syndicat n'a pas été seulement favorisé, on peut dire qu'il a été créé par l'Etat. Et il ne s'étend pas en dehors des limites de l'Etat prussien. En effet, le syndicat du Nord est distinct de celui du Sud, comme nous l'avons déjà dit ; la Prusse réserve ses commandes de locomotives aux usines du royaume, et les autres Etats possesseurs de chemins de fer (Saxe, Wurtemberg, Bade, Bavière) donnent les leurs au syndicat du Sud, mais de préférence aux usines situées sur leur territoire. Toutefois, le syndicat du Sud ne paraît pas avoir la même cohésion que celui du Nord ; ses membres louent avec des soupirs d'envie la régularité des commandes introduites en Prusse par M. de Thielen et se plaignent d'être moins bien traités : L'Etat badois a commandé dernièrement, en une seule année, cent locomotives, a dit le directeur de la *Carlsruhe Maschinenbau-Gesellschaft ;* c'est juste le double de ce que nous pouvions fabriquer avant nos agrandissements actuellement en cours, et nous sommes la seule fabrique de locomotives du grand-duché! Forcément, la moitié de la commande nous a échappé. » Le syndicat du Sud l'avait recueillie, du moins ;-mais, en 1899, la Bavière a donné le scandale de faire fabriquer des locomotives en dehors du territoire de l'Empire allemand, en Belgique, le syndicat n'étant pas en mesure de les fournir dans les délais nécessaires.

On le voit, l'existence et la prospérité des deux syndicats de fabricants de locomotives dépendent étroitement des pouvoirs publics. Celui du Nord, ayant affaire à un seul Etat, à un Etat bien administré financièrement, à un ministre prévoyant et stable, est parvenu à une régularisation marquée dans les commandes ; par suite, il arrive à les exécuter toutes dans les moments de presse, et à conserver une certaine activité aux époques de dépression. Le Syndicat du Sud est dans une situation beaucoup moins favorable; il dépend de plusieurs gouvernements, de gouvernements moins riches et auxquels il est plus difficile, par conséquent, de commander par avance en vue de besoins futurs. Il faut des ressources accumulées pour pratiquer la prévoyance de cette façon.

Quand un ministre des Chemins de fer demande une augmentation de matériel pour parer à l'augmentation du trafic, le ministre des Finances, préoccupé de l'équilibre de son budget, discute pied à pied avec lui, réduit au strict nécessaire immédiat les commandes à faire, et prépare ainsi une crise. Celle-ci se produit lorsque, l'activité industrielle et commerciale éprouvant une heureuse poussée, les moyens de transport deviennent tout-à coup visiblement insuffisants. Alors, en présence de cette crise, le ministre des Travaux publics réclame avec une énergie croissante une augmentation considérable de matériel, et son collègue des Finances, voyant les recettes des chemins de fer hausser, sachant d'ailleurs que le nouveau matériel impatiemment attendu en forcera immédiatement le chiffre, n'a plus de motifs d'opposition. De là les commandes subites et disproportionnées à la puissance de fabrication de l'industrie nationale. Il est clair que les cartels de fabricants de locomotives ne peuvent avoir aucune action décisive sur les mesures qui préviennent ces éventualités. Il ne dépend pas d'eux que l'Etat, possesseur des chemins de fer pour lesquels ils travaillent, soit plus ou moins riche, plus ou moins sagement administré. Ce sont eux qui dépendent de sa prospérité financière et de la sagesse de son administration.

Leur dépendance est d'autant plus étroite que la clientèle des chemins de fer d'Etat est en fait la seule dont ils s'occupent. Le Syndicat du Nord, comme le Syndicat du Sud, laissent de côté la clientèle étrangère et même celle des petits chemins de fer privés. Les fabriques syndiquées ont donc le droit de vendre des locomotives au prix qu'il leur plaît, soit pour l'exportation (1), soit pour les compagnies particulières allemandes. « Au moment où nous avons fondé le Syndicat, me dit le directeur de l'une d'elles, les chemins de fer non rachetés par l'Etat avaient chez nous peu d'importance; nous les avons laissés de côté. » C'est bien possible, en effet, mais, à supposer qu'on voulût les faire entrer dans la sphère d'action du Syndicat, ce ne sera peut-être pas aisé ; en tous cas, le problème se présenterait tout différemment de ce qu'il est aujourd'hui : il faudrait que les fabriques se liguassent contre les compagnies leurs clientes; jusqu'ici, au contraire, c'est leur client, l'Etat, qui a servi en quelque sorte de trait d'union entre elles.

La situation des syndicats des fabricants de wagons est sensiblement la même, bien que, d'après les renseignements qui m'ont été fournis par des industriels du Nord syndiqués, le partage des commandes de wagons soit fait, non pas au ministère même, mais par le bureau du Syndicat, ce qui indiquerait une action moins directe de l'Etat. Celle-ci est, en tout cas, assez puis-

---

(1) Il ne faut pas croire que l'action du cartel ne se fasse pas sentir dans les questions d'exportation. D'ailleurs M. de Rousiers l'indique parfaitement dans son article :

« Pour atteindre la clientèle étrangère, dit-il, il faut renoncer au prix artificiellement maintenu, il faut vendre au-dessous du cours imposé à la clientèle nationale. Les associés ont la liberté de le faire, en général, mais n'y sont guère disposés; cela se comprend. Pour les y encourager, on leur accorde des primes; et ces primes sont prises sur les bénéfices réalisés par le Syndicat. »

sante pour maintenir les syndicats formés comme ceux des locomotives uniquement en vue de la clientèle des chemins de fer de l'Etat, abandonnant au jeu de la libre concurrence celle de l'étranger et des compagnies particulières.

Au surplus, le Syndicat des Fabricants de wagons du Nord se sent assez l'obligé du gouvernement prussien pour lui marquer sa reconnaissance à l'occasion. Une personne très bien placée pour le savoir m'a affirmé que l'usine de construction de wagons récemment créée à Dantzig l'avait été sur un désir formellement exprimé par l'Empereur. Le port de Dantzig a beaucoup perdu depuis que le traité de commerce avec la Russie permet plus facilement l'introduction des blés russes. Ceux-ci entrent surtout par chemin de fer, tandis que l'approvisionnement des provinces de l'Est se faisait autrefois par la Baltique et le port de Dantzig. De là une crise chronique de chômage tendant à éloigner de cette partie pauvre de l'empire une population qui y trouvait naguère du travail. Et comme c'est une préoccupation constante de l'Etat prussien d'amener un développement de l'industrie dans ces provinces déshéritées, l'empereur aurait demandé au Syndicat des Fabricants de wagons d'établir une usine à Dantzig.

Enfin, dans la grande crise 1901-1902 il faut indiquer que d'énormes commandes de wagons et de locomotives sont venues en aide efficacement aux cartels et ont conjuré efficacement pour eux les effets de cette crise.

Syndicat des Mèches de sûreté

Les huit fabricants de mèches de sûreté d'Allemagne et un fabricant de Belgique ont formé, dans une réunion tenue à Berlin, le 20 octobre 1899, un cartel qui est entré en fonctions le 1er janvier 1900.

Ces fabricants ont été obligés de prendre cette détermination pour se protéger contre les effets de la concurrence.

L'idée de ce syndicat n'était pas nouvelle pour eux, car ils perfectionnaient seulement un plan qu'ils avaient adopté en 1880; à cette époque, ils concluaient un contrat par lequel ils s'engageaient à ne vendre des mèches qu'à un prix uniforme.

Un premier fabricant, et ensuite un autre, rompirent le contrat dans leurs efforts pour s'assurer des ordres jusqu'en 1893. Les fabricants se déclarèrent la guerre entr'eux et le résultat fut que les mèches furent vendues en bien des cas au-dessous du prix coûtant.

Les choses allèrent ainsi jusqu'au 1er janvier 1900, lorsque le nouveau cartel entra en fonction.

Maintenant, les fabricants de mèches ont la certitude qu'il y aura un retour des bonnes affaires et de beaux profits, tandis qu'auparavant ils avaient été obligés de faire travailler à perte.

Le cartel n'a pas fixé les prix pour les mèches dans les autres pays. Aux Etats-Unis, au Mexique, en Italie, en Afrique, en Russie et en Angleterre, il les vend sans se préoccuper des prix fixés par le cartel allemand.

Cela est naturellement dans le but de permettre aux fabricants allemands de lutter avec ceux des autres pays.

Comme résultat immédiat de la formation du cartel des mèches de sûreté, les prix en Allemagne ont augmenté d'environ 25 pour cent depuis le 1er janvier 1901.

Le cartel des Bandages médicaux

Les petits objets n'échappent pas aux cartels.

Récemment, les fabricants de bandages d'Allemagne se sont réunis à Berlin pour former une association.

Il a été aussi proposé d'établir un contrôle de la production par des médecins du gouvernement, afin que les plaintes venant des médecins, des marchands et du public, pussent être évitées.

Ce cartel fonctionne sans incidents.

Syndicat de la Quincaillerie émaillée

Ce syndicat est important. Il porte sur un nombre infini d'articles, ce qui le rend plus intéressant à cause des difficultés pratiques d'administration. Ce syndicat comprend six usines :

EISENWERKE, à Chule.

EMAIL MÉTALLWARENFABRIK, Silésie.

KONINGIN MARIENHUTTE, à Kainsdorf.

CARL THIEL et SŒHNE.

WUPPERMANN et C°.

MOSDIEL et ZIMMERMANN.

Le bureau de vente (Verkaufsbureau vereinigter Emaille Verke) est à Berlin.

Ce syndicat fonctionne très bien à la satisfaction des intéressés et du public.

BOCHUM

Cette ville industrielle est le siège de nombreux syndicats nés dans le bassin Westphalien.

Nous allons les passer en revue.

Le Syndicat des Cokes

Ce syndicat est un des plus puissants — disons le tout de suite — des plus attaqués de l'Allemagne. Il est en même temps un des plus anciens. Sa fondation à Bochum remonte en effet au 16 octobre 1890. Il a donc douze années d'existence et cela constitue une expérience très respectable attendu que les transactions ont été très actives surtout dans ces dernières années.

Le syndicat des cokes ne se contente pas de travailler en Allemagne, il a fait une entente spéciale avec le syndicat des cokes de Belgique pour éviter la concurrence de ce dernier. En Allemagne il s'est chargé de la vente des cokes belges dans le rayon où ils pouvaient concurrencer les cokes allemands.

En outre le syndicat de Bochum vend également pour le district minier d'Eschweiler et pour la *Vereinigungsgesellschaft* (district de la Wurm et district d'Aix-la-Chapelle).

Enfin divers établissements métallurgiques ayant un trop plein de production la font vendre par le syndicat des cokes de Bochum. Près de 800.000 tonnes lui passent ainsi par les mains en dehors de sa propre production !

Les principaux syndiqués sont les puissantes mines suivantes : Harpener Bergbau-Gesellschaft ; Gelsenkirchen ; Hibernia ; Dannenbaum ; Consolidation ; Constantin der Grosse ; Nordstern ; Kœnigsborn ; Pluto.

Nous ne pouvons mieux faire, pour fixer les idées sur la puissance de cet organisme que de donner une analyse des comptes-rendus du syndicat des cokes de Westphalie pour les années 1899 et 1900 d'après la circulaire numéro 2.053 du *Comité central des Houillères de France*. Voici ce document :

La dernière année du XIX° siècle, 1899, avait été marquée, dans le domaine de nos mines en général et de notre industrie westphalienne des cokes en particulier, par une exploitation extraordinairement active et poussée jusqu'à l'extrême limite du possible. Une si heureuse situation économique avait eu pour résultat une production non encore obtenue jusque-là.

Depuis la fondation du Syndicat jamais le mouvement ascendant ne s'était signalé avec une telle intensité ; la fin de l'année 1899 offrait le spectacle d'une situation extrêmement satisfaisante ; on pouvait espérer qu'elle se maintiendrait encore assez longtemps.

Rien ne faisait supposer en effet que le développement industriel eût dépassé son plus haut période ; les besoins colossaux que l'industrie métallurgique allemande n'avait jusqu'alors jamais connu semblaient devoir réclamer encore longtemps la pleine activité des usines à cokes.

Au cours de l'année 1899, la demande avait dépassé à ce point les quantités de coke dont le syndicat pouvait disposer, que nous nous étions vu obligés de décliner maintes commandes, en sorte que nombre de hauts fourneaux avaient dû tirer de l'étranger de fortes quantités de coke. Dans ces circonstances, il semblait que le marché de la fonte dût conserver encore longtemps sa ferme allure.

Les prix du coke avaient suivi au cours de l'année 1899 un mouvement de hausse qui s'était imposé après que les changements survenus dans le marché des fontes eurent rendu irréalisable le projet du Syndicat de maintenir ses anciens prix.

Les contrats de vente des cokes des hauts fourneaux faits pour 1900 sur le pied de 14 marks furent fusionnés au cours de l'automne 1899 avec ceux de 1901, de façon telle qu'un double tonnage de coke put être offert et vendu aux usines métallurgiques au prix unique de 17 marks. La situation assurée des cokes, jointe à l'établissement pour l'industrie de la fonte d'un prix moyen modéré semblaient assurer à cette industrie un développement régulier et calme pour les deux années suivantes.

Mais malgré les espoirs ainsi conçus, le mouvement ascendant qui, pendant près de cinq ans, provoqua dans tous les domaines de la vie industrielle et commerciale un développement si considérable, a atteint son plus haut période durant le premier semestre de 1900. Vers le milieu de l'année l'ébranlement causé par l'Amérique dans le marché du fer est devenu sensible et une décroissance générale des affaires en est résultée aussitôt. L'incertitude au milieu de laquelle l'année 1900 s'est terminée contraste d'une façon remarquable avec l'état de ferme sécurité avec lequel elle avait commencé. A la hausse croissante des prix du fer durant l'année précédente, a succédé une dépression rapide et continue. Combien de temps ce recul doit encore durer, c'est ce qu'on ne saurait dire actuellement.

Disons tout de suite que la hausse de 3 marks par

tonne, sur les cours de 1899, des cokes de hauts fourneaux pour les deux années 1900 et 1901 ne peut pas être considérée comme cause de la hausse considérable des fontes ; car, ainsi qu'il ressort de tous les comptes rendus de l'année, les hauts fourneaux ont donné pour 1900, malgré cette hausse d'ailleurs très modérée des cokes, des résultats très satisfaisants.

Ce recul économique, avec les troubles et les variations de prix qui y sont liés, s'est fait cependant peu sentir en 1900 sur le marché des cokes, au moins en ce qui concerne les cokes du Syndicat, parce que toute la production de l'année courante était vendue dès 1899.

Bien que la production, ainsi que nous le démontrons plus loin, ait été accrue, il n'a pourtant pas été possible de répondre complètement aux demandes et plus tard aux exigences de l'industrie métallurgique, et cependant l'exportation a été réduite aux engagements déjà contractés et toute la surproduction de l'année a été consacrée à la consommation intérieure.

Dès 1899 et en 1900, durant la période assez longue où il y a eu pénurie de coke, les fabriques dissidentes et surtout nombre de marchands enhardis par les consommateurs, craignant de manquer de coke, ont élevé les prix de façon peu modérée, ce dont on a, fort à tort, rendu le Syndicat responsable. Mais grâce, d'une part, aux mesures prises dès le commencement de mars 1900 à l'égard des marchands, et d'autre part, au changement des circonstances, il a pu être remédié à ces excès. (Signalons que le Syndicat s'est arrangé de façon à vendre *directement* aux consommateurs de 500 tonnes par an au moins, dans les provinces du Rhin et de la Westphalie ; c'était en effet dans ces régions que les intermédiaires avaient le plus abusé de la situation.)

L'état des marchés et la vente des cokes ont été, toute l'année, satisfaisants : toutes les fabriques de coke ont pu exploiter leurs fours sans restriction. Remarquons, en même temps, que la déduction sur le produit des ventes, pour frais généraux et pertes sur la vente, a été en moyenne de 4 1/2 pour cent.

Les deux statistiques annuelles du débit des cokes de toutes les mines du bassin de Dortmund donnent les résultats suivants :

	1899	1900
	Tonnes.	Tonnes.
a) Production du Syndicat y compris les usines privées...	7.045.923	7.786.347
b) — des mines dissidentes (3 en 1899, 5 en 1900)	218.332	392.300
c) — des mines appartenant à des établissements métallurgiques	937.367	1.465.510
Total............	8.201.622	9.644.157

d'une valeur, en 1899, de 109 millions de marcs, et en 1900, de 160 millions.

Par rapport aux années précédentes, l'année 1900 témoigne d'une augmentation de 827.302 tonnes (7.374.320 tonnes en 1898), soit 11,2 pour cent (contre 7.3 pour cent en 1898) — l'année 1900, à son tour, gagne sur 1899, 1.442.535 tonnes, soit 17.5 pour cent.

La production de la fonte, dans le Zollverein, durant ces deux années, ne s'est accrue que de 8,4 pour cent en 1899, et 3.5 pour cent en 1900 (8.143.138 à 8.422.842 tonnes).

Dans le Syndicat des Cokes, l'augmentation du débit a été, en 1899, de 9,8 pour cent contre 6,2 pour cent en 1898, et en 1900 de 10,5 pour cent avec 740.424 tonnes.

Les comptes rendus prouvent aussi que le plus fort

débit a eu lieu en octobre : 613.947 tonnes en 1899, 700.083 tonnes en 1900 ; tandis que février a eu le débit le plus faible avec 538.108 tonnes en 1899 et 571.248 tonnes en 1900.

Les chiffres de participation dans le Syndicat ont passé à :

Au 1er janvier 1900 :	7.094.434
Contre au 1er — 1899 :	6.924.936
AUGMENTATION . .	169.498
Au 1er janvier 1901 :	8.030.044
Contre au 1er — 1900 :	7.094.434
AUGMENTATION . .	935.610

Soit 13,2 pour cent en 1900 contre 2,4 pour cent en 1899 et 11 pour cent en 1898.

Cette augmentation considérable des chiffres de participation, en 1900, s'explique par la construction de nouveaux fours à cokes, dont la capacité de production dépasse de beaucoup la moyenne habituelle, tandis qu'en 1899 on n'avait mis en feu aucune batterie nouvelle ; en 1899, même, des incendies et autres accidents avaient été cause que la participation n'avait pas été atteinte (déficit de 1,8 pour cent).

Les expéditions des cokes de la Ruhr ont été en moyenne :

En 1898, de	24.581 tonnes par jour de travail.
En 1899, de	27.339 — —
En 1900, de	32.147 — —

Le débit des cokes de hauts fourneaux dans le Syndicat a été :

En 1900, de... 5.768.769 t., soit 80,81 % du débit total.
Contre en 1899 5.071.458 t., soit 78,48 % du débit total.

Soit une augmentation de. 697.311 t., soit 13,9 % du débit total.

De ces quantités de cokes de hauts fourneaux 3.116.857 tonnes ont été envoyées dans le district des Minettes, contre 2.783.338 tonnes en 1899, c'est-à-dire, en plus 333.519 tonnes, soit 12 pour cent pour 1900.

Tandis que jusqu'ici, entre tous les districts métallurgiques, le Luxembourg tenait le premier rang pour l'achat du coke 1.300.504 tonnes en 1899 contre 1.271.100 en Lorraine, depuis 1900, la Lorraine l'emporte : elle a consommé 1.257.496 tonnes de coke, tandis que le Luxembourg n'en a usé que 1.079.368. La Lorraine pourrait bien dans la suite conserver cette position. Le débit de coke en Belgique n'a pas subi de changement ; par contre les autres districts métallurgiques ont consommé un surplus considérable, ainsi que le témoignent les chiffres cités plus haut, ce qui peut être considéré comme une preuve du grand développement de l'industrie de la fonte durant l'année 1900.

Pour les cokes de fonderie, le débit, dans le syndicat, a été, en 1900, de 1 million de tonnes contre 950.809 t. l'année dernière; l'exportation maritime a été de 247.120 tonnes en 1900 contre 318.760 en 1899 et 329.623 en 1898.

Les expéditions de cokes criblés ou concassés et menus cokes ont atteint 647.940 tonnes contre 584.068 t. en 1899, soit une augmentation de 10,9 pour cent.

Depuis 1891, époque de la fondation du syndicat des cokes, la production du coke a presque doublé.

Le nombre des fours à coke dans le syndicat s'est augmenté de 10 en 1899 et de 847 en 1900. Le nombre total qui était de 8.016 à la fin de 1899 s'élève à la fin de 1900 au total de 8.629 fours en service, dont 2,633 avec récupération des sous-produits (2.100 seulement en 1899).

En dehors de la production de coke de nos membres et des usines privées, nous avons vendu sur les cokes produits par les autres producteurs avec lesquels nous avons une entente :

1° Pour le syndicat belge......	477.687	491.293
2° Pour le district minier d'Eschweiler, et la Vereinigungsgesellschaft (district de la Wurm et district d'Aix-la-Chapelle)	154.920	140.222
3° Pour divers établissements métallurgiques	68.280	133.746
Total.................	700.887	765.261

De ces quantités de cokes de hauts fourneaux 3.116.857 tonnes ont été envoyées dans le district des Minettes, contre 2.783.338 tonnes en 1899, c'est-à-dire, en plus 333.519 tonnes, soit 12 pour cent pour 1900.

Le Syndicat des houilles a fourni aux usines privées des quantités de houille à cokes s'élevant en 1899, à 230.730 tonnes, et, en 1900, à 263,455 tonnes.

En résumé le syndicat se glorifie d'avoir servi non seulement les intérêts de l'industrie des cokes, mais encore ceux de l'industrie minière du pays entier ; elle a permis, en effet, dit-il, aux administrations des mines d'assurer à leurs ouvriers, en même temps qu'un travail plus régulier, des salaires plus forts d'année en année ; laissant en même temps aux mines des bénéfices suffisants, grâce auxquels elles ont pu entreprendre des constructions nouvelles et améliorer les moyens d'exploitation.

Le syndicat croit donc avoir rempli tout son devoir.

Il faut dire aussi qu'en présence de la crise de 1901 il a pris des mesures énergiques. Il avait imposé à ses adhérents une réduction de 5 % en février et 10 % en mars ; ces réductions ont été insuffisantes ; la réduction du mois d'avril est restée néanmoins fixée à 10 %. Mais celle de juin a été de 25 %. Enfin dans le 3ᵉ trimestre la réduction a été de 33,33 %. Pendant le 1ᵉʳ semestre de 1901 la consommation s'est élevée à 3.620.667 tonneaux contre 3.730.841 tonneaux en 1900, diminution 110.174 tonneaux 3 %. Un certain nombre de hauts fourneaux et de fonderies ont réduit leur production, et ont augmenté leurs stocks de coke dans de telles proportions qu'en mars seulement, le syndicat a accepté sur demande de suspendre la livraison de 100.000 tonnes environ. A cet égard, la situation a été assez critique. Le syndicat s'est efforcé d'éviter que certaines mines ne soient trop frappées, et de répartir à cet effet la réduction effective de production sur tous ses adhérents indistinctement. Les fabriques de cokes non syndiquées, qui avaient abusé de la situation au point de vendre jusqu'à 32 marcks la tonne pour 1901, ont eu de grandes difficultés à maintenir leurs ventes et ont contribué à déprimer le marché en vendant à très bas prix. On le voit, de grands efforts ont été faits pour atténuer les effets de la crise. Mais il s'en faut que ces services soient appréciés de la même façon par le public.

Voici comme échantillon du ton de la presse allemande à l'égard des syndicats les passages les plus bénins d'un article de *L'Actionnaire de Francfort* sur *La politique des prix du syndicat des cokes.*

La nouvelle que l'Administration des Chemins de fer de l'Etat prussien vient de couvrir ses fournitures de coke pour l'année 1902 auprès des charbonnages non syndiqués au prix de 18 marks, tandis que les exigences du syndicat westphalien-rhénan des cokes allaient jusqu'à 20 et 21 marks, attire de nouveau l'attention sur la *pernicieuse politique des prix du trust westphalien*, à laquelle il faut attribuer l'aggravation de la crise métallurgique actuelle. Le syndicat paraît, en effet, vouloir pousser l'entêtement jusqu'à l'absurde. Presque en même temps que nous arrive la protestation du gouvernement royal — car on ne peut pas interpréter autrement le fait notoire que le fisc prussien s'adresse aux fosses non syndiquées pour sa fourniture de coke — la direction du syndicat des cokes lance une sorte de manifeste afin de faire la démonstration aux membres de son syndicat combien elle a agi sagement en se refusant à une diminution des prix et en se contentant d'une restriction de la production de 33 pour cent (qui à vrai dire ne serait guère qu'une réduction de 16 1/2 pour cent, la participation des charbonnages à la production ayant augmenté d'une année à l'autre dans la même proportion).

En face d'un aveuglement ainsi documenté, l'on ne sait réellement pas ce dont il faut s'étonner le plus : ou du manque de tout sens économique des producteurs de coke, ou de la patience du pays qui se laisse ainsi léser dans ses intérêts. Justement, les circonstances actuelles du marché, la mévente des cokes, l'impossibilité absolue de placer le surplus de la production des dernières années, constituent un éloquent témoignage de la difficulté dans laquelle se débat l'industrie allemande. Pour tout un tiers de la production des fours à coke, il manque le débouché. Ce symptôme serait interprété par tout homme sensé dans le sens qu'une réduction des prix s'impose afin d'allécher de nouveaux consommateurs. Ce serait le seul moyen même de remédier à la situation critique de l'industrie métallurgique allemande. La recette fameuse proposée contre le choléra des poules : « Qu'on les tue toutes ! » n'est pas une panacée économique et ne peut, employée au cas présent, qu'amener des crises fatales et devenir fatale aussi.

Les grands chefs du syndicat oublient par trop que les intérêts à eux confiés ne sont pas exclusivement les intérêts des charbonnages réunis en syndicat, mais aussi pour quelque peu, les intérêts du public.

Il est incompréhensible que le syndicat qui, du temps de l'apogée de l'activité industrielle, en 1898-99, s'est montré si modéré et s'est acquis tant de remerciements pour la régularisation de l'offre et de la demande, pratique à l'heure qu'il est une politique tant à rebours et livre ainsi une arme aussi formidable à ses adversaires. La politique d'affaire des cartels a éveillé la sollicitude du gouvernement qui, ainsi que tout le monde le sait, a procédé à une enquête sur les effets et l'étendue des syndicats.

Il est une chose indéniable, c'est que si les syndicats veulent échapper à leur dissolution, nous dirions presque à leur décomposition, il faudra qu'ils pratiquent une politique de prix rationnelle, une politique qui tienne compte, quand au prix de la matière première, du cours du produit fabriqué et qui cherche à amoindrir au lieu de l'aggraver, les crises qui peuvent sévir sur les industries.

L'irréductibilité des prix des syndicats houillers est tellement insensée qu'elle ne peut durer. L'avertissement bien clair que le gouvernement prussien vient de donner au syndicat des cokes devrait faire réfléchir et celui-ci et ses congénères.

On le voit, le syndicat des cokes est le plus attaqué d'Allemagne. On lui reproche d'avoir aggravé considérablement la crise de la métallurgie en lui empêchant de se relever, par le maintien de ses prix du coke. L'industrie de la fonte, matière première du fer et de l'acier, est ainsi dans l'impossibilité de mettre à la disposition des aciéries des fontes à bon marché. De là la prolongation du malaise profond de l'année 1900.

Il faut cependant, pour être impartial, indiquer que l'on constate volontiers la sagesse des syndicats des houilles et des cokes durant la période de hausse vertigineuse de 1899 et qu'on leur sait gré du maintien des prix à un taux relativement plus bas que tous ceux pratiqués par les non-syndiqués.

Dès lors, il ne faudrait pas s'étonner qu'ayant été des modérateurs durant la hausse, les syndicats soient inversement des modérateurs durant la baisse.

C'est là même, et il faut y insister, leur rôle naturel et tutélaire. Il ne s'agit donc que de savoir si le syndicat des cokes a exagéré sa fonction de « frein durant la descente des cours » ou non. Quelques chiffres fixeront les idées et permettront au lecteur de porter un jugement en connaissance de cause sur son rôle pendant la dernière décade de 1891 à 1900 c'est-à-dire depuis sa fondation.

Dans ce laps de temps, la production de houille du bassin de la Rhur s'est élevée de 35 millions à 60 millions de tonnes. Le syndicat des cokes a réuni les 98,5 % de la production totale de coke du district minier de Dortmund, mines et usines privées.

Production de coke : en 1891...... 3.937.733 tonnes
— 1900...... 7.782.826 —

soit une augmentation annuelle moyenne de 8,5 %.

Sur ces chiffres, il a été expédié dans le district des minières lorraines (Luxembourg, Lorraine allemande et française) :

En 1891................ 1.312.850 tonnes
En 1900................ 4.116.857 —

La production de fonte dans le Zollverein s'est accrue dans la même période de :

En 1891................ 4.658.151 tonnes
En 1900................ 8.422.842 —

Les prix moyens extrêmes des cokes de toute nature ont été :

	Marks	Francs
1891	13 »»	16 25
1894	8 50	10 625
1900	16 30	20 375

Cokes de hauts-fourneaux :

	Marks	Francs
1891	13 »»	16 25
1893-5	11 »»	13 72
1900	17 »»	21 25

Cokes de fonderie :

	Marks	Francs
1891	15 »»	18 25
1893-5	13 »»	16 25
1900	21 50	26 875

Les exportations maritimes des cokes du syndicat ont suivi cette marche ascendante :

1891 .... 92.210 tonnes
1900 .... 247.120 —

Elles ont lieu pour tous les pays d'Europe, et en plus dans l'Afrique du Sud, en Asie, Amériques et Australie.

***

La situation en 1901 et 1902 est la suivante :

Les ventes du Syndicat des Cokes se sont élevées à 6.833.567 tonnes en 1901, contre 7.786.347 tonnes en 1900, soit une diminution pour l'année qui vient de se clore de 952.780 tonnes ou de 12,25 pour cent. Comme d'autre part, au moment de la grande activité métallurgique, le nombre des fours avait augmenté très notablement (il s'est accru de 1.205 pendant ces deux dernières années), la capacité de production du Syndicat est passée de 7 millions de tonnes à la fin de 1899 à 8 millions et demi à la fin de 1901, augmentant ainsi de 21 % en deux ans. Il en résulte que la situation de cette industrie a été particulièrement critique en 1901 et que la production a dû être réduite de 21,25 pour cent pendant l'ensemble de l'année.

Au début de 1902, à la Bourse de Dusseldorf, les cokes de fonderies étaient cotés 17 à 18 marks contre 23 à 24 marks en 1901 ; les cokes de haut-fourneau faisaient 15 marks contre 22 en 1901.

On connaît aussi les résultats obtenus par le Comptoir des Cokes pendant le premier trimestre de 1902, et l'on trouve que la consommation de mars 1902 a été de 497.534 tonnes, contre 478.645 tonnes en février dernier et 639.716 tonnes en mars 1901, ce qui fait ressortir un progrès de 18.889 tonnes pour mars 1902 par rapport au mois précédent, mais une diminution de 142.182 tonnes par rapport au mois correspondant de l'année dernière.

Il est revenu en mars dernier 469.477 tonnes aux ventes du Syndicat, contre 614.744 tonnes en mars 1901, tandis que 24.690 tonnes contre 21.452 tonnes revenaient aux producteurs en dehors du Syndicat et que 3.367 tonnes contre 3.490 tonnes étaient vendues au détail. Les producteurs libres ont donc augmenté leurs ventes de 3.238 tonnes, le Syndicat perdant 145.267 tonnes.

Pour le premier trimestre 1902, on arrive à 1.459.744 tonnes contre 1.917.164 tonnes pour la consommation, dont 72.202 tonnes contre 60.355 tonnes pour les producteurs libres, 1.371.008 tonnes contre 1.843.236 tonnes pour le Syndicat, et 12.534 tonnes contre 13.573 tonnes pour les ventes au détail. On constate donc une diminution de 472.280 tonnes ou d'au moins 25 pour cent pour les ventes du Syndicat, alors que celles des producteurs non syndiqués ont augmenté de 15.847 tonnes, c'est-à-dire à peu près dans les mêmes proportions.

Voici quelle a été la production des fabricants syndiqués pendant le premier trimestre des deux dernières années :

Producteurs	1er trimestre 1901	1902
Borussia . . . . . T.	16.852	10.307
Ver. Carolinenglück . . .	25.492	17.282
Centrum	58.820	42.467
Concordia.	47.667	35.934
Consolidation.	70.477	49.262
Ver. Constantin der Gr. .	68.962	49.626
Crone	6.702	11.237
Dahlbusch.	7.520	13.435
Donnenbaum.	82.472	62.019
Dorstfeld	8.435	5.792
Eintracht Tiefbau . . .	16.930	12.582
Friedrich der Grosse . .	26.195	18.399

Fröhliche Morgensonne. T.		16.417	11.135
Gelsenkirchener		227.632	162.464
General		18.465	17.670
General Blumenthal		5.757	3.632
Graf Schwerin		29.422	21.042
Hagenbeck		20.012	14.629
Harpener Bergbau		282.603	202.645
Helene und Amalie		36.847	27.797
Hibernia		102.828	70.297
Julius Philipp		8.385	6.159
Kaiser Friedrich		9.092	10.517
König Ludwig	T.	46.965	32.812
Kölner Bergwerks-Verein		31.057	22.084
Königin Elisabeth		32.980	27.342
Königsborn		58.185	47.312
König Wilhelm		18.115	13.859
Lothringen		37.745	28.754
Louise Tiefbau		21.370	15.096
Massen		36.032	27.444
Nordstern		73.997	53.791
Pluto		45.737	43.749
Ver Präsident		28.975	22.037
Prosper		44.492	30.362
Siebenplaneten		14.237	9.777
Victoria Mathias. Graf Beust		28.470	20.044
Friedrich Ernestine		6.595	4.367
Mathias Stinnes		8.353	11.386
Tremonia		9.450	6.561
Victor		37.252	25.874
Ver. Westfalia		39.904	26.826
Zollverein		29.250	25.169
Producteurs libres		60.355	76.202
Vente au détail		13.573	12.534

Opérations du Syndicat en 1901

Au moment de mettre sous presse, nous recevons le compte-rendu du Syndicat des Cokes pour l'année 1901. Nous l'insérons surtout parce que l'année 1901 a été une mauvaise année et qu'il est éminemment intéressant de voir fonctionner les syndicats en période de crise.

Voici ce rapport :

L'année qui vient de s'écouler s'est trouvée toute entière comprise dans une période de grave dépression économique. L'industrie métallurgique, en particulier, était en pleine crise. Presque toutes les nations continentales ont subi ce mouvement de recul. La confiance a disparu du marché intérieur, les achats ont été plus timides et finalement, sur presque tous les domaines, l'activité industrielle s'est ralentie de la façon la plus inquiétante.

Le fait que l'industrie métallurgique était plus atteinte que toute autre a eu naturellement une violente répercussion sur le marché du coke et, avant tout, a provoqué une réduction considérable de la consommation.

Les hauts-fourneaux, aussi bien que les petits acheteurs, obligés de consommer de bien moindres tonnages de combustibles, durent garder en stock une partie de leur coke et réclamèrent sans cesse que le Syndicat réduisît les livraisons qu'ils s'étaient engagés à prendre. Il en est résulté que la période de livraison, pour des tonnages importants, a dû être étendue de délais en délais jusque très tard dans l'exercice 1902.

Aussi, en dépit de ventes considérables effectuées sur le papier et sur lesquelles le Syndicat croyait pouvoir compter au début de l'année 1901, le débit effectif, notamment le débit en coke de haut-fourneau, diminua de trimestre en trimestre. Il ne pouvait plus être question de maintenir en pleine activité les fabriques de coke adhérentes. D'incessantes réductions conventionnelles de la participation durent donc être imposées d'un commun accord, afin de maintenir en équilibre l'offre et la demande. Les réductions conventionnelles et effectives ont atteint successivement :

	a) Réduction conventionnelle.	b) Réduction effective (marge entre la participation théorique et la production réelle).
	0/0	0/0
Janvier	5	5,60
Février	5	5,05
Mars	10	11,67
Avril	10 et 16	15,70
Mai	20	22,30
Juin	25	24,67
Juillet	33 1/3	28,98
Août	33 1/3	29,11
Septembre	33 1/3	28,70
Octobre	33 1/3	28,49
Novembre	33 1/3	27,20
Décembre	33 1/3	27,73
Moyenne		21,35

On voit, par ce qui précède, que les conditions dans lesquelles s'est effectuée la vente des cokes sont loin d'avoir été satisfaisantes. Ce débit a atteint le chiffre suivant :

	Tonnes.
a) Débit du Syndicat (y compris les fabriques de coke privées)	6.833.567
b) Débit des cinq mines et fabriques non syndiquées	488.455
c) Débit des mines appartenant à des usines métallurgiques	1.456.185
Total	8.778.207

(D'une valeur totale de 158 millions de marcs) ;

En 1900, le débit total est de 9.644.157 tonnes, soit une diminution de 952.780 tonnes en 1901 ou 9 pour cent, tandis que l'exercice 1900 accusait, par rapport à 1899, une augmentation de 17 1/2 pour cent (1).

Il faut ajouter que cette réduction du débit a frappé les syndiqués plus fort que les dissidents ; le Syndicat a en effet débité 12 1/4 pour cent de moins qu'en 1900, tandis que les *non-syndiqués*, en forçant leur production et en ouvrant de nouveaux fours, *ont augmenté leur débit de 24,6 pour cent*.

C'est la première fois depuis la fondation du Syndicat que, loin de voir s'accroître la consommation (de 8 pour cent en moyenne pendant chacune des dix dernières années), on voit le débit se restreindre. Il faut remonter à l'année 1886 pour retrouver un déficit comparable (11 pour cent).

La diminution du débit des fabriques syndiquées frappe d'autant plus l'attention que les chiffres de participation ont subi, en 1900 et 1901, des hausses considérables, par suite de la construction extrêmement active de nouveaux fours. Il n'a pas été enregistré moins de 1.205 *nouveaux fours* au cours de ces deux années, si bien que la participation conventionnelle de l'ensemble des syndiqués a passé de

7.094.434 tonnes (fin 1899).
à 8.578.144 tonnes (fin 1901).

Soit une augmentation de 1.483.710 tonnes, ou près de 21 pour cent.

---

(1) Rappelons que dès 1885 la production était de 2.826.697 tonnes seulement ; en 1890 elle atteignait déjà 4.187.730 tonnes, en 1895 : 5.562.503.

La production de la *fonte* dans l'Union douanière allemande s'est élevée à

7.785.887 tonnes en 1901.
contre 8.422,842 tonnes en 1900.

Soit une diminution de 636.955 tonnes ou 7 1/2 pour cent, tandis qu'elle avait, de 1899 à 1900, augmenté de 3 1/2 pour cent.

C'est en janvier que le débit a été le plus fort 663.322 tonnes) tandis qu'en septembre il a été seulement de 520.202 tonnes..

Voici, d'autre part, les chiffres relatifs au débit par trimestre :

		Dont coke de haut Fourneau	soit 0/0
Premier trimestre	1.917.164	1.426.554	81,83
Deuxième —	1.703.338	1.270.969	80,97
Troisième —	1.584.184	1.105.830	77,18
Quatrième —	1.628.891	1.163.086	78,11
	6.833.567	4.966.439	

Sur les quantités de *coke de haut-fourneau* débitées par le Syndicat, ont été en déficit par rapport à 1900 :

1° Expéditions sur le district des Minettes : de 373.049 tonnes, soit 12 pour cent (alors que, de 1899 à 1900, on enregistrait une augmentation de 12 pour cent).

2° Expéditions dans l'ensemble de l'Allemagne : de 256.734 tonnes, soit : dans le district de Nassau-Siegen, 18 pour cent ; dans le district houiller, 9 pour cent ; vers d'autres usines, 6 pour cent.

3° Expéditions à l'étranger (Belgique et Autriche), de 66 et 25 pour cent.

Ensemble : déficit des expéditions de coke de haut-fourneau, de 1900 à 1901 : 802,330 tonnes = 13,9 pour cent.

Les expéditions de *coke de fonderie* ont diminué de 6,4 pour cent ; celles des cokes concassés et criblés de 7 pour cent.

Cette réduction de la consommation des cokes criblés et concassés s'explique du reste en partie par la douceur de la température, pendant l'hiver.

Les *exportations* par mer se sont maintenues à peu près au même niveau.

Le rapport que nous analysons signale encore deux mesures prises par les Chemins de fer en ce qui concerne les *tarifs*. Le 1er juin 1901, est entré en vigueur un tarif exceptionnel pour les expéditions à destination de Luxembourg-Lorraine et des stations du district Saint-Johann-Saarbrucken, tarif qui réduisait de 50 pfennigs par tonne les frais de transport des cokes destinés à la consommation des hauts fourneaux du Zollverein, à condition que les envois se fissent par 50 tonnes au moins. A titre de compensation, les frais de transport des minerais expédiés du district des Minettes furent réduits de 1 m. 20 pf. par tonne.

Par contre, la suppression du tarif exceptionnel appliqué aux expéditions de coke de haut fourneau de la Ruhr à destination de l'Autriche (Kladno et Konigshoff) entraine une augmentation de 1 m. 45 pf. à 1 m. 65 pf. par tonne.

Le nombre des fours à coke syndiqués s'est accru, en 1901, de 278, de sorte que, fin 1901, le syndicat comptait 8.907 fours, dont 2.803 avec récupération des sous-produits.

Signalons enfin que le syndicat a procuré aux fabriques privées 379.542 tonnes de houilles à coke.

Voici quelle a été la production de coke pendant 1901 de chacun des membres des syndicats :

Producteurs.	Production.
Borussia .... tonnes	52.574
Concordia	76.644
Ver. Carolinenglück	85.956
Centrum	207.064
Consolidation	243.663
Ver. Constantin der Grosse	232.372
Crone	33.107
Dahlbusch	37.687
Dannenbaum	294.567
Dorstfeld	28.980
Eintracht Tiefbau	62.102
Friedrich der Grosse	89.440
Frohliche Morgensonne	55.439
Gelsenkirchener B.-A.-G.	800.896
General	72.395
General Blumenthal	18.008
Graf Schwerin	101.797
Hagenbeck	73.498
Harpener Bergb-Act.-Ges	990.879
Helene und Amalie	136.607
Hibernia	348.227
Nordstern	257.664
Julius Philipp	30.555
Kaiser Friedrich	42.185
Konig Ludwig	160.400
Kolner Bergwerks-Verein	106.820
Konigin Elisabeth	129.985
Konigsborn	202.827

Konig Wilhelm	63.288
Lothringen	138.950
Louise Tiefbau	74.629
Massen	129.488
Pluto	202.208
Ver. Prasident	103.860
Prosper	148.877
Siebenplaneten	42.287
Victoria Mathias	96.118
Graf Beust	96.118
Friedrich Ernestine	20.252
Mathias Stinnes	38.831
Tremonia	32.278
Victor	126.182
Ver. Westfalia	129.485
Zollverein	116.213
Producteurs libres	264.050
Vente au détail	36.402

**

Telle est l'œuvre du syndicat des cokes. On ne peut s'empêcher de la trouver considérable et nous ne saurions le rendre entièrement responsable de la crise métallurgique de 1901.

Ce qui attirerait plutôt une critique c'est la fédération du syndicat des cokes allemand avec le syndicat des cokes belge.

Il faut décidément abandonner cette idée de la question des nationalités pouvant constituer une barrière aux groupements d'intérêts.

Désormais, je l'ai dit, au commencement de ce livre, et dans celui de « L'accaparement », désormais, la fédération internationale des syndicats comme celle des cokes, des sucres, comme celle du trust de l'Océan, etc., constituera la forme ultime et puissante du monopole.

C'est l'Allemagne qui aura eu le redoutable privilège de voir se créer et fonctionner chez elle ces commencements de fédérations internationales qui tendront à devenir universelles.

Une des causes à notre avis de l'intransigeance particulière dont a semblé animé le syndicat des cokes dans la discussion des prix, a été précisément cette certitude d'être complètement maître du produit fabriqué dans le Nord du continent. L'Allemagne et la Belgique étant alliées, la France privée de coke dans tout l'Est ne pouvait être, ainsi que le Luxembourg qu'à la merci des deux syndicats de Liège et de Bochum ; mais il faut dire aussi que, comme protestation, deux usines à coke en France et en Belgique ont été édifiées sur les lieux de production des houilles par des usines à fonte syndiquées. C'est là un petit remède mais enfin il existe, à l'état d'indication.

Dans tous les cas, nous estimons qu'en réalité, si l'on prend les prix du Syndicat des cokes durant la période de hausse et de baisse, ensemble, on trouve que ces prix sont moins exagérés, dans un sens comme dans l'autre, que si le marché avait été livré aux mêmes impulsions individuelles qu'autrefois. C'est là un fait remarquable.

Syndicat de l'Ammoniaque

L'association allemande pour l'ammoniaque est une association très importante. Elle est chargée de centraliser toutes les ventes concernant le sulfate d'ammoniaque obtenu quand on distille la houille pour la transformer en coke. Tous les producteurs du bassin westphalien ont constitué un nouveau syndicat le 25 novembre 1895, sous la forme de société à responsabilité limitée, qui est dénommée : *Association allemande pour la vente de l'ammoniaque*. L'association devait durer au moins cinq ans, à dater du 1ᵉʳ janvier 1896 ; elle a été prorogée jusqu'au 31 décembre 1905.

Les affaires de ce syndicat n'ont pas tout d'abord été des plus satisfaisantes. Le sulfate d'ammoniaque est employé, on le sait, comme engrais : il concurrence le salpêtre ou nitrate de soude du Chili, mais il est aussi fortement concurrencé par lui. Ainsi, avant l'année 1896 on consommait en Allemagne environ 450,000 tonnes de nitrate contre 100,000 tonnes de sulfate d'ammoniaque. Or, en 1896, autant par l'influence du nitrate que par l'abondance des ventes de sulfate d'ammoniaque en Angleterre, il y eut un effondrement des cours. Le sulfate, qui avait valu 21 fr. 25 les 100 kilogrammes, franco bord au port anglais de Leith, ne se cotait plus au moins d'octobre que 16 francs.

Seulement, cette baisse eut comme résultat de développer chez les agriculteurs l'idée d'utiliser davantage le sulfate d'ammoniaque, où le kilogramme d'azote revenait à moins de 1 franc, alors que, sous la forme de nitrate, l'azote coûtait plus de 1 fr. 25.

Aussi, le Syndicat de Bochum put-il placer, en 1897, une quantité de 32,000 tonnes de sulfate d'ammoniaque, alors que les usines contractantes n'avaient vendu que 10,000 tonnes en 1895. L'année suivante, la production montait à 43,000 tonnes ; elle est parvenue à 45,761 tonnes en 1899 et 49,224 en 1900.

Les progrès analogues étaient constatés dans les

autres centres de fabrication du coke, la Sarre et la Silésie. Là aussi, on s'ingéniait à perfectionner les appareils à récupération des produits de la distillation de la houille, pour recueillir toute l'ammoniaque qu'elle pouvait contenir. Ces vapeurs ammoniacales, autrefois rejetées à l'air libre, devenaient ainsi pour les usines une source de richesse.

Cela dit, pénétrons dans la constitution intime du syndicat de l'ammoniaque. Font partie de cette association la totalité des fabriques d'agglomérés (boulets ovoïdaux) de l'Allemagne occidentale et de la Sarre, lesquelles produisent du sulfate d'ammoniaque et surtout des eaux ammoniacales.

Font exception à cette association : la Société pour la distillation du charbon à Bulmke près de Gelsenkirchen et la société houillère « Nordstern », dans le Wattenscheid.

Actuellement, 25 membres appartiennent à cette association. Mais, outre cela, le syndicat vend encore à une grande partie des usines à gaz de l'Allemagne occidentale, dont la production consiste en sulfate d'ammoniaque.

L'association a pour but :

Etablir dans le pays allemand la vente du sulfate d'ammoniaque produit, et cela d'après des principes uniformes. Ces principes doivent, d'une part, annuler nécessairement les offres de prix inférieurs, malgré les nombreuses concurrences ; d'autre part, éviter qu'à une époque de grosse commande les prix puissent être rehaussés d'une façon extraordinaire ; et de cette façon, arriver à ce que le débit régulier et l'emploi abondant du sulfate d'ammoniaque ne puissent causer aucun préjudice à personne.

Les deux derniers points de vue sont d'une importance extrême pour l'activité de l'association, parce qu'avec l'extension de l'exploitation des boulets ovoïdaux et l'accroissement supposé de la construction des fours à coke, en même temps que l'extraction des sous-produits, la fabrication de ces derniers augmente considérablement d'année en année. Et c'est pourquoi le Syndicat est forcé de gagner sans cesse de nouveaux débouchés au sulfate d'ammoniaque.

Ces débouchés peuvent seulement se trouver dans les exploitations agricoles où l'on s'efforce d'arriver à une augmentation de l'emploi de l'engrais azoteux, surtout de l'emploi rationnel. Mais, dans les endroits où un tel emploi se fait en quantité suffisante le syndicat doit entrer en concurrence avec le nitrate de soude du Chili.

Abstraction faite de l'influence que les cotes anglaises auront forcément sur les prix, ainsi que l'augmentation de production qui, en Allemagne va se continuant et atteindra une légère baisse, il résulte qu'une sage modération, dans les prix, est vraiment nécessaire. D'autant plus que, d'un autre côté la hausse est limitée par l'état actuel du prix du nitrate. Ce dernier peut être employé, dans l'agriculture, en gros, comme équivalent du sulfate d'ammoniaque. Mais, présentement, il ne jouit pas encore d'un avantage considérable et il n'est pas aussi apprécié que le sulfate d'ammoniaque dont l'emploi et l'action sont déjà connus, dans les contrées agricoles surtout, depuis bon nombre d'années.

Ces différentes obligations commerciales exigent de la part du syndicat la connaissance détaillée des prix dans les contrées agronomiques où l'on est arrivé, par un amendement rationnel, par l'emploi de l'engrais artificiel et actif à des résultats agricoles ayant une réelle valeur.

Dans ce but, le Syndicat favorise, chaque année, en Allemagne, de grands essais d'engrais. Il y a, à cet effet, des établissements autorisés pour les essais d'amendement, surtout des établissements où est enseignée la théorie.

Il laisse aussi de très grands propriétaires ruraux exécuter des essais d'amendements, d'après des règles scientifiques et pratiques. Et les résultats de ces essais servent ensuite de base et d'enseignement pour les intéressés.

En outre, le Syndicat veille avec soin, par l'instruction et la discussion, à ce que les plus importantes règles de l'amendement soient sans cesse et davantage connues des contrées agronomiques les plus étendues.

Sous ce rapport, il reste encore infiniment à faire, non seulement en France, mais encore dans tous les pays de la terre, et notamment chez les petits propriétaires ruraux.

Les dernières statistiques des résultats obtenus par le Syndicat sont des plus intéressantes. Il a livré :

1896	21.377	tonnes
1897	32.418	»
1898	43.091	»
1899	45.761	»
1900	49.223	»
1901	50.000	»

Ces chiffres donnent, en même temps, un tableau fidèle du développement de l'industrie des produits secondaires, dans l'est de l'Allemagne surtout.

Telle est l'œuvre double de cet intéressant syndicat, industriel par son origine houillère et agricole par la destination de ses produits. Cette double base est une des plus solides pour un syndicat et l'on n'entend que des louanges à propos du cartel de l'ammoniaque.

Syndicat des Goudrons

Un syndicat entraîne l'autre, avons-nous dit dans notre aperçu général.

C'est également la condensation méthodique des produits de la distillation de la houille qui a amené les fabriques de coke de Westphalie à former, le 22 décembre 1897, un syndicat pour la vente du goudron.

L'Association allemande pour la vente des goudrons constituée en société à responsabilité limitée, avait une première durée statutaire finissant le 31 décembre 1900. Cette durée a été prorogée de cinq ans, jusqu'au 31 décembre 1905, comme le Syndicat de l'Ammoniaque. L'Association a produit 95,000 tonnes de goudron en 1898, 94,000 tonnes en 1899 et 110,000 tonnes en 1900, beaucoup moins en 1901.

Syndicat du Benzol

Enfin, il existe encore à Bochum un syndicat westphalien : c'est l'*Association de l'Allemagne occidentale pour la vente du benzol*, qui s'est formée au mois de novembre 1899 et qui doit finir le 1er décembre 1903. Elle a vendu, en 1900, 12,000 tonnes de benzine à environ 15 pour cent de toluène. Cette association est constituée, comme les deux autres, en société anonyme à responsabilité limitée. Le groupement des fabriques en syndicats de vente a eu, cela est de toute évidence, d'heureux résultats pour le placement de ces divers produits. Sans eux, les usines à gaz comme les fabriques de coke auraient été embarrassées de vendre leur production. L'union fait la force.

Effets des Syndicats des Sous-Produits de la Houille sur la métallurgie de l'acier en Allemagne

Les syndicats dont nous venons de parler ont un rôle bien plus important peut-être que celui que semble leur attribuer leur production intrinsèque. Voici pourquoi :

Dans l'enquête que les métallurgistes anglais ont fait faire solennellement en Allemagne pour se rendre compte des causes de l'essor inouï et inquiétant de la métallurgie de ce pays, le rapporteur a placé en première ligne cette utilisation des sous-produits de la distillation de la houille dans les fours à coke.

Cela permet à l'Allemagne, a-t-il dit, d'abaisser le prix de revient du fer et de l'acier, et lui a permis de faire de nouvelles baisses de prix pour l'exportation, en créant de toutes pièces à la métallurgie une source de bénéfices supplémentaires et à peu près inconnus en Angleterre.

Ainsi donc, voilà une forme d'association qui galvanise une industrie à peu près nouvelle, et qui, par sa puissance, influe sur toute une autre industrie comme celle du fer et de l'acier et lui permet par l'exportation d'augmenter considérablement sa production.

Nous citons cet exemple entre mille pour montrer quelles répercussions inattendues peuvent avoir les uns sur les autres les syndicats bien compris et puissants.

BONN

Bonn n'a guère qu'un syndicat, celui des briquettes de lignite.

Syndicat des Briquettes de lignite

Un autre syndicat de briquettes a été formé à la fin de l'année 1899 à Bonn sur le Rhin pour faciliter la vente des briquettes fabriquées non plus avec de la houille mais avec du lignite.

Le lignite, quelque peu négligé quand on avait de la houille en abondance, a été très recherché depuis deux ans en raison de la rareté et du prix élevé de la houille. Le lignite, sous forme de briquettes peut être utilisé dans les foyers industriels sans que des modifications soient nécessairement apportées aux grilles. De là, les progrès notables constatés dans l'extraction de ce combustible et l'emploi des briquettes.

Voici tout d'abord une statistique de la production des mines allemandes de lignites.

PRODUCTION des LIGNITES en ALLEMAGNE

	Bassin de Halle	Bassin de Bonn	Autres bassins	Production totale
	tonnes	tonnes	tonnes	tonnes
1895	17.651.000	1.607.000	5.530.000	24.788.000
1896	19.110.000	1.990.000	5.684.000	26.781.000
1897	21.009.090	2.288.000	6.123.000	29.420.000
1898	22.266.000	2.754.000	6.629.000	31.649.000
1899	23.386.000	3.984.000	6.833.000	34.203.000
1900	22.898.000	2.413.000	6.000.000	31.311.000

C'est le manque d'ouvriers qui a empêché les progrès d'être plus considérables encore. On n'a pu, en 1899, élever le nombre des travailleurs dans le bassin de Bonn que de 4.300 à 4.850.

Quant à la consommation des briquettes dans la région de Bonn, les chiffres suivants montreront l'importance de son développement.

Consommation des briquettes de lignite du bassin Rhénan :

	1890 tonnes	1895 tonnes	1899 tonnes
Production totale	130.990	410.020	929.380
Vente totale	121.990	378.990	880.390
Vente en Hollande et en Suisse	69.130	103.720	146.090
Consommation en Allemagne	28.980	142.310	604.810

La fabrication des briquettes de lignites des mines rhénanes atteint ainsi la moitié de la production des briquettes de houille de la Westphalie. C'est une nouvelle preuve de l'activité industrielle de l'Allemagne contemporaine.

BRESLAU

A Breslau, il n'y a pas beaucoup de cartels proprement dits, régulièrement et étroitement constitués, mais une forme particulière d'associations commerciales qui ne sont pas si l'on veut des cartels mais des ententes entre petits commerçants pour les objets les plus divers. Nous y reviendrons.

Néanmoins il y a quelques gros cartels comme celui du zinc dont nous avons parlé sous la rubrique : Berlin.

Les cartels du Ciment

Notre si excellent consul de France à Dusseldorf, M. Pingaud, a donné des renseignements circonstanciés sur cette puissante concentration.

Il est une industrie, dit-il, à laquelle l'essor donné aux constructions, a fait faire de très grands progrès : c'est celle du ciment. Les sociétés par actions qui la représentent travaillent actuellement avec un capital de 120 millions de marks. Elles ont donné en 1897 des bénéfices s'élevant à 11,6 % et en 1899, les dividendes atteignent le même taux, malgré le développement de la concurrence. En 1900 les résultats sont moindres mais pas aussi diminués qu'on aurait pu le craindre.

En 1901, l'année s'est ressentie du malaise général.

Les statistiques prouvent que cette industrie travaille

beaucoup pour l'étranger. Dans les onze premiers mois de l'année dernière, il a été exporté 505.318 tonnes de ciment contre 464.743 en 1898, et 446.813 en 1899. Les importations ont été dans le même temps de 59.280 ; 51.013 et 40.113. C'est-à-dire que l'importation a été presque complètement repoussée.

Les fabriques allemandes de ciment sont, comme on le sait, toutes syndiquées et elles ont tiré de grands profits de leurs ententes. Ainsi, bien que dans le courant de 1898 de nombreuses fabriques nouvelles se soient fondées, le marché a conservé toute sa fermeté.

En outre, malgré la hausse des salaires et des matières premières, les prix n'ont monté que dans des proportions modérées et néanmoins les sociétés ont pu donner des dividendes beaucoup plus forts. Ces résultats sont dûs à la diminution réalisée dans les frais de vente et dans les frais de transport notamment dans les rayons syndiqués du Sud de l'Allemagne et de la Silésie. D'autre part, en développant l'esprit de solidarité et les relations personnelles, ces associations ont moralisé la concurrence : d'acharnée et haineuse qu'elle était, elle s'est faite plus loyale et plus contenue : le marché est devenu plus régulier et plus calme et les prix ont gagné en fermeté. Autrefois, après un hiver long et rigoureux qui avait accumulé des stocks en fabriques, on assistait, au printemps, à une débacle d'offres et de prix que rien ne justifiait ; par contre en plein été, alors que les besoins devenaient très urgents, la hausse s'exagérait. Avec les syndicats, une partie de ces inconvénients ont disparu. Les fabricants sont assurés d'avoir un contingent de commandes proportionné à leur capacité de production et ils peuvent consacrer leurs soins à réduire leurs frais de revient et à améliorer leur produit au profit des acheteurs, de sorte que chacun y trouve son compte, sauf peut-être les intermédiaires. Le seul danger de cette situation est que les gros dividendes distribués par les anciennes sociétés, dont le capital est en grande partie amorti, ne stimulent la création de nouvelles fabriques et qu'il ne s'en suive une surproduction qui amène à son tour la dissolution des syndicats.

Mais ce n'est pas le cas à l'heure critique actuelle.

Les ententes qui se sont formées pendant les dernières années dans cette industrie embrassent toutes les anciennes fabriques, à l'exception de deux ou trois et, dans quelques régions, une partie des nouvelles. Elles se groupent comme suit en six contrées :

1° L'association des fabriques silésiennes avec un bureau central de vente et de répartition des commandes ;

2° Celle de Stettin comprenant les fabriques situées près de cette ville et dont le but est de fixer les prix de vente, siège à Stettin ;

3° Le groupe de Berlin associé dans les mêmes conditions que le n° 2 ;

4° L'association des fabriques de ciment Portland de l'Elbe inférieur englobant le territoire de Hambourg, Brême, Schleswig-Holstein et une partie du Mecklembourg. Ces fabriques sont liées jusqu'à la fin de 1901 par une convention relative au maintien des prix : siège à Hambourg ;

5° L'association des établissements du Nord-Ouest et du Centre de l'Allemagne comprenant les provinces du Rhin et de Westphalie, une grande partie du Hanovre, le grand-duché d'Oldenbourg et tout le centre de l'Empire, la province et le royaume de Saxe. Elle a en vue la fixation des prix et la vente franco, lieu de consommation : siège à Essen ;

6° L'association des fabriques de ciment Portland du Sud réunissant le grand-duché de Bade et le Wurtemberg, la Bavière et l'Alsace-Lorraine. Conclue jusqu'en 1902, cette entente a en vue le maintien des prix, marchandises prise en fabrique, et la répartition d'un contingent de production : siège à Baden.

Toutes ces associations sont en outre liées entre elles par des cartels ayant pour but de régler les prix dans les districts frontières et de déterminer les quantités de marchandises à expédier réciproquement dans les différentes zones.

Voici un historique de l'Association des Ciments et les membres qui la composent, d'après un document récent :

C'est en 1855 que le docteur Bleibtrau fonda, à Stettin, la première fabrique allemande de ciment Portland. Depuis cette époque, cette industrie s'est développée d'une façon continue en Allemagne. Pendant les premières années, les bases théoriques étaient insuffisantes. C'est seulement en 1876 que le docteur Delbruck, le directeur de la fabrique de Stettin, fonda un laboratoire pour l'étude physique et chimique des ciments ; à partir de cette époque, les différentes catégories de ciment sont classées d'une manière rationnelle. Une ordonnance ministérielle du 10 novembre 1878 fixe les conditions de résistance des ciments ; cette ordonnance fut remaniée en 1887.

Les études du docteur Delbruck furent le point de départ de grands progrès pour la nouvelle industrie ; pour lutter contre la concurrence anglaise, différentes fabriques de ciment se réunirent en syndicat le 24 janvier 1877. La nouvelle organisation prenait le nom de *Verein deutscher Cement Fabrikanten*. Le premier président fut M. Hugo Delbruck ; il conserva ses fonctions pendant vingt-deux ans.

En 1885, d'autres fabriques se réunirent au syndicat ; les nouvelles associées s'occupaient principalement des chaux moulues et des scories des hauts-fourneaux.

En même temps, le syndicat luttait contre les falsifications ; ses statuts définissent ainsi le ciment Portland :

« Le ciment Portland est un produit à base de chaux et d'alumine qui est cuit jusqu'à une température voisine de celle du ramolissement et qui est ensuite moulu, aussi finement qu'on peut le faire avec une meule.

« Il est interdit de vendre sous le nom de ciment Portland toute substance qui ne répond pas à cette condition. »

En 1889, pour mieux spécifier son but, le syndicat changeait sa raison sociale et prenait le nom : *Verein deutscher Portland Cement Fabrikanten*. En 1898, les membres associés s'engageaient à soumettre leur ciment Portland au contrôle du laboratoire du syndicat ; en 1902, ces mêmes membres recevaient le droit de mettre sur leurs sacs la marque de l'association.

Les membres du syndicat se réunissent à Berlin en assemblée générale au moins une fois par année, au mois de février. En 1902, ils fêtèrent le vingt-cinquième anniversaire de la fondation du syndicat.

La production totale de toute l'Allemagne atteint aujourd'hui 20 millions de sacs de ciment Portland, d'une valeur de 120 millions de marcs. Le nombre des fabriques qui s'occupent de cette industrie était en 1901 de 159 (en y comprenant les plus petites usines) ; en 1877, il n'y avait que 29 usines. Aujourd'hui, 30.000 ouvriers sont employés dans cette industrie ; si l'on y ajoute les fabriques de béton et de ciment, on trouve une armée de 70.000 travailleurs.

Plusieurs fabriques étrangères font partie du syndicat ; celui-ci se livre également à l'exportation et envoie annuellement à l'étranger 2 millions de sacs de ciment.

Le syndicat ne s'est pas contenté d'augmenter la production ; il a aussi baissé les prix. Le sac de ciment coûtait en 1870 environ 13 ou 14 marcs ; il coûte aujourd'hui la moitié de cette somme.

LISTE DES 95 MEMBRES

du Verein Deutscher Portland Cement Fabrikanten

1. Société anonyme d'Aalborg, à Aalborg... parts   6
2. Dyckerhoff et Sœhne Amœneburg, près Beibrich-sur-Rhin 20
3. Sachsische-Thuringische Actiengesselschaft, à Bad-Kœsen 6
4. Ateliers de ciment Portland Illigens, à Beckum. 3
5. Société anonyme rhénane du Ciment, à Beckum 2

— 240 —

6. Société anonyme Westfalia (ciments et chaux), à Beckum 2
7. Société anonyme pour le Ciment, Berka-sur-Ilm 1
8. Fabrique Adler, à Berlin S. O., Kopenickerstrasse 10 a 2
9. Fabrique Rüdersdorf, R. Guthman et Jeserich, Berlin N. W. 7, Friedrichstrasse 138 10
10. Fabrique de Stettin-Gristower, Berlin W. Jaegerstrasse 11 6
11. Fabrique de ciment Portland de Bernburg, à Bernburg 4
12. Société Grimberg et Rosenstein (ciments et pierres à chaux), Bochum 6
13. C. Stockmeyer, à Brackwede (ciments et pierres à chaux) 1
14. Gogolin et Gorasdzer (ciments et pierres à chaux), à Breslau 2
15. Société anonyme des Tuiles et des Ciments de Budapesth 2
16. Fr. Sieger et Cie (ciment Portland), à Budenheim-sur-Rhin 4
17. Société anonyme des Ciments Portland de Büren (Westphalie) 1
18. Brunckhort et Krogmann, à Buxetuhude 1
19. Fabrique de ciment de Obercassel, près de Bonn 4
20. Société anonyme Cimbria 2
21. Fabrique de ciment Portland de Diedesheim-Neckarelz 3
22. Fabrique de ciment de la Saxe et de la Bohême, Tschischkowitz, près Lobositz (Bohême) 5
23. Ateliers « Rhénania » (ciment Portland), Ennigerloh, près de Beckum (Westphalie) 2

— 241 —

24. Fabrique de ciment Kurmack, H.-A. Neumann, à Fœhrde, près de Brandenburg 1
25. Leube frères (ciment), à Gartenau, près de Salzburg 3
26. Ateliers de ciment Portland de Geislingen-Steig 2
27. Société anonyme Meteor (chaux et ciment Portland), à Geseke (Westphalie)................. 1
28. Société anonyme Saxonia, Hein Laas fils, à Glœthe, près de Fœrdestedt.................. 4
29. Pruessing et Cie, fabrique de ciment de Saxe et Thuringe, à Goeschwitz 4
30. Société anonyme de ciment Portland, à Goessnitz (Saxe)................................. 2
31. Fabrique de ciment Portland de Golleschau (Silésie 4
33. Société anonyme des ciments Portland de Silésie, à Groschowitz, près Oppeln 10
34. Société anonyme des ciments Portland de Silésie, à Gross-Strehlitz...................... 2
35. Fabrique de ciment Portland Westerwald, de Haiger (Nassau) 1
36. Fabrique de ciment Portland de Halle-sur-Saare 4
37. Fabrique de ciment Portland Alsen, de Hambourg 25
38. Fabrique de ciment Portland Hemmor, Steinstrasse 14, à Hambourg 15
39. Fabrique de ciment Portland Laegerdorfer, Bleichenbruecke 12, à Hambourg 3
40. Fabrique de ciment Portland Saturn, à Nobelshof-Hambourg 4
41. Société anonyme de ciment Portland de Hanovre 7

— 242 —

42. Ateliers de ciment Portland Teutonia, de Hannovre 7
43. Ateliers de ciment Portland Planck et Cie, Theaterplatz 1, à Hannovre 6
44. Société anonyme de ciment Portland d'Heidelberg et de Mannheim, à Heidelberg (fabriques à Heidelberg, Nurtingen, Mannheim et Weisenau) 28
45. Société anonyme de ciment Portland de Hoexter, auparavant J.-H. Eichwald fils, à Hoexter 4
46. Société anonyme de ciment Portland d'Hoexter-Godelheim 4
47. Eger et Lüthi, fabrique de ciment Portland Kirchbichl, à Kufstein 4
48. Société anonyme de ciment Portland anciennement Ludwig Roth, à Karlstadt-sur-Main... 6
49. Narjes et Bender (ciment Portland), à Kupferdreh (Ruhr) 2
50. Société anonyme de ciment de Kuppenheim ... 1
51. Fabrique de ciment Portland de Breitenburg, à Laegerdorf (Holstein) 6
52. Ateliers de ciment Portland du Wurtemberg, à Lauffen-sur-Neckar 6
53. Adolf de Schenk-Ledecz (ciment et chaux), à Ledecz, près Illava (Hongrie)..................... 1.
54. Société anonyme Germania (ciment Portland), à Lehrte 18
55. Ateliers de ciments Portland Wetterau, à Lengfurt-sur-Main 4
56. Fabrique de ciments Portland Kirchdorf, Hofmann et Cie, à Linz-sur-Danube 2
57. Fabrique de ciment Portland Heyn frères, à Luneburg 7

— 243 —

58. Fabrique de ciment Skanska, à Malmoe......... 5
59. C.-H. Boecking et Dietzch (ciment Portland), Malstatt, près Saarbruck 4
60. Diesdorf et Heming, ciment Portland de Lorraine (Metz) 7
61. Fabrique de ciment Portland de Kronsberg, à Misburg, près Hanovre........................ 3
62. Fabrique de ciment Portland de l'Allemagne du Nord, à Misburg, près Hannovre............... 6
63. Société anonyme des ciments Portland de Bavière, Marienstein, à Munich 3
64. Ciments Portland de l'Allemagne du Sud, à Muensingen 2
65. Ateliers de ciments Portland et de chaux Lengericher, à Muenster 4
66. Ciment Portland et chaux hydraulique Mark, de Neubeckum 3
67. Société anonyme des Ciments Portland de Ingelheim, précédemment C. Krebs, à Nieder-Ingelheim (Ruhr) 5
68. Fabrique prussienne de ciment Portland, à Neustadt 2
69. Société anonyme de Ciment Portland d'Offenbach-sur-Main 3
70. Fabrique de ciment Portland de Silésie, à Oppeln 8
71. Fabrique de ciment Portland d'Oppeln, précédemment W. Grundmann, à Oppeln......... 7
72. Fabrique de ciment Portland A. Giesel, à Oppeln 7
73. Société anonyme de Ciment Portland et Tuiles, à Pahlhude 1
74. Fabrique de ciment Portland de Brême, à Porta   3

75. Fabrique de ciment Portland de Kunda, à Port-Kunda (Esthonie) 3
76. Frères Spohn (ciment Portland) Blauberen, à Ravensburg 5
77. Ciment Portland et chaux hydrauliques de Wickling, à Recklinghausen........................ 5
78. Fabrique Walhalla (ciment Portland et chaux), à Regensburg 2
79. Société anonyme des Ciments Portland Heminger, à Saarburg (Lorraine) 3
80. Ciment Portland de Brunswick, à Salder...... 2
81. Alama Cement C°, à San Antonio, Texas......... 1
82. Ciment Portland, chaux et tuiles de Schimischow (Silésie) 3
83. Prüssing et C°, société en commandite par actions (ciment Portland de l'Allemagne centrale), à Schoenbeck-sur-Elbe.................. 4
84. Société anonyme « Mercur », de Stettin (ciment Portland et argile), à Stettin 1
85. Association industrielle de Pommerscher, à Stettin 10
86. Toepffer, Grawitz et C° (fabrique de ciment Portland Etoile), à Stettin....................... 6
87. Fabrique de ciment Portland de Stettin, à Stettin 6
88. Fabrique de ciment Portland de Stettin et de Bredow, à Stettin................................. 4
89. Fabrique de ciment Portland de Stuttgart-Blaubeuren 9
90. E. Schwenk (ciment Portland), Ulm-sur-le-Danube 1
91. Ciment Portland et argile de Wesel, à Wesel... 1
92. Fabrique de ciment Portland de Wickendorf, près de Schwerin................................. 1

93. Fabrique de ciment Portland de Wickede
(Ruhr), bureau central, à Dortmund......... 2
94. Fabrique de ciment Portland de Wunstorf (Société anonyme), à Wunstorf (gare)............ 3
95. Fabrique Mirke (ciment Portland et argile)
Zollhaus (district de Wiesbaden 2

Parmi les fabriques n'appartenant pas au Syndicat, nous devons citer les suivantes :

1. Fabrique de ciment Portland « Elsa », à Neubeckum.
2. Carl Otto, fabrique à Adelenhuette, Porz-sur-Rhein.
3. Société de ciment Ruhrort.
4. Société de ciment anciennement Stein, à Wetzlar.

Le Cartel du Béton

Nous ne pouvons mieux faire que de mettre à côté du Cartel du Ciment le Cartel du Béton.

C'est à partir de 1880 que l'industrie du béton s'est développée en Allemagne. Le Cartel du Béton date de 1898 ; il a été établi sur le modèle du *Verein deutscher Cement Fabrikanten* ; il porte le nom de *Deutsche-Béton Verein*. Son premier président était l'industriel Hartwig Hueser, de Obercassel.

C'est une association très puissante ; l'année même de sa fondation, elle comprenait 500 associés.

Aujourd'hui, son Bureau est ainsi composé :

Président : Eugen Dyckerhoff, de Biebrich. — Vice-président : Albert-Eduard Toepffer, de Stettin. — Secrétaire : E. Huber, de Breslau. — Trésorier : V. Carstanjen, de Duisburg. — Régisseur : M. Koenen, de Berlin. — Membres : T.-C. Duecker, de Düsseldorf ; C. Freytag, de Neustadt-sur-Hardt ; Alfred Hueser, de Obercassel ; B. Liebold, de Holzminden ; J. Stiefel, de Augsburg. — Bibliothécaire : J. Brexzinger, de Freyburg.

Voici la liste des membres :

A. — Sociétés associées

Société anonyme pour béton et mortier, Postdamerstrasse 129-130, à Berlin (Cologne, Dresde, Hambourg, Kœnigsberg, Leipzig, Miedersachswerfen-sur-Halle .... parts	12
Société anonyme pour l'industrie du béton ou du ciment, Saint-Pétersbourg, Wasiliy, Ostrow (Moscou, Libau)	12
Société anonyme Skaenska, Malmoe (Stockholm, Goetborg)	12
Fabrique de ciment Portland d'Alsen, à Hambourg (Metersen)	1
Usine de béton d'Anhalt, Otto Maye et C°, à Dessau	1
Usine de plomb et d'argent d'Anhalt (partie ciment) Silberhütte, pays d'Anhalt	1
Société anonyme du Basalt, Linz-sur-Rhin.........	4
Zechel et Haensel, usine du bâtiment, à Deuben-Dresde	1
C. Baumann, J. Schwartz, entreprise de bâtiments, à Rosenheim, Münchnerstrasse 12	1
Daumhold et C° (ciment et béton), Hildesheim.....	1
Fritz Becker, Lage-sur-Lippe	1
Anton Behnes Papenburg	1
L. Berringer Rostock, dans le Mecklinburg	1

F. Bludau, fabrique de ciment de la Prusse Orientale, à Insterburg	2
Wilhelm Bode, à Quenstedt, près de Aschersleben	1
Boehne et Franke, à Kamenz	1
Friedrich Boss et C°, ciment et construction de bâtiments, à Düsseldorf	1
Carl Brandt, à Düsseldorf	4
Brenziger et C°, fabrique de ciment, Freiburg	4
H. et A. Brockhaus, Dagobertstrasse, 13, à Cologne	4
Max Buck, fabrique de pierres, à Ehingen	1
Fabrique de ciment Rud-Wolle, Mozarstrasse, 5, à Leipzig	12
Wildschild et Langelott (fabrique de ciment), à Gossebaude, près de Dresde (Bromberg, Weissfelde, Insterburg)	12
Société anonyme des constructions de ciment du Hanovre, 1, Andreastrasse, à Hanovre (Lehrte, Cologne, Kleinau, Sulze)	4
Dyckerhoff et Widmann, fabrique de ciment, groupe de l'Allemagne du Sud (Karlsruhe et Saint-Jobst, près Nürenberg)	12
Dyckerhoff et Widmann, fabrique de ciment, groupe de l'Allemagne centrale (Biebrich-sur-Rhin, Cossebaude et Dresde)	12
Heinrich Graef, fabrique de ciment (Hermann Arns et Dr A. Bender), à Selbeck, près de Saarn	1
Moelders et Cie, fabrique de ciment et de béton, à Hildesheim	4
Otto-Clemen, Leipzigerstrasse, 132, à Dresde-Pieschen	1
H. Muksulus, fabrique de ciment, Christiana (Norvège)	4

— 248 —

Heinrich et Hermann Dalhoff, à Borghorst (Westphalie)	1
M. Czarnikow et Cie, Wederscher Markt 9, à Berlin W.	6
Société anonyme de l'industrie du ciment de l'Allemagne, à Brême	1
Drenckhahn et Sudlop, à Braunschweig (Hitzacker-sur-Elbe)	4
Duecker et Cie, ingénieur, à Düsseldorf	12
Carstanj et Cie, fabrique de ciment, Duisberg	
Wilhelm Finger, à Frohnhausen-sur-Lahn	1
B. Fischmann et C°, fabrique de ciment et de béton, Brünn	2
Emil Gelbrecht, ciment et gypse Schoenebergerstrasse, 16, à Berlin S. W.	1
Ostermann et C°, fabrique de ciment de Gelsenkirchen à Rotthausen	4
Eduard Germer, à Stendal	1
Société pour la fabrication du ciment et du béton, Hueser et Cie (société en commandite), à Obercassel, district de Siegen	12
Grabower, fabrique de ciment « Comet », Breiterstrasse, 3, à Stettin	12
A. Graf, Carl Trier, Friedrich Gros, à Karlsruhe	1
Hugo Grupe, à Hattorf (Harz)	
Ch.-H. Guettig, société de bâtiments et ciment, à Heilbronn	1
Rob. Grastorf (ciment et béton armé), Lutherstrasse, 35, Hanovre	
C.-W. Horst, à Windenstrasse, 7-11, à Hamburg	1
Gebr. Huber, Neudorfstrasse, 63, à Breslau	9
K. Huber (béton et ciment), Frankenthal, Pfalz (Diedenhofen Lorraine	1

Schulze et C° (ciments hydrauliques, Rudolfstrasse, 2, à Leipzig 4
Hofm et Molzen, à Flensburg 1
Wihh Jaeger, à Neubrandenburg 1
P. Jantzen, fabrique de pierres artistiques, Elbing, Prusse Occidentale (Dantzig, Koenigsberg) 6
C. Jerschke (bâtiment et béton), à Ruegenwalde ... 1
Wilhelm Joedecke, architecte, Nuremberg............ 1
Kampmann et Cie, à Graudenz 1
A. Kapst (pierres à chaux et toitures en ciment), à Kattowitz (Silésie), Beuthen 2
Wilhelm Kern Plauen, dans le pays de Voigt 2
Kiefer frères, Duisburg 1
Robert Kieserling, fabrique de ciment, Altona-sur-Elbe 1
Franz Kirrmeier, à Speyer-sur-Rhin 1
Théodor Koehler, à Limbach-sur-Saale 1
Heinrich Klement (ciment), à Wismar-sur-Main.... 1
Alwin Koehler (bâtiments) Aussig-a-E. (Schreckenstein) 1
J.-M. Krafft, à Coburg 1
A. Krems (fabrique de ciment), Freiburg, Bavière... 2
Krutina et Moehle, à Malstatt, près Saarbrücken... 1
Krutina et Moehle (ciments), à Unterürkheim (district de Cannstatt) 1
Josef Kulhavy (bâtiments et ciments), Jungbunzlau, Bohême 1
Wilhelm Lehmann (industrie des ciments et de la construction), à Quedlinburg
Dr Gaspary et Cie (ciments), à Markanstaedt, près Leipzig 1
Rudolf Leistner, à Dortmund (Berlin, Burgstrasse, 22) 1

Paul Lentze et C¹ᵉ, à Kreiensen (Wulften-a-H., Brunswick)	2
B. Liebold et C¹ᵉ, société anonyme, à Holzminden (Dresde)	12
Flegel et Segebarth (Maerkische Kunsteinwerke), à Wittenberge	
Gustave Manneke, à Koeslin (Schlawe, Poméranie)	1
H. Maring (fabrique de ciment Stereota), à Brunswick	4
C.-H. Mascha, à Mickten, près de Dresde	1
Mees et Nees, à Karlsruhe (Mannheim, Pforzheim et Landau, Palatinat	4
Melocco Peter, à Budapest	2
C.-W. Mohr et C°, à Stralsund	1
Theodor Carl Müller, Grobowstrasse, 6, à Prenzlau	1
A.-D. Mueller junior, à Lueneberg	1
Neuhaus et Lambart, à Hagen (Westphalie)	2
Johann Odorico, à Dresde (Zwickau)	4
Otto et Foelsche, Hannovre, 35, Nicolaistrasse	1
Fritz Pilgram, à Muehlheim (Ruhr)	1
Phœnix, fabrique de béton pour rivière, J. Meyer et C¹ᵉ, à Briesen (Prusse occidentale)	1
Albert Roenfranz (ciments, tubes, toitures, à Neu Stettin (Poméranie), Lichtenhagen, près Schlochau (Prusse rhénane)	1
Société anonyme des ciments Portland d'Heidelberg et Mannheim, à Heidelberg	2
Toepffer, Grawitz et C¹ᵉ (ciment Portland Stern, à Stettin	1
August Potthoff, société anonyme, Annenstrasse, 2, à Munster en Westphalie (Mannheim)	2
R. Ringel (maçonnerie), Neubrandenburg	1
H. Reinarz, à Heerdt	4

— 251 —

Riesle et Ruehling, architectes, Akasienstrasse, 9, à Hannovre	1
F.-A. Roessler et Cie, maison Richard Heyden, à Chemnitz	1
J.-W. Roth, à Alt-Neugersdorf (Saxe)	1
Gottfried Riphahn, Richard Wagnestrasse, 28	1
Prüssing et Cie (ciment Portland de Saxe Thuringe, société en commandite), à Goeschwitz, district de Dresde	1
H. Schacht et Cie, à Hannovre (Leinhausen, Goettingen, Hildesheim)	2
Wilhelm Scheide, à Hamburg-Hamm, Eifferstrasse, 122	1
C.-H. Jerschke et ses enfants (ciments et toitures), à Breslau Kattowitz	2
W. Schlüesselburg, à Stendal	1
J.-B. Schroer, à Dortmund	1
Fritz Schulte Oestrich, à Hochlar, près Recklinghausen	1
Schulz et Herbrand	1
Paul Schulz, à Goslyn	1
E. Schwenk, à Ulm-sur-le-Danube	4
Schwenkow et Cie, Unkel-sur-Rhin	2
Société internationale des ciments et brevets Stein, à Lüttich	
Franz Schlueter (bétons et mortiers), à Dortmund	6
W. Steinbrecker (ciments, bétons, asphalte), Saarbruecken	1
Schobinger et Rehfuss, société anonyme à Ulm-sur-le-Danube	2
Direction de la fabrique de ciment Portland de Stettin (société anonyme), à Stettin	1
Société anonyme de ciment Portland de Stettin Bredow	1

Fabrique de ciment Portland de Stuttgart, à Blaubeuren (Wurtemberg) 1
Zoeller, Wollfers et Droege (construction de rues) Kaiserin-Augusta-Allée, 5, à Charlottenburg (Albrechtstrasse, 11, à Berlin N.-W. 1
J. Simonis, à Cologne 2
Th. Teichen (architecte et entrepreneur), Frankenstrasse, 75, à Stralsund 1
Terrast, Postsdamerstrasse, 2, à Berlin 1
Ludwig Stecher (ciment et argile), à Heilbronn ... 2
A. Thormann et J. Stiefel, à Augsburg 9
Alban Wetterlein et Cie, à Glauchau (Saxe)........ 1
Friedrich Vollrath, à Wesel 1
Wayss et Freytag (société anonyme), groupe de l'Allemagne du Sud, Neustadt-sur-Haale (Munich, Stuttgart, Strasbourg, Luxembourg) 12
Wayss et Freytag (groupe de l'Allemagne du Nord), à Berlin, Düsseldorf et Francfort-sur-Main 12
Ateliers de l'Allemagne occidentale pour pierres de Dinas et chamotte, à Euskirchen 1
C. Husing et Le Caire, à Burgsteinfurt (Westphalie) 1
Ciment Portland de Wurtemberg, à Lauffen 1
Industrie du ciment de Wunstorf, à Wumstorf-gare 1
David Zisseler, à Wetzlar 1

B. — Membres indépendants

Société anonyme des Ciments Portland de Hoexter, anciennement J.-H. Eichwald fils, à Hoexter (Westphalie).

Fabrique de ciment Portland Adler, société anonyme, Berlin S.-O.

Drees et C°, fonderies et fabrique de machines, à Augustushuette, par Burgsteinfurt.

Société anonyme du ciment Portland de Bavière, à Marienstein, station de Schaftlach.

A. Bernoully et Cie, Albrechstrasse, 9, Berlin N.-W.

Société de construction en béton de Neumünster (représentant : A. Puck Husum, architecte).

Charbonnages et ateliers métallurgiques de Bonn (fabrique de ciment à Obercassel, près de Bonn).

Fabrique de ciment Portland de Bueren, Westphalie.

Dyckerhoff et fils, fabrique de ciment Portland, à Armoenburg.

F.-C. Engel Schiffbauerdamm, 19, à Berlin N.-W.

Société Carl Otto, à Adelenhuette, près de Porz-sur-Rhin.

Fabrique de ciment Portland de Hannovre, société anonyme, Georgenstrasse, 321, à Misburg, près Hannovre.

Fritz Hauenschild, Reinickendorferstrasse, Berlin N.

Joh. Fr. Kleine, à Erbach, pays du Rhin.

Fabrique de ciment Portland de Laegerdorf, à Hamburg.

Rhein et Lahne, Gauhe, Gockel et C°, fabrique de machines, à Oberlahnstein.

H. Metzger, Seestrasse, 62, près de Stuttgart.

Société anonyme des Ciments Portland de Silésie, à Oppeln.

Société anonyme des Ciments Portland d'Oppeln, anciennement F.-W. Grundmann, à Oppeln.

Association industrielle par action de Pommer, à Stettin.

Ruedersdorf, R. Guthmann et Jeserich, fabrique de ciment Portland, Friedrichstrasse, 138, à Berlin N.-W.

Fabrique de ciment Portland Germania, société anonyme à Lehrte.

Ciment Portland et argile Mirke, Zollhaus, près Limburg-sur-Lahn.

Atelier de ciment Portland Rhenania, société anonyme à Neu-Beckum, Westphalie.

Ciment Portland d'Hoexter Godelheim, société anonyme à Hoexter (Westphalie).

Société anonyme de ciment Portland, anciennement Heyn frères, à Lueneburg.

Fabrique de ciment Portland de Halle (Saxe).

J.-J. Girard et Cie, fabrique de ciment Portland, à Port-Kunda, Estland (Russie).

Hugo Pohle, à Stettin.

Société anonyme de ciment portland de Silésie, à Groschowitz, près Oppeln.

Société anonyme de ciment Portland de Wunstorf.

C. Schlickeysen, Bergstrasse, 103-106, à Rixdorf, près Berlin.

A. Stapf, Luetzowstrasse, 62, à Berlin W.

Société anonyme de ciment Portland, à Gristow, près Caminin (Poméranie).

Panck et Cie, société en commandite, à Vorwohl (Hanovre).

Ciment Portland et chaux hydrauliques de Wickling, société anonyme, à Recklingshausen.

Max Heinrich Windscheie, à Erpel (pays du Rhin).

C. — Membres conseillers

C. de Bach, professeur de construction, membre de la commission royale d'essai des matériaux, à Suttgart.

Professeur F.-W. Buesing, à Friednau, près Berlin.

E. Cramer, laboratoire de chimie pour industrie de l'argile, Kruppstrasse, 6, à Berlin.

Gary, ingénieur, conseiller de l'Institut royal technique de Charlottenburg.

Dr Hecht, conseiller du gouvernement (laboratoire de chimie pour l'industrie de l'argile, Kruppstrasse, 6, à Berlin N.-W.

Professeur Lucas, architecte, Dresde.

Professeur A. Martens, conseiller du gouvernement, directeur de l'Institut royal de mécanique, à Charlottembourg.

Dr W. Michaelis, Friedenstrasse, 19, à Berlin N.-O.
Professeur Max Moeller, à Brunswick.

Telles sont les données que nous possédons sur les groupements du ciment et du béton.

On le voit, on a affaire à l'une des plus puissantes associations industrielles de l'Allemagne et l'une des mieux conduites. La crise de 1901-1902 n'a pas porté atteinte irrémédiablement à ce groupement tout en lui faisant subir une crise profonde.

Filateurs de coton

Les filateurs de coton de Silésie se sont réunis également et se sont ramifiés avec les syndicats similaires de Saxe et du Rhin. Nous en reparlerons également.

Fabricants de fils de fer, de fers à cheval, de clous pour chaussures, et de chaînes

Les fabricants de ces divers articles forment à Breslau trois ententes qui ont une certaine connexité en ce sens que toutes leurs affaires passent par la maison de banque DELBRUCK LÉO ET C°, à Berlin, Mauerstrasse dont nous avons parlé au chapitre Berlin, et qui joue un rôle si important dans la question des cartels.

Il y a là évidemment une combinaison qui a pour but d'unifier les prix de vente et d'écouler en commun les marchandises au moyen d'une seule maison de vente. Ces trois associations n'ont donné lieu à aucune remarque et l'accord paraît régner parmi les associés. Il y a peut-être une entente pour l'achat de la matière première en commun, cependant nous n'en sommes pas sûrs.

Ententes de prix entre petits commerçants

Mais ce qui caractérise Breslau et lui donne un aspect tout particulier au point de vue de la concentration industrielle, ce sont ses nombreuses « corporations fermées », comme on dit. Examinons-les :

A côté de ces institutions qui se bornent à assurer un service commercial, il est d'usage, parmi les grandes maisons de la ville vendant des articles en métal, par exemple, de faire une entente pour fixer un minimum de prix dans la ville même et environs.

Naturellement, dit M. C.-W. ERDMAN, consul des Etats-Unis à Breslau, auquel nous empruntons ces détails, il est impossible d'avoir des informations certaines sur les capitaux employés, la valeur des usines, les stocks. Chaque usine a son propre capital et fait passer le montant de ses ventes soit par la banque désignée, soit par le bureau de vente de la corporation.

Il y a là, à Breslau, on le voit, un exemple très intéressant de groupements modérés, libéraux, laissant à chaque fabricant son autonomie, son individualité dans une mesure très large et ne le rattachant au groupe que par le lien commercial uniquement et la fixation des prix.

De plus, l'entente a lieu pour les articles les plus divers du petit commerce. Certains économistes prétendent que le cartel n'est indiqué que pour les articles produits en grande masse, fer, houille, sel, etc., l'exemple de Breslau tendrait à prouver le contraire.

C'est, à notre avis, cette forme qui serait appelée à se développer le plus en France où, malgré tout, on reste par tempérament très individualiste.

BRUNSWICK

Deux grands syndicats existent dans le Brunswick. Ils sont comme les prototypes du genre et constituent des organismes énormes rappelant les trusts américains, soit par leur audace, comme le cartel des sucres, soit par leur puissance, comme le cartel de la potasse. (1)

Etudions-les de près.

Le Cartel sucrier allemand
(Deutscher Zucker Syndikat).

Cette importante association était dans l'air depuis plusieurs années. Elle fut définitivement fondée lorsqu'elle réunit les 98 % de la production et entra en opération vers le 1er juin 1898 ; les préliminaires de l'union entre les manufactures de sucre datent du temps de la dépression de l'industrie sucrière. *La nécessité est la mère des trusts*, dit-on en Amérique, et c'est vrai.

Il existe 52 raffineries en Allemagne. 17 d'entre elles appartiennent à des Compagnies au capital global de

---

(1) Nous aurions peut-être dû mettre sous la rubrique Berlin, la monographie de ce syndicat, mais c'est dans le Brunswick qu'il a pris naissance.

58 millions. Les autres appartiennent à des particuliers.

Dans le duché de Brunswick, il existe 2 raffineries au capital de 8 millions et demi, et 2 raffineries particulières.

Il existe 403 fabriques de sucre brut. Voici leur distribution en Allemagne :

PROVINCES

Brandenburg	15
Hannover	43
Hessen-Nassau	5
Ostpreussen	3
Pommern	12
Posen	20
Rheinland	11
Sachsen	117
Schlesien	59
Schleswig Holstein	3
Westfalen	3
Westpreussen	19
Anhalt	25
Baden	1
Bayern	2
Braunschweig	32
Grossherzogtum Hessen	5
Lippe-Detmold	1
Mecklenburg-Schwerin	10
Mecklenburg-Strelitz	2
Sachsen-Meiningen	1
Konigreich-Sachsen	4
Schwarzburg-Sondershausen	2
Saxe-Weimar	3

Würtemberg 4
Elsass 1
Total 403

Les fabriques de sucre et les raffineries dans le duché de Brunswick sont au nombre de 52.

C'est donc sur 455 établissements qu'a porté l'institution du cartel dont nous allons parler !

Les fabricants et les raffineurs de sucre de l'Allemagne ont constitué, en effet, le 1er juin 1900, un cartel, à l'imitation de leurs confrères de l'Autriche-Hongrie, et des raffineurs de sucre des Etats-Unis. Pour échapper aux conséquences de la loi contre les coalitions ayant pour objet le renchérissement de produits alimentaires, ils ont formé des Sociétés commerciales sur le modèle des sociétés anonymes.

Par le contrat syndical (cartel), les fabricants de sucre allemands s'engagent, pour cinq ans, à ne vendre du sucre brut, à l'intérieur, qu'aux raffineries syndiquées. Les raffineurs, en revanche, assurent aux fabricants de sucre un prix minimum pour tout le sucre livré à la consommation intérieure.

Pour empêcher les fabricants de sucre, augmentant leur production, d'accroître leur part du bénéfice syndical, bénéfice résultant de l'écart entre le prix payé par les raffineurs et le prix coté à Magdebourg, la répartition du bénéfice sera faite, non au prorata de la production annuelle de chaque année ou campagne révolue, mais au prorata du contingent officiel de chaque usine fixé pour la campagne à venir.

Le contingent de la production est, comme on le sait, le nombre de quintaux de sucre brut que les fabriques peuvent produire chaque année avec l'allocation de la prime d'exportation, — l'excédent de la production, s'il s'en produit un, étant privé de cette prime. Le contingent général est réparti, chaque année, par l'Administration des Contributions indirectes, entre les fabriques actives, dans des conditions qu'il serait trop long d'exposer ici.

Néanmoins malgré la longueur des documents et précisément parce que notre ouvrage est surtout un ouvrage consacré à des textes authentiques, nous donnons ci-dessous la copie originale des différentes conventions et cartels régissant les sucres en Allemagne.

La conférence des sucres de Bruxelles a pu modifier les résultats financiers, mais non la forme du cartel.

Voici une série de documents concernant le cartel sucrier allemand, d'après la *Réforme économique* du 1ᵉʳ décembre 1901.

Leur lecture fera apparaître des redites inévitables, parce qu'il s'agit de plusieurs conventions entre des intéressés de différentes spécialités, mais poursuivant un but commun. Les groupements professionnels particuliers qui ont constitué des syndicats sont réunis en une association générale dénommée *Syndicat sucrier allemand* (Deutsches Zucker-Syndicat).

L'ordre des documents est le suivant :

I. — Explications préliminaires. — Cette partie résume le mécanisme général et les éléments constitutifs des Syndicats particuliers et du Syndicat général (cartel). Le lecteur non initié aux détails de l'industrie sucrière comprendra plus facilement les autres parties, après avoir lu cette première.

II. — Contrat de cartel entre le Syndicat sucrier allemand et les fabriques de sucre brut, ainsi que les fabriques-raffineries.

II *bis*. — Nous omettons de reproduire le document II *bis*, qui est le contrat de cartel entre le Syndicat des raffineries et ses membres : raffineurs, fabricants-raffineurs et sucratiers.

III. — Contrat de cartel entre le Syndicat sucrier allemand et le Syndicat des raffineries allemandes.

IV. — Statuts du Syndicat sucrier allemand. — Nous n'avons donné qu'un court aperçu de ce document, composé de 28 articles.

Ce Syndicat général représente, sous un autre nom et sous une forme apparemment légale, le cartel conclu entre le Syndicat des fabriques de sucre brut et le Syndicat des raffineries ; ses statuts définissent un but comme toute Société industrielle ou commerciale ; ils sont déclarés, déposés, enregistrés comme ceux de toute Société ; ils permettent à l'association d'avoir un siège social, de tenir des assemblées, de répartir des bénéfices, etc.

Dans l'état actuel des choses, le Gouvernement allemand ne semble connaître que le Syndicat sucrier, sans se préoccuper du fait que ce Syndicat est un cartel, d'ailleurs parfois très discuté, commenté, attaqué par la presse.

En peu de mots, cette puissante association, faite entre les fabricants de sucre brut et les raffineurs de sucre, fonctionne de la manière suivante (tout au moins jusqu'à la Conférence des Sucres de Bruxelles) :

Les raffineurs garantissent aux fabricants de sucre brut le prix de 12 marks 75 par quintal de 100 livres de sucre brut (31 fr. 875 par 100 k.). Cependant, si le prix intérieur du sucre brut tombe au-dessous de 9 marks 35 (23 fr. 325 par 100 k.), les raffineurs n'ont pas à bonifier la différence en-dessous de cette limite inférieure.

Les raffineurs, abrités derrière un droit protecteur de 20 marks (25 fr. par 100 k.), alimentent la consommation intérieure aux conditions qu'il leur plaît d'édicter et se sont garantis contre toute livraison de sucre à la consommation du pays par les fabricants de sucre brut ou par les fabriques-raffineries.

Les fabriques-raffineries ont, dans le cartel, une existence double : elles font partie du groupement du sucre brut pour leur production en sucre brut, et du groupement du sucre raffiné pour leur production en sucre raffiné.

Maintenant, voyons les documents :

Voici, tout d'abord, la partie appelée : *Explications préliminaires* :

I
Durée du cartel

Le cartel des fabricants de sucre brut allemands est entré en vigueur le 1er juin 1900. La première *année de cartel* ne comprend que quatre mois, savoir du 1er juin au 30 septembre 1900. Elle est suivie de quatre autres *années de cartel* chacune de douze mois, de sorte que la première période de durée du cartel expirera le 30 septembre 1904.

Faute d'avoir été dénoncé, le cartel est renouvelé indéfiniment pour de nouvelles périodes de cinq ans.

II

Représentation des fabriques ayant adhéré au cartel

Les fabriques qui livrent du sucre à la consommation indigène (raffineries, fabriques-raffineries et sucrateries) font partie du *Syndicat des raffineries de sucre allemands*, dénommé en abrégé *Syndicat des raffineries* (2 Schellingstrasse, Berlin S. W. 9.)

Les sucreries qui travaillent des betteraves font partie du *Syndicat des fabricants de sucre allemands*, dénommé en abrégé *Syndicat du sucre brut* (siège social, 14, Bernburgerstrasse, Berlin S. W. 46).

Il en résulte que les sucreries-raffineries font partie à la fois du *Syndicat du sucre brut* et du *Syndicat des raffineries*.

III

Bonification du cartel pour les fabriques de sucre brut

Les fabriques qui, du fait de leur adhésion au *Syndicat des raffineries*, sont autorisées à vendre du sucre à la consommation intérieure, ont à payer une bonification pour chaque quintal (50 kil.) de sucre livré à la consommation.

Cette bonification est calculée de la manière suivante : on établit chaque mois la cota moyenne du marché de Magdebourg pour le sucre brut titrant 88° de rendement, marchandise disponible ; la différence entre le prix moyen ainsi obtenu et celui de 12 m. 75 (prix intérieur normal) doit être payée par les usines alimentant la consommation et pour chaque quintal (50 kil.) de sucre livré à la consommation, au *Syndicat des raffineries* et par celui-ci au *Syndicat du sucre brut*.

L'industrie du sucre brut devant recevoir la bonification du cartel pour chaque quintal de sucre brut livré à la consommation intérieure, alors que les raffineries, les fabriques-raffineries et les sucrateries paient l'indemnité par quintal de sucre raffiné, le montant de la différence ci-dessus sera majoré de 10 %.

Cette majoration n'aura pas lieu pour les sucres entrant dans la consommation intérieure à l'état brut.

Selon convention entre les deux Syndicats, les raffineries, sucreries-raffineries n'auront pas de bénéfice de cartel à payer pour les sucres qui ont été vendus livrables à terme à la consommation indigène avant la mise en vigueur du cartel; par suite, les fabriques de sucre brut ne reçoivent pas de bénéfice de cartel pour les sucres de cette destination.

D'après le paragraphe 3 de l'entente, les raffineries, etc., ne doivent que la moitié de l'indemnité pendant les douze premiers mois, et que les trois quarts de l'indemnité pleine pendant les douze mois suivants du cartel. L'indemnité de cartel pour le sucre brut ne sera donc pleine qu'à partir du vingt-cinquième mois (1).

IV

Répartition de la bonification du cartel entre les fabriques de sucre brut

La répartition entre les sucreries, de la bonification versée par le *Syndicat des raffineries* au *Syndicat du sucre brut* aura lieu au *contingent* qui a été attribué à chaque sucrerie par la Régie pour l'exercice 1900-1901.

Ce contingent de 1900-1901 restera en vigueur, comme base de la répartition, pour toute la durée du cartel.

---
(1) Cette disposition a été modifiée au commencement de 1901.

Ainsi, par exemple, si en 1902-1903 le total des bonifications s'élève à 38 millions de marks et si le total du *contingent fiscal* s'élève pour 1900-1901 à 38 millions de quintaux, il sera attribué un mark de bonification à chaque quintal du *contingent*; et une sucrerie qui, pour l'année 1900-1901, aurait un *contingent* de 120.000 quintaux, recevrait donc, après clôture de l'année de cartel de 1902-1903, une bonification de 120.000 marks. Pour une sucrerie ayant un *contingent* de 65.000 quintaux, la bonification serait de 65.000 marks.

Concernant les dispositions contraires au sujet de la bonification pour certaines sucreries, voir le paragraphe ou article 4 de la convention entre le Syndicat sucrier allemand (cartel) et les fabriques de sucre brut, ainsi que les fabriques-raffineries.

V.

Les obligations des fabriques de sucre brut

a) DÉFENSE DE LIVRER DU SUCRE BRUT POUR LA CONSOMMATION INTÉRIEURE

Il est interdit aux fabriques de sucre brut, qui ne sont pas des sucreries-raffineries, de livrer du sucre brut ou du sucre blanc à la consommation indigène, mais la fabrication de sucre de consommation directe pour l'exportation est entièrement libre.

Les fabriques de sucre brut, qui, avant la mise en vigueur du cartel, produisaient de petites quantités de sucre blanc pour les actionnaires et les employés, sont autorisées à continuer cette pratique, mais avec l'obligation de payer au *Syndicat des raffineries* le bénéfice de cartel à rembourser à l'industrie du sucre brut.

Ces sucreries, par suite, sont considérées, pour cette partie de leur production en sucre blanc, comme *sucreries-raffineries* et devront faire partie à la fois des deux syndicats. La livraison non autorisée de sucre blanc à la consommation indigène est, d'après le contrat entre le cartel et les producteurs de sucre brut, paragraphe 13, passible d'une amende de 10 marks par quintal de 50 kil.

b) Contrat de vente

Afin d'empêcher qu'une certaine quantité de sucre puisse être achetée par une fabrique non syndiquée, les sucreries, sucreries-raffineries, raffineries et sucrateries syndiquées prennent l'engagement de ne vendre les sucres et les mélasses, à partir de la mise en vigueur du cartel, que contre échange de contrats signés par le vendeur et par l'acheteur et qui contiennent la *clause du cartel*, et auxquels est annexée la *liste de toutes les fabriques syndiquées*.

Cette obligation ne s'étend pas aux sucres blancs qui, droits acquittés, entrent dans la circulation libre, ni aux sucres dénaturés, ni aux fourrages mélassés, alors que la mélasse destinée à l'alimentation du bétail devra être vendue contre échange des contrats du cartel. En vendant des mélasses à la demande d'acheteurs qui prennent de petites quantités successives, comme cela a lieu avec les cultivateurs, les fabriques feront bien (pour éviter l'échange d'un trop grand nombre de contrats du cartel) de n'échanger qu'un seul contrat général pour toute la campagne et pour toute la quantité à livrer.

Il faut bien remarquer que l'échange du contrat sucre ou mélasse est obligatoire et que les confirmations de vente auparavant usitées et signées par le courtier ne sont plus valables pour l'application du cartel.

Les contrats de vente sont préparés par le courtier intermédiaire qui adresse un exemplaire à l'acheteur et l'autre au vendeur; ceux-ci, après signature, les échangent entre eux.

Les formules imprimées pour contrats de vente pour les sucres et les mélasses sont délivrées par le *Syndicat du sucre brut*, qui, sur demande, les adresse aux fabricants de sucre et aux courtiers. Il est vivement recommandé d'en demander un nouvel envoi avant que le précédent ne soit épuisé.

Il n'est pas nécessaire de déclarer les ventes de sucre ou de mélasse au *Syndicat du sucre brut*, ou de lui adresser des duplicatas des contrats de vente.

La vente de sucre et de mélasse sans utilisation des contrats imprimés du cartel sont passibles d'une amende de 10 marks pour les sucres et de 3 marks pour les mélasses par quintal de 50 kilog.

Des petites quantités de mélasse pour la nourriture du bétail ou pour des emplois techniques, jusqu'à 5 quintaux journellement, peuvent être vendues sans échange de contrats, mais elles devront être inscrites dans un registre spécial, avec mention du nom de l'acheteur, de la date de la livraison et de la quantité de mélasse livrée. Ce registre devra être, après clôture mensuelle, adressé régulièrement au *Syndicat du sucre brut*.

Il va sans dire que les mélasses qui figureront dans ce registre devront également figurer dans les états mensuels (voir plus loin paragraphe *d*), et cela dans l'état du mois dans lequel les mélasses sont sorties de la fabrique.

c) Mise en gage, warrantement et avances sur des sucres ou des mélasses

Dans tous les cas où une fabrique syndiquée met à la disposition immédiate de tiers des sucres et des mélasses lui appartenant, elle est obligée d'exiger de ces tiers l'engagement écrit qu'une revente éventuelle ne pourra être faite que par *l'échange de contrats du cartel*. (Voir plus haut.)

Donc, en cas de remise en gage, de prêts ou d'avances sur le sucre ou la mélasse, la fabrique doit exiger cet engagement par écrit, de la part du créancier, dans le contrat de gage, de warrantement ou d'avances. Cette obligation a pour but d'éviter que du sucre ou de la mélasse puissent être acquis par des fabriques non syndiquées.

d) États mensuels

Selon le paragraphe 12 de la convention du *Cartel*, les fabriques de sucre brut et les fabriques-raffineries sont obligées d'adresser *mensuellement* au *Syndicat du sucre brut* un état du *mouvement des sucres et des mélasses*, et cela *au plus tard le 10 du mois suivant*. Le premier état (concernant juin 1900) devra donc être expédié du 1er au 10 juillet 1900.

Ces états comprennent les sucres et les mélasses qui, venant d'autres fabriques ou d'entrepôts, sont entrés dans la fabrique pendant le mois et les quantités qui en sont sorties pendant le même mois. Les dates auxquelles ces sucres et mélasses ont été achetés et vendus n'ont aucune importance pour l'inscription dans l'état mensuel.

Les rubriques particulières des états mensuels sont à remplir par un seul chiffre et non par les données détaillées sur toutes les entrées et sorties. Toutefois, lorsque, pour des quantités sorties, la fabrique ne sait si elles sont destinées à l'intérieur ou à l'exportation, ces quantités devront être portées dans la colonne *intérieur*, avec la mention dans les colonnes des *observations* que pour telle ou telle quantité il y a doute qu'elles sont destinées à l'intérieur.

Les raffineries, fabriques-raffineries et sucrateries adressent également des états mensuels à leur Syndicat, et ces renseignements réciproques fournissent aux deux Syndicats les bases permettant de contrôler constamment si les fabriques de sucre brut n'ont pas livré des sucres blancs à la consommation indigène et si le *Syndicat des raffineries* a obtenu du *Syndicat du sucre brut* la bonification prévue sur chaque quintal de sucre livré à la consommation indigène et qui est à restituer à l'industrie du sucre brut.

Il résulte de ce qui précède que les fabriques-raffineries devront adresser des états mensuels aux deux Syndicats.

Les états mensuels sont de la plus grande importance pour le fonctionnement du cartel et il est de l'intérêt même des sucreries-syndiquées de les établir avec le plus grand soin.

Si, pendant un mois, il n'y a eu ni entrées ni sorties de mélasse ou de sucre, il n'y a pas lieu de supprimer simplement l'état mensuel, mais d'y porter le résultat néant; car l'administration du Syndicat ne serait pas en mesure de juger s'il n'y a pas eu de mouvement, ou s'il n'y a pas eu omission de sa notification.

D'après le paragraphe 13 du cartel du sucre brut, l'omission de l'envoi d'un état mensuel, après sommation infructueuse, est passible d'une *amende* de 1.000 marks pour chaque cas.

Les chefs et employés des Syndicats sont tenus à conserver le secret sur les inscriptions contenues dans les états mensuels.

Provisoirement, il n'y aura pas lieu d'établir les autres états prévus par le paragraphe 12 de la Convention du Syndicat du sucre brut.

e) Controle local

Le *Syndicat du sucre brut* doit avoir la certitude que les raffineries, fabriques-raffineries et sucrateries paient réellement le bénéfice de cartel prévu sur chaque quintal de sucre livré à la consommation indigène ; et, réciproquement, le *Syndicat des raffineries* doit avoir la certitude que les fabriques de sucre brut ne livrent pas de sucre à la consommation indigène.

Les états mensuels servent d'informations constantes à ce sujet. Ces états doivent cependant être contrôlés régulièrement. Ce contrôle a lieu dans les usines mêmes par des *contrôleurs* et de telle façon que des agents du *Syndicat du sucre brut* contrôleront les raffineries, sucreries-raffineries et sucrateries, et que des agents du *Syndicat des raffineries* contrôleront les fabriques de sucre brut.

Dans le paragraphe 12 du cartel, les fabriques de sucre brut ont pris l'engagement d'autoriser les contrôleurs des raffineries à se rendre compte de l'exactitude des renseignements fournis, par l'inspection des livres et registres, et, d'autre part, de tous les locaux de l'usine et la revision des magasins. Donc, en première ligne (mais pas exclusivement), les contrôleurs devront vérifier les livres de vente et du magasin.

Il résulte de ce qui précède que les fabriques-raffineries sont soumises au contrôle des contrôleurs des deux Syndicats.

Les usines syndiquées sont invitées à faciliter aux contrôleurs leur mission par tous les moyens possibles. Ces contrôleurs ne viennent pas dans les usines pour y procéder à un désagréable contrôle, mais pour garantir les syndiqués contre tout préjudice.

Le paragraphe 13 de la convention du *Cartel* dit : « Si on rend aux contrôleurs des raffineries l'exécution de leur mandat difficile ou impossible, le comité du *Syndicat du sucre brut* aura le droit d'imposer une amende à la sucrerie récalcitrante.

f) Successeur légal

Dans le cas où une personne ou Société vend sa fabrique ou ses fabriques, ou les donne en location ou en confie la direction à une autre personne ou Société, elle est obligée d'imposer au nouvel acheteur, locataire ou directeur, l'obligation de se soumettre aux conventions du *Cartel*.

Convention entre le Syndicat sucrier allemand et les fabriques de sucre brut, ainsi que les sucreries-raffineries

Entre, d'une part, le *Syndicat sucrier allemand*, société à responsabilité limitée, à Magdebourg, dénommée dans la suite *Syndicat du sucre brut*, et, d'autre part, la *Sucrerie de*.................... il est conclu aujourd'hui la convention de cartel ci-après, *qui a pour but d'assurer à l'industrie sucrière allemande, en présence de la dépréciation de ses produits, des prix plus élevés.*

§ 1. — Répartition des bonifications du cartel

Les sommes que reçoit le *Syndicat du sucre brut* du *Syndicat des raffineries de sucre allemandes*, société à responsabilité limitée, dénommée dans la suite *Syndicat des raffineries*, en vertu des paragraphes 2, 3 et 13 de la convention du 29 avril 1899, entre ces deux Syndicats, seront réparties entre les fabriques travaillant des betteraves, qui ont conclu le présent contrat avec le *Syndicat du sucre brut*. Le paiement des parts revenant à chaque fabrique aura lieu une fois par an, et cela en décembre de chaque année. Chaque exercice commence le 1er octobre et finit le 30 septembre suivant.

§ 2. — Base pour la répartition

La base servant à établir la quote-part de chaque sucrerie est pour toute la durée du cartel le *contingent* qui lui est fixé par la législation fiscale pour l'exercice de 1900-1901.

Si, pendant la durée de cette convention, ou pendant l'un des deux exercices précédant sa mise en vigueur, une sucrerie a cessé sa fabrication pour toujours dans le but de s'annexer à une autre sucrerie pour l'agrandir, la quote-part de cette dernière, dans les bonifications, sera majorée de la quote-part de la première, mais seulement jusqu'à concurrence de sa production réelle. Pour les sucreries qui ont été inactives pendant un certain temps avant la mise en vigueur du cartel, leur quote-part dans les bonifications est déterminée par le dernier *contingent*.

Cette clause s'applique de même lorsque la non-activité ou l'agrandissement s'étend à plusieurs sucreries. La fixation nouvelle de la quote-part dans ces cas a lieu d'après l'étendue des ensemencements de betteraves, et d'après les explications des parties, et est faite par le Conseil d'administration du *Syndicat du sucre brut*.

Tant qu'une nouvelle sucrerie érigée avant la mise en vigueur du cartel n'aura point de *contingent* fixé ou seulement un *contingent* restreint selon les stipulations du paragraphe 71 de la loi sucrière, sa quote-part dans les bonifications sera déterminée par sa production réelle, augmentée ou diminuée selon le chiffre proportionnel de chaque année (voir législation sucrière, paragraphe 75, quatrième alinéa).

§ 3. — CALCUL DE LA QUOTE-PART DANS LES BONIFICATIONS

Le montant des bonifications qui revient à chaque sucrerie syndiquée est calculé de la manière suivante : la bonification annuelle totale que le *Syndicat du sucre brut* a à recevoir du *Syndicat des raffineries*, y compris les intérêts du capital et déduction faite des retenues prévues au paragraphe 4, est divisée par le total de la quantité de sucre syndiquée. Le chiffre ainsi trouvé est multiplié par le taux de la quote-part de chaque sucrerie.

§ 4. — Retenues

Sur les sommes que le *Syndicat du sucre brut* reçoit du *Syndicat des raffineries* on prélève les retenues suivantes :

1° Les frais d'administration du *Syndicat du sucre brut* ;

2° D'après décision du Conseil d'administration du *Syndicat du sucre brut*, jusqu'à 5 pour cent pour former un fonds spécial qui est employé ou réservé par le Conseil d'administration pour être employé dans l'intérêt du cartel ;

3° D'après décision du Conseil d'administration du *Syndicat du sucre brut*, jusqu'à 2 pour cent au profit d'un autre fonds spécial qui doit être utilisé à l'assistance ou à la pension des employés des sucreries ou de leurs survivants ;

4° 5 pour cent du capital du *Syndicat du sucre brut* comme intérêts de ce capital et la même somme pour amortissements et réserves ;

5° Dans la seconde année du cartel, la somme nécessaire pour rembourser le *Syndicat du sucre brut* des dépenses faites avant la mise en vigueur du cartel, dépenses qui ont été prélevées sur son capital social.

§ 5. — Paiement

Le *Syndicat du sucre brut* dépose tous ses fonds dans une ou plusieurs banques de premier ordre désignées par le Conseil d'administration, et fait payer par ces banques aux sucreries les sommes qui leur reviennent. Les mandats de paiement devront porter les signatures de la direction et de trois membres du Conseil d'administration. Chaque sucrerie recevant un mandat devra en accuser réception dans les deux jours à la Banque payante et au *Syndicat du sucre brut*.

§ 6. — DROITS ET OBLIGATIONS DES SUCRERIES

Le *Syndicat du sucre brut* s'engage par la présente à payer annuellement à la Sucrerie de............ les sommes lui revenant selon les paragraphes 1 et 5 ci-dessus et de la façon prévue.

§ 7. — VENTE DE SUCRE BLANC

La sucrerie qui, dans l'année du calendrier précédant la mise en vigueur du cartel, n'a pas vendu de ses propres sucres à la consommation indigène ou n'en a pas fait entrer dans la circulation libre, s'engage à s'en abstenir également pendant la durée du cartel.

Si, au contraire, pendant l'année précédant la mise en vigueur du cartel, une fabrique a livré de ses sucres à la consommation indigène, ou en a fait entrer dans la circulation libre, elle s'engage par la présente à faire également partie du *Syndicat des raffineries*. L'exportation de sucre de consommation est libre de toute restriction.

§ 8. — VENTE DE SUCRE BRUT

La fabrique *est libre* de disposer des sucres produits par elle (sucre brut pour intérieur et exportation, sucre blanc pour exportation), soit :

a) pour l'exportation directe,

b) par vente à l'une des fabriques faisant partie du *Syndicat du sucre brut* ou du *Syndicat des raffineries*,

c) par vente à qui que ce soit, mais à la condition que

le sucre sera exporté ou, s'il doit être raffiné à l'intérieur, qu'il rentre dans une des usines syndiquées.

La vente de sucre *dénaturé* est également libre.

§ 9. — Contrats de vente de sucre

En vertu du paragraphe 8, la fabrique s'engage à ne vendre et à n'acheter du sucre (sucre brut à l'intérieur et à l'exportation, sucre blanc à l'exportation) que par *échange de contrats* auxquels est annexée la liste de toutes les sucreries et de toutes les raffineries syndiquées. Ce contrat doit contenir la condition dite *clause de cartel* qui suit :

« Il est convenu que le sucre doit provenir de l'une
« des sucreries de la liste ci-annexée et qu'il doit être
« exporté par l'acheteur actuel ou par les acheteurs ul-
« térieurs de la marchandise, par un bureau de douane
« de la frontière fiscale allemande ou qu'il doit être
« vendu à l'une des fabriques de la liste ci-annexée ;
« l'acheteur est donc engagé à opérer la revente éven-
« tuelle du sucre sur la base de la *clause du cartel* et à
« imposer à son acheteur les mêmes conditions pour une
« revente éventuelle.

« Des sucres qui ne proviennent pas de l'une des fa-
« briques de la liste ci-annexée sont exclus de la livrai-
« son.

« L'acheteur est obligé de nommer, lors de la livrai-
« son, la fabrique ou l'entrepôt ou le bureau de douane
« sur lequel le sucre est dirigé. Il est responsable du fait
« que le sucre dirigé sur un entrepôt devra être exporté
« par un bureau de douane allemand ou vendu à l'une
« des fabriques de la liste ci-annexée. L'acheteur est
« obligé, en outre, de fournir à son vendeur, sur sa de-
« mande, les preuves de l'exécution de ses engagements.

« Dans le cas où des sucres ne seront ni exportés ni

« livrés à l'une des fabriques indiquées, le prix convenu
« ci-desus sera majoré de 10 marks par quintal.

« Si le sucre est détruit par un cas de force majeure,
« la majoration du prix sera rapportée.

« Les différents résultant de la *clause du cartel* seront
« définitivement réglés par un arbitrage ayant l'effet
« d'un jugement de la plus haute instance.

« Au cas d'appel à un arbitrage, le demandeur aura
« à nommer son arbitre par lettre recommandée au dé-
« fendeur, en l'invitant à nommer son arbitre dans le
« délai de quinze jours. Si le défendeur ne fait pas droit
« à cette demande, le second arbitre sera nommé par le
« président du Conseil d'administration du *Syndicat du
« sucre brut*. Les deux arbitres nommeront un troisième
« arbitre, qui présidera. En cas de désaccord, le troi-
« sième arbitre sera nommé par le président du Conseil
« d'administration du *Syndicat du sucre brut*. L'arbi-
« trage décidera à la majorité des voix. »

Le *Syndicat du sucre brut* fournit les formules du contrat de vente, y compris la liste des usines syndiquées.

Toute fabrique qui, par suite des clauses ci-dessus, a qualité pour réclamer la majoration au prix de vente, est obligé, à la demande du *Syndicat du sucre brut*, de faire valoir ses droits, soit directement, soit en les transmettant à un ou des tiers, et d'aider ces derniers, soit par témoignage, soit par la voie légale de la justice. Le recouvrement de cette majoration, soit à l'amiable, soit par autorité de justice, se fera aux profits et aux frais des deux Syndicats, et par moitié.

Dans tous les autres cas également, la fabrique abandonne la libre disposition des sucres lui appartenant, et notamment lorsque ces sucres servent de gage ; elle aura à convenir par écrit avec celui auquel elle concède une portion de ses droits, qu'une vente éventuelle ne pourra avoir lieu qu'aux conditions qui précèdent et sur la base de la *clause du cartel*. Les droits pouvant résulter d'une contravention sont soumis, en ce qui concerne leur mise en valeur ou leur cession, aux stipulations de l'alinéa précédent.

En vendant ou warrantant des sucres; la fabrique est uniquement responsable d'exécuter en tous points les conditions du présent contrat.

§ 10. — Vente de mélasses

La fabrique *est libre* de disposer de ses mélasses produites, soit :

a) pour l'exportation directe.

b) par vente à l'une des fabriques faisant partie du *Syndicat du sucre brut* ou du *Syndicat des raffineries*.

c) par vente à qui que ce soit, mais à la condition que la mélasse sera exportée ou, si elle doit être épuisée à l'intérieur, qu'elle rentre dans une des fabriques syndiquées.

En vertu de ces stipulations la vente des mélasses est libre pour la nourriture du bétail, pour la préparation de fourrages, pour la distillerie, les fabriques de cirage et d'autres emplois industriels.

§ 11. — Contrats de vente de mélasses

En vertu du § 10, la fabrique s'engage à ne vendre et à n'acheter de la *mélasse* que contre *échange de contrats* auxquels est annexée la liste de toutes les sucreries et de toutes les raffineries syndiquées. Ce contrat doit contenir la condition — *clause du cartel* — qui suit :

« Il est convenu que la mélasse doit provenir etc.,
« etc. »
(analogue au deuxième alinéa et suite du paragraphe 9).

§ 12. — Etats mensuels

La fabrique s'engage à déclarer mensuellement au *Syndicat de sucre brut*, en utilisant les formules imprimées, et cela jusqu'au 10 du mois suivant : toutes les quantités de sucres et mélasses produites, reçues ou expédiées. On devra y désigner également, pour chaque quantité, le nom de l'acheteur, du bureau de sortie de la douane ou de l'entrepôt et y joindre les duplicatas des certificats de Régie ou de douane, les lettres de voiture et de connaissements. Enfin on devra permettre que les contrôleurs du *Syndicat des raffineries* vérifient l'exactitude de ces états mensuels par l'inspection de tous les locaux de l'usine et des magasins, ainsi que celle des livres et des registres.

Le *Syndicat du sucre brut* prend l'engagement d'imposer à ses représentants et à ses employés le secret au sujet des renseignements contenus dans les états mensuels.

§ 13. — Amendes

Au cas de non-exécution des obligations résultant de cette convention, la fabrique devra au *Syndicat du sucre brut* une *amende*, et cela pour chaque quintal (50 kil.) de sucre ou de mélasse qui a été acheté ou vendu par elle, contrairement aux stipulations des § 7 à 11. Cette amende s'élève par quintal à 10 marks pour le sucre et à 3 marks pour la mélasse.

L'omission de fournir les états mensuels après sommation infructueuse entraîne une amende de mille marks pour chaque cas.

Si on rend aux contrôleurs des raffineries l'exécution de leur mandat difficile ou impossible, le Comité du *Syndicat du sucre brut* aura le droit d'imposer à la sucrerie récalcitrante une *amende*.

Le Comité a également le droit, au cas où la fabrique n'observe pas les conventions et notamment au cas d'infractions aux § 7 à 11, de retenir tout ou partie des sommes revenant à la fabrique contrevenante, en vertu des paragraphes 2 à 6, et d'en faire la répartition entre les autres fabriques au prorata du taux de leur quote-part.

§ 14. — Arbitrages

Tous les différents entre le *Syndicat du sucre brut* et les fabriques, y compris ceux au sujet d'amendes et retenues de bonifications, seront jugées en première instance par le Conseil d'administration du *Syndicat du sucre brut* et à l'exclusion expresse des tribunaux ordinaires.

En seconde instance, la décision définitive sera prononcée par un tribunal d'arbitres de trois membres dans lequel un membre sera nommé par chaque partie. Si l'une des parties n'a pas nommé son arbitre quinze jours après le commencement de l'instance, ce second arbitre sera nommé par le président du Conseil d'administration du *Syndicat du sucre brut*. Les deux arbitres nomment le président du tribunal. En cas de désaccord sur ce choix, l'arbitre président du tribunal est nommé par le président de la direction de l'*Association de l'Industrie sucrière allemande*. Le tribunal d'arbitres décide à la majorité des voix ; ses décisions ont la force des jugements de la plus haute instance.

L'appel du tribunal d'arbitres doit être fait dans les quatre semaines et n'a pas d'effet suspensif.

§ 15. — Successeur légal

Dans le cas où la personne ou la Société contractante vendrait sa fabrique ou ses fabriques, ou les donnerait en location ou en confierait la direction à une autre

Société ou à une autre personne, elle est obligée d'imposer à l'acheteur ou au locataire ou au directeur l'exécution de la présente convention.

§ 16. — Mise en vigueur et durée de la convention

La date de la mise en vigueur et la durée de la présente convention sont fixées d'après les § 8 et 9 de la convention entre les deux Syndicats.

Avant l'expiration de chaque période de durée de cinq ans, chaque fabrique contractante a le droit de résilier son contrat pour le 30 septembre, en prévenant douze mois d'avance.

Le Conseil d'administration du *Syndicat du sucre brut* a le droit de prononcer, après la mise en vigueur du présent contrat, l'admission d'autres sucreries ou de fixer la quote-part de bonification pour ses nouveaux adhérents.

Dans le cas où la convention avec le *Syndicat des raffineries* ne serait pas renouvelée, les fonds disponibles, déduction faite du montant revenant au *Syndicat du sucre brut*, seront répartis entre les fabriques syndiquées, au prorata du taux de leur quote-part dans les bonifications.

§ 17.

Le commencement de la première année du cartel sera notifié à chaque fabrique en temps utile par le *Syndicat du sucre brut*.

Convention entre le Syndicat sucrier allemand et le Syndicat des raffineries de sucre allemandes

Après examen et approbation réciproque des contrats que le *Syndicat sucrier allemand* se propose de contracter avec les fabriques de sucre brut et fabriques-raffineries, et, d'autre part, des contrats que le *Syndicat des raffineries* se propose de contracter avec les raffineries, sucrateries et fabriques-raffineries, il a été convenu, entre le *Syndicat sucrier allemand* à Magdebourg et le *Syndicat des raffineries* à Berlin, ce qui suit :

§ 1. — Bonification du Syndicat des raffineries au Syndicat du sucre brut

Le *Syndicat des raffineries* s'engage à accorder pendant la durée de la convention au *Syndicat du sucre brut* une bonification constante dont le taux sera calculé et fixé comme suit :

§ 2. — Calcul de la bonification

On prendra toutes les cotes les plus basses et les plus hautes de la Bourse des sucres à Magdebourg, pour sucre brut de 1ᵉʳ jet et 88° de rendement, marchandise disponible, qui journellement sont publiées par la Chambre de commerce de Magdebourg ; on en calculera mensuellement et pour chaque mois séparément la *moyenne mensuelle*. La cote journalière la plus basse pouvant entrer dans le calcul est celle de 9 m. 35 (neuf marks trente-cinq pfennigs) par cinquante kil., de sorte que toutes les cotes inférieures sont à remplacer par 9 m. 35 neuf marks trente-cinq pfennigs). La différence entre les moyennes mensuelles ainsi trouvées et le prix normal indigène de 12 m. 75 (douze marks et soixante-quinze pfennigs) avec majoration de 10 % constitue la bonification due au *Syndicat du sucre brut* par le *Syndicat des raffineries* pour chaque quintal (50 kil.) de sucre livré à la consommation ou à la circulation libre par les fabrifaisant partie du *Syndicat des raffineries*.

La majoration de 10 % n'aura pas lieu pour les quantités de sucres qui, pièces à l'appui, seront réellement livrées à l'acquitté sous forme de sucres inférieurs à 98° de polarisation.

§ 3. — Décompte

Le *décompte* et la *fixation* des bonifications dues par le *Syndicat des raffineries* au *Syndicat du sucre brut* ont lieu mensuellement et jusqu'au vingtième jour du mois suivant.

Du montant de la bonification fixée il est déduit 14 % comme quote-part minimum du *Syndicat du sucre brut* aux frais d'administration du *Syndicat des raffineries*.

Le reste devra être payé au *Syndicat du sucre brut* sans déduction, 90 jours après le dernier jour du mois liquidé. Les montants qui sont payés par les fabriques débitrices pendant le cours des 90 jours et au comptant sont transmis par le *Syndicat des raffineurs* avec déduction d'un escompte de 1 % supérieur à l'escompte de banque calculé sur trois mois au prorata du temps, et comme acompte sur la bonification afférente au mois.

Dans le cas où une ou plusieurs des fabriques faisant partie du *Syndicat des raffineries* suspendraient leurs paiements pendant la durée du contrat, la bonification à payer au *Syndicat du sucre brut* serait réduite du montant des bonifications dues par les fabriques défaillantes. Le *Syndicat du sucre brut* aurait droit à sa part de dividende à résulter de la liquidation de la raffinerie insolvable, au prorata de sa créance.

Cette disposition pourra, également, trouver application si des fabriques faisant partie du *Syndicat des raffineries* subissent des pertes du chef de la faillite de clients, au cas où le *Syndicat des raffineurs* reconnaît la perte subie.

Dans l'assemblée générale du *Syndicat des raffineries*

qui, au plus tard, aura lieu en novembre de chaque année, on fera connaître le montant des frais d'administration du dernier exercice.

Les dépenses de toute sorte, faites dans l'intérêt commun, seront supportées par moitié, par chacun des deux Syndicats. Si la retenue de 1/4 % sur les bonifications ne suffit pas au paiement de la quote-part des frais qui incombent au *Syndicat du sucre brut*, celui-ci devra indemniser du manquant le *Syndicat des raffineurs*.

Dans le cas contraire on remboursera au *Syndicat du sucre brut*, la somme retenue en trop et jusqu'à concurrence des sommes précédemment déboursées, en sus de 1/4 %, pour frais d'administration communs. L'équilibre établi, l'excédent ultérieur sera destiné aux institutions de bienfaisance pour les employés de l'industrie sucrière allemande, conformément aux décisions du Comité spécial commun (voir § 6.)

Le Comité spécial commun décidera quels sont les frais devant être considérés comme faits dans l'intérêt commun.

Les amendes prévues dans les conventions des deux syndicats profiteront aux institutions de bienfaisance dont il est parlé ci-dessus.

§ 4. — PRIX MOYENS

Au plus tard le deuxième jour de chaque mois, les deux Syndicats se communiqueront par écrit le prix moyen mensuel calculé pour le mois précédent.

En cas de désaccord, le différend devra être, immédiatement, aplani par entente verbale.

§ 5.

Les deux Syndicats s'autorisent, réciproquement, à

prendre connaissance des livres et des registres et à échanger les états mensuels des usines concernant la production, l'entrée et la sortie des sucres et des mélasses.

§ 6. — LE COMITÉ COMMUN

Le président du Conseil d'administration, un Comité spécial de cinq membres et un directeur des affaires de chacun des deux Syndicats forment le *Comité commun*.

La présidence du Comité commun est occupée alternativement de douze en douze mois, par les présidents des Conseils d'administration des deux Syndicats; pour la première année, le président est désigné par le sort.

Le Comité commun discute les affaires d'un intérêt commun et tranche généralement en première instance tous les différents résultant des conventions, notamment, en ce qui concerne les réclamations qui peuvent se produire, de la part de fabriques isolément ou de la part d'un des deux Syndicats, au sujet de l'exécution des mesures de contrôle stipulées dans les deux contrats de cartel.

Le comité commun élabore les formules dont les fabriques ont à se servir pour l'établissement des états mensuels sur la production, les entrées et les sorties et donne aux agents des deux Syndicats les instructions pour l'exécution du contrôle.

L'ordre du jour des séances du Comité commun est fixé par les deux Syndicats d'un commun accord.

§ 7.

Contre les décisions du Comité commun, les deux Syndicats pourront dans le délai de quatre semaines en appeler au tribunal arbitral (§ 11). Cet appel n'est pas suspensif.

§ 8. — Durée de la convention

Cette convention est valable jusqu'au 30 septembre qui suivra sa mise en vigueur et se prolongera ensuite de quatre autres années. A défaut de dénonciation de la part d'une des parties contractantes, la convention sera indéfiniment renouvelée pour de nouvelles périodes de cinq ans.

La dénonciation devra être faite, au plus tard, le 30 juin pour le 30 septembre suivant.

En outre, le *Syndicat des raffineries* a le droit de résolution de ce contrat dans les cas suivants :

a) Si la protection douanière pour le sucre raffiné (différence entre le droit d'entrée d'une part, l'impôt sur le sucre et la prime d'exportation d'autre part), venait à être réduite par une loi ;

b) Si en vertu d'une loi et par une ordonnance suspendue ou rendue impraticable ;

c) S'il était prouvé que la quantité de sucre de consommation livrée à la circulation libre (sucre acquitté) par des fabriques indépendantes du *Syndicat des raffineries*, dépasse un million un quart de quintaux.

Dans les cas mentionnés paragraphes *a*, *b* et *c*, la dénonciation ne pourra avoir lieu que sur décision, à la majorité simple, de l'assemblée générale du *Syndicat des raffineries*, mais, alors, elle peut être exécutoire, dans les cas *a* et *b*, pour la date de la mise en vigueur des dispositions législatives ou gouvernementales qui l'auront provoquée.

Dans le cas *c*, le délai de résolution est de six mois Dans le cas *b*, le *Syndicat du sucre brut* a le même droit de résiliation que le *Syndicat des raffineries*.

§ 9. — Mise en vigueur

Cette convention *entrera en vigueur* le premier jour du mois qui suivra le jour où le *Syndicat du sucre brut* aura satisfait aux conditions qui suivent :

1° Fournir la preuve que 97 % du contingent total des fabriques travaillant des betteraves adhèrent au *Syndicat du sucre brut*.

2° Fournir la preuve que les fabriques-raffineries qui font partie du *Syndicat des raffineries* ont également adhéré au *Syndicat du sucre brut*.

Au cas où le taux fixé dans le 1° ne serait pas atteint, le Conseil d'administration du *Syndicat du sucre brut* et le Conseil d'administration du *Syndicat des raffineries* pourront décider que l'entente entre en vigueur avec une participation d'un taux inférieur. Pour une pareille décision, l'unanimité du Conseil d'administration du *Syndicat des raffineries* est nécessaire.

§ 10.

Les modifications que l'un ou l'autre des Syndicats voudra introduire dans ses conventions avec ses adhérents devront préalablement être approuvés par l'autre Syndicat.

§ 11. — Tribunal arbitral

Au moment de la mise en vigueur de la présente convention, il sera institué un *Tribunal arbitral* pour lequel chaque Syndicat nomme deux membres et deux membres suppléants. Ces membres resteront douze mois en fonctions et ils seront rééligibles à l'expiration de leur mandat.

Les membres nommés la première fois entreront en

fonctions dès la mise en vigueur de cette convention et, pour l'année suivante, jusqu'à la fin de l'année civile suivante.

Les quatre membres du tribunal arbitral seront obligés de nommer dans les huit semaines après leur élection un cinquième membre président du tribunal arbitral, ne faisant pas partie de l'industrie sucrière, et si possible versé dans les questions de droit.

Si l'élection d'un président-arbitre n'aboutit pas dans le délai prescrit, il sera nommé par le président de la direction de l'Association sucrière allemande.

Le tribunal arbitral jugera définitivement, et sans appel à une autre juridiction, les affaires suivantes :

a) Toutes les divergences de vues et tous les différents pouvant résulter de cette convention entre les deux Syndicats ;

b) Les plaintes au sujet des mesures ou décisions du Comité commun.

Le tribunal d'arbitrage décide d'après la majorité des voix ; ses décisions auront l'effet des jugements de la plus haute instance.

L'ordre du jour du tribunal arbitral est fixé de commun accord par les deux Syndicats.

§ 12. — DISPOSITIONS TRANSITOIRES

La *bonification ne sera pas due* sur les livraisons du *Syndicat des raffineries*, faites, même après la mise en vigueur de la présente convention, mais en exécution de ventes antérieures, déclarées au *Syndicat des raffineries* et pour lesquelles il n'aura pas été fait des réserves engageant le cartel.

§ 13

Pendant les premiers douze mois suivant la mise en vigueur de cette convention, la bonification du *Syndicat des raffineries*, à celui du *sucre brut*, ne sera payée qu'à raison de la moitié et pendant la seconde période de douze mois à raison de trois quarts des sommes qui résulteront de l'application du § 2 et en tenant compte des montants perçus d'après les dispositions du § 12.

Berlin, le 29 avril 1899.

Tels sont les documents constitutifs de ce trust.

Le cartel a été constitué, pour avoir une apparence légale, sous la forme d'une société à responsabilité limitée, avec un capital social fixé d'abord à 76,500 marks, puis à 100.000, et élevé, par décision du 16 juin 1900, à 180.000 marks.

Le but déclaré de la Société, dénommée *Deutscher Zucker-Syndicat* (Syndicat sucrier allemand), est spécifié dans l'article 2, ainsi conçu :

« Le but de l'entreprise est de prendre les précautions et les mesures qui préviennent la dépréciation des produits des fabriques de sucre (1) ; en particulier, la Société a pour devoir de conclure, avec les fabriques de sucre de betterave, les conventions propres à remplir ce but. »

Le siège de la Société est à Berlin.

Les statuts comprennent vingt-huit articles et sont ré-

---

(1) Il est bon de faire observer qu'en Allemagne l'expression de « fabrique de sucre » (Zucker-Fabik) désigne généralement tout établissement produisant du sucre brut ou raffiné, ou les deux. Pour désigner une fabrique de sucre brut spécialement, on dit « fabrique de sucre brut » (Rohzucker-Fabrik).

digés en termes généraux, comme ceux d'une Société industrielle ou commerciale, parlant de l'organisation intérieure, des assemblées générales, des bilans, de l'emploi des bénéfices, sans spécifier comment on réalise les bénéfices.

Nous ne reproduisons pas ce document banal.

***

Voyons maintenant ce que l'on a pensé de ce syndicat.

La *Gazette de Magdebourg* nous apporte sur la formation de ce cartel des renseignements très intéressants. Tout d'abord, voici la formule d'adhésion des fabricants et des raffineurs :

« Maintenant qu'il est prouvé : 1° que plus de 98 % du contingent total des fabriques travaillant des betteraves ont adhéré au cartel; 2° que toutes les sucreries-raffineries qui ont signé le cartel des raffineries se sont également engagées à faire partie du cartel des fabriques de sucre brut, le cartel commun, conclu entre les deux Associations soussignées, entrera en application le 1er juin 1900.

« Berlin, le 12 mai 1900.

« *Deutscher Zucker Syndicat*, Société à responsabilité limitée.

« Signé : Dr HAGER.

« *Syndicat Deutscher Zucker-Raffinerien*, Société à responsabilité limitée.

« Signé : H. A. BUECK. »

Voici maintenant, d'après ce journal, comment fonctionne le cartel :

Par suite du droit d'entrée de 50 francs par 100 kil. (20 marks par quintal de 100 livres, alors que le droit sur le sucre indigène est de 25 francs par 100 kil.), le marché intérieur est protégé et, par suite, le prix du sucre consommé dans le pays peut être relevé dans une certaine mesure sans qu'il soit possible de l'influencer par la concurrence étrangère.

Aussi a-t-on fixé un prix normal de 31 fr. 875 (marks 12. 75 par quintal de 100 livres) pour 100 kil. de sucre brut qui sera raffiné et consommé dans le pays. Les raffineurs sont obligés de verser dans la caisse syndicale des fabricants de sucre brut la différence entre la cote de Magdebourg pour le 88° et le prix de 31 fr. 875 (12.75 marks par 100 livres), avec une surtaxe de 10 % pour compenser l'écart entre le prix du sucre brut et celui du raffiné.

Par exemple, si la cote moyenne à Magdebourg est de 25 fr .par 100 kil. (10 marks par 50 kil.) les raffineurs auront à payer la différence de 6 francs 875 + 0 fr. 68,5 = 7 fr. 5625, qui entre dans la caisse syndicale. A la fin de l'exercice (année syndicale), le montant, après déduction des frais d'administration. est réparti entre les fabriques de sucre brut au prorata du contingent officiel pour la campagne 1900-1901.

Si l'on prend pour base, d'une part, la production moyenne administrative des dernières années, et, d'autre part, le prix moyen de 25 fr. (10 marks par 50 kil.), on peut calculer à peu près les conséquences du cartel, qui sont les suivantes dans les conditions choisies à titre d'exemple.

Production en sucre brut : 1.900.000 tonnes; consommation intérieure : 750.000 tonnes ; recettes du Syndicat des Fabricants de sucre brut : 750.000 t. × 75 fr. 625 = 56,718,750 francs (environ 45 millions de marks, dit l'auteur). Cette somme, répartie sur une production de 1.900.000 tonnes, fait environ 2 fr. 95 par 100 kilos (M. 1.18 par 50 k.), comme prime syndicale (Cartenutzen). Donc, si les fabricants vendent leur sucre brut au prix moyen admis dans l'exemple ci-dessus, soit 25 fr. par 100 k. (10 marks par 50 k. cote du 88° à Magdebourg), ils obtiennent en réalité 27 fr. 95 (M. 11.18 par 50 kilos).

Si le prix moyen de Magdebourg n'était que de 22 fr. 50 (9 marks par 50 k.), la prime s'élèverait à 4 fr. 075 par 100 k. (M. 1.63 par 50 k.), et le prix réel à 26 fr. 575 par 100 k. (M. 10.63 par 50 k.).

Si le prix moyen de Magdebourg s'élevait à 27 fr. 50

(11 marks par 50 k.), la prime syndicale s'abaisserait à 1 fr. 90 (M. 0.76 par 50 k.) ; et le prix réel de vente à 29 fr. 40(M. 11.76 par 50 k.), le tout pour le sucre 88°.

Le prix syndical normal de 31 fr. 875 par 100 k. (M. 12.75 par 50 k.) est modéré en lui-même. Actuellement, le prix réel, sans influence du cartel, est de 30 fr. (12 marks par 50 k.). Le prix du cartel pèse donc peu sur la consommation, en regard de celui qui se pratiquait ces dernières années : 25 fr. (10 marks par 50 k.) ; ce n'est que 7 centimes 1/2 par kilogramme (3 pfennings par livre) de sure raffiné.

L'augmentation est motivée par la hausse des salaires agricoles et industriels, par la hausse des prix du combustible et par celle des prix de tous les articles intervenant dans la production. Il n'est pas à craindre, non plus, que cette augmentation de prix détermine un recul dans la consommation.

Sur le débouché du sucre brut et du sucre raffiné à l'étranger, le cartel n'exerce aucune influence : les conditions de l'exportation restent les mêmes.

Aucune restriction n'est imposée aux fabriques de sucre brut pour la vente de leurs produits.

Les raffineurs obtiennent, pour le sucre consommé à l'intérieur, une prime syndicale *(arteilgwinn)* de 1 fr. 25 par 100 kilos de sucre raffiné (50 pfennings par quintal de 100 livres.)

Les prix des raffinés ne fluctueront sans doute plus très sensiblement à l'avenir; ils seront réglés par des décisions mensuelles du Syndicat des Raffineurs.

Les prix des raffinés se décomposeront, d'après ce qui précède, de la manière suivante :

	Francs par 100 kilos.	Marks par 50 kilos.
Prix du sucre brut	31 875	12 75
Frais de raffinage, transport, etc.	10 000	4 00
Impôt intérieur	25 000	10 00
Prime syndicale	1 250	0 50
	68 125	27 25

Ce prix minimum peut éventuellement être un peu relevé, surtout pour donner une petite prime aux sucres blancs (raffinés) destinés à l'exportation, si bien que non seulement les sucres raffinés consommés à l'intérieur, mais encore les raffinés d'exportation, auront une prime syndicale.

En résumé, d'après la *Gazette de Magdebourg*, les effets du cartel sont les suivants :

1° Aux fabriques de sucre brut, il est assuré une prime syndicale d'autant plus grande que le prix commercial sera plus petit ; et d'autant plus petit que le prix commercial sera plus grand. Cette solution permettra d'accorder pour la betterave des prix plus rémunérateurs et de maintenir l'existence des sucreries moins favorablement situées que la moyenne ;

2° Les sucreries-raffineries (fabriques de sucre blanc) obtiennent, outre le bénéfice syndical attaché à la production du brut, la prime syndicale de raffinage attribuée au sucre raffiné ;

3° Les raffineries, surtout celles qui sont importantes et travaillent bien, obtiennent, à part le bénéfice qui peut résulter de l'écart considérable de 10 francs entre le prix du brut et destiné à couvrir les frais de raffinage, une petite prime syndicale de 1 fr. 25 par 100 kil. pour tout le sucre consommé à l'intérieur, et éventuellement une pepetit prime syndicale pour le sucre raffiné exporté :

Bien que, pour éviter une hausse subite de prix du sucre, le prix additionnel ou prime syndicale à payer pour le sucre brut soit réduit à 50 % pour la première année syndicale, à 75 % pour la deuxième année, on peut prévoir, néanmoins que, par la formation du syndicat sucrier allemand, les recettes nettes des fabriques de sucres brut aussi bien que les recettes des raffineries s'améliorent sensiblement et d'une manière durable pendant la période quinquennale du cartel, et qu'elles seront meilleures que les recettes des dernières années ; enfin que, grâce au cartel, auquel adhèrent environ quatre cents fabriques de sucre brut et cinquante raffineries, l'industrie sucrière allemande entière marche vers des conditions saines et stables.

Mais il est certain que c'est la consommation allemande qui paie la prime donnée par les raffineries aux fabriques de sucre brut.

La comparaison des cours à Londres et à Magdebourg fait voir, en effet, que le cartel allemand a imposé au consommateur du pays un tribut considérable. Voici, en effet, quel a été le prix du sucre raffiné à différentes époques, avant et après la mise en vigueur du cartel :

		Magdebourg par quintal de 100 livres en marks, impôt compris	Londres par quintal anglais exempt de tout impôt
		Marks	Liv. st.
1900	Fin mars	24 25	12 7 1/2
—	— juin	28 35	13 4 1/2
—	— septembre	28 80	13 6
—	— décembre	27 97	12 3
1901	— mars	29 20	12 3
		En francs par 100 k. impôt déduit	En francs par 100 k. sans impôt
1900	Fin mars	35 62	31 31
—	— juin	45 87	33 17
—	— septembre	47 »	33 48
—	— décembre	44 93	30 38
1901	— mars	48 »	30 38

A Londres, le sucre raffiné est moins cher à la fin de mars 1900 ; à Magdebourg, la marchandise a haussé, pendant la même année, de plus de 12 francs, et la hausse s'est faite après la mise en vigueur du cartel, juin 1900.

Comme la consommation allemande dépasse 750,000 tonnes, la hausse exclusivement syndicale dépasse *théoriquement* 90 millions.

Nous savons bien que, la première année, le bénéfice syndical n'a pas atteint *en pratique* ce chiffre élevé.

L'organisation du cartel a coûté beaucoup d'argent. D'après les journaux sucriers, le cartel a, d'ailleurs, acheté, dans les environs de Breslau, une sucrerie dissidente, pour la fermer ou l'amener dans le giron syndical ; de même, une raffinerie dissidente devait être ouverte à Magdebourg, en vue de travailler environ 40.000 tonnes de sucre brut non syndical. Le cartel a acheté l'établissement et le sucre pour rester maître de la situation du marché intérieur.

Après la première année, quelque peu ingrate à cause des dépenses, le cartel a sans doute fait des affaires plus lucratives, et a pu distribuer aux fabricants de sucre brut la manne de différences plus rémunératrices.

M. le docteur Brumme, devant une réunion de fabricants de sucre, a évalué à 75 centimes seulement la part qui a dû revenir par sac aux fabricants de sucre du fait du cartel. On peut se contenter de cela, en attendant mieux pour les exercices suivants :

La vérité, c'est que la sucrerie allemande a maintenant entre les mains un moyen de faire payer sans difficulté aux consommateurs un tribut qui atteindra bientôt 100 millions annuellement.

Jusqu'ici la consommation n'a rien dit.

Ajoutons enfin comme dernier détail grave que le cartel des sucres allemand s'est fédéré avec son ami le cartel des sucres d'Autriche-Hongrie, de sorte que, comme nous l'avons dit, voici une denrée de première nécessité, une denrée alimentaire au premier chef, une denrée qui joue dans l'économie de l'homme au point de vue musculaire, le rôle principal, qui est monopolisée d'une façon complète par un véritable syndicat d'accaparement. Il opère ainsi sur la consommation de près de cent millions d'hommes et prélève une prime de plus de un franc par tête d'habitant par le simple jeu de la concentration commerciale, sans que les gouvernements puissent en aucune façon s'opposer au prélèvement de cette sorte d'impôt indirect par des particuliers.

C'est ce fait anormal de syndicats se mettant au-dessus des lois et des gouvernements que nous avons signalé au début de cette étude.

Nul doute que, d'après sa doctrine, la Convention de 1792 n'ait condamné les cartels des sucres, tels qu'ils fonctionnent actuellement en Allemagne et en Autriche-Hongrie.

Quant à l'article 419 de notre Code, il serait certainement appliqué aux dits cartels s'ils existaient en France.

La conférence sur les sucres tenue à Bruxelles est un effort des gouvernements pour supprimer les primes et porter un coup aux syndicats des sucres. Nous ne croyons pas au succès de ces mesures.

Les syndicats peuvent se mettre au-dessus des gouvernements quand ils sont fédérés.

On le verra bientôt.

Syndicat des Sels de potasse

C'est là le syndicat le plus important de l'Allemagne après le Syndicat des Houilles de la Westphalie et celui des sucres.

Leopoldshall-Stassfurt est le centre d'une région industrielle et minière très active et d'un haut intérêt pour les chimistes et les agriculteurs. On y extrait des profondeurs de la terre, outre un peu de sel gemme, des minéraux contenant de la potasse et de la magnésie : kaïnite, carnallite, sylvinite, kiesérite, etc. Ces minerais et d'autres qui les accompagnent (anhydrite, boracite, etc.) deviennent, au sortir de la mine, la matière première d'importantes usines qui en retirent de nombreux produits très utiles à la grande industrie chimique et à l'agriculture.

C'est ainsi qu'on fabrique, à Stassfurt et dans les environs, le chlorure de potassium, le sulfate de potasse, le nitrate de potasse, le chlorate de potasse, le bichromate de potasse, le carbonate de potasse, et, d'une façon générale, tous les sels de potasse, des sels de magnésie (sulfate, carbonate, chlorure, etc.), des bromures, des borates et beaucoup d'autres produits chimiques qui sont l'objet d'un commerce considérable.

D'autre part, les minéraux de Stassfurt contiennent un des meilleurs principes fertilisants des plantes, la potasse et cela leur donne une grande valeur agricole. Ils sont utilisés à l'état naturel pour la fumure des terres (kaïnite, carnallite) et servent aussi à la préparation d'engrais chimiques très employés et très utiles, les engrais potassiques (chlorure de potassium et sulfate de potasse).

On le voit, il s'agit d'une matière de première nécessité ; les sels de potasse sont, en effet, aussi nécessaires que les autres engrais dont ils complètent l'action en augmentant les rendements.

On peut dire que toute l'agriculture allemande et même mondiale est tributaire du grand syndicat de la potasse.

La première convention entre les propriétaires des mines de potassium date de 1879. Les mines y adhérèrent : les mines prussiennes fiscales de Stassfurt, et les mines de Léopoldshall, les usines de potasse de Westeregeln, et celles de Neu-Stassfurt à Loderburg. Cette convention fixa la production de chaque usine, le prix et le mode de paiement. Plus tard, d'autres usines donnèrent leur adhésion, y compris des fabricants de produits chimiques, et des prix furent établis pour d'autres produits, à savoir, le chlorure de chaux, le sulfate de potasse, etc., etc.

La production de la carnallite à la mine fut réglementée, ainsi que celle de la kaïnite, sylvinite, shœnit. Le résultat favorable de cette association amena la création de nouvelles sociétés et une nouvelle concurrence. Une deuxième convention fut conclue en 1884.

Alors, l'industrie de la potasse prit un développement considérable de 1889 à 1890. Enfin, le 22 juillet 1891, le grand Syndicat général fut fondé. Il est régi par l'assemblée générale des associés, qui gouverne. L'assemblée générale a le droit de nommer les comités, de régler les affaires financières, de donner les commandes, de fixer les prix. Chaque usine peut envoyer un représentant à l'assemblée ; celle-ci se tient tous les six mois et peut être convoquée par 1,000 voix.

Les usines composant le Syndicat sont les suivantes :
1. Konigl. Preussische Berginspection, Stassfurt (Inspection royale des mines de Prusse, Stassfurt) ;

2. Herzogl. Anhaltische Salzwerks-Direktion, Leopoldshall (Direction ducale des mines de sel du duché d'Anhalt, Léeopoldshall) ;

3. Consolidirte Alkaliwerke, Westeregeln ;

4. Salzbergwerk Neu-stassfurt, Stassfurt ;

5. Kaliwerke Aschersleben, Aschersleben ;

6. Gewerkschaft Ludwig II, Stassfurt ;

7. Vienenburger Kalisalzwerk der Gewerkschaft « Hercynia », Vienenburg ;

8. Deutsche Solvay-Werke, A. G., Bernburg ;

9. Actien-Gesellschaft Thiederhall, Thiede ;

10. Gewerkschaft Wilhelmshall, Anderbeck ;

11. Gewerkschaft Glückauf, Sondershausen ;

12. Gewerkschaft Hedwigsburg, Neindorf bei Hedwigsburg ;

13. Gewerkschaft Burbach, Beendorf bei Helmstedt.

14. Gewerkschaft Carlsfund, Gross Rhueden ;

15. Gewerkschaft Beienrode, Kaliwerk Beienrode bei Kœnigslutter.

Ces usines forment le *Verkaufs-Syndikat der Kaliwerke zu Leopoldshall-Stassfurt* (Syndicat de vente des mines et usines de sels potassiques de Leopoldshall-Stassfurt), qui comprend toutes les usines de sels potassiques de la région de Stassfurt pour la vente des sels bruts et des sels concentrés. Le siège social est à Léopoldshall.

Le nombre des mineurs employés est d'environ 6000 et plus de 7000 ouvriers travaillent dans les usines sous la conduite de 300 techniciens ou employés. En tout, 13.300 personnes.

Il peut être intéressant de connaître les quantités totales de sels bruts manipulées par le Syndicat et de voir l'influence qu'il a eue depuis sa fondation sur la production, qu'il a fait passer de un million de tonnes à près de trois millions.

Quantités totales de sels bruts
Extraites des gisements, depuis qu'ils sont exploités
(En tonnes de 1.000 kilog.)

Années	Sel gemme	Carnallite	Kieserite	Sylvinite	Kainite Hartsalz et Schœnite	Boracite	Totaux
1857	12.798	—	—	—	—	—	12.798
1858	25.567	—	—	—	—	—	25.567
1859	15.387	—	—	—	—	—	15.387
1860	31.863	—	—	—	—	—	31.863
1861	40.314	2.293	—	—	—	—	42.607
1862	47.015	19.726	20	—	—	—	66.792
1863	42.402	58.303	68	—	—	—	100.774
1864	46.511	115.408	88	—	—	4	162.013
1865	45.027	87.670	74	—	—	8	134.035
1866	49.128	135.553	413	—	5.808	14	190.918
1867	56.153	141.604	1.143	—	8.976	10	207.887
1868	71.945	167.336	1.417	—	10.771	19	251.490
1869	65.201	211.883	226	—	—	28	294.195
1870	52.018	268.225	70	—	20.300	16	340.631
1871	50.154	335.944	47	—	36.581	15	422.743
1872	55.334	468.537	22	—	18.067	25	541.987
1873	64.341	441.078	7	—	6.101	25	511.554
1874	71.072	414.964	16	—	9.752	12	495.815
1875	77.705	498.737	5	—	24.123	14	600.583
1876	76.656	563.669	145	—	17.937	24	658.432
1877	80.525	771.819	151	—	35.476	44	888.018
1878	101.694	735.750	519	—	34.003	97	872.066
1879	107.471	610.427	760	—	50.206	104	768.970
1880	118.410	528.212	893	—	139.490	107	786.873
1881	149.258	744.726	2.081	—	158.329	116	1.054.512
1882	141.338	1.059.299	4.658	—	148.477	125	1.353.898
1883	152.746	950.203	11.700	—	228.817	203	1.343.762
1884	180.318	739.959	12.388	—	217.106	159	1.150.431
1885	212.082	644.709	11.969	—	272.369	142	1.141.273
1886	233.544	698.220	13.917	—	247.326	140	1.193.167
1887	201.962	840.200	14.185	—	237.628	150	1.294.134
1888	191.595	819.602	10.753	2.220	375.573	169	1.429.915
1889	259.286	793.721	9.354	28.328	362.611	139	1.453.440
1890	302.205	838.525	6.951	31.916	401.870	164	1.581.635
1891	365.910	818.862	5.815	32.661	512.493	180	1.735.923
1892	292.081	736.750	5.782	32.669	585.774	165	1.654.127
1893	264.410	794.659	4.807	49.139	689.994	187	1.803.198
1894	281.246	851.338	3.864	63.494	729.300	169	1.929.414
1895	259.424	783.044	3.012	76.097	669.531	145	1.791.163
1896	277.893	856.223	2.849	90.389	833.025	194	2.060.556
1897	238.035	851.272	2.619	84.104	1.012.185	183	2.238.400
1898	291.591	990.938	2.444	94.870	1.120.813	251	2.500.171
1899	310.377	1.317.947	2.066	100.653	1.063.195	155	2.794.395
1900	—	1.697.803	2.047	147.791	1.189.394	—	3.037.035
1901	—	1.860.189	2.335	190.034	1.432.136	—	3.484.694

Ce qui caractérise ce syndicat au suprême degré, c'est la présence de l'Etat prussien parmi les associés. L'inspecteur royal des mines de Prusse assiste comme tous les autres à l'assemblée générale. Il y a son nombre de voix déterminé et discute ses intérêts comme les autres.

Le grand duché d'Anhalt est également syndicataire.

Il n'y a pas de monopole plus complet et plus étroit que celui de la potasse, dans le monde, mais on n'a encore reçu aucune plainte de la consommation en Allemagne et dans les nombreuses nations tributaires, contre ce cartel.

On peut dire que ce monopole absolu n'a guère fait parler de lui, pas plus que celui des Solvay pour le carbonate de soude. C'est qu'ils possèdent une notion sur laquelle nous insisterons à propos du monopole Solvay, la « notion d'intérêt général » sans laquelle le trust, l'accaparement, le cartel ne sont que des formes de l'oppression économique.

COLOGNE

Il existe un certain nombre de syndicats importants à Cologne.

Syndicat des Etains laminés

Citons tout d'abord un syndicat des Etains laminés, qui ne fait pas beaucoup parler de lui et qui est représenté par la puissante maison L.-H. Stein, à Cologne.

Cette maison a acquis une très grande réputation dans la direction d'un assez grand nombre de cartels qu'elle représente et sert financièrement avec une grande habileté et une grande honorabilité.

Comptoir de vente des Feuilles de fer-blanc H. Stein

L'association des Ateliers de fers-blancs allemands est très ancienne. Elle a été fondée en janvier 1862. Alors s'unirent les six fabricants des pays du Rhin et de Westphalie, et, au 1er février, leur société prit le nom de : *Weissblech-Verkaufs-Comptoir H. Stein*, à Cologne.

Cette société devait empêcher l'entrée des fers-blancs anglais. Le Comptoir s'adjoignit le cartel des feuilles de fer-blanc et fixa le montant des factures. Il distribua les ordres et les produits de vente d'après un accord précis. Avec le temps et l'état des affaires, différents changements se produisirent. Actuellement, il y a en Allemagne cinq maisons qui appartiennent à la Société.

Les prix et la production ont naturellement subi de grands changements dans cette période de plus de quarante ans ; l'entente n'a jamais cessé de régner. C'est un des plus anciens cartels d'Allemagne et la haute personnalité des Stein a été pour beaucoup dans sa prospérité.

Syndicat de l'Acier à ressorts

Il paraît que le 2 avril 1902 s'est formé un nouveau syndicat de l'Acier à ressort établi à Cologne. Cet acier à ressort sert pour les buscs et pour les robes, etc., où l'on en emploie de grandes quantités. Ce syndicat a de suite dicté ses conditions aux fabricants ; il leur a imposé des prix qu'il a augmentés de 30 à 35 pour 100 ; il leur fixe en même temps combien ils doivent employer d'acier par an, car le syndicat ne vend à chaque fabricant que ce qu'il a consommé l'année précédente ; il leur impose aussi les sources de provenance. Les fabricants d'objets seront forcés naturellement d'augmenter aussi leurs prix proportionnellement à ceux fixés par le cartel.

Syndicat de vente des fils métalliques de l'Allemagne

Ce comptoir de vente a fonctionné à Cologne, Deutcher Ring 2. On annonce qu'il va se dissoudre à cause d'une concurrence qui s'est formée.

On le voit, la vieille économie politique prend quelquefois sa revanche.

Syndicat des tuiles de Cologne

C'est une société anonyme qui a été fondée le 1er novembre 1897.

Le siège de la société est Hohenzollernring 51 à Cologne. Le but de l'association, (art. 2 des statuts) est le suivant. « La Société se charge de toutes les affaires « qui se rattachent à l'achat et à la vente des briques « et tuiles.

Résultats obtenus :

Dividendes pour 1898 — 10 % pour 1899 — 12,5 % pour 1900 — 5 % et enfin pour 1901 et 1902, aucun résultat.

Le capital est de 500.000 marks sur lesquels 250.000 marks seulement ont été versés.

Cartel des lignites

Il existe un puissant syndicat de vente des briquettes de lignites. Il peut être intéressant de connaître les statuts qui régissent cette puissante association.

STATUTS DE LA SOCIÉTÉ POUR LA VENTE DES BRIQUETTES DE CHARBON BRUN (BRAUNKOHLEN), SOCIÉTÉ A RESPONSABILITÉ LIMITÉE (BRAUNKOHLEN-BRIKET-VERKAUFSVEREIN).

§ 1

La société est formée en vertu des lois du 20 avril 1892 et du 20 mai 1898. Sa raison sociale est « Société pour la vente des briquettes de charbon brun (lignite) » et le siège de la société est à Cologne. La durée de la société a été fixée à trois années consécutives, en commençant le jour de l'enregistrement de ladite et finissant le 31 mars 1905. A partir de cette date, la société sera renouvelable chaque année pour l'année suivante, à condition toutefois qu'aucun sociétaire ne donne sa démission avant la dernière année commerciale du premier traité.

§ 2. — *But de la société*

La société a pour but d'acheter toute la production en briquettes des briquetteries des sociétaires, sises dans la province Rhénane et de la revendre pour son compte. La société est autorisée à fonder des filiales.

§ 3. — *L'année commerciale*

L'année commence le 1er avril de chaque année et finit le 31 mars de l'année suivante. La première année commerciale commence le jour de l'enregistrement jusqu'au 31 mars 1903.

§ 4. — *Sociétaires, capital primitif*

Pourront s'associer les seules personnes fabricant des briquettes dans la province rhénane.

Le capital primitif est de 248.000 mks et se décompose comme suit :

Chaque sociétaire doit verser au comptant 50 % de son capital déclaré à la direction de la société. Le conseil décide sur le paiement du restant.

La cession ainsi que la vente de parties de la part (§ 15 et 17 de la loi du 20 — 4 — 92 et 20 — 5 — 98) ne sont autorisées qu'avec l'assentiment d'une majorité des trois quarts des voix de tous les associés. Lesdites cession ou vente ne pourront être effectuées qu'à des associés ou à des personnes s'engageant à le devenir, exceptions sont faites quand une briquetterie entière est vendue ou passe à des héritiers. Dans ce cas, les acheteurs ou héritiers de la part dudit sociétaire ont à les prendre sans formalités, après avoir pris connaissance de leur engagement de vente vis-à-vis de la société.

§ 5. — *Participation des associés aux affaires de la société*

1) La base pour les droits et obligations des so-

ciétaires, et particulièrement ce qui concerne la livraison des briquettes et le droit de vote est fournie par leur participation à la masse que la société a le but d'achever et de vendre chaque année.

2) La production annuelle et sa répartition sont fixées par le conseil d'après la capacité de production des briquetteries. L'estimation n'est valable que pour un an et sera renouvelée au plus tard quatre semaines avant le commencement de l'année commerciale suivante.

3) Les estimateurs ne devront pas prendre en considération l'augmentation de production produite par des nouveaux appareils à séchage ou des agrandissements des anciens si ces travaux ont été commandés après le 29 janvier 1902.

§ 6. — *Droits et obligations des sociétaires pour la production de briquettes*

1) Les sociétaires sont obligés de fournir à la société les briquettes fabriquées selon l'estimation du § 5 et ce, à partir du 1er avril 1902, jusqu'à cession de la société. La société en fera la vente selon le traité d'achat et de vente que nous faisons suivre plus loin.

Exception est faite pour les masses suivantes: a). La consommation des sociétaires pour leurs briquetteries et les usines qu'ils possèdent sous la même raison sociale : b). Les briquettes vendues aux employés et ouvriers ou données pour des œuvres bienfaisantes.

Ces marchandises ne sont pas comprises dans l'estimation. Les briquettes vendues au détail par les sociétaires sont, d'après l'article n° C du traité, vendues pour le compte de la société et sont comprises dans l'estimation de production.

2) D'après le contrat d'achat, la société est obligée d'acheter des sociétaires toute la production en briquettes, estimée selon le § 5.

3) Quand la situation du marché exige une réduction de la production totale, la société est autorisée, après l'approbation de l'assemblée des sociétaires de diminuer l'estimation de la production totale et aussi celle des sociétaires selon l'apport individuel.

4) Chaque année, l'assemblée des sociétaires fixera une base de prix pour les briquettes d'industrie et de consommation particulière séparément. Cette base sera pour 10 tonnes franco chemin de fer des usines et devra être pour ces briquettes d'industrie de 5 mks inférieure à celle pour les briquettes pour la consommation. Le prix d'achat que la société versera aux sociétaires sera inférieur de 2 mks aux prix ci-dessus expliqués. Cette réduction de prix servira à agrandir les moyens d'exploitation de la société et ce qui restera à la fin de l'année sera distribué aux sociétaires comme faisant partie du profit net. L'assemblée des sociétaires pourra changer le prix de base à n'importe quel moment de l'année.

5) Chaque sociétaire participe à la livraison des briquettes. La direction commerciale de la société aura soin de transmettre aux intéressés les commandes reçues et cela en proportion de leur participation à la production totale.

Le syndicat est obligé de considérer la situation de chaque usine au point de vue du transport, quand il s'agit de la marque du syndicat « Union ».

6) Les sociétaires seront obligés, pour obtenir un écoulement égal des marchandises, de marquer toutes les briquettes « Union », selon le modèle obtenu du syndicat.

Les acheteurs exigeant la marque d'une usine particulière auront à payer 10 mks pour 10 tonnes en plus au prix ordinaire. Le surplus de recettes sera au profit de l'usine.

Il est interdit aux sociétaires de faire de la réclame pour leur marque personnelle. Le syndicat est obligé de faire la publicité pour la marque « Union ».

7) La vente et livraison de briquettes avec marques particulières ne pourront être faites que de telle façon que § 6 n° 5 (participation égale à la vente) sera respectée.

La vente et livraison des susdites briquettes ne devra pas surpasser 50 % du chiffre d'estimation non limitée de l'usine en question.

Les exigences de la clientèle, en ce qui concerne les marques spéciales, devront être satisfaites par le syndicat en observant les susdites réglementations. Le syndicat sera obligé d'ajouter à chaque contrat de vente de marques particulières la clause suivante : L'acheteur prend l'obligation d'acheter les briquettes « Union » au prix ordinaire, en remplacement de la marque spéciale demandée, si ce remplacement est jugé nécessaire par le syndicat pour obtenir une participation égale de tous les sociétaires à la vente.

8) Aucun sociétaire ne devra livrer le charbon brun de ses mines à des non-sociétaires pour la fabrication de briquettes. Les contrats existants sont exceptés.

9) Le tarif de transport de « Liblar Staalsbahn » ou « Liblar Kleinbahn » augmenté de 1.10 mk de frais de connection pour 10 tonnes, est valable pour les ventes de briquettes faites par le syndicat.

§ 7. — *La succession de droit*

Quand un sociétaire vend ou loue ses briquetteries durant l'existence de la société, il a à pourvoir à ce que son successeur de droit remplisse les mêmes devoirs que lui-même vis-à-vis du syndicat. Lors de la vente de mines ou de parties de mine, les sociétaires sont tenus de faire prendre aux acquéreurs l'obligation de se joindre au syndicat au cas où il commencerait la fabrication des briquettes. Un sociétaire ne remplissant pas ce devoir vis-à-vis du syndicat sera tenu de payer audit les dommages occasionnés par ce fait et en outre une amende conventionnelle de 200.000 mks. Le syndicat de son côté est obligé de faire succéder le nouveau possesseur aux avantages de l'ancien, c'est-à-dire de le recevoir comme sociétaire.

§ 8. — *Les organes de la société*

Les organes de la société sont :
a) L'assemblée des sociétaires ;
b) Le conseil ;

c) L'administration commerciale composée d'un ou de plusieurs directeurs.

§ 9. — *Assemblée des sociétaires*

1) L'assemblée des sociétaires est formée par la totalité des sociétaires et convoquée par le président du conseil ou son remplaçant. Elle choisit le conseil, l'arbitre des jugements, les commissaires de comptes, les administrateurs commerciaux, les courtiers et leurs conditions d'emploi. Elle a, en outre, à surveiller les actes des administrateurs, à leur donner les ordres nécessaires pour l'administration, à fixer les prix de vente, provisions et rabais. Elle décide quel est le maximum de briquettes livrables pour 100 k. ou un wagon double, surveille l'exécution des traités à passer avec les sociétaires selon le § 6 des statuts, inflige les amendes, décide des mesures à prendre contre la concurrence et use des droits qui lui sont accordés par la loi et les présents statuts. L'assemblée peut nommer des sociétaires pour des emplois.

2) La première assemblée constituante choisit dans son sein le conseil, son président et le remplaçant ainsi qu'un ou plusieurs commissaires des comptes. Elle décide de l'emploi des administrateurs commerciaux, des courtiers et de leur traitement. Trois mois au plus tard, après la fin de l'année commerciale, l'assemblée se réunit et les administrateurs présentent leur rapport, les comptes sont rendus et discutés et l'on procède à l'élection d'un nouveau conseil, d'un président, d'un remplaçant et de commissaires.

3) L'assemblée des sociétaires décide du nombre des appels périodiques. Elle est aussi convoquée sur demande du président du conseil, de son remplaçant ou des administrateurs commerciaux, des sociétaires, dont l'un ou plusieurs réunis représentent 1/10 du capital social, peuvent demander la convocation du conseil, en indiquant la question à discuter. Le président ou son remplaçant ont à donner suite à cette demande huit jours au plus tard après l'avoir reçue.

4) Les assemblées sont convoquées par le président au moyen de lettres recommandées, mises à la poste au moins dix jours avant la date fixée pour l'assemblée et conte-

nant l'ordre du jour. Le reçu postal ou la déclaration de réception du bureau récepteur représente la preuve de l'envoi. Les assemblées sont dirigées par le président et l'on produira un procès-verbal signé par le président, les assesseurs désignés par lui et tous ceux qui veulent bien apposer leur signature. Les résolutions des assemblées sont valables quand tous les sociétaires ont été dûment convoqués et que la majorité est présente, ainsi que le président.

Quand l'assemblée n'est pas autorisée à prendre des résolutions, les sociétaires présents ont le droit de convoquer une deuxième assemblée à 3 ou 4 jours de date, qui est autorisée à prendre des résolutions en tous les cas. En cas d'absence du président, l'assemblée en élit un dans son sein pour un jour seulement. Les représentants légaux des sociétaires ont droit de vote. Ils peuvent se faire remplacer par des personnes munies d'un pouvoir légalisé. Les sociétaires ni présents, ni représentés ont à se soumettre aux résolutions prises. Au président peut toujours être substitué son remplaçant en cas d'absence.

5) Le vote s'établit, d'après la majorité simple, tant qu'on ne trouve pas d'autres réglements dans les présents statuts. Quand il y a égalité c'est le président qui décide.

6) Chaque 10.000 tonnes de briquettes d'après estimation, donne droit à une voix.

7) Si le président ou son remplaçant donnent leur démission, durant l'année administrative, l'assemblée est directement convoquée pour en choisir d'autres. Le mandat des nouveaux élus n'est valable que pour l'année courante. Les administrateurs peuvent participer aux assemblées et donner conseil.

§ 10. — *Distribution du profit net*

L'assemblée prépare et approuve le bilan annuel ainsi que la somme du profit net, déduction faite de tous frais.

De ce profit, les sociétaires touchent d'abord 5 % d'intérêt sur leur capital versé au comptant. Le reste est distribué aux sociétaires selon leurs fournitures et déduction faite des sommes à reporter à l'année suivante.

§ 11. — *Conseil*

Le conseil se compose de neuf à douze membres, choisis chaque année dans l'assemblée des sociétaires ou de leur représentant le jour de la production du bilan. Cette fonction est honorifique. Les frais de voyage ou autres sont remboursés par la caisse de la société, mais pour le reste, les membres du conseil remblissent leurs fonctions sans dédommagements. Les membres démissionnaires sont rééligibles.

En cas de vacance, on élit un nouveau membre pour la fin de l'année courante. Le conseil fait choix d'une ou de plusieurs commissions, en premier lieu une commission d'experts. Lorsque cette commission est appelée à juger sur une usine dont l'administrateur fait partie de la commission, un autre membre du conseil prend sa place temporairement.

Cette commission fixe le chiffre individuel des sociétaires pour l'achat, inspecte ou révise, si nécessaire, les livres et papiers des sociétaires, exécute les ordres qui lui sont donnés par le conseil et répond aux questions qui lui sont posées.

La commission choisit un président parmi ses membres et le vote se fait à la majorité simple. A égalité de voix celle du président est décisive. Un sociétaire peut, dans l'intervalle d'une quinzaine, après avoir pris connaissance de la décision de cette commission, en appeler à l'assemblée générale, s'il se croit lésé par ladite décision. La décision de cette dernière est irrévocable.

§ 12. — *Administration commerciale*

Les administrateurs commerciaux représentent la société à l'intérieur et à l'extérieur dans toutes affaires judiciaires ou non judiciaires. Ils ont à donner leurs soins aux intérêts de la société exclusivement et ont à la gérer selon la loi, les statuts donnés ici et les instructions de l'assemblée des sociétaires. Ils ont à surveiller principalement la vente des briquettes, à régler la livraison par les sociétaires, selon les § 5 et 6 de ces statuts, c'est-à-dire selon les contrats dont il y est question, de façon que la livraison des quantités estimées se fasse soit subdivisée en quantités égales pour la durée de l'année. Ils ont aussi à considérer la situation des établissements des sociétaires du point de vue d'un transport avantageux. Les conventions passées entre le conseil et les administrateurs sont mis en vigueur par la signature du président du conseil ou de son remplaçant.

Toutes les déclarations commerciales adressées à la société doivent porter les signatures suivantes :

1) Si l'usine est dirigée par une seule personne, sa signature ou celle de deux fondés de pouvoir.

2) Si la direction se compose de plusieurs personnes, la signature de deux directeurs ou d'un directeur et d'un ou de deux fondés de pouvoir.

Les contrats de vente et livraison ne peuvent être acceptés que par le ou les directeurs. Les directeurs ou fondés de pouvoir ont à se légitimer par un extrait légalisé du protocole notarial d'élection, dans lequel doit être spécifiée l'autorisation de signer le nom de la maison.

§ 13

L'assemblée des sociétaires seule peut, avec une majorité des trois quarts des voix de tous les sociétaires, faire des changements aux présents statuts.

Les articles suivants ne peuvent être changés qu'à l'unanimité :

§ 1. Concernant la durée de la société.

§ 5, aut. 3 Concernant l'augmentation de production.

§ 6, articles 4, 5, 6 et 7. Prix des briquettes pour la consommation particulière et des briquettes d'industrie, réglementation de la vente des marques particulières et de la marque « Union » et augmentation du prix pour les premières.

§ 9, art. 6. Concernant le droit de vote.

§ 14. — *Réglement de la transmutation*

L'obligation des sociétaires de s'abstenir de toutes

ventes directes de briquettes à livrer après le 1ᵉʳ avril 1902 (n° D du contrat de livraison) entre en vigueur du jour de la déclaration individuelle d'adhésion de chaque usine.

Les contrats de livraison déjà existants pour des échéances depuis et après le 1ᵉʳ avril 1902 sont pris par le syndicat et exécutés par lui pour le compte de l'usine. Le syndicat déduit 2 mks par 10 tonnes pour ses frais selon n° E du contrat de livraison. Les marchandises en magasin le 1ᵉʳ avril 1902 sont comprises dans l'estimation de la première année commerciale et l'on doit en faire la déclaration à la société avant le 3 avril. Les marchandises emmagasinées dans les usines des sociétaires, selon le § 4, n° 1 à 12, sont à considérer comme une entité envers les autres sociétaires. Le syndicat est autorisé à vendre les provisions de marques particulières existant le 1ᵉʳ avril 1902, en tant qu'elles ne peuvent être vendues sous leur propre marque, en premier lieu à l'industrie et autres consommateurs.

Les contrats avec les agents particuliers sont pris en mains par la société quand ils ne nuisent pas à l'intérêt général. Quand il n'existe pas de contrats entre les usines et leurs agents, le syndicat à le devoir de maintenir les relations entre usines et agents, de les continuer et de leur donner ses soins, tant que cela ne nuit pas aux intérêts du syndicat.

Contrat d'achat et de livraison

En exécution des articles 5 et 6 des statuts de la société pour la vente des briquettes de lignite apelée « le Syndicat », société à responsabilité limitée, établie à Cologne, le contrat suivant est passé entre ladite société et les sociétaires ayant apposé leur signature.

A

En vertu des articles 5 et 6 des statuts du syndicat, les soussignés sociétaires sont tenus à vendre au syndicat, leur production totale en briquettes d'industrie et de consommation privée, exception faite des produits désignés dans le § 6 comme pouvant être vendus par les sociétaires directement.

Le syndicat, de son côté, est tenu d'acheter et de revendre ces marchandises pour son compte et selon la réglementation suivante :

B

Le syndicat prend livraison des marchandises au fur et à mesure qu'il reçoit les commandes. Les sociétaires ont à livrer leurs marchandises aux dates et aux clients indiquées par le syndicat, tant que ces demandes sont en rapport avec la capacité de production normale de leurs établissements. Le conseil donne la décision pour les cas douteux. Les interruptions d'exploitation dues à une cause anormale et supérieure excusent la non-livraison. Ces interruptions doivent être annoncées immédiatement à l'administration commerciale du syndicat qui doit prendre soin de faire exécuter les livraisons de la fabrique de briquettes en question par d'autres sociétaires.

C

On fait les exceptions suivantes pour la vente au détail :

La vente au détail comprend les livraisons ou envois, faits ou expédiés aux clients par l'usine même ou un dépôt géré par les gens de l'usine et pour cette seule usine exclusivement par force humaine ou par bêtes de somme, au moyen de véhicules, sans déchargements et sur toutes voies excepté la voie ferrée.

Les sociétaires ont donc la liberté de faire la vente au détail comme ci-dessus, aux conditions suivantes :

a) Les prix de vente et autres conditions de livraisons franco usine, sont établis sur la même base pour tous les établissements. Cette base sera le prix de gros fixé pour les marques particulières à Cologne et dans la banlieue et sera appliquée aux briquettes des deux marques sans distinction. L'assemblée des sociétaires fixe les prix de vente pour ces dépôts, en considérant les tarifs spéciaux de camionnage, la situation géographique, les frais des établissements et autres particularités. Ces prix sont les prix minimum et il est défendu aux sociétaires de livrer à des prix inférieurs. Mais ils sont autorisés à vendre à des prix plus forts, si bon leur semble. Les clients achetant à ces dépôts et exigeant la marque de l'usine ont à payer 10 mks en plus par 10 tonnes. Ce surplus de recette revient à l'usine.

b) La vente au détail au prix minimum est considérée pour compte du syndicat et les sociétaires sont obligés de lui envoyer dix jours après chaque fin du mois, le détail de ces ventes. Les sommes obtenues sont débitées au syndicat comme livraison et créditées comme payement au comptant. Est porté aussi au crédit du syndicat, le tarif de 2 mks par 10 tonnes mentionné dans n° E.

c) L'établissement de dépôt au détail en dehors des usines n'est pas autorisé. Par contre, les dépôts existants au Lindenthor, à Braunsfeld et à Modrath peuvent être maintenus.

D

Il est défendu aux sociétaires de vendre eux-mêmes une partie quelconque de leur production directement ou indirectement, exception faite pour la vente au détail comme ci-dessus expliquée. Les sociétaires sont autorisés à engager des affaires.

E

Le Syndicat paye aux sociétaires pour toutes les livraisons comme prix d'achat, un prix de 2 marks pour 10 tonnes inférieur au prix rationnel fixé par le conseil chaque année, pour les briquettes d'usines et de consommation prises séparément. Le prix de livraison des marques particulières est majoré selon le § 6, n° 6 des statuts.

F

Les prix mentionnés dans le n° E s'appliquent aux marchandises rendues franco en gare des usines.

L'augmentation ou la diminution des frais de transport, en prenant comme base le tarif Liblar, plus 10 marks de frais de connexion (§ 6, n° 9) sont débités ou respectivement crédités aux usines.

Les tarifs de chemin de fer y compris les frais d'embranchement et de transport des wagons à voie étroite sur wagon à voie normale sont valables comme frais de transport.

Pour le transport par mer, l'on prend le tarif du chemin de fer, franco gare du quai, comme base du tarif entre syndicat et sociétaires.

G

Les sociétaires ont le devoir de faire parvenir au syndicat, en dehors des bulletins de débits journaliers, le résumé mensuel de leurs livraisons. Le syndicat règle les comptes, en faisant la déduction indiquée dans E, le plus tôt possible et avant la fin du mois suivant. Le payement se fait, selon décision du conseil, au comptant ou par chèque. Les déductions faites par les clients du syndicat, et par la faute des usines, sont débitées au compte de ces dernières.

Les sociétaires sont responsables envers le syndicat de la qualité, quantité et du terme de livraison de leurs marchandises.

Les différends pouvant naître de cette disposition entre syndicat et sociétaires et portant sur les dommages et frais encourus sont jugés par le conseil, sur demande de l'administration commerciale.

H

Sera tenu à une amende de 6 marks par tonne vendue et à un minimum de 100 marks par cas, tout sociétaire vendant en dehors des cas prévus dans l'article C, une partie de sa production directement ou qui vendrait du charbon brun brut, pour la fabrication de briquettes à des usines ne faisant pas partie du syndicat. La même amende sera infligée au sociétaire qui ne se conformerait pas au § 14 des statuts et à celui qui, contrairement à l'article E, vendrait au-dessous des prix fixés pour les marques particulières et la marque du syndicat, ou à de meilleures conditions, ou alors, en faisant aux acheteurs, directement ou indirectement, des rabais, provisions, escomptes, surplus de poids ou d'autres avantages et dédommagements pour la réclame, que ce soit pour ses affaires particulières ou pour toutes autres choses.

Une obligation de livraison non remplie par la faute d'un établissement oblige celui-ci à rembourser au syndicat les dommages encourus par ce dernier.

Une amende de 1.000 mks par cas est infligée au sociétaire qui se refuserait à livrer les comptes et bulletins demandés ou à soumettre ses livres et papiers à la révision du conseil, de l'administration commerciale ou de leurs délégués, en tant que ces livres et papiers concernent la vente et livraison des briquettes (art. J.).

Les amendes sont infligées par l'assemblée des sociétaires sur demande de l'un d'eux ou des administrateurs commerciaux et leur décision est irrévocable. Les sociétaires se soumettent entièrement à ces conditions d'amendes et prennent l'obligation de payer sans récrimination de telles punitions.

J

Le syndicat est autorisé à exiger des sociétaires toutes pièces concernant les transactions prévues dans les présents statuts et contrats, surtout en ce qui concerne la consommation particulière de chaque usine, le chiffre fixé de briquettes par tonne et la vente au détail dans leurs établissements. Les sociétaires sont obligés de soumettre au conseil, à l'administration commerciale ou à un délégué de l'assemblée générale lesdits livres et papiers.

K

Les sociétaires se portent garants pour remplir les obligations indiquées dans ce présent document et pour payer les amendes qu'ils pourraient encourir.

Leur garantie se compose d'abord des sommes à leur crédit et de leurs dépôts au syndicat, lequel peut prélever sans formalités les amendes sur ladite masse.

L

Toutes querelles naissant entre sociétaires et syndicat et n'étant pas de la compétence des organes du syndicat ne sont pas portées devant la justice civile, mais jugées par une cour d'arbitrage composée de trois personnes et siégeant à Cologne. Le plaignant et la partie adverse nomment chacun un juge par lettre recommandée. Lorsque l'une des parties, ayant été dûment avisée par lettre recommandée du choix de la partie adverse d'un juge, n'a pas encore nommé son juge après un laps de 14 jours, le droit du choix se transfère à la partie adverse, qui est obligé de choisir un deuxième juge dans une huitaine. Les juges choisissent avant de siéger huit jours après leur élection, un arbitre. Si les deux juges ne tombent pas d'accord sur le choix de l'arbitre, ils auront à prendre l'arbitre nommé chaque année par l'assemblée générale pour la durée d'un an. La décision de la cour d'arbitrage est irrévocable et concerne l'objet de la querelle et les frais encourus. La cour n'est pas tenue d'observer les formes juridiques. Elle doit faire parvenir sa décision par huissier aux deux parties, trois mois au plus tard après sa convocation.

M

Ce contrat entre en vigueur le jour où le syndicat sera consigné dans le registre de commerce et restera valable pendant la durée de la société. En cas de dissolution du syndicat, les sociétaires sont tenus à régler les affaires encore inachevées, selon les conditions fixées durant l'existence du syndicat.

**

Telles sont les règles très méticuleuses et très intéressantes qui régissent un des syndicats importants de la région de Dusseldorf.

COBLENZ

Peu ou point de cartels à Coblenz. On en cite cependant un, celui de trois usines métallurgiques : Dombach, Differdingen, Aumetz pour les demi-produits métallurgiques. C'est plutôt un syndicat de défense contre les grands syndicats métallurgiques d'Essen. Mais on annonce qu'il a fusionné avec eux dernièrement.

On le voit, la tendance à l'amalgamation est pour ainsi dire irrésistible. C'est ce mouvement que nous avons caractérisé en disant : « Le syndicat engendre le syndicat », et plus nous irons plus nous verrons s'accentuer cette tendance au groupement de groupements.

DORTMUND

La ville de Dortmund devait être naturellement, au milieu du bassin westphalien, le siège de plusieurs syndicats. On en compte quelques-uns de très importants, parmi lesquels le Syndicat des Briquettes.

Syndicat des Briquettes

L'industrie houillère a donné naissance à côté des syndicats pour la vente de la houille et du coke, à des syndicats de moindre importance, destinés à vendre les briquettes et les principaux des sous-produits de la fabrication du coke, qui sont l'ammoniaque, le goudron et la benzine.

Le premier de ces syndicats a été constitué par les fabriques de briquettes de houille qui existent dans la Westphalie. Il a été formé le 10 janvier 1891 et a commencé à fonctionner le 1ᵉʳ février suivant. Il a son siège social à Dortmund.

Quand elle se fut constituée, en 1891, la société comptait 13 membres, savoir les mines ou sociétés minières :

Aplerbecker Actienverein für Bergbauzeche Margarethe, Blankenburg, Vereinigte Bommerbanker Tiefbau Gesellschaft, Caroline, Vereinigte Dahehauser Tiefbau Gesellschaft, Eiberg, Vereinigte Franzisker-Tiefbau-

Gesellschaft, Harpener Bergbau-Actiengesellschaft, Herkules, Lothringen, Vereinigte Poertingssieper, Victoria und Vereinigte Wiesche, qui, à elles toutes, occupèrent 25 presses et représentèrent un débit annuel de 482,495 tonnes.

Au cours des années suivantes adhérèrent à l'Association les mines ou compagnies minières : Julius Philipp, Freie Vogel und Unverhofft, Siebenplaneten, Gottessegen, Dannebaum, Johann Deimelsberg, Steingatt, Altendorf, Baaker Mulde, Frœhliche Morgensonne, Vereinigte Bickefeld-Tiefbau-Gesellchaft, Vereinigte Wiendahlsbank, Eintracht-Tiefbau, Société anonyme minière et de navigation ci-devant Kannengieser frères, Vereinigte Engelsburg, Vereinigte Rosenblumendelle, et enfin, en 1900, Vereinigte Schürbank et Charlottenburg. Le nombre des membres était monté à 30 fin 1900.

Dès l'année 1892, l'action commerciale du syndicat permettait de trouver aux produits de nouveaux débouchés, autant en Allemagne du côté des Compagnies de chemin de fer qu'à l'étranger. En 1898, des briquettes ont été ainsi expédiées au Vénézuéla et à Kiaou-Tchéou (l'acquisition territoriale faite par l'Allemagne en Chine).

Ainsi, les fabriques non syndiquées du Sud et de Ouest de l'Allemagne se sont associées aux syndicats westphaliens pour l'achat du brai qui sert à agglomérer le charbon, les achats ont été ainsi concentrés en une seule main, ce qui a permis d'obtenir les conditions les plus favorables.

Ainsi les fabriques syndiquées ont-elles eu presque toujours une très grande activité industrielle qui leur a permis, à partir de 1898, de produire une quantité de briquettes dépassant le chiffre de leur participation conventionnelle.

Un tableau statistique nous dispensera de longs commentaires.

	Participation conventionnelle tonnes	Participation admise tonnes	Production totale tonnes	Quantité vendue tonnes	Prix moyen par tonne tonnes
1891	—	—	482.495	436.580	12.67
1892	621.814	535.986	553.075	532.552	10.47
1893	782.300	717.339	694.025	674.396	9.08
1894	837.022	820.040	745.714	719.258	8.82
1895	880.680	836.481	796.353	780.185	9.07
1896	900.300	900.300	830.985	818.300	9.34
1897	953.610	943.732	943.732	931.221	9.99
1898	77.142	1.078.338	1.078.338	1.066.347	10.22
1899	1.297.029	1.295.113	1.295.113	1.245.269	10.66
1900	1.460.382	1.530.816	1.530.816	1.485.130	12.27

L'écart entre le montant de la vente et la production représente les quantités consommées par les usines et les ventes locales au détail que les fabriques syndiquées restent, on le sait, autorisées à faire.

Il peut être intéressant maintenant de connaître la répartition de la consommation des briquettes provenant de la fabrication syndiquée. Voici, à titre d'indication, les chiffres afférents à l'année 1901 :

	Tonnage	%
1° Chemins de fer	635.625	42.8
2° Marchands	192.110	13,0
3° Établissements industriels ou particuliers	524.863	35.3
4° Navigation et exportation	119.400	8.0

5° Entreprises de construction de canaux 14.132   0.9

Total 1.485.130   100.0

En 1897, le Syndicat des Briquettes rhénan westphalien a conclu une second arrangement avec le Syndicat général des Houilles d'Essen, aux termes duquel il reste indépendant jusqu'au 31 décembre 1902. Cette convention sera probablement renouvelée jusqu'à 1908.

Le Syndicat des Briquettes de Dortmund est, en même temps, vendeur des briquettes produites par l'usine de Gustavsburg, près de Mayence, qui, en 1900, a produit 83.716 tonnes.

Le Syndicat des briques

Formé en mars 1900 à Dortmund, par treize usiniers disposant de deux cents fours, et pouvant produire annuellement 780.000.000 de briques.

Quatre de ces usines en raison de l'accumulation des stocks ont décidé une réduction de 25 pour 100 dans la production, quatre autres de 50 pour 100, et cinq enfin ont éteint leurs fours. Au 1er mai 1901, le stock était de 115.000.000 de briques ; le prix des 1.000 briques rendues était de 28,25. L'année 1902 a été funeste à ce syndicat, mais il ne s'est pas dissous.

DRESDE

Il y a deux syndicats importants à Dresde, celui des papiers photographiques et celui de la dynamite.

Nous ne pouvons parler que du premier, le second s'enfermant dans un mystère complet que nous percerons peut-être un peu plus loin.

Cartel des papiers photographiques

Ce cartel est établi depuis 1890 et est composé des firmes suivantes :

La *Vereinigte Fabriken Photographischer Papiere*, à Dresde, avec un capital de 1.150.000 marks.

La *Dresdner Albumine papier fabrik Aktien Gesellschaft*, à Dresde, au capital de 400.000 marks.

La *Fabrik Photographischer Papiere auf Aktien* vorm. Dr A. Kurz à Wernigerode, au capital de 1.325.000 marks.

La *Fabrik Photographischer Papiere auf Aktien* vorm. Carl Christensen à Berlin, au capital de 400.000 m.

La *Protalbinwerke Aktien-Gesellschaft* à Vienne, au capital de 900.000 marks.

Il y a encore deux autres firmes, en tout sept.

On le voit, ce cartel comprend même un cartel autrichien et toutes les fabriques allemandes. Aussi, cette industrie a-t-elle pris un grand essor.

C'est, en réalité, une puissante association à un capital supérieur à six millions de francs.

On peut dire que ce cartel a été plutôt favorable à l'intérêt général.

DUSSELDORF

Dusseldorf est le siège d'un ensemble imposant de syndicats, principalement métallurgiques. Beaucoup d'auteurs ont écrit sur ces syndicats, M. Georges *Villain*, dans le *Temps*; M. Paul *de Rouziers*, dans ses ouvrages, et M. Edmond *Pingaud*, notre si excellent consul à Dusseldorf, qui s'est toujours distingué par l'abondance et la précision de ses renseignements.

Ces syndcats se proposent tous de prévenir une concurrence désordonnée par une entente solidaire, destinée à fixer des prix avantageux. Ils concentrent par suite toute la vente des produits disponibles entre les mains d'un Comité directeur qui répartit les commandes entre tous les co-associés et qui s'efforce de régler la production, toujours en vue de la mettre théoriquement « en rapport avec la consommation. »

Les six principaux syndicats sidérurgiques sont : 1° le Syndicat des fontes (Roheisen Syndikat) ; 2° le Syndicat des aciers mi-ouvrés (Halbzeug Verband) ; 3° celui des poutrelles (Traeger-Syndikat) ; 4° le Syndicat des fers laminés ronds ; 5° le Syndicat des tôles (Grobblech Syndikat) et l'Association des tréfileurs (Drahtfabrikanten Verband).

Les trois premiers syndicats ont leur siège à Dusseldorf.

Etudions-les en détail.

Syndicat général des fontes (Roheisen Syndikat)

Le Syndicat général des fontes a son siège à Dusseldorf (Graf Adolfstrasse). Il groupe trois syndicats secondaires : le Syndicat rhénan westphalien de Dusseldorf, l'Association pour la vente des fontes des pays de la Sieg, dont le siège est à Siegen et le Comptoir de Lorraine et de Luxembourg. La fondation du Syndicat général, sous la forme actuelle remonte à 1897. Auparavant, il n'existait que des ententes plus ou moins étroites entre différents producteurs, ententes sans liens très serrés, sans principes bien fixés ni sanctions nettement définies, où l'on entrait et d'où l'on sortait facilement.

Le Syndicat rhénan westphalien de Dusseldorf remonte à 1884. Celui de la Sieg date de 1896 comme le Comptoir lorrain luxembourgeois.

Le Syndicat des fontes vient de se proroger jusqu'à la fin de 1902 et de se fortifier très sérieusement par l'entrée dans l'entente de trois usines importantes qui, jusqu'ici, étaient restées « sauvages », c'est-à-dire en dehors du Syndicat, celles de Hosch, des Aciéries du Rhin, à Ruhrort, et de la firme Deutscher Kaiser.

Mais les consommateurs se sont groupés de leur côté.

Un syndicat d'achat pour les fontes continue à s'organiser et la base choisie pour l'entente a été celle de donner à chaque membre du comptoir une voix par 5,000 tonnes de fonte achetées, avec un maximum de cinq voix. C'est un adversaire résolu du Syndicat de vente.

Au moment de mettre sous presse, on nous apprend

que le Syndicat des Fontes de Dusseldorf, qui venait à expiration le 1ᵉʳ janvier 1903, a été dissous de commun accord entre les participants. Le but de cette dissolution est de permettre de reconstituer le syndicat sous une meilleure forme, probablement celle d'une société à responsabilité limitée.

Syndicat des Aciers mi-ouvrés (Halbzeug Verband)

Le Syndicat des Aciers mi-ouvrés existait en 1897 sous forme de convention limitée au contrôle des prix de vente. L'année suivante, il a pris son organisation définitive. Il a son siège à Dusseldorf (Immermannstrasse) et groupe la production des usines de la Moselle, de la Sarre et du Luxembourg. Les usines de Dombach, Differdingen et Aumetz sont indépendantes et elles ont formé entre elles une union de vente dont le directeur réside à Coblentz comme nous l'avons dit plus haut. Mais la fusion, dit-on, vient de s'opérer, comme nous l'avons dit également.

Syndicat des poutrelles (Traeger Syndikat)

Le Syndicat allemand des poutrelles siège à Dusseldorf (Immermannstrasse) dans le même immeuble que le Syndicat de l'acier mi-ouvré. Il n'a été constitué qu'en 1899 et comprend comme le Syndicat des fontes trois sections : 1° le Comptoir des poutrelles du sud de l'Allemagne (Sud Deutscher Traeger Verband), dont la fondation remonte à 1884 et qui réunit les productions des usines de la Sarre et du Luxembourg. Son siège est à Saint-Jean Sarrebruck ; 2° le Comptoir des poutrelles du Bas-Rhin et de la Westphalie (Nieder Rheinisch Westphalische Traeger Verband), dont le centre est à Dusseldorf et dont le rayon de vente s'étend vers le Nord de l'Allemagne ; 3° enfin les usines de Peine (Peine Werke), dans le Hanovre, qui ont pour territoire économique le Hanovre et l'Est de l'Allemagne.

Voici du reste la liste des usines adhérentes :

De Wendel et C°, Hayingen.
Burbacher Hütte, à Burbach bei Saarbrücken.
Rochling'sche Eisen und Stahlwerke, Valklingen.
Gebrüder Stumm, Neunkirchen, Reg. Bex. Trier.
Eisenhütten-Actien-verein Düdelingen, à Düdelingen, Luxemburg.
Eisenwerk Kraemer, St Ingbert, Pfalz.
Aachener Hütten-Actien-verein, à Rothe Erde bei Aachen.
Rheinische Stahlwerke, Ruhrort.
Union, Actiengesellschaft für Bergbau, Eisen und Stahlindustrie, Dortmund.
Eisen und Stahlwerk Hœsch, jetzt Actiengesellschaft, Dortmund.
Horder Bergwerks und Hütten verein, Horde.
Gutehoffnungshütte, Actienverein für Bergbau und Hüttenbetrieb, Oberhausen.
Gewerkschaft Deutscher Kaiser, Bruckhausen a. Rhein.
Hasper Eisen und Stahlwerk, Haspe i. W.
Peiner Walzwerk, Peine.
Oberschlesische Eisenbahnbedarfs Act. Ges., Friedenshütte, bei Morgenroth O. S.
Maximillanshütte, Rosenberg O. Pfalz.

Vereinigte Konigs und Laurahütte, Berlin W. Französischestr.

Lothringer Hüttenverein, Aumetz Friede, Kneuttingen, Lothringen.

Rombacher Hüttenwerke, Rombach, Lothr.

Eisenindustrie Differdingen, Differdingen Luxemburg.

*
* *

Un mot sur l'organisation de ces syndicats ne sera pas inutile. Cette organisation rappelle celle des Syndicats houillers dit M. Georges VILLAIN. Tout d'abord, le Syndicat a nommé des experts de confiance (Vertrauen Maenner), dont la mission consistait à se rendre dans chaque usine associée afin de déterminer leur capacité de production (leur participation conventionnelle) et de faciliter la répartition des commandes d'après le *quantum* des participations. Ensuite, l'Allemagne a été délimitée en zones entre lesquelles se répartit la production des contractants.

Les commandes, dit une note de M. Pingaud, consul à Dusseldorf, sont reçues et centralisées par la direction générale du Syndicat qui les répartit entre les associés selon l'importance et la capacité de leurs usines, la qualité des produits, et les conditions de transport. Il est tenu compte, naturellement, dans cette répartition, de la situation géographique des usines, cette situation jouant un rôle important dans la question de l'utilisation des moyens de transport et des frais de frêt. Toutefois si, en raison de sa position topographique, une fabrique recevait une commande supérieure à son contingent, l'excédent lui est décompté dans le prochain trimestre.

Il est établi à la fin de l'année, lors du réglement des comptes, une compensation entre les excédants ou les insuffisances de production, de sorte que chaque associé n'ait en compte que la part qui lui a été assignée dans le tableau des répartitions.

Cette règle souffre quelques exceptions. Ainsi, les zônes situées près des frontières de l'Allemagne sont avantagées par le Syndicat en vue d'entraver l'importation des produits étrangers. D'autre part, il est consenti des bonifications d'exportation à ceux qui envoient à l'étranger les produits en surproduction dont l'entassement pourrait peser sur la vente intérieure du Syndicat et, partant, sur les prix. Ces sacrifices sont supportés par la caisse du Syndicat.

Les contractants sont naturellement obligés de vendre toute leur production au Syndicat. Les prix de vente sont établis d'accord entre tous les associés, ainsi que les prix d'achat. Dans la fixation des prix entrent en ligne de compte : le taux des salaires, le coût des matières premières, les besoins du marché et l'abondance des demandes.

Les conditions de vente sont ainsi déterminées en général et les modifications qui pourraient être apportées sont décidées par l'assemblée générale pour chaque cas particulier.

Chaque membre associé se soumet sans condition aux décisions et aux mesures prises par le Syndicat. Des pénalités très fortes sont infligées aux délinquants sous forme d'amendes conventionnelles. A son entrée dans le Syndicat, chaque membre dépose, pour garantir l'exécution de ses obligations, des acceptations en blanc qui sont, en cas de contraventions aux statuts, mises en circulation jusqu'à concurrence de l'amende encourue.

Les Syndicats se couvrent de leurs frais généraux par prélèvement d'une majoration sur le prix d'achat, fixée par l'assemblée générale à un tant pour cent du prix des factures. Si les fonds ainsi constitués sont supérieurs aux dépenses, l'excédent est réparti entre tous les membres.

On retrouve là, on le voit, les clauses essentielles des contrats du Syndicat des cokes et du Syndicat général houiller de Westphalie : même concentration des opérations de vente entre les mains de la direction syndicale, même système de pénalités, même toute puissance de la direction à l'égard des contractants.

Dans la situation où se trouve actuellement l'industrie sidérurgique, disait M. Pingaud en 1899, les Syndicats sont parfois entraînés par la force des choses à prendre des mesures arbitraires qui soulèvent d'énergiques protestations non seulement parmi les adversaires de ces institutions, mais aussi parmi les intéressés eux-mêmes.

Mais actuellement durant la crise, les inconvénients sont purement intérieurs.

Indiquons les variations des prix stipulés par certains syndicats.

Les fontes d'affinage de Westphalie, qui se cotaient de 57 à 59 marcs la tonne en 1897 et 1898 valaient déjà de 60 à 65 marcs dans le courant de 1899. Or, les traités pour le premier semestre de 1900 sont à 68 marcs, et ceux du second semestre sont basés sur le prix de 78 marcs avec réserve et plus value pour 1901.

Mais en 1901 et 1902, les prix sont revenus aux prix de 1898. D'autre part, la fonte Thomas se vendait 60 marcs en 1897-98 ; elle valait 86 marcs en mai 1900 et on la cotait par avance à 90 marcs 20 pour 1901, mais cela n'a pu être réalisé à cause de la baisse de tous les produits métallurgiques.

Sans doute, le coke avait notablement augmenté de valeur; d'un autre côté, les salaires des ouvriers avaient du être relevés. Mais la hausse d'un produit peut aussi provoquer la majoration des prix de sa matière première : c'est ce qui s'est produit pour la fonte. Devant le relèvement voté par le Syndicat général des Cokes d'Essen, le Syndicat de vente des minerais de la Sieg a décidé de prendre sa part dans les 10 marcs d'augmentation stipulée pour le second semestre 1900, et le 1er février 1900, il a relevé le prix des livraisons à effectuer dans le courant de 1901. La hausse a été de 2 m. 50 sur la tonne de minerai brut et de 3 m. 50 sur le minerai grillé.

Tout cela s'est bien calmé, du reste, pendant l'année 1901 et 1902 et l'on est revenu partout en présence de la baisse et de la crise allemande à une saine appréciation de la situation.

On ne peut constater qu'une chose, c'est que les associations sont restées fermes dans la bonne comme dans la mauvaise fortune et l'on peut affirmer que sans les syndicats métallurgiques on aurait vu lors de la crise de 1901 une chute effroyable des prix.

En réalité les syndicats ont été des écoles de sang-froid et de modération durant la baisse ; on ne peut que les en féliciter.

Syndicat des Usines allemandes de tuyaux à gaz et de tubes bouilleurs

Le bureau de vente des Usines allemandes de tuyaux à gaz et de tubes bouilleurs *(Verkaufsstelle der Deutschen Gas und Siederohrwerke)* est une société à responsabilité limitée dont le siège social est à Dusseldorf Bismarckstrasse, 98.

Le bureau de vente représente en réalité deux syndicats, le Syndicat des tuyaux à gaz et le Syndicat des tubes bouilleurs.

Le premier syndicat date du 1er avril 1893, le second s'est constitué le 25 mai 1898.

Le but de ces deux syndicats est la fixation de prix uniformes ainsi que la réglementation de la production.

En résumé, on a affaire dans le Syndicat des tuyaux à gaz à un des plus anciens de l'Allemagne fonctionnant avec une grande régularité.

Cartel des mèches

Le Dochtfabriken-Mèches, cartel des mèches, a son siège à Dusseldorf.

La fabrique G. Roth et Cie, à Goppingen, fait partie de ce ring établi depuis 1895, les prix sont montés d'environ 10 pour 100 depuis pour rester à peu près les mêmes.

ELBERFELD

Il y a beaucoup de cartels de tissus à Elberfeld. Nous citerons le plus considérable.

Syndicat des fabricants de satin de Chine
« *Deutsche Zanella Convention* »

Les détails très intéressants qu'on va lire sont dus à M. DOERING, consul honoraire, vice-consul de France à Elberfeld (Moniteur officiel du Commerce, 11 juillet 1901). Nous les avons complétés autant que possible.

La fabrication de l'article « satin de Chine » laine et coton dit « zanella » pour doublures, à Elberfeld, date de l'année 1858 environ ; les quelques fabricants qui ont fait les premiers ce tissu, qu'on fabriquait déjà depuis quelque temps à Bradford (Angleterre) y ont gagné des fortunes considérables.

Fait avec de la laine peignée allemande, plus douce et plus soyeuse que la laine dure anglaise, et teint en pièce avec toutes les perfections adoptées par les établissements de teinture d'Elberfeld et Barmen, on préféra bientôt le « zanella » d'Elberfeld à l'article « italian Cloth » de Bradford, non seulement en Allemagne, mais dans tous les pays du monde où l'on a exporté en très grandes quantités. Ce succès de l'industrie allemande est d'autant plus remarquable que le « zanella » d'Elberfeld est fabriqué sur des métiers mécaniques importés d'Angleterre (depuis quelques années seulement on en fait aussi en Allemagne), avec des chaînes de coton qu'on est obligé de faire venir d'Angleterre, donc dans des conditions les plus désavantageuses.

Plus tard, le nombre des fabricants ayant augmenté considérablement et le nombre des métiers mécaniques faisant du « zanella », ayant atteint le chiffre de plusieurs milliers, il y avait un surcroît de production qui rendait nécessairement la concurrence si formidable que ni les fabricants ni les maisons de gros s'occupant de la vente de cet article, n'y trouvaient leur compte.

Les prix baissaient toujours, et pour placer les quantités énormes produites, les fabricants furent forcés d'accepter des conditions onéreuses et peu raisonnables des acheteurs, des termes de paiement très longs et surtout la garantie contre la baisse de matières premières. Si, par exemple, une commande était donnée à un prix débattu, le fabricant s'engageait à bonifier la différence du prix résultant de la baisse de la laine ou du coton, survenue entre la remise de la commande et l'échéance de la facture. Dans le cas contraire d'une hausse des matières premières, le client n'avait bien entendu, qu'à payer le prix convenu avant cette hausse. Les fabricants travaillaient donc souvent avec perte et ne gagnaient tout au plus sur une pièce que ce qu'ils avaient gagné autrefois au mètre de ces étoffes. De même les maisons de gros étaient forcées de se contenter d'un bénéfice très limité sur cet article.

Cet état de chose ne pouvant pas durer, vingt-six fabricants résidant à Elberfeld, Barmen, Neviges, M'Gladbach, Kettivig, etc — parmi les plus importants — ont fondé le 1ᵉʳ janvier 1895, pour la durée de trois ans, un syndicat dit « Deutsche zanella Convention », à Elberfeld. Les résultats obtenus ayant été des plus satisfaisants, on a renouvelé cette convention en 1898 pour la durée de cinq ans, jusqu'au 1er janvier 1903, pour la prolonger déjà de nouveau, en février 1900, jusqu'au 31 décembre 1905.

Voici le principe et le mode de fonctionnement de ce syndicat qui a servi de modèle aux nombreuses conventions conclues dans ces derniers temps en Allemagne dans différentes industries.

En fondant la convention, les fabricants se sont dit, avec raison, qu'il faudrait prendre des mesures tout à fait rigoureuses, afin d'éviter, (ce qui avait été tué maintes conventions) que les malins entre les contractants ne trouvassent le moyen de se soustraire à leurs obligations en vendant par exemple, clandestinement au-dessous du prix fixé par le syndicat, surtout aux grands acheteurs, en offrant des escomptes extraordinaires, des bonifications sur le chiffre d'affaires annuelles, commissions, pots de vin, cadeaux, etc.

Pour obtenir ce résultat, on arriva à une sorte de dictature, mise entre les mains d'un homme d'une honorabilité incontestable, d'une rare intelligence et d'une activité et d'une énergie extraordinaires. On a trouvé ces qualités réunies dans la personne de M. Simons, ancien landrath (sous-préfet de M'Gladbach) fils de l'ancien ministre de la justice à Berlin. Sa grande valeur ayant été reconnue, M. Simons occupe maintenant le même poste dans beaucoup d'autres syndicats formés depuis par les intéressés d'autres industries.

Il y a quatre points essentiels dans la « Deutsche zanella Convention » à Elberfeld.

1° Les fabricants s'engagent formellement à ne point vendre en Allemagne au-dessous des prix du tarif fixé pour les différents genres et qualités de « zanella », soit uni noir ou couleurs, sergé, etc., et de n'accorder que les escomptes, termes et conditions de paiement convenus par le Syndicat. Tandis que les prix convenus ne s'appliquent qu'à l'article « zanella », les termes de paiement établis par la convention sont de rigueur aussi pour toutes les autres étoffes de doublures fabriquées par les adhérents.

Sur la proposition du comité, dont M. Gustave Blank, conseiller du Commerce, associé de la maison Herminghaus et Cⁱᵉ, la plus importante fabrique de « zanella » à Elberfeld, est actuellement le président, l'assemblée générale des adhérents s'occupe d'établir les prix et conditions de vente, en les augmentant en cas de hausse de la laine ou du coton ou en les diminuant quand ces matières premières sont en baisse.

2° Les fabricants s'interdisent d'accepter de leurs clients des ordres non spécifiés, livrables successivement. Autrefois une maison de gros avait l'habitude de contracter par exemple, un millier de pièces de « zanella » en différentes qualités, disons au prix de 1 mark, 2 marks et 4 marks le mètre, livrable mensuellement dans le courant d'une saison. En cas de hausse survenue depuis la remise de l'ordre, l'acheteur réclamait alors la livraison de ces mille pièces exclusivement dans la qualité à 4 marks le mètre, profitant ainsi beaucoup plus de la hausse, qui joue un bien plus grand rôle sur les bonnes qualités que sur les qualités ordinaires. Par contre, en cas de baisse, l'acheteur se gardait bien de prendre autre chose que des qualités à un mark le mètre, sur lesquelles — la façon restant à peu près la même — la baisse des matières premières n'avait qu'une influence bien inférieure.

Dans le premier cas, l'acheteur avait l'habitude d'acheter les qualités ordinaires, dans le second cas, les bonnes qualités chez un autre fabricant que celui avec lequel il avait fait le contrat de 1.000 pièces. Plus tard, après l'invention de la garantie de la baisse, il n'y avait que la hausse qui intéressait l'acheteur en le faisant réclamer ses 1.000 pièces en qualités de 3 ou 4 marks le mètre.

Pour éviter les inconvénients et dommages en résultant, les fabricants exigent maintenant que toute commande livrable successivement doit tout de suite être spécifiée en indiquant exactement le nombre des pièces à 1 mark, 2 marks, 3 marks et 4 marks le mètre, dont elle se compose.

3° La convention est basée sur le principe du partage proportionnel de la vente de « zanella » en Allemagne, en allouant à chacun de ses vingt-six membres un certain pourcentage de la vente, établi d'après un système spécial. Ce partage se fait tous les trois mois, par l'homme de confiance, auquel chaque fabricant doit indiquer le nombre de pièces vendues pendant le trimestre écoulé. Ceux qui ont vendu plus qu'il ne leur est alloué doivent reprendre ce surplus — en marchandise écrue — de ceux qui ont vendu moins que leur part, de sorte que, ainsi, le marché intérieur est conservé. On est arrivé à empêcher de fabriquer plus que la consommation ne l'exige.

4° Au commencement de la mise en vigueur de la convention il y avait quelques fabricants prétendant que la marchandise vendue au-dessous du cours établi par la convention, se composait de pièces défectueuses, qu'on pourrait vendre seulement avec un rabais. Cette raison était quelquefois fondée, mais pour éviter qu'elle ne servît de prétexte, les membres se sont engagés à faire vendre les pièces mal réussies, uniquement par un bureau de vente spécial, établi par le comité. Les prix de vente sont indiqués par le fabricant en envoyant la marchandise défectueuse à ce bureau duquel il reçoit le montant résultant de la vente, déduction faite de 5 pour 100 de commission pour couvrir les frais du bureau de vente.

Il y a en outre un grand nombre de dispositions et de prescriptions moins importantes, reconnues nécessaires depuis la création de la convention, entre autres au sujet de la position des contractants vis-à-vis des teinturiers, qu'il serait trop long d'énumérer.

Quant aux mesures prises pour empêcher toute infraction aux prescriptions de la convention, en voici les plus intéressantes :

M. Simons a le droit de demander l'inspection de tous les livres de fabrication et de commerce, des factures et de la correspondance chez les fabricants.

Les inspections de M. Simons se font, bien entendu, à l'improviste ; habitant Dusseldorf, il est presque toujours en route pour visiter les fabricants.

Chaque fabricant, grand ou petit, voulant faire partie de la convention, doit souscrire un billet de change (solawechsel) à vue, de 10,000 marks, à l'ordre de M. Simons. Ces billets sont déposés dans le coffre-fort de ce dernier qui est autorisé à en exiger le paiement comme amende du fabricant qui ne se conforme pas aux conditions établies.

Jusqu'à présent, ce cas ne s'est pas encore présenté, la surveillance minutieuse, d'une part, et l'importance de l'amende, d'autre part, mais aussi l'honorabilité des fabricants ayant empêché toute infraction aux conditions établies. Cependant quelques fabricants ont eu des amandes à payer, jusqu'à 1,000 marks dans un cas, pour infraction aux prescriptions d'une moindre importance et admise comme étant faite involontairement et sans mauvaise volonté.

Par ces moyens, la « Deutsche zanella Convention » à Elberfeld est devenue une vraie puissance, tellement grande que depuis quelques années elle a pu imposer aux établissements de teinture, dont quelques-uns sont très importants ici, l'obligation de ne teindre que pour les membres de la convention.

Les frais de la convention se couvrent par les cotisations des membres, fixées d'après le nombre de pièces que chacun d'eux produit.

En résumé, on est très satisfait des résultats obtenus par la convention qui a remis l'industrie des « zanellas » sur une base saine en rendant les affaires plus rémunératrices, plus faciles et plus agréables.

La « Deutsche zanella convention » à Elberfeld, étant limitée au commerce en Allemagne, l'exportation n'y est pas comprise ; les fabricants ont donc toute liberté de la faire comme ils veulent et de vendre à l'étranger aux prix qu'ils entendent accorder. Le système de primes à l'exportation n'existe pas dans cette industrie.

Le Cartel des Peluches

Il y a aussi le cartel des peluches à Elberfeld. Il

compte vingt fabricants qui se sont associés pour former un syndicat très prospère.

Il y a certainement d'autres syndicats dans les tissus, mais nous ne les connaissons pas suffisamment.

ESSEN

La ville d'Essen peut être considérée comme la ville la plus importante d'Allemagne au point de vue des cartels.

Les ententes minières et métallurgiques y ont pris une grande extension et l'on peut dire qu'Essen a été le berceau de ces ententes.

Une grande intelligence pratique des problèmes industriels semble animer tous ces syndicats et ils ont eu la singulière bonne fortune de pouvoir mettre à l'épreuve la puissance de leurs organisations dans les deux cas de la hausse et de la baisse qui se sont présentés à leurs points extrêmes en 1899 et en 1901-1902.

Etudions donc de près ces syndicats, car c'est à Essen que nous pourrons le mieux les juger. Donnons la première place au grand Syndicat des houilles.

Syndicat des houilles

Nous avons, dans notre premier volume de l'*Accaparement*, indiqué dans un chapitre spécial : *Le plus grand trust européen* (page 51), comment s'était fondé le Syndicat des houilles de la Westphalie : *Rheinish-Westfalischen Kohlen Syndicat* dont les premières tentatives de constitution remontent à 1879.

Nous avons donné en annexe dans le même volume les statuts de cette grande société.

Tout est donc connu sur son origine et sa constitution. Il ne reste plus qu'à connaître son fonctionnement pratique.

Voici le dernier compte-rendu de ses opérations en 1901, année caractérisée par le maximum de la baisse des produits miniers et métallurgiques. C'est en cela que cette année est éminemment intéressante à étudier.

Compte-rendu du Syndicat des Houilles (1901)
(Traduction du rapport à l'Assemblée générale)

Pour la première fois depuis la formation du Syndicat, nous avons à vous adresser un rapport sur un exercice qui, d'un bout à l'autre, est caractérisé par une dépression économique bien accusée. Le mouvement ascensionnel qui depuis 1896 entraînait à peu près toute l'industrie allemande s'est arrêté vers le milieu de 1900 ; il a fait place à un mouvement de recul, d'abord presque insensible, mais qui, au cours de 1901, nous a amenés à un état de marasme et à un manque de travail, tels que nous n'en avions pas subis depuis bien des années. Après avoir cru aveuglément que les conjonctures favorables se maintiendraient, voire même qu'elles ne feraient que s'améliorer, — confiance qui eut pour effet une hausse continue et souvent malsaine des prix et une production hors de proportion avec les besoins réels, — on est tombé dans un état de défiance également aveugle, dont la conséquence fut la baisse extraordinaire des prix de beaucoup de produits sur un marché surchargé d'offres. Vers la fin de l'année seulement, on s'est mis à apprécier plus sainement la situation, et l'on pouvait penser que la dépression avait atteint, sinon dépassé, le point le plus bas qu'elle devait atteindre. C'est évidemment l'industrie métallurgique qui a été le plus rudement frappée, et l'absence d'associations solides s'y est fait nettement sentir.

Sous la pression de ces circonstances, la consommation des houilles ne pouvait naturellement rester au niveau qu'elle avait atteint, et tandis que jusqu'ici nous vous parlions d'une satisfaisante augmentation de l'extraction et des ventes, l'exercice 1901 se clôt par une réduction notable de la production, à savoir 1.668.972 tonnes ou 3,20 pour cent, par rapport à 1900. A vrai dire, les cinq années précédentes (1896 à 1900) avaient vu se produire une augmentation annuelle moyenne de 9,47 pour cent, tandis que l'accroissement annuel moyen pendant les années antérieures n'était que de 4 pour cent environ.

Les exigences extraordinaires manifestées par les consommateurs de houille au cours des dernières années ont eu pour conséquence inévitable une extension importante des installations existantes et le fonçage d'un grand nombre de nouveaux puits, c'est-à-dire l'ouverture à l'exploitation de richesses houillères encore vierges. A elles seules, les mines syndiquées ont, en 1900-1901, commencé l'exploitation de 30 sièges nouveaux ; si l'on ajoute aux participations qui ont dû être accordées à ces sièges nouveaux, les augmentations de participation résultant du développement des mines en exploitation, on arrive à chiffrer par 1.788.194 tonnes ou 3,33 pour cent en 1900 et par 2.578.122 ou 4,60 pour cent en 1901, les majorations que le Syndicat, en vertu de ses statuts, a dû faire subir à la participation accordée aux adhérents.

Or, tandis qu'en 1900, le Syndicat avait pu adresser à chacun de ses adhérents un chiffre de commandes au moins égal à la pleine participation de chacun, il fut, dès le début de 1901, évident qu'il n'en pourrait être de même plus longtemps. Déjà, pour compenser l'effet des augmentations de participation entrant en vigueur au 1er janvier 1901 et pour proportionner l'extraction à la capacité probable de consommation du marché, la Direction dut demander, en décembre 1900, que pendant le premier trimestre 1901, la participation subît une réduction générale de 10 pour cent. Il en fut ainsi décidé, mais cette détermination valut au Syndicat de violentes attaques, dans les milieux mêmes qui lui sont d'ordinaire favorables, mais qui, cette fois, méconnaissaient les motifs de son acte. On n'a pas voulu voir que les réductions conventionnelles se rapportent toujours à la participation théorique, et qu'il s'agissait avant tout de prévenir une nouvelle augmentation de la production, augmentation à laquelle les mines syndiquées étaient en droit de prétendre à raison des augmentations de participation que le Syndicat avait dû leur accorder.

Nos adversaires ne nous ont pas dit où nous aurions dû écouler cet excédent de production, joint au tonnage dont le marasme des industries consommatrices empêchait le placement. La suite a prouvé la sagesse de notre détermination, et, si nous avons réussi, pendant les premiers mois de l'année, à écouler un tonnage un peu plus élevé que nous ne l'avions prévu, c'est principalement à la rigueur et à la persistance du froid que nous le devons. La réduction a pu être maintenue à 10 pour cent pour le deuxième trimestre : mais, pour le troisième, nous avons dû tenir compte des augmentations de participation entrées en vigueur le 1er juillet en même temps que de l'état plus mauvais du marché, et porter la réduction à 15 pour cent. Enfin, les nouvelles augmentations de participation qui prenaient date du 1er octobre, nous ont obligé à fixer à 20 pour cent la réduction pour le quatrième trimestre, réduction qui s'est heureusement trouvée supérieure aux besoins, car nous avons pu écouler un tonnage sensiblement plus élevé que nous n'avions osé l'espérer.

	Tonnes
La participation théorique s'élevait, le 1er janvier 1901, à..................................	56.036.585
Cette participation s'est accrue au cours de l'année et atteignait, le 31 décembre...	58.615.007
Ce qui représente une augmentation de ou	2.578.412 4.60 %
La participation comptable de 1901, calculée en tenant compte des dates d'entrée en vigueur des diverses augmentations et du nombre de jours de travail, s'est élevée à	57.172.824
La production effective a été de............	50.411.926
La production prévue (ou participation comptable diminuée des réductions conventionnelles de 10, 15 et 20 pour cent n'était que de..	49.241.196
La production effective a donc, malgré l'état du marché, dépassé la proportion prévue de..	1.170.730
et elle est restée inférieure à la participation comptable de............................	6.760.898
ou	11,83 %

Lors de la fondation du Syndicat, en 1893, la participation accordée aux adhérents était de.................................. 33.575.976
et nous venons de dire qu'à la fin de 1901, elle a atteint.. 58.615.007
La production du premier exercice (1893) avait été de 33.539.230
et nous venons de dire que celle de 1901 s'est élevée à.. 50.411.926
Il en résulte que la participation a, depuis 1893, augmenté de................... 25.039.031
ou .... 74,57 %
tandis que la production s'accroissait de... 16.872.696
ou .... 50,31 %

Nous croyons pouvoir, malgré le recul constaté en 1901, qualifier de satisfaisant ce développement de nos affaires.

Les tableaux ci-après permettent de se rendre compte du développement de ces divers éléments statistiques depuis la fondation du Syndicat, ainsi que de mois en mois au cours du dernier exercice.

	Participation comptable			Production		
		Augmentation par rapport à l'année précéd.			+ ou − par rapport à l'année précédente.	
	Tonnes	Tonnes	0/0	Tonnes	Tonnes	0/0
1893..	34.371.917	»	»	33.539.230	»	»
1894..	36.978.603	1.606.686	4.54	35.044.225	+ 1.504.895	+ 4.49
1895..	39.481.398	2.502.795	6.77	35.847.730	+ 803.505	+ 0.87
1896..	42.735.589	3.254.191	8.24	38.916.112	+ 3.568.382	+ 10.10
1897..	46.106.189	3.370.600	7.89	42.195.352	+ 3.279.240	+ 8.43
1898..	49.687.590	3.571.401	7.77	44.265.535	+ 2.070.184	+ 6.33
1899..	52.397.758	2.710.168	5.45	48.024.014	+ 3.158.479	+ 7.04
1900..	54.444.970	2.047.212	3.91	52.080.898	+ 4.056.884	+ 8.45
1901..	57.172.824	2.727.854	5.01	50.411.926	− 1.668.972	− 3.20

1901 Mois.	Particip. compt.	Production	% de la particip.	Consommation des Mines.	Expéditions Totales	Pour le compte du Syndicat	Soit
	Tonnes	Tonnes		Tonnes	Tonnes	Tonnes	0/0
Janvier....	4.849.833	4.419.813	91.13	1.237.462	3.122.615	2.997.701	96.
Février....	4.326.909	3.967.852	91.70	1.125.321	2.842.838	2.729.373	96.01
Mars	4.703.403	4.293.889	91.40	1.210.871	3.073.753	2.970.111	96.63
Avril	4.518.361	4.038.130	89.37	1.118.217	2.923.574	2.836.228	97.01
Mai........	4.724.153	4.289.269	90.79	1.110.897	3.183.222	3.107.732	97.60
Juin	4.427.782	4.058.740	91.67	1.040.946	3.036.650	2.972.747	97.90
Juillet	5.107.130	4.406.283	86.28	1.070.394	3.270.362	3.198.472	97.83
Août.......	5.114.286	4.338.413	84.83	1.053.285	3.237.866	3.163.889	97.72
Septembre.	4.736.832	4.065.946	85.85	1.003.966	3.076.205	2.999.736	97.51
Octobre ...	5.264.425	4.383.782	83.27	1.073.084	3.262.080	3.168.935	97.14
Novembre.	4.716.370	4.138.843	87.75	1.045.710	3 095.108	2.987.146	90.51
Décembre.	4.684.040	4.005.986	86.52	2.062.379	3.914.788	2.835.350	96.28
	57.172.824	50.411.926	88.17	13.152.532	37.068.089	35.968.410	97.03

On nous permettra d'attirer l'attention sur la rubrique « consommation des mines » : elle comprend non seulement le tonnage consommé par les chaudières et les charbons donnés au personnel, mais encore le tonnage transformé, sur les lieux, en briquettes et en coke. La consommation des mines, qui était en 1900 de 14.199.810 tonnes est retombée à 13.152.532 tonnes soit une baisse de 1.047.278 tonnes ou 7,4 pour 100. Mais de plus, tandis que les mines consommaient pour les chaudières et le charbon du personnel 120.969 tonnes de plus et pour la fabrication des briquettes 24.324 tonnes de plus qu'en 1900, le tonnage affecté par elles à la fabrication du coke diminuait de 1.192.571 tonnes, manifestation frappante de l'influence exercée sur le principal consommateur de coke, la métallurgie, par la crise économique décrite au début du présent rapport.

Dans le tableau ci-dessous, nous avons comparé, par qualités, nos divers éléments statistiques, participation, production, débit, expéditions, consommation des mines.

	Houilles grasses			Houilles à Gaz et flambantes à gaz		
	1901	0/0 du total	+ ou − par rapport à 1900	1901	0/0 du total	+ ou − par rapport à 1900
	Tonnes		0/0	Tonnes		0/0
Participation	32.442.769	58.50	+ 5.85	16.124.621	28.20	+ 2.75
Production	29.184.800	57.89	− 3.67	14.836.157	29.43	− 3.69
Débit	29.031.030	57.97	− 3.84	15.763.361	29.41	− 4.13
Expéditions	19.242.262	50.64	− 0.59	13.772.023	37.15	− 4.58
Consommat. des Mines	10.508.768	79.62	− 9.24	996.338	7.53	+ 1.27

	Houilles 1/4 gras et maigres			Ensemble		
	1901	0/0 du total	+ ou − par rapport à 1900	1901	+ ou − par rapport à 1901	
	Tonnes		0/0	Tonnes		0/0
Participation	7.605.434	13.30	+ 6.25	57.172.824		+ 5.01
Production	6.390.969	12.68	− 0.28	50.411.926		− 3.20
Débit	6.311.230	12.62	− 1.11	50.220.621		− 3.61
Expéditions	4.525.804	12.21	− 1.31	27.068.089		− 2.19
Consommat. des Mines	1.315.426	13.80	− 0.60	13.152.532		+ 7.38

Alors que la production houillère totale de la Prusse ne tombait que de 101.966.158 tonnes en 1900, à 101.203.807 tonnes en 1901, soit de 762.351 tonnes ou 0,75 pour 100, et que la Haute-Silésie pouvait même porter sa production de 24.829.284 tonnes à 25.251.943 tonnes, soit une augmentation de 1,70 pour 100, la production du bassin de la Ruhr s'est abaissée de 60.119.378 tonnes à 59.004.609 tonnes, soit une baisse de 1.114.769 tonnes = 1,85 pour cent.

En particulier, la production des mines syndiquées a passé — comme nous l'avons dit plus haut — de 52.080.898 tonnes à 50.411.926 tonnes, soit une diminution de 3,20 pour 100 ; la proportion prise par les mines syndiquées dans la production houillère prussienne a donc reculé dans des proportions sensibles, tandis que jusqu'à 1901, le Syndicat avait lentement, mais continuellement accru cette proportion. Il faut chercher l'explication de ce recul, d'une part dans l'importance extraordinaire qu'a prise la production du coke pour les mines de houille grasse syndiquées, mais d'autre part aussi dans le fait que les mines *non syndiquées* du bassin de la Ruhr ont augmenté leur production très notablement et sans tenir compte de la diminution de la capacité de consommation. En effet cette production représente, en 1901, 14,6 pour 100 de la production du bassin, tandis qu'en 1900 elle n'en représentait que 13,4 pour 100. Elle a atteint en 1901 le tonnage de 8.556.765 tonnes.

On ne saurait omettre de mentionner, en outre, l'accroissement de la production des *lignites*. L'extraction de lignite brut, dans le seul bassin de la rive gauche du Rhin, a passé de 5.202.000 tonnes, en 1900, à 6.241.000 tonnes, en 1901 ; la fabrication de briquettes a passé de 1.275.000 tonnes à 1.520.000 tonnes.

Le produit des houillères fiscales de la Sarre était, en 1901, inférieur de 21.000 tonnes à celle atteinte en 1900.

Voici, du reste, quelques chiffres relatifs au développement de la *production houillère dans les principaux bassins houillers prussiens* :

	Prusse entière.	Bassin de la Ruhr		
		Product. totale	Soit 0/0 de la product pruss.	En particulier mines syndiquées.
	Tonnes	Tonnes	0/0	Tonnes	0/0
1892	65.412.553	36.069.549	56.30	»	»
1893	67.657.844	38.702.999	57.20	33.539.230	49.57
1894	70.643.979	40.731.027	57.66	35.014.225	49.61
1895	72.621.509	41.731.027	57.47	35.347.730	48.67
1896	78.993.655	45.008.660	56.98	38.916.112	49.26
1897	84.253.393	48.519.899	57.59	42.195.353	50.08
1898	89.573.528	51.306.294	57.28	44.865.536	50.09
1899	94.740.827	55.073.422	58.13	48.025.014	50.69
1900	101.966.153	60.119.378	58.96	52.080.898	51.08
1901	101.203.807	59.004.609	58.30	50.411.026	49.81

	Bassin de la Sarre		Bassin de Haute-Silésie	
	Tonnes	0/0	Tonnes	0/0
1892	8.258.890	9.56	16.437.489	25.18
1893	5.883.178	8.70	17.109.436	25.27
1894	6.591.862	9.33	17.204.679	24.35
1895	6.886.093	9.48	18.066.402	24.83
1896	7.705.671	9.75	19.613.181	24.83
1897	8.258.404	9.80	20.627.961	24.48
1898	8.768.562	9.79	22.489.707	25.11
1899	9.025.071	9.53	23.470.095	24.77
1900	9.397.253	9.22	24.829.284	24.35
1901	9.376.028	9.26	25.251.943	24.95

Tarifs de chemins de fer. — La seule modification à signaler est celle-ci : sur la demande des chemins de fer de l'Etat belge, les tarifs en vigueur pour les échanges entre les bassins de la Ruhr et la Belgique ont été revisés ; ils ont subi quelques diminutions, mais aussi d'assez nombreuses augmentations, qui nous obligent à emprunter davantage qu'autrefois la voie d'eau pour nos expéditions en Belgique.

En même temps, une refonte du tarif en vigueur pour les expéditions de charbons belges à destination du Nord-Ouest de l'Allemagne venait augmenter notablement le rayon d'action des charbons belges. Il ne s'agit pas, il est vrai, d'un tonnage important ; néanmoins, pour certaines qualités de charbons, cela nous a créé une concurrence très sensible.

Le 12 octobre 1900, une réduction de tarif avait été accordée aux charbons étrangers importés par les ports maritimes allemands et transbordés en vue du transport vers l'intérieur par les voies navigables allemandes ; cette mesure, ainsi qu'on pouvait s'y attendre, a eu peu d'effet ; toutefois, l'industrie houillère allemande a tout intérêt à ce que cette réduction, qui est en vigueur jusqu'au mois d'octobre 1902, ne soit pas renouvelée, car les motifs qui l'ont inspirée n'existent plus, la capacité de production des mines allemandes s'étant notablement accrue.

Par contre, nous ne pouvons omettre de redire avec instance que toute notre industrie a absolument besoin d'une diminution de ses frais de transport, si l'on veut qu'elle continue, malgré la dépression actuelle, à supporter la concurrence ; or, cette réduction ne peut guère être atteinte que si l'on complète le réseau des voies ferrées par des voies navigables à grand rendement.

Rhin et canal de l'Ems. — L'état des eaux du Rhin est resté très satisfaisant pendant toute l'année... Ce fait, la diminution de la consommation des centres industriels du sud de l'Allemagne et la douceur de la température pendant l'hiver dernier, ont eu pour effet de créer sur le marché du fret une disproportion grave entre l'offre et la demande et une chute telle des prix de transport que les entreprises de navigation ont dû subir certainement des pertes.

Sans doute, il paraît, au premier abord, qu'une telle situation ne peut qu'être favorable au commerce des charbons ; mais en y réfléchissant, on s'apercevra que, même du point de vue des commerçants, cet état de choses est fâcheux. Le manque de stabilité et la baisse du marché du fret a eu, en effet, pour conséquence une grande incertitude pour tous ceux qui font le commerce des charbons dans le Sud de l'Allemagne, tous calculs en vue de traités de longue durée étant rendus impossibles. Il serait dans l'intérêt de tous que les transports par le Rhin reprissent bientôt une allure plus régulière.

Les expéditions de combustibles (houilles, cokes et

briquettes) sur les ports du Rhin, se sont élevés en 1901, à 8,796.213 tonnes contre 8.242.139 tonnes, en 1900, soit une augmentation de 507.474 tonnes ou 6,16 pour 100.

Les transports effectués par le canal de Dortmund à l'Ems ont notablement augmenté en 1901. Ils ont été arrêtés par la glace pendant soixante-cinq jours, auxquels il faut ajouter trois jours pour réparations à l'ascenseur d'Heinrichenburg.

Depuis l'ouverture du canal, ont été transportés :

	En amont	En aval	Total
	Tonnes	Tonnes	Tonnes
1898	55.000	64.500	119.500
1899	102.500	98.000	200.500
1900	292.846	183.593	476.439
1901	417.715	253.199	680.914

La Compagnie Westphalienne de Transports a transporté pour sa part, sur le tonnage indiqué ci-dessus :

42.491 tonnes en 1899.
116.969 tonnes en 1900.
196.266 tonnes en 1901.

Soit une augmentation, l'an dernier, de 79.297 tonnes (dont 62.436 tonnes en amont et 16.861 en aval, les expéditions en aval sont malheureusement très faibles encore, ce qui exerce une fâcheuse influence sur la situation financière de la Compagnie. Les résultats de 1901 ne sont pas encore connus. Ils seront évidemment plus satisfaisants que ceux de 1900, mais il faut s'attendre encore à un déficit.

En ce qui concerne particulièrement les charbons, il a été expédié par cette voie.

Au départ du rivage ou port de :

Mine Friedrichen der Grosse	40.674 tonnes.
Mine Konig Ludwig	22.496 —
Mine Victor	150 —
Mine Hardenberg	20.530 —
Dortmund	12.342 —
	96.192 tonnes.

Exportations. — La consommation nationale ayant diminué, nous nous sommes efforcés d'augmenter la vente à l'étranger, sans y réussir dans des proportions notables ; il en faut chercher la raison principale dans la forte concurrence de l'Angleterre, où l'industrie a souffert des mêmes circonstances économiques que nous, et a, par suite, éprouvé comme nous, le besoin d'accroître ses débouchés.

Sur les 37.068.089 tonnes expédiées par le Syndicat en 1901, 16,36 pour 100 ont été dirigées sur les marchés étrangers, contre 15,47 pour 100 en 1900, 16 pour 100 en 1899, 16,8 pour 100 en 1898, 16,7 pour 100 en 1897 et 15,9 pour 100 en 1896.

En somme les ventes en Allemagne même ont baissé de 3,23 pour 100, celles effectuées à l'étranger ont augmenté de 3,45 pour 100.

Le tableau ci-après permet de comparer les ventes en Allemagne et à l'étranger, effectuées par les trois grands groupes de mines prussiennes.

Ont été expédiées :

	1897		1898	
	Tonnes	0/0	Tonnes	0,0
Sur l'Allemagne				
Des mines fiscales de la Sarre (1)	6.473.100	84.9	6.762.500	85.1
— de Hte-Silésie (1)	3.923.661	87.2	4.149.916	88.3
Des mines syndiquées de la Ruhr (2)	26.674.408	84.3	27.865.817	83.2
Sur l'Etranger				
Des mines fiscales de la Sarre...	1.150.460	15.1	1.181.890	14.9
— de la Hte-Silésie	575.58?	12.8	548.899	11.7
Des mines syndiquées de la Ruhr	4.961.099	15.7	5.644.660	16.8

	1899		1900		1901	
	Tonnes	0/0	Tonnes	0/0	Tonnes	0,0
Sur l'Allemagne						
Des mines fiscales de la Sarre (1)	7.078.400	85.9	7.320.500	87.6	—	—
— de Hte-Silésie (1)	4.335.272	89.5	4.419.419	90.5	—	—
Des mines syndiquées de la Ruhr (2)	29.578.398	84.0	32.037.841	84.5	31.004.135	83.6
Sur l'Etranger						
Des mines fiscales de la Sarre...	1.160.400	14.1	1.038.500	12.4	—	—
— de la Hte-Silésie	511.068	10.5	462.777	9.5	—	—
Des mines syndiquées de la Ruhr	5.648.335	16.0	5.861.961	15.5	6.063.934	16.4

En recherchant le tonnage (houille) qui reste disponible pour la consommation intérieure (y compris le tonnage importé, mais déduction faite du tonnage exporté), on obtient les chiffres suivants :

	Production		Importation		Total	
	Tonnes	+ ou — que l'année précéd. 0/0	Tonnes	+ ou — que l'année précéd. 0/0	Tonnes	+ ou — que l'année précéd. 0/0
1897..	91.054.982	+ 6.26	6.072.030	+10.85	97.127.012	+ 6.54
1898..	96.309.652	+ 5.77	5.820.332	+ 4.15	102.129.984	+ 5.15
1899..	101.639.753	+ 5.53	6.320.489	+ 6.88	107.860.242	+ 5.61
1900..	109.290.237	+ 7.53	7.384.049	+18.71	116.574.286	+ 8.17
1901..	108.417.029	— 0.80	6.297.379	—14.72	114.714.418	— 1.68

(1) Chiffres extraits des renseignements officiels distribués chaque année à la Chambre des Députés prussienne, par l'Administration des mines fiscales.

(2) Pour le Syndicat, il s'agit de l'année civile, pour les mines fiscales de l'année budgétaire (1er avril-30 mars).

	Exportation		Consommation			
	Tonnes	+ ou − que l'année précéd. %	Tonnes	+ ou − que l'année précéd. %	Par habitant Kilog.	+ ou − que l'année précéd. %
1897..	12.389.907	+ 6.82	84.737.105	+ 6.50	1.577	+ 4.92
1898..	13.989.223	+12.91	88.140.761	+ 4.02	1.618	+ 2.60
1899..	13.9~3.174	− 0.33	93.917.068	+ 6.55	1.700	+ 5.07
1900..	15.215.805	+ 9.56	101.398.481	+ 7.97	1.800	+ 5.88
1901..	15.266.267	+ 0.06	99.448.151	− 1.82	1.765	− 1.94

On voit que la consommation houillère en Allemagne même a diminué, de 1900 à 1901, de 1.950.330 tonnes ou 1,92 pour 100.

Nos expéditions par mer, qui avaient baissé de 160.658 tonnes en 1899 à 136.739 tonnes en 1900, se sont relevées à 181.010 tonnes en 1901 ; il faut remarquer que les expéditions destinées à la flotte allemande à Kiautschou (mer de Chine), se sont élevées en 1901, à 900 tonnes seulement, contre 70.962 en 1900.

Le marché de Hambourg (y compris le transbordement sur les lignes de Altona-Kiel et Lübeck-Büchen et à destination du cours supérieur de l'Elbe) a reçu en 1901, 1.724.000 tonnes contre 1.598.000 en 1900. Les ventes de charbons westhpaliens sur ce marché ont ainsi augmenté de 125.800 tonnes. Les importations de charbons anglais à Hambourg sont retombées de 3.019.400 tonnes à 2.691.790 tonnes, soit une baisse de 328.800 tonnes ; elles restent néanmoins encore de 272.000 tonnes supérieures à celles de 1899.

Le tableau suivant renseignera sur le développement de la concurrence que se font les deux catégories de charbons sur le marché de Hambourg.

(On remarquera la précision de tous ces chiffres et le luxe de détails que ce syndicat livre à la publicité).

Années	Importat. totales Tonnes	Dont Charbons anglais Tonnes	Charbons Westphal. Tonnes
1892	2.518.185	1.615.000	903.185
1893	2.599.726	1.596.136	1.003.590
1894	2.852.880	1.660.000	1.192.880
1895	2.981.270	1.683.000	1.298.270
1896	3.207.810	1.797.000	1.410.810
1897	3.608.090	2.156.000	1.452.090
1898	3.707.250	2.055.100	1.652.150
1899	4.065.950	2.420.150	1.645.800
1900	4.617.600	3.019.400	1.598.200
1901	4.415.790	2.691.790	1.724.000

Les importations de charbons *américains* dans le port de Hambourg ont, contre toute attente et à la faveur de frets peu élevés, passé de 4.499 tonnes en 1900 à 14.076 tonnes en 1901. Il s'agit, pour la plus grande partie, d'anthracite, dont la qualité paraît avoir en général satisfait les consommateurs, bien qu'on se soit plaint de leur forte teneur en cendres.

Les importations totales de charbons américains en Allemagne ont passé de 10.756 tonnes en 1900 à 48.601 tonnes en 1901. Une grande partie de ce tonnage a été apportée par nos grandes Compagnies transatlantiques à défaut de fret de retour suffisant.

En dépit de cette augmentation, nous persistons dans l'opinion exprimée dans notre rapport sur 1900, à savoir que l'industrie houillère allemande n'a pas à redouter une importation sérieuse de combustibles américains.

Nos expéditions en *Hollande* et en *Belgique* ont atteint :

En 1898 .... tonnes 5.027.934
    1899 .... 5.135.437

1900 .... 5.274.431
1901 .... 5.386.137

Ce qui représente une nouvelle et légère augmentation (112.000 tonnes environ), tandis que les expéditions de charbons anglais à destination de ces pays ont très notablement diminué. Elles ont atteint en effet :

	Sur la Hollande	Sur la Belgique
	Tonnes	Tonnes
En 1898	931.134	342.558
1899	1.288.829	777.068
1900	1.901.544	1.173.917
1901	1.095.700	755.496

Le recul des importations anglaises s'explique sans doute principalement par la fâcheuse situation de l'industrie de la navigation, car une grande partie du tonnage expédié d'Angleterre sur ces pays est consommé en qualité de charbons de soute aux ports destinataires.

Conclusions. — Bien que nous ayons malheureusement à signaler une diminution de nos ventes, l'industrie houillère, grâce à la solide organisation de ses syndicats, n'a pas à beaucoup près souffert de la crise économique autant que cela eût été le cas si les syndicats n'existaient pas ; grâce à son union, elle a pu éviter une chute des prix qui eût été sans cela inévitable. On nous permettra de rappeler la longue série d'années — avant la constitution du Syndicat — pendant lesquelles l'industrie houillère, plus que toute autre industrie, a eu à souffrir de toutes les crises et pendant lesquelles on a vu un très grand nombre de mines exploiter presque sans donner de bénéfices.

C'est, nous l'avons dit, l'industrie métallurgique qui a été le plus rudement frappée par la crise actuelle. A la suite d'une concurrence effrénée entre usines, que ne reliait aucun lien syndical solide, on a vu les prix de certains articles tomber, à l'intérieur comme à l'étranger, à un niveau ruineux. Pour aider cette industrie à trouver des clients à l'étranger et à contre-balancer ainsi les effets de la diminution de consommation intérieure, nous avons, avec votre assentiment, accordé de nouveau des *primes à l'exportation*. Nous comptons bien que, les usines travaillant par suite plus régulièrement, il en résultera une augmentation de la consommation houillère.

L'avilissement notable des frets maritimes, résultat de la diminution générale des échanges, et les ventes à vide effectuées par les exportateurs anglais à la faveur même de cette baisse du fret, ont provoqué, partout où nous luttons contre les charbons anglais, une réduction progressive des prix. Ce n'est qu'à dater de l'entrée en vigueur du droit de sortie de un shilling par tonne de charbon exporté, imposé par le gouvernement anglais pour faire face aux dépenses de la guerre sud-africaine, que la situation s'est améliorée. Néanmoins, les prix au lieu de consommation sont restés à un niveau tel que, nous qui avons à supporter des frais de transport par voie ferrée très élevés, nous avons subi des pertes notables par rapport à nos opérations de 1900. Un progrès ne se manifestera que lorsque l'activité reprendra sur le marché international, et nous verrons sans doute en même temps la fin de la dépression dont souffre presque toute notre industrie allemande. Mais nous ne pouvons prévoir à quel moment se produira cette amélioration.

La redevance que nous devons prélever sur nos membres (par rapport au montant des ventes) avait pu être abaissée à 3 pour cent à partir du 1ᵉʳ avril 1900, mais, à raison des circonstances défavorables que nous venons de décrire, nous avons dû la porter de nouveau à 6 pour cent, à dater du 1ᵉʳ octobre 1901.

Du bilan et du compte de profits et pertes annexés au rapport que nous venons de traduire, il nous paraît intéressant d'extraire quelques chiffres :

Bilan

Actif. — 37.066.746 m. 84, dont 36.396.229 m. 76 au compte Débiteurs, et 497.825 m. 44 au compte Stocks de charbon ; des amortissements importants ont permis de ramener à un mark chacun, pour mémoire, les comptes immeubles, Mobilier, Installations du Dépôt du Rhin supérieur, etc.

Au Passif. — 900.000 marks de capital-actions, 1.250.000 marks pour engagements en cours, 34 millions 916.746 m. 84 au compte Créditeurs.

Compte de Profits et Pertes

Doit. — Frais généraux, 1.918.865 m. 13. Amortissements (indiqués plus haut) 956.545 m. 72. — Total : 2.875.410 m. 85.

Avoir. — Intérêts, 33.180 m. 83 et *umlage* (redevance imposée aux membres pour couvrir les frais généraux et amortissements), 2.842.230 m. 02.

Cette redevance nous est indiquée après déduction du montant des indemnités payées aux membres qui n'ont pas reçu de la direction du Syndicat le chiffre de commandes correspondant à leur chiffre de participation. On sait aussi que le Syndicat paie aux membres les prix d'ordres convenus; et que c'est lui-même qui supporte les moins-values lorsque, comme il le dit à la fin de son rapport, il doit vendre (à l'étranger surtout) au-dessous de ces prix d'ordre ; ces moins-values font partie de l'*umlage*. Tel est le rapport officiel si remarquable du Syndicat des Houilles qui montre sans aucun détour le mécanisme de toutes ses opérations.

Le Syndicat des Houilles de Westphalie a-t-il servi l'intérêt général ?

Il nous appartient de montrer si le Syndicat des Houilles de Westphalie a été utile ou nuisible à l'ensemble des intérêts allemands.

Nous allons essayer de juger avec impartialité.

Progrès de l'exploitation. — Au point de vue des progrès de l'exploitation des mines, on peut dire qu'ils ont été considérables. Les mines syndiquées ont en 1900-1901 mis en exploitation trente puits nouveaux.

Progrès de la participation. — La production a-t-elle subi un recul marqué en raison de l'année 1901, si terrible pour l'industrie allemande ? La production en 1900 était de 52.080.898 tonnes. Elle est restée en 1901 de 50.441.926 tonnes, soit une diminution de 3,20 %, alors que l'augmentation de 1900 sur 1899, année où l'on avait produit 48 millions de tonnes, avait été de 8,45 % seulement, c'est-à-dire que l'année 1901 est la plus forte année de production du Syndicat, sauf l'année exceptionnelle de 1900.

Progrès de l'exportation. — L'année 1901 a vu le plus

fort chiffre de l'exportation du Syndicat. Ce chiffre a atteint 16,36 % de la production, contre 15,47 % en 1900.

Primes à l'exportation. — Loin d'être impressionné par la crise industrielle allemande, le Syndicat a, au contraire, poussé plus loin l'audace et a pris l'initiative de venir en aide à l'industrie métallurgique en accordant des primes à l'exportation aux usines allemandes, primes prélevées sur le prix des combustibles à elles fourni.

Salaires ouvriers. — Le prix du salaire par poste n'a pas diminué. Il a été de 3 m. 35 pf. en 1900 et 3 m. 36 pf. en 1901 pour la catégorie b, et de 3 m. 32 pf. en 1900 comme en 1901.

Les mines du Syndicat *ont payé les salaires les plus élevés*, soit 1,224 marks sur l'ensemble du personnel, contre 1.042 dans les mines fiscales de la Sarre (le trust d'Etat) et 872 dans la Haute-Silésie.

Ainsi donc, encore là, au point de vue social, le Syndicat apparaît comme plus bienfaisant que l'Etat et que l'industrie patronale individuelle.

Rendement par ouvrier. — Au point de vue du rendement par ouvrier, la supériorité syndicale apparaît encore en comparant les deux bassins voisins de la Sarre et de la Ruhr. Dans le bassin de la Ruhr, le rendement a été en 1901 de 271 tonnes par an, et dans la Sarre de 233 tonnes.

Prix de vente. — Les prix de vente du Syndicat donnent enfin la conclusion de cette comparaison.

Voici les prix fixés depuis le commencement des opérations du Syndicat :

	1893-1894.	1894-1895.	1895-1896.	1896-1897.	1897-1898.	1898-1899.	1899-1900.	1900-1901.	1901-1902.
Flambants, houille M.	11-50	12- »	12- »	11-50	12- »	12- »	12- »	13-50	13-50
id. tout-venant.	8 »	8-50	8-50	8-15	9-25	9-25	9-75	10-75	10-75
id. noisettes I	11- »	12- »	12- »	11- »	11 »	11- »	11-50	12-75	12-75
id. id. II	11- »	12- »	12- »	11- »	11- »	11- »	11-50	12-75	12-75
id. id. III	9- »	10- »	10- »	10- »	10- »	10- »	10-50	10-50	11-50
id. id. IV	8- »	8-50	9-50	8-50	9- »	9- »	9-50	10-10	10-50
id. poussiers	5-50	6-50	6-50	6-50	7- »	7-3	7-50	8-50	8-50
Gras, houille	11- »	12- »	12- »	11-50	11-50	11-50	12- »	13- »	13- »
id. tout-venant	7- »	7-50	7-50	8-30	8-60	8-60	9-10	10-10	10-10
id. forte composit.	8- »	8-50	8-50	9-30	9-60	9-60	10-10	10-10	10-10
id. noisettes I	10-50	11- »	11- »	11- »	11- »	11- »	11-50	12-75	12-75
id. id. II	10- »	10-50	11- »	11- »	11- »	11- »	11-50	12-75	12-75
id. id. III	8- »	8-50	9- »	9-30	9-80	10- »	10-50	11-75	11-75
id. id. IV	7- »	7-50	8- »	8-30	8-80	9- »	9-50	10-75	10-75
Charbon à coke	5-50	6- »	6-50	6-50	7- »	8- »	8-50	10-10	10-50

Les cours pour les charbons maigres ne sont pas examinés dans le tableau ci-dessus, parce qu'ils se subdivisent en un nombre trop considérable de qualités différentes et que, de plus, la totalité de leur production ne dépasse pas 12 % de l'extraction totale des charbonnages syndiqués.

Veut-on savoir maintenant en comparaison les prix fixés par le Syndicat rival, le trust d'Etat de Saarbrucken. Voici le document officiel pour le premier semestre 1902 :

La Direction des mines royales de la Sarre vient de faire connaître les prix de base de ses ventes par chemins de fer. Il s'agit des ventes aux prix du jour (tarif rouge). Ces prix sont valables de janvier à mars inclusivement, pour toutes les livraisons isolées, avec une majoration de 40 pfennigs pour les charbons triés et les tout-venants, et de 80 pfennigs pour les produits lavés. Pendant les mois d'été, les prix ci-dessous ont été également valables, mais sans majoration.

Houilles flambantes :

Première sorte :

Mines Püttlingen, Louisenthal, Reden.	16	»
Mines Griesborn, Von der Heydt, Itzenplitz, Friedrichsthal, Gottelborn.....	15	20

Tout-venant :

Itzenplitz criblé (sans poussiers).........	14	20
Kohlwald demi-criblé	13	20
Griesborn criblé	12	60

Deuxième sorte :

Friedrichsthal	11	40
Louisenthal	10	80
Gottelborn	10	»

Troisième sorte :

Reden	9	40
Griesborn	7	80
Kohlwald et Gottelborn	7	20

Produits lavés :

Louisenthal, Friedrichsthal, Von der Heydt :		
Classement 50/80 millimètres......	16	»
— 25/50 m/m................	15	60
Louisenthal, Friedrichsthal :		
Classement 15/35 m/m................	14	60
— 2/15 m/m	10	60
Von der Heydt :		
Classement 2/35 m/m................	11	10
Les produits lavés de Reden-Itzenplitz		

(50/80, 35/50, 15/35 et 2/15 m/m) et de Griesborn (50/80 m/m) coûtent en plus .... » 50

Les produits lavés de Griesborn (35/50 et 15/35 m/m) coûtent en plus .... 1 »

Produits non lavés :

Gottelborn 50/80 m/m .... 15 »
— 35/50 m/m 12 20

Houilles grasses :

Première sorte :

Heinitz-Dechen, Konig 16 60
Dudweiler, Sulzbach, Altenwald, Camphausen, Maybach, Brefeld............. 16 10

Deuxième sorte :

Konig 12 10
Dudweiler, Camphausen 11 10
Maybach, Brefeld 10 20

Quant aux produits lavés des mines de houille grasse, les classements 50/80 et 35/50 sont tarifés au même prix que ceux de Reden-Itzenplitz, et les classements 15/35 et 2/15 au même prix que ceux de Louisenthal.

Les prix des premières sortes (35 à 80 m/m) n'ont guère varié, à l'exception de ceux de Friedrichsthal, par rapport au semestre courant. Par contre, les deuxième et troisième sortes ont subi une baisse de 60 à 80 pfennigs par tonne. Les menus lavés ont été réduits en conséquence.

Il résulte de cette comparaison que les tout-venants

sont cotés pour les houilles flambantes 10 m. 70 au Syndicat de la Ruhr, et 14 m. 20 à 16 m. 60, suivant qualité pour Saarbrucken.

Les tout-venants gras sont cotés 16 marks pour Saarbrucken et 13 marks pour la Ruhr.

Il y a certainement un écart de 1 à 2 marks entre les prix de vente du Syndicat privé et ceux du Trust d'Etat.

Aucune comparaison ne pouvait être plus frappante à la veille du vote qui a mis entre les mains du gouvernement de grands champs miniers nouveaux en Westphalie.

C'est la concurrence certaine dans un avenir déterminé entre l'Etat et l'industrie privée, entre le trust d'Etat et le cartel privé.

Eh bien ! il nous plaira d'assister à ce duel, et nous pouvons prédire, d'après ce que nous venons d'indiquer sommairement, que cette intéressante expérience sur un même terrain, dans les mêmes couches et avec les mêmes éléments ouvriers, démontrera victorieusement, mieux que tous les raisonnements, l'immense supériorité de l'industrie syndiquée sur l'Etat collectiviste.

Le Syndicat des Tôles

Le Syndicat des Tôles a son bureau à Essen-sur-Ruhr. Il était originairement établi en 1897 et n'a pris la présente forme d'une compagnie à responsabilité limitée qu'en 1898.

Ce syndicat comprend les établissements suivants :

Thyssen et C°, à Mülheim-sur-Ruhr ;

Duisburger-Eisen et Stahlwerke, à Duisburg ;
Hoerder Verein, à Hoerde ;
Gute-Hoffnungshutte, à Oberhausen ;
Gewerkschaft-Grillo, Funke et C°, à Schalke ;
Fried Krupp, à Essen ;
Düsseldorfer Roehren et Eisenwerke, à Oberbilk ;
Union, à Dortmund ;
Oberbilker Blechwalzwerk, à Oberbilk ;
Phoenix, à Laar, près Ruhrort ;
Gusstahlwerk, à Witten ;
Eisenwerke, à Geisweid ;
Ph. Weber, à Dortmund ;
Friedenshütte, à Wehbach-Kirchen ;
Bremerhütte, à Weidenau ;
Christinenhütte, à Meggen ;
Peter Harkort et Sohn, à Wetter ;
Dillinger Hütte, à Dillingen ;
Ph. Weber, à Hostenbach ;
Kœnigs et Laura-Hütte, à Berlin ;
A. Borsig, à Borsigwerke ;
Friedenshütte, Haute-Silésie ;
Bismarckhütte, à Bismarckhütte ;
Lanchhammer Fabrik, à Lanchhammer ;
De Wendel et C°, à Hayngen.

Entente entre le Cartel des Tôles fortes et des Tôles fines

Il existe également un Syndicat des Tôles fines, sur lequel nous n'avons pas de données précises.

Mais une entente est intervenue entre le Syndicat des Tôles fortes et celui des Tôles fines, tous les producteurs de chacun des syndicats qui fabriquaient des tôles rentrant dans la catégorie de l'un des deux comptoirs s'engageant à faire partie des deux syndicats. En réalité, il n'y en a donc qu'un seul.

Voici quelle a été la production des fabricants de tôles fortes pendant les quatre derniers exercices :

	1897-1898	1898-1899	1899-1900	1900-1901
Tôles de chaudières acier. T.	87.725	104.264	124.649	90.110
— fer.	7.970	5.451	2.549	1.280
Tôles de marine	4 078	12.248	18.716	10.801
Tôles de bateaux	31.775	52.921	56.207	68.431
Autres tôles	86.858	108.832	135.295	86.008

La production totale s'est élevée à 1,096,171 tonnes depuis la formation du Syndicat.

Syndicat des gros Rails d'acier

Ce syndicat des rails d'acier est un des plus puissants. Il ne compte que de grandes usines allemandes.

Depuis l'entrée dans le Syndicat des Rails des trois nouvelles aciéries de la Lorraine, d'Aumetz-La Paix, de Differdange et de Rombach, le comptoir comprend 24 usines, qui se subdivisent comme suit :

Groupe de l'Ouest. — F. Krupp, à Essen ; Bochumer Verein, à Bochum ; Union Actien Gesellschaft, à Dortmund ; Gutehoffnungshütte, à Oberhausen ; Hoerder Bergwerk und Hüttenverein, à Hoerde ; George-Marien Bergwerk und Hüttenverein, à Osnabruck ; Rheinische Stahlwerke, à Ruhrort ; Phénix, à Laar ; Eisen und Stahlwerke Hoesch, à Dortmund ; Rothe Erde, près d'Aix-la-Chapelle ; Gesellschaft für Stahlindustrie, à Bochum ; Westfalische Stahlwerke, à Bochum ; en tout 12 usines.

Groupe de l'Est. — Konigs Laurahütte Actien Gesellshaft für Bergbau und Hüttenbetrieb, à Berlin ; Konigin

Marienhütte, à Cainsdorf ; Oberschlesische Eisenbahnbedarfs Actien Gesellschaft, à Friedenshütte ; en tout 3 usines.

Groupe du Sud. — Stumm frères, à Neunkirchen ; Luxemburger Bergwerk und Saarbrücker Eisenhütte Actien Gesellschaft, Burbacherhütte ; de Wendel et C°, à Hayange; Roechling frères, à Volklingen; Eisenwerk Kramer, à Saint-Ingbert ; Eisenhütten Actienverein, à Dudelange ; Aumetz-la-Paix ; Rombacher Hüttenwerke, et Differdingen-Dannenbaum ; en tout 9 usines.

De plus, les aciéries suivantes sont alliées au Syndicat et au prix de certaines ristournes ne prennent pas part aux fournitures des chemins de fer de l'Etat prussien : Gussstahlwerk Witten, à Witten ; Maximilianshütte, à Rosenberg ; Gussstahlwerk, à Dohlen ; Ilsederhütte, à Gross-Ilsede ; Weiner Walzwerk, à Peine, et Gewerkschaft Deutscher Kaiser, à Bruckhausen.

C'est tout ce que l'Allemagne compte de producteurs de rails, et plus des 90 % de la production sont monopolisés de la sorte.

Ce cartel soutient néanmoins autant qu'il le peut les prix, et on doit reconnaître que dans la situation du marché allemand il y aurait eu, sans le Syndicat, un effondrement du marché dont on aurait mis plusieurs années à se relever.

Pour les gros rails, le Syndicat a maintenu naturellement les prix sans difficulté vers 120 et 125 marks, mais pour les petits rails, pour lesquels la concurrence est libre, on est descendu jusque 115 marks et même jusque 110 marks.

Il y a donc là un exemple frappant de ce que peut le

groupement, puisque les gros rails, qui se paient toujours, en temps ordinaire, au moins 8 à 10 pour cent de moins que les petits rails, plus difficiles à fabriquer, se trouvent par suite de la réglementation, valoir 8 à 10 % de plus.

Syndicat des Briqueteries

Ce syndicat, *Actien Gesellschaft Essener Verkaufs-Verein für Ziegelei-Fabrikate*, ou Société anonyme de vente de produits de briqueterie, est un des plus puissants et des mieux menés.

On conçoit difficilement comment on a pu grouper des industries où les produits sont très divers. Cela ne fait que mieux ressortir la puissance d'association de l'industrie allemande.

Les statuts qui régissent cette association sont bien faits, très francs dans leur but, et peuvent servir de modèle. C'est pourquoi nous les donnons ci-dessous comme résumant complètement les différents détails fort étudiés de l'association.

Ces statuts sont en vigueur depuis le 1er janvier 1900 seulement.

Raison sociale, siège et objet de la Société

ARTICLE PREMIER. — La société par actions porte la raison sociale : *Actiengesellschaft Essener Verkaufsverein für Ziegeleifabrikate*, et élit domicile à Essen. L'Association poursuit et a pour objet la monopolisation de l'achat et de la vente des briques de four circulaire et autres produits de tuilerie fabriqués par les tuileries de briques à four circulaire.

Ne sont admis à faire partie de l'Association que les producteurs de briques et tuiles.

Capital social et Actions

ART. 2. — Le capital social est de 122.000 marks et est divisé en 122 actions nominatives de 1.000 marks chacune. Le capital social peut être majoré ou réduit, sous condition d'observance des prescriptions légales. Tout transfert est sujet à l'assentiment de l'Assemblée générale ; le transfert n'est valable qu'appuyé d'une déclaration judiciaire ou légalisée devant notaire.

Les noms des détenteurs d'actions seront inscrits dans le registre des actionnaires.

ART. 3. — Sur chaque action il est à verser comptant 25 pour cent du capital nominal ; pour le surplus, il est à constituer garantie soit en valeurs, soit en lettre de change à simple signature.

Le Conseil de surveillance décide de l'admissibilité des effets publics offerts en garantie ainsi que de l'opportunité et des modalités de l'appel intégral ou partiel des sommes restant à recouvrer sur le montant nominal des actions.

Organes de la Société

ART. 4. — Les organes de la Société sont :

1° Le Comité ; 2° le Conseil de surveillance ; 3° l'Assemblée générale.

Le Comité

ART. 5. — Le Comité se compose d'un ou deux membres. Le Conseil de surveillance, qui est en même temps chargé de la nomination du Comité fixe le nombre des membres.

Tant que le Comité ne consiste qu'en une seule et unique personne, celle-ci seule peut représenter la Société envers les tiers et ester en justice. Le Comité se compose-t-il de deux titulaires, ceux-ci ne peuvent engager la Compagnie que simultanément. Le Conseil de surveillance est autorisé néanmoins à nommer des suppléants aux membres du Comité. Ceux-ci exercent les droits du suppléé.

Le Comité ne peut donner procuration de signature qu'avec approbation du Conseil de surveillance, et ce sous les réserves que voici :

1° Tant que le Comité se compose d'une seule personne, il ne peut être donné procuration collective qu'à deux personnes ;

2° Si, au contraire, le Comité est composé de deux personnes, les fondés de pouvoir ne seront autorisés de représenter la Compagnie que simultanément avec un membre du Comité ou un suppléant dûment désigné.

En conséquence, n'engagent juridiquement la Société que les affaires et écritures verbalement ou officiellement établies :

1° Tant que le Comité n'est représenté que par une personne, par celle-ci ou par un suppléant ou par deux fondés de pouvoir collectifs ;

2° Ou, quand le Comité se compose de deux membres, soit par ces deux titulaires simultanément ou par l'un d'eux, assisté soit d'un suppléant ou d'un fondé de pouvoir, soit par les suppléants des deux titulaires, soit par un suppléant assisté d'un porteur de procuration,

Tous actes écrits doivent être expédiés au nom formel de la raison sociale.

La nomination du Comité, des suppléants et des fondés de pouvoirs doit se faire par procès-verbal notarié dont expédition sera faite aux intéressés à titre de légitimation.

Le Comité représente la Compagnie au dehors dans les limites des prescriptions de la loi ; il gère les affaires de la Société dans tous leurs détails, dans les bornes assignées par le statut social et le réglement administratif dressé par le Conseil de surveillance.

Le Conseil de surveillance

ART. 6. — Le Conseil de surveillance se compose de cinq personnes. La première élection a lieu dans l'assemblée constitutive.

Le Conseil de surveillance actuel reste en fonction jusqu'à la fin de l'an 1900, à moins qu'il ne sorte des membres avant ce terme.

Ultérieurement, l'élection se fera dans l'assemblée générale pour une durée de quatre années à compter du 1ᵉʳ janvier de l'année qui suivra la date de l'élection. A la fin de chacune des trois premières années sort un membre du Conseil, et à la fin de la quatrième année sortiront les deux derniers, tous d'ailleurs rééligibles à chaque terme.

En cas de démission ou de décès de membres du Conseil dans l'année, celui-ci est considéré comme étant au complet tant que trois membres restent en présence. Leur nombre doit cependant être reporté à cinq dès l'assemblée générale subséquente. Les membres ainsi élus sortent au terme de sortie correspondant à la sortie de leurs prédécesseurs s'ils étaient restés en fonctions. Si la composition du Conseil de surveillance devait tomber en-dessous de trois membres, il y aurait lieu de le compléter par la convocation d'assemblée générale extraordinaire.

Le Conseil de surveillance nomme, dans son sein, son président et son vice-président.

Le premier Conseil de surveillance officie jusques y inclus au 31 décembre 1899.

Les dispositions énumérées ci-dessus ne trouveront application qu'aux Conseils nommés subséquemment.

ART. 7. — Le Conseil de surveillance est chargé de la gestion et de la surveillance de toute l'exploitation sociale ; il assume en plus des droits énumérés jusqu'ici par le présent statut les devoirs suivants et exerce les droits que voici :

1° Il contrôle les membres du Comité. Les membres du Comité sont obligés de se conformer à tous ordres et prescriptions du Conseil de surveillance. Celui-ci dresse un règlement spécial pour l'exploitation sociale et son contrôle ;

2° Il commissionne le personnel de la Société et décide de son renvoi ;

3° Il surveille la fluctuation des cours des valeurs données en garantie pour les versements non appelés, et au besoin ordonne leur remplacement par des titres offrant plus de sécurité.

ART. 8. — Le Conseil de surveillance est convoqué selon les exigences du service ; il doit toutefois se réunir au moins une fois tous les deux mois. Les convocations se font par le président ou le vice-président, avec indication de l'ordre du jour et par lettre recommandée.

Le Conseil de surveillance est au *quorum* si tous les membres ont été régulièrement convoqués et si la présence d'au moins trois d'entr'eux est constatée. Il règle son ordre du jour lui-même. Les résolutions sont prises à la majorité des membres présents.

Les actes par écrit du Conseil de surveillance s'effectuent sous la signature du président ou du vice-président ou, en cas d'empêchement des deux, sous celle de deux autres membres du Conseil de surveillance. Tous débours des conseillers de surveillance leur seront restitués.

De l'Assemblée générale

ART. 9. — Toutes les années, dans le premier semestre de l'année civile, aura lieu l'Assemblée générale ordinaire. La convocation à cette fin doit être adressée par invitation spéciale à chaque actionnaire avec désignation de l'ordre du jour soit par le Comité soit par le Conseil de surveillance.

Ce, sous observation de l'article 274, paragraphe 2 de la loi.

ART. 10. — Il y aura lieu de convoquer des Assemblées générales extraordinaires avec fixation d'ordre du jour chaque fois que cela paraîtra nécessaire ou qu'un nombre d'actionnaires représentant au moins le vingtième du capital social l'exigera par demande écrite, motivée et relatant le but de la convocation.

ART. 11. — Toutes les convocations aux assemblées

générales sont faites par lettres postales recommandées.

Est admise comme preuve de la convocation en temps utile la production du récépissé postal constatant que les lettres ont été remises à l'administration postale pour le moins trois semaines avant la date pour laquelle la convocation a été faite.

Art. 12. — L'Assemblée générale délibère valablement dès que les actionnaires présents, représentent plus de la moitié du capital social.

Une assemblée générale ne représente-t-elle pas cette condition pour délibération valable, il en sera convoqué une deuxième avec même ordre du jour qui pourra prendre des résolutions à la simple majorité, sans égard au *quorum* si cela a été indiqué dans la lettre de convocation.

Art. 13. — On peut se faire représenter à l'Assemblée générale, par pouvoir sous seing privé.

Art. 14. — Chaque action donne droit à une voix. Pour l'exercice du droit de vote le registre des actionnaires fait foi.

Art. 15. — La présidence dans l'Assemblée générale revient au président du Conseil de surveillance ou au vice-président, ou, en cas d'empêchement des deux, à un président que nommera l'Assemblée des actionnaires.

Toutes les résolutions de l'Assemblée en tant que le présent statut ne prévoit pas une exception seront prises à la simple majorité.

L'assemblée générale ordinaire nomme le Conseil de surveillance et les Commissaires de comptes.

L'Assemblée générale donne décharge au Comité ainsi qu'au Conseil de surveillance pour la gestion de l'exercice écoulé.

Le procès-verbal de l'Assemblée doit être signé par le président et contresigné par deux membres de l'Assemblée qu'il lui plaira de désigner.

Art. 16. — L'Assemblée générale peut procéder à des révisions du statut social sur simple majorité ; dans les cas prévus dans les articles 275, § 2 ; 288, § 1 ; 292, § 1 et 303 § 1 du Code de commerce, et, en outre, pour fusion de la société avec d'autres compagnies ou pour liquidation définitive de l'Association sera exigible, le consentement d'une majorité des trois quarts du capital-actions.

Les Commissaires de Comptes

Art. 17. — Les commissaires de comptes ont charge de vérifier l'ensemble de la comptabilité sociale, et d'en rendre rapport à l'Assemblée générale.

Bilan, compte de profits et pertes, fonds de réserve

Art. 18. — Il doit être communiqué à chaque actionnaire au moins trois mois après le terme de l'année comptable un état de bilan et de compte de profits et pertes.

L'exercice social est l'année civile.

La première année sociale se termine au 31 décembre 1896.

Art. 19. — Le bilan s'établit selon les prescriptions légales.

Art. 20. — La répartition du bénéfice net s'opère ainsi qu'il est ordonné :

1° 5 pour 100 vont au fond de réserve jusqu'à ce qu'il aura atteint à 10 pour 100 du capital ;

2° Le surplus revient par parts égales aux actions.

Art. 21. — Le fonds de réserve servira à couvrir les pertes éventuelles de la Compagnie.

Durée de la Société, sa dissolution et liquidation

Art. 22. — La durée de la Société est fixée jusqu'au 31 décembre dix-neuf-cent-cinq, avec prolongation tacite pour cinq ans si aucun sociétaire ne dénonce l'acte social avant expiration.

Art. 23. — Liquidation et sortie d'un sociétaire de l'organisation sociale se règlent selon la loi.

Art. 24. — Les communications émanent de la Compagnie se font par lettres recommandées et par le Moniteur de l'Empire.

Maintenant que nous connaissons les statuts de la société, voici la convention qu'elle passe ensuite avec chacun des producteurs :

*Convention entre la Société d'Essen de vente
pour produits de tuilerie à Essen
et les fabricants tuiliers-briquetiers ci-contre énumérés*

Entre la Compagnie par actions « Association de vente pour produits de tuilerie à Essen sur Rühr » et les producteurs suivants nommément désignés il a été convenu en vue de l'achat et de la vente monopolisées des tuiles et briques pour compte du Syndicat avec :

1. Henri Feldmann, à Essen ;
2. W. Ecke, à Wattenscheid ;
3. Hofels et Homborg, à Essen ;
4. Fehrenberg et Sinnesbeck, à Essen ;
5. W. Schulte-Vels, à Herne ;
6. Harpen et C°, à Marmelshagen ;
7. H. Schulte-Bauminghaus, à Altenessen ;
8. Jos. Denneborg, à Essen ;
9. Wilh. Niehusmann jeune, à Essen ;
10. Tonnishoff et Hoverscheidt, à Huttrop ;
11. Franz Stolle senior, à Altenessen ;
12. Otto Brand et C°, à Frillendorf ;
13. Joh. Terboven, à Frillendorf ;
14. Hermann Becker, à Styrum ;
15. Phoenix, à Altendorf ;
16. Hoefels et Rusmont, à Essen ;
17. Fritz Eickenscheidt et C°, à Kray ;
18. Eickenscheidt et C°, à Kray ;
19. Horster Ziegelwerke, Bohm et C°, Société à responsabilité limitée, à Essen ;
20. L. Haase, à Steele ;
21. Klotz et Drees ; H. Schutzdelled, sncc, à Steele ;
22. A. Hofels et C°, Société en commandite, à Essen ;
23. J. Tessereaux, à Essen.

Il a été convenu ce qui suit :

ARTICLE PREMIER. — La Société anonyme « Association de vente d'Essen pour produits de tuilerie » se présente en face des fabricants de tuiles et briques comme acheteur et s'engage à prendre livraison pour son compte propre de toute leur production annuelle en briques de fours annulaires. La contre-partie s'engage, en échange, de ne vendre sa production qu'à la Société et à des tiers exceptionnellement seulement et seulement avec l'assentiment formel et écrit de la Société.

Sont exceptées de cette disposition les briques de revêtement, blocs de tuyères et chantignolles fabriqués par les tuileries mécaniques.

Chaque année, dans l'assemblée générale, sera fixée la quantité maxima à livrer par chacune des usines syndiquées avec obligation matérielle pour la Société d'absorber toute la production déterminée dans ces conditions.

Pour le cas où l'un ou l'autre des fabricants ne serait pas satisfait de la quantité maxima qui lui aura été ainsi attribuée et qu'un arrangement à l'amiable n'aura pu être atteint, un tribunal d'arbitrage établira la capacité normale de production du four ou de l'usine en question pour une durée de neuf mois et fixera le contingent à attribuer, selon le résultat de cette expertise dont les frais seront imputables à la partie succombante.

Si, d'autre part, la situation générale du marché rendait nécessaire, dans le cours de l'année, une réduction de l'ensemble de la production, il y aura lieu de décider en assemblée des fabricants une restriction proportionnelle de tant pour cent de la production intégrale.

La Société ne peut être obligée de prendre livraison de briques mal cuites, fondues ou déformées, que jusqu'à concurrence de deux pour cent ; de briques brisées en tant qu'elles sont en deux morceaux au plus que jusqu'à concurrence de dix pour cent. S'il a été produit de ces briques défectueuses une quantité plus grande, le fabricant ne pourra en tirer parti qu'avec l'expresse et écrite permission de la Compagnie.

Le consentement ne pourra être refusé si le producteur établit qu'il s'agit de déchets de peu de valeur marchande.

Tout producteur est autorisé à vendre à des tiers de sa production propre, sans l'assentiment de la Société, jusqu'à dix mille briques par mois ; il est tenu cependant de maintenir dans ces ventes les prix minimum et les conditions de livraison arrêtés par la Société.

Pour les ventes de cette sorte, il doit être chaque mois fait rapport à la Société jusqu'au cinquième jour au plus tard du mois qui suit celui dans lequel a été effectuée la vente en question, avec bordereau d'expédition et compte mensuel général à l'appui.

Art. 2. — Les producteurs adhérents énumérés ci-dessus sous les numéros 1 à 23, ne sont pas obligés de fabriquer une quantité maxima, mais plutôt astreints à abandonner par voie d'achat à la Compagnie leur entière production dans les limites du contingent qui leur est accordé.

Art. 3. — Les fabricants énumérés ci-dessus sous les numéros 1 à 23 s'engagent à livrer les briques vendues par eux à la Compagnie, aux adresses qui leur seront communiquées et à justifier des envois effectués hebdomadairement par les lettres de voiture.

Art. 4. — Il sera fixé annuellement par l'Assemblée générale de la Compagnie un prix minimum pour les briques à fours annulaires à livrer par les producteurs, et ce, pour toutes les sortes d'usage commercial.

Tant que dans l'année commerciale les résolutions désignées dans le paragraphe précédent n'ont pas été prises, les réglements de comptes entre la Compagnie et les fabricants s'opèrent sur la base des prix minimum et conditions de l'année précédente sauf révision ultérieure selon les résolutions survenues depuis.

ART. 5. — Les réglements sur livraisons de briques par les fabricants actionnaires envers la Compagnie et de la Compagnie envers les fabricants se font mensuellement.

Les montants facturés seront payés le vingtième jour du mois qui suit celui de la livraison déclarée, à moins que l'Assemblée générale n'en décide autrement soit pour tout autre laps de temps qu'il lui plaira de fixer.

Ces réglements de comptes se feront sur la base des prix arrêtés par la Compagnie.

ART. 6. — I. — La production maxima normale sera pour :

1.	Heinrich Feldmann, à Essen de......	23	millions de briques
2.	W. Ecke, à Wattenscheid de........	8	— —
3.	Hoefels et Homborg, à Essen de.....	10	— —
4.	Fehremberg et Himesoeck à Essen de	4	— —
5.	W. Schulte-Vels, à Herne de.......	5	— —
6.	Harpen et C° à Marmelshergen de...	5	— —
7.	H. Schulte-Bæuminghans, Altenessen	6	— —
8.	Joseph Denneborg, à Essen de......	4	— —
9.	W. Nichusmann jeune, à Altenessen..	4	— —
10.	Tœnnish ff et Hovescheidt à Huttrop.	4	— —
11.	Franz Holle père, à Altenessen......	2	— —
12.	Otto Brand et C°, à Frillendorf......	4	— —
13.	J. Terboven, à Frillendorf...........	4	— —
14.	Hermann Becker, à Hyrum..........	11	— —
15.	Phoenix, à Frohnhausen............	4	— —
16.	Hœpels et Rusmont, Frohuhausen ...	3	— —
17.	Fritz Rickenscheidt, à Kray.........	12	— —
18.	Eickenscheidt et C°, à Kray........	3	— —
19.	Horster Ziegelwerke Bœhn et C°, Horst	5	— —
20.	P. Haase, à Steele.................	3	— —
21.	Klotz et Drees; H. Schutzdeller, Succ' Steele.............................	3	— —
22.	A. Hœpels et C°, à Essen...........	4	— —
23.	J. Tessereaux, à Essen.............	4	— —
	TOTAL......	135	millions de briques

II. — Les prix fondamentaux maximum sont fixés ainsi qu'il suit :

a) pour briques à fours annulaires prises en briqueterie, 16 marcs ;

b) pour briques fondues ou déformées prises à la briqueterie, 12 m. 50.

III. — Les fabricants ne pourront opposer aux réclamations faites en temps utile par la clientèle auprès de la Compagnie l'exception de la réclamation tardive pour livraisons effectuées.

Chaque fabricant est individuellement responsable de la bonne exécution des commandes à lui transmises par les soins de la Compagnie tant pour les quantités que pour les sortes à livrer ; il supporte seul tous frais occasionnés pour livraisons défectueuses ou de qualité insuffisante ou tout autre vice d'expédition.

IV. — Les fabricants touchent le prix de vente réellement consenti pour les livraisons faites par eux, déduction faite de cinquante pfennings par millier de briques, et pour le moins, intégralement, le prix fondamental normal minimum arrêté par décision d'assemblée générale.

Art. 7. — Les prix fondamentaux fixés, dans les paragraphes qui précèdent, pour l'année en cours, et ceux à arrêter dans la suite par les assemblées générales peuvent être majorés par les producteurs sous l'observation des dispositions suivantes :

Avant d'établir son bilan annuel définitif, la Compagnie doit dresser un bilan provisoire relatant les prix bonifiés aux producteurs, les prix de vente réellement réalisés et la recette brute encaissée par elle.

Sur cette recette brute, il sera ensuite prélevé en première ligne les frais généraux, les fonds revenant statutairement au fonds de réserve et le dividende à distribuer aux actionnaires jusqu'à concurrence de six pour cent. S'il reste un surplus il sera attribué aux producteurs à titre de bonification par dessus les prix fondamentaux fixés en assemblée générale au prorata de leur production effective.

Le paiement de cette bonification peut se faire par à-compte et par intervalles à déterminer, cependant sous réserve d'approbation du compte social par l'Assemblée des actionnaires.

Art. 8. — Dans l'éventualité où les prix de vente réalisés par la Compagnie donneraient lieu à un déficit, il sera imposé aux fabricants une réduction proportionnelle correspondante sur les prix fondamentaux primitivement arrêtés.

Art. 9. — Pour le cas où la Compagnie n'aurait pas pris livraison, dans une année, de la production intégrale d'un ou plusieurs fabricants, elle sera tenue, l'année suivante, d'absorber tout d'abord ce reliquat de production et ce, au prix convenu de l'année à laquelle il revient avec bonification de la répartition supplémentaire s'il y a lieu.

S'il subsiste de pareils reliquats dans la dernière année de l'existence légale et statutaire de la Compagnie, ces reliquats devront être pris en compte par le liquidateur et bonifiés et comptés selon les principes ci-dessus énoncés.

Il est bonifié sur les briques restant sur le carreau de la briqueterie en fin d'année une indemnité de chargement de soixante pfennings. Cette indemnité est recouvrée par la Compagnie par la répartition du débours entre tous les fabricants au prorata de leurs livraisons effectuées dans l'année.

Art. 10. — Les fabricants qui, contrairement à ces

stipulations vendraient des briques à des tiers ou qui contreviendraient pour des ventes autorisées aux conventions présentes, notamment aussi en ce qui concerne les prix fixés à minima, seront passibles, au bénéfice de la Compagnie, d'une amende conventionnelle de cinq cents marcs pour chaque affaire conclue contrairement aux dispositions du présent contrat, et, en plus, d'une redevance de quinze marcs pour chaque millier de briques livrées en méconnaissance des stipulations convenues.

Art. 11. — Les fabricants sont autorisés à prendre connaissance en tout temps de la comptabilité, de la correspondance et des autres écritures de la Compagnie.

Le Conseil de surveillance et le Comité de la Compagnie seront de droit autorisés, le premier tant par ses membres que par des délégués spécialement désignés d'inspecter chez chacun d'eux les livres comptables, de se rendre compte de l'étendue matérielle et de la qualité de sa production et de vérifier les stocks disponibles.

Art. 12. — A titre de garantie pour l'accomplissement des engagements résultant du présent contrat les fabricants contractants déposeront entre les mains de la Compagnie des cautionnements en consolidés allemands ou prussiens ou en lettres de change.

Les lettres de change admises à titre de cautionnement ne doivent porter aucune mention pouvant entacher au point de vue de l'engagement de droit civil la validité du document.

Le cautionnement exigible sera pour chaque million

de briques de production normale du fabricant de 500 marcs.

La Compagnie revendique le droit de prélever soit sur l'avoir, soit sur le cautionnement d'un fabricant sans autre forme les sommes à la prestation desquelles celui-ci est astreint à moins que celui-ci n'ait dans l'espace de quatre semaines après mise en demeure satisfait à ses obligations.

Les cautionnements amoindris de cette sorte doivent de suite être complétés jusqu'à leur taux réglementaire.

Art. 13. — Toutes contestations provenant de ce contrat seront jugées par un tribunal d'arbitrage composé de trois personnes, à l'exclusion de toute voie judiciaire ordinaire. L'un des arbitres faisant fonction de président ainsi que son suppléant à la présidence seront nommés pour la durée d'une année par l'assemblée des actionnaires, pour le surplus le tribunal d'arbitrage sera constitué en conformité des articles 854 et 855 de procédure civile.

Art. 14. — Si l'exploitation d'une des briqueteries de l'Association venait à être suspendue temporairement, le présent contrat ne sera considéré comme suspendu que pour la durée de cette interruption. Si, au contraire, l'exploitation est arrêtée pour un temps illimité, il est loisible pour le titulaire de l'entreprise de sortir de l'Association et, en ce cas, trouveront application les dispositions de la loi concernant la réduction du capital social des Sociétés anonymes.

Art. 15. — La propriété d'une briqueterie passe-t-elle par contrat à un fabricant non-sociétaire, ou est-elle louée à bail, le sociétaire cessionnaire sera tenu de stipuler dans l'acte de vente ou de bail que ses droits et engagements ressortissant de la présente convention, ainsi que ses actions-parts dans la Compagnie, seront transférés au nouveau titulaire.

En cas de partage d'hoirie d'un sociétaire, les héritiers ou acquéreurs de la briqueterie seront tenus à succéder en droits et obligations découlant de ce contrat et en tant qu'actionnaires au testateur.

Tels sont les documents très complets que nous avons sur cette société et que nous avons publiés comme type d'une association en fonction.

Le Syndicat du savon

Ce syndicat a été formé en 1900 par les savonniers des provinces du Rhin, Westphalie, Oldenbourg et Brême. Aussitôt après sa formation, on a élevé les prix de 14 pour cent. Ce syndicat voulut forcer les autres savonniers à se joindre à lui. Il visait surtout l'association des Savonniers de Stuttgard. Devant leur refus, le syndicat employa le boycottage.

Les matériaux des savons sont l'huile de palme et la potasse. Les importateurs de ces produits sont peu nombreux, et le trust s'efforça de faire entrer ces importateurs dans leur combinaison. Il réussit avec les importateurs d'huile de palme, et ces derniers refusèrent de vendre aux savonniers de Stuttgard. Avec les fabricants de potasse, la combinaison ne put pas aboutir. Mais ceux de Stuttgard ont intenté une action au criminel contre les directeurs du trust, qui n'a pas abouti. Le 5 avril 1900, 85 pour 100 des savonneries s'étaient joints au trust ; les dissidents ont été ruinés par l'abaissement temporaire des prix et le manque de matières premières. On parle d'un syndicat des consommateurs comme moyen de défense ?

Nous ne sommes pas bien sûrs que le siège de ce cartel soit à Francfort.

Le *Journal de Francfort*, un des meilleurs et des plus sérieux parmi les journaux d'Allemagne, dit que les membres réunis du cartel du savon sont maintenant au nombre de sept cents. Ce cartel comme celui du charbon, des métaux, du ciment et du papier a une organisation très complète. Les membres essaient, dit-il aussi, d'empêcher les maisons dissidentes d'acheter leurs matières premières.

Notons encore que nous n'avons nulle idée en France d'un comptoir ou syndicat qui comprendrait sept cents intéressés.

Ce cartel paraît cependant très bien fonctionner.
Nous en reparlerons peut-être à Stuttgard.

FURTH (Bavière)

Cartel des glaces

Le *Verkaufsbureau der Vereinigten Faultirwerke* (bureau de vente des verreries à glace réunies) a été formé le 20 novembre 1898, à Furth, en Bavière, afin de régulariser les prix pour les glaces biseautées. Il comprend les maisons suivantes toutes à Furth : N. Wiederer et C°, Winckler et Kutt, Max Offenbacher, Wehrle et C°, John Hohlweg, Honicka et Vincentz, Ludwig Schrenerer, Xaver Ponn, Conrad Rahm et Leonh-Winkler.

Les taux d'escompte sur les tarifs étalon ont été fixés récemment comme suit : sur trois verre à miroir blanc en plaques (mesure anglaise) 45 pour 100. Sur trois quarts verre à miroir blanc (mesure rhénane) 40 pour 100 net au comptant.

Tout ordre, demande de renseignements ou paiement étant adressé à l'une quelconque des fermes mentionnées ci-dessus est renvoyé par elle au susdit bureau.

HAGEN

Cette ville est le siège de quelques syndicats, mais les détails sur ceux qui y existent sont peu connus. La constitution de ces cartels est la même que celle des syndicats métallurgiques dont nous avons parlé à Dusseldorf.

Syndicat des fils laminés

Le Syndicat des fils laminés (Deutsches Walzdraht-Syndikat) a été fondé le 1er août 1897. Son but est de régulariser la vente du fil laminé brut, d'empêcher la concurrence à l'intérieur et de créer une entente entre les consommateurs de fils laminés.

Le Syndicat des fers marchands

Le Syndicat du fer marchand date de 1896 et a son siège à Hagen.

C'est un puissant syndicat qui contrôle une grande partie de la production.

Syndicat des fourches

Un bureau de vente des fourches doubles ou multiples dites américaines existe aussi à Hagen.

Un bureau de vente des fourches à foin, à fumier, à betterave, etc., existe pour le compte du fabricant de cet article c'est le *Gabelcontor Gesellschaft mit beschraenkter Haftung* qui est constitué pour cela.

HAMBOURG

Le trust de la dynamite

Hambourg a le privilège de posséder peut-être le seul trust véritable qui existe en Allemagne le trust des explosifs.

Rien n'est plus étroit, plus dictatorial et plus mystérieux que ce monopole qui, non seulement est allemand, mais universel.

Le trust de la dynamite est un des plus anciens. Il fut formé en 1886 par la conversion des actions de la *Compagnie des explosifs Nobel* de Glasgow, de la *Dynamit actien Gesellshaft* vorm Alfred Nobel et Cie et de Hambourg. Rheinishe Dynamit Fabrik de Opladen. Deutsche Sprengstoff Actien Gesellshaft, de Hambourg et de la Dresdener Dynamit fabrik, de Dresden ainsi que les actions du trust de la Dynamite Nobel dont le siège social est à Londres, 220, Winchester House, 50 Old Broad Street.

Avec les autres fabriques de poudre Vereinigte Rheinish-Westfalische Pulverfabriken de Cologne — Pulver fabrik Rottweil — Hamburg de Rotweil — Cramer et Buchkolz de Rensahl et Wolf et Cie de Walrode, un contrat de cartel fut passé, qui entra en vigueur en 1899 et ira jusqu'à la fin de 1925.

Le but principal ostensible du trust est d'obtenir un profit égal et une moyenne égale pour tous les établissements intéressés dans l'entreprise.

Cela est spécialement important dans les établissements d'explosifs à cause des grandes probabilités d'accidents qui peuvent facilement porter des troubles et causer des dommages considérables dans une fabrique prise individuellement.

Les dividendes de la Dynamit Aktien Gesellshaft vorm Alfred Nobel et C° furent, de 1876-77 à 1885-86, de 12, 10, 13,5, 12, 12, 10, 14, 11, 6.9, 13 pour cent par an. En 1886, 11, 7,5 pour cent par an. 1887-98, 17, 16, 20, 14.5, 21.5, 21.5, 20, 16, 13, 15.5, 20 pour cent par an.

La valeur des actions à la fin des années de 1886 à 1898 fut de 104,75, 87,25, 97, 174.25, 162.10, 134.70, 133.25, 128.25, 148.90, 149, 194.10, 174.40, 178.75 pour cent.

Les dividendes des autres manufactures n'ont pas été publiés.

Le Trust de la Dynamite a en plus des contrats avec d'autres manufactures de dynamite et autres explosifs en Europe et ailleurs. De sorte que, pour le moment, il est entièrement protégé contre toute concurrence. La teneur de ces contrats est tenue secrète.

En ce qui touche les salaires payés pour le travail dans les différentes usines du trust, il n'est pas possible d'avoir des détails exacts. En règle générale, les hommes sont engagés par un contrat de travail. En moyenne, les travailleurs dans les fabriques de dynamite gagnent de 50 à 100 pour cent de plus de salaire que les autres ouvriers.

Tels sont les détails donnés par M. Hugh Pitcairn, le consul des Etats-Unis à Hambourg ainsi que par nos correspondants.

Le Syndicat de l'Alcool

C'est à Hambourg qu'ont eu lieu les premières tentatives pour constituer le cartel de l'alcool. Le bureau de vente est bien à Berlin, mais nous décrirons ce cartel ici-même.

Nous empruntons à M. Menu dans le *Bulletin de la Société des Agriculteurs de France* l'étude très documentée qu'il y a publiée sur le cartel de l'alcool, un des rares exemples de cartel agricole comprenant un nombre énorme de membres.

M. Menu commence par établir quelles sont les conditions de production de la distillerie allemande.

« Les pommes de terre et le blé alimentent la plupart des distilleries allemandes, et comme produits secondaires servant à la fabrication de l'alcool, nous pouvons citer : les mélasses, les fruits, le vin, les déchets de brasserie.

« Les distilleries qui ont fonctionné en Allemagne pendant les exercices du 1ᵉʳ octobre 1899 au 1ᵉʳ octobre 1899 et du 1ᵉʳ octobre 1899 au 1ᵉʳ octobre 1900, se répartissent — si l'on tient compte des matières plus particulièrement employées, — de la manière suivante :

Années.	Pommes de terre.	Céréales.	Mélasses.	Autres matières.
1898-1899	5.571	8.901	29	46.425
1899-1900	6.334	8.688	28	43.974

« Ces établissements ont travaillé pendant les exercices indiqués ci-dessus :

Années.	Pommes de terre.	Céréales.	Mélasses.	Autres matières
	Tonnes.	Tonnes.	Tonnes.	
1898-1899	2.585.863	345.925	34.986	»
1899-1900	2.501.843	543.754	34.554	»

« Les quantités d'alcool produites pendant ces exercices ont été les suivantes :

Années.	Pommes de terre.	Céréales.	Mélasses.	Autres matières.
	Hectolitres.	Hectolitres.	Hectolitres.	Hectolitres.
1898-1899	3.106.734	580.944	102.889	25.002
1899-1900	2.947.991	593.706	94.734	26.389

« L'alcool de pommes de terre n'entre pas directement dans la consommation. Il est généralement envoyé en raffinerie afin d'y être rectifié ; il se prête bien mieux que l'alcool de fruits ou de grains aux diverses opérations de rectification. Entre le fabricant de l'alcool de pommes de terre et le consommateur nous rencontrons ainsi une série d'intermédiaires qui accroissent, chacun pour sa quote-part, le prix du produit vendu.

« Distillateurs, raffineurs, fabricants de liqueurs, employant l'alcool de pommes de terre comme matière première, intermédiaires commerciaux, tous entendent prélever un tribut quelconque sur le consommateur : c'est seulement au cas d'une dénaturation immédiate que l'alcool peut parvenir, presque sans intermédiaires, du producteur au consommateur.

« Les distillateurs de céréales produisent un alcool qui, sans dépasser en pureté l'alcool de pommes de terre, est recherché par la consommation à cause de son bouquet spécial. Cet alcool de céréales porte, suivant les pays, les noms de korn en Allemagne, genièvre en France ; whisky en Angleterre et aux Etats-Unis ; hasselt en Belgique et schiedam en Hollande. Ces distillateurs ont généralement une clientèle fixe, à laquelle ils vendent directement, sans recourir à aucun intermédiaire étranger.

« Les grandes distilleries de céréales produisent le plus souvent de la levure, en plus de l'alcool.

« La distillerie des mélasses est moins répandue en Allemagne qu'en France. Les établissements consommant d'autres matières sont, à la vérité, nombreux ; mais la plupart ne travaillent qu'un contingent fort réduit. Pendant l'exercice 1899-1900, 41.940 distilleries ont produit chacune moins d'un hectolitre d'alcool pur. Leur nombre varie, d'ailleurs, suivant les récoltes de fruits, etc. La Bavière, le Wurtemberg, le Grand-Duché de Bade et l'Alsace-Lorraine en comptaient, pendant l'exercice 1899-1900, 42.814, contre 45.426 en 1898-1899.

« Les fabriques d'alcool de mélasses sont situées dans les centres sucriers, et principalement dans la province de Saxe, le plus grand pays producteur de betteraves à sucre.

« La fabrication de l'alcool est une des plus grandes ressources de l'agriculture allemande. Le distillateur de mélasses, de céréales et de pommes de terre travaille des matières premières qui lui sont fournies par les cultivateurs soit directement, soit par l'intermédiaire des commissionnaires de tous genres. Dans les contrées limitrophes de l'Empire allemand et de l'Union douanière — puisque la législation des alcools et, partant, le régime des distilleries est identique pour tout le territoire douanier, les grands distillateurs importent des céréales étrangères, américaines ou russes.

« Les déchets de l'alcool sont riches en matières nutritives. Les drèches des distilleraius de grains constituent un des meilleurs aliments pour l'engraissement du bétail. Les fumiers d'animaux ainsi traités sont d'une qualité supérieure.

« Le législateur, ayant conscience des difficultés que présente la solution équitable du problème ardu de la distillation agricole, a tenté, non sans succès, d'assurer le sort des petites industries rattachées à l'exploitation agricole proprement dite. L'industrie de l'alcool a une tendance manifeste ' accroître son rendement en se concentrant dans de puissants établissements ; c'est contre cette tendance qu'ont réagi les diverses lois de l'Empire allemand.

« Les eaux-de-vie fabriquées en Allemagne paient, à leur entrée dans la consommation, une taxe assez élevée; mais l'alcool exporté et l'alcool dénaturé restent exempts de droits. Pour les eaux-de-vie directement destinées à la consommation, la taxe est moindre que pour les autres catégories : de là, une péréquation des prix entre les deux sortes d'alcool, entre l'alcool soumis à la taxe de 50 marks (soit 62 fr. 50) et l'alcool soumis à la taxe élevée de 70 marks (soit 87 fr. 50) les 100 litres d'alcool pur. Le bénéfice des producteurs consiste précisément dans cette différence de taxation.

« Les fabriques existantes peuvent produire une quantité déterminée d'alcool, qui est leur *contingent*, au droit réduit de 62 fr. 50 ; l'alcool produit, en plus du *contingent*, paie la taxe de 87 fr. 50, à moins qu'il ne soit exporté ou dénaturé.

« Le contingent général était évalué sur la base d'une consommation de quatre litres et demi d'alcool pur par tête d'habitant, sur le territoire de l'ancienne Union fiscale *(Steuer-Gemeinschaft)* et de trois litres dans les autres parties du territoire. Ce contingent est soumis à une revision triennale qui tient compte dans cette fixation des distilleries agricoles nouvellement créées.

« La loi distingue deux sortes de distilleries : les distilleries industrielles et les distilleries agricoles.

« Les distilleries agricoles sont celles qui, travaillant

exclusivement des céréales ou des pommes de terre, emploient leurs résidus et drêches à l'alimentation du bétail, et les fumiers de ce bétail à l'amélioration et à la fumure des terres et leurs exploitations.

« L'impôt ancien, proportionnel à la contenance des cuves de distillerie, est maintenu pour les fabriques agricoles, suivant une échelle croissant avec l'importance des quantités produites. Les distilleries travaillant les mélasses, les betteraves ou le jus de betteraves sont soumises à un régime législatif analogue. Les fabriques industrielles paient le droit de consommation majoré d'une surtaxe de 20 marks (ou de 25 francs).

« Les prix se règlent naturellement suivant le coût des produits les plus chers ; la surtaxe de 25 francs relève donc les cours des eaux-de-vie payant l'impôt réduit de 62 fr. 50. On a voulu, à tout prix, maintenir les petites distilleries, qui rendent de si grands services à l'agriculture. D'ailleurs, cette taxe, en surélevant les prix des eaux-de-vie, produit un effet excellent pour le bien général de la nation en endiguant, au moins jusqu'à un certain point, les progrès de l'alcoolisme. L'intérêt national et l'intérêt agricole, sur ce point comme sur beaucoup d'autres, sont identiques.

« La loi de 1887 assura l'avenir des industries agricoles. Mais, maintenant les prix à des cours rémunérateurs, elle provoquait directement une surproduction permanente. Cette surproduction se heurta, en raison même de l'élévation des prix, à une consommation diminuée.

« De nouveau, les intéressés durent aviser aux mesures à prendre. Le Gouvernement n'avait pas réussi à imposer le monopole de l'État ; on tenta, mais en vain, — les adhésions n'ayant pas été suffisamment nombreuses — de constituer un *cartel* réalisant un monopole de fait, un monopole privé.

« La consommation diminua d'un tiers : la production, elle aussi, s'abaissa de 25 pour cent ; les prix fléchirent dans des proportions excessives, de sorte que l'industrie de l'alcool semblait compromise dans son existence même. Un seul remède s'offrait encore aux producteurs d'alcool : celui de l'ouverture de nouveaux débouchés. Depuis longtemps, l'Union des Fabricants d'alcool, sous la sagace direction de M. Delbrück, s'était préoccupée des moyens de multiplier les usages industriels de l'alcool. Il fallait — l'alcool étant plus cher que le pétrole, le gaz, le charbon et les autres produits entrant en concurrence avec lui, — qu'une fois de plus la législation vînt en aide aux propagateurs du mouvement.

« La loi d'Empire du 16 juin 1895 soumet les distilleries produisant annuellement plus de 300 hectolitres d'alcool pur à un nouvel impôt qui va croissant à mesure que s'accroît le chiffre de la production. De nouveau, les consommateurs indigènes étaient obligés de payer plus cher les eaux-de-vie afin de favoriser l'exportation et le bon marché des produits dénaturés. Cette même loi amena, par un impôt nouveau extrêmement lourd, la fermeture de presque toutes les fabriques d'alcool de mélasses et provoqua une organisation nouvelle pour l'établissement du contingent, devenu quinquennal. Une loi du 4 avril 1898 réglementa pour la dernière fois la fixation de ces contingents.

« L'étude des variations des impôts allemands sur les eaux-de-vie est du plus haut intérêt. Au début, ne sachant comment atteindre les producteurs d'alcool, le législateur se basa sur la contenance des cuves ; en agissant de la sorte, il favorisait, sans le vouloir, le développement de l'industrie.

« Les économistes crurent ensuite que la protection de l'agriculture et l'impôt sur l'alcool étaient contradictoires, inconciliables. Il n'en est plus ainsi. Ce ne sont plus les législateurs qui inventent les nouveaux impôts ; ce sont les fabricants d'alcools qui les proposent et les font servir à orienter la production dans les meilleures voies indiquées par eux. L'agriculture est protégée par un droit prélevé sur le consommateur et qui contribue à la restriction de la consommation des eaux-de-vie. Une concurrence surgit-elle sur le vaste champ de la production (les fabriques d'alcools de mélasses en sont un exemple frappant), une loi fiscale en a rapidement raison.

« Pour en arriver à ce point, il faut jouir d'un prestige incontesté et disposer de grandes forces : les fabricants d'alcool possédaient l'un et l'autre. Aussi réussirent-ils à imposer leur volonté aux gouvernements, et leur loi au législateur lui-même.

La constitution du cartel de l'alcool

On veut, en Allemagne, maintenir avant tout les distilleries agricoles ; tout autre considération est reléguée à l'arrière-plan. Or, les provinces de l'Est de l'Empire n'ont pas encore un nombre de distilleries assez considérable. Cet accroissement reconnu nécessaire augmentera la surproduction déjà trop forte. De là une première cause de baisse.

« Un deuxième motif de dépression vient de l'existence des intermédiaires placés entre le consommateur et le producteur. Cette cause est d'autant plus efficace que les acheteurs d'alcool, les raffineurs, disposant de capitaux considérables, sont en présence de vendeurs nombreux, mais dépourvus de ressources et de crédit. L'importance de cette situation ressort du seul fait qu'en hiver, au moment de la production, l'alcool est à bas prix, tandis que le marché s'anime en été, lorsque les distilleries agricoles sont au repos.

« L'émiettement des petits producteurs s'atténua grâce à la constitution de groupements provinciaux. Bien que ces associations de cultivateurs-distillateurs n'aient guère eu qu'un succès d'estime, les raffineurs n'envisagèrent pas sans émoi la possibilité d'une union entre les fabricants d'alcool ; ils adoucirent donc leurs exigences. La lutte qui, d'un jour à l'autre, peut-être dans un avenir assez lointain, devait s'engager entre la raffinerie et la production, leur parut menaçante. Ils la redoutèrent d'autant plus que les fabricants, quoique impuissants au point de vue financier, étaient dirigés par des hommes d'une compétence exceptionnelle assagis par une expérience de longues années. Des deux côtés l'accord devenait donc possible.

« Une autre circonstance, l'existence d'un droit protecteur élevé, favorisait les tentatives d'union.

« Les liqueurs, même en fûts, paient à leur entrée en Allemagne des droits s'élevant à 180 marks (soit 225 francs) les 100 kilogrammes ; aucune réduction n'est consentie par le tarif conventionnel qui ne s'abaisse pour les eaux-de-vie communes qu'à 125 marks (soit 156 fr. 25) ; les eaux-de-vie importées en bouteilles paient tautant que les liqueurs, soit 225 francs.

« Notons ici en passant que le projet de tarif, soumis actuellement à une commission parlementaire de vingt-huit membres, prévoit un accroissement sensible de ses droits. Si ce tarif venait à être adopté, les liqueurs et les eaux-de-vie en bouteilles paieraient 300 francs par 100 kilogrammes, et les eaux-de-vie en fûts 200 francs. La fédération agrarienne s'est ralliée sur ce point aux propositions gouvernementales.

« Profitant de ces conditions favorables, les fabricants d'alcool s'unirent pour constituer l'Union des producteurs d'alcool *(Verwertungs revband deutscher Spiristusfabricanten)*.

« Le *cartel* des fabricants ne pouvait recevoir une base durable et sérieuse qu'à la condition d'englober des producteurs représentant un contingent *minimum* de 80 millions de litres d'alcool pur. Dès le mois de mars 1899, les fabricants signataires de l'Union disposaient de 135 millions de litres.

« Les deux sociétés s'entendirent, dès le mois de mars 1899. Le *cartel* de l'alcool était fondé.

« Il importe de faire une rapide étude des conditions de cette coalition centralisatrice.

« L'association des fabricants est dirigée par un Bureau composé des délégués des unions agricoles, au nombre de onze pour tout le territoire allemand. Le comité des unions régionales comprend un membre par contingent de 20.000 hectolitres. Le Bureau central, siégeant à Berlin, est une commission de distillateurs, composé de sept membres suppléants ; cette commission est chargée de la défense des intérêts communs auprès de l'Union des raffineurs.

« Cette dernière Union est dirigée par un comité directorial de trois membres, assisté d'un conseil de surveillance de sept membres et sept suppléants. Le cartel est dirgé par la Commission des distillateurs et par le

Conseil d'administration de l'Union des Raffineurs. Le président général, de même que le vice-président, doivent être choisis parmi les fabricants d'alcool.

« Le contrôle est exercé par un Bureau de fabricants siégeant à Berlin. Les contestations pouvant surgir au sujet de l'interprétation des traités sont jugées en première instance par le Bureau de contrôle ; la Commission des fabricants juge en deuxième instance, et enfin, si l'entente ne résulte pas de cette double consultation, le différend est soumis à un tribunal arbitral.

« Comme on le voit, l'influence des fabricants est prépondérante. Les raffineurs versent, d'ailleurs, à l'Union des fabricants, une contribution d'un centime et demi par hectolitre d'alcool pur livré à la consommation.

« Telles sont les grandes lignes de l'organisation du cartel de l'alcool. L'association doit durer jusqu'au 30 septembre 1908 ; les distillateurs ont la faculté de faire connaître leur intention de sortir du cartel jusqu'au 1er mai de la même année. Il doit être, au cas où l'accord viendrait à se maintenir, pourvu, avant le 15 mai 1908, au renouvellement du cartel pour cinq ans.

« Quelles sont maintenant les conditions imposées, tant aux raffineurs qu'aux fabricants ?

« Les raffineurs sont obligés de rectifier les quantités d'alcool brut produites par les fabriques du 15 septembre 1899 au 30 septembre 1908 ; l'Union des Raffineurs, aussi bien que ses membres individuellement, s'interdisent, pour leur propre compte ou pour le compte d'autrui, le commerce d'alcool brut ou d'alcool rectifié.

« La taxe des raffineurs est calculée suivant le prix moyen d'un hectolitre d'alcool rectifié. Cette taxe est de

7,5 pour 100, si le prix est inférieur ou égal à 42 fr. 50 ; elle monte jusqu'à 9,5 pour cent, si ce prix atteint ou dépasse 56 fr. 25. La taxe ne peut jamais être supérieure à six francs. Dès que l'hectolitre d'alcool rectifié dépasse le prix de 63 fr. 14, le raffineur n'a donc plus d'intérêt à la hausse.

« Le prélèvement des raffineurs est moins important lorsqu'il s'agit de l'alcool non rectifié. Les produits bruts utilisés sans rectification leur donnent droit à un bénéfice de 2 et demi pour cent ; l'alcool exporté leur procure un bénéfice de 1 et demi pour cent ; ce chiffre descend même à un demi pour cent pour l'alcool non rectifié, vendu par les raffineurs sur les marchés ou en Bourse.

« Une nouvelle prime est accordée aux raffineurs vendant des produits de première qualité, des alcools filtrés ou de l'alcool de vin ; elle varie suivant les cas entre 1 fr. 25 et 3 fr. 75 par hectolitres. Les raffineries fournissant un produit rectifié de qualité supérieure et d'un prix plus élevé ont droit à des primes supplémentaires. Fidèle à la tendance générale de la législation allemande, le *cartel* favorise les petites raffineries en leur accordant une suéprime variant entre 25 centimes et 1 franc par hectolitres d'alcool rectifié.

« Le traité du *cartel* a dû prévoir tant le cas où l'usage de l'alcool dénaturé viendrait à s'étendre que celui de l'accroissement de la consommation de l'alcool rectifié : dans la première hypothèse les raffineurs toucheront une prime supplémentaire de 0 fr. 20 pour 100 chaque fois que la quantité de produits dénaturés suivant le mode usuel sera augmenté de 10 millions d'hectolitres ; dans la seconde hypothèse, la taxe contractuelle est diminuée d'un tiers ou plus, proportionnellement à l'accroissement des quantités rectifiées.

« Les fabricants reçoivent, au moment de la remise de leurs produits aux raffineries, un acmpte fixé annuellement par le Bureau du *cartel* ; les comptes définitifs sont apurés après la fin de l'exercice qui se termine au 30 septembre de chaque année.

« Le prix payé aux fabricants varie suivant la situation de leurs distilleries. Le prix intégral est payé lorsque les produits sont livrés dans des centres indiqués par le contrat : Berlin, Dresde, Leipzig, Memel, Tilsitt, Schwerin. Les fabricants reçoivent une somme supplémentaire de 2 francs à Cologne, de 1 fr. 875 à Francfort-sur-le-Mein, de 1 fr. 50 à Munich, etc. ; ils subissent une réduction de 1 fr. 875 à Posen, de 0 fr. 625 à Kœnigsberg et même de 2 fr. 625 à Gnesen et Jarotschin.

« Les fabricants d'alcool ne sont pas tenus de rompre leurs rapports commerciaux antérieurs ; leur liberté est donc suffisamment garantie. Le *cartel* met à leur disposition les fûts et les wagons spéciaux nécessaires pour le transport de leurs produits.

« Les frais d'administration sont supportés par l'Union des raffineurs qui a également avancé le capital social de 7.500.000 francs. Pour se couvrir de ces sacrifices, ils ont droit à une redevance de 0 fr. 625 par hectolitre d'alcool pur vendu, à l'exception toutefois des quantités d'alcool non rectifié vendu sur les marchés ou en Bourse. Enfin l'Union des fabricants reçoit 5 pfennigs, un peu plus de 6 centimes, par hectolitre livré aux raffineurs.

« Les contraventions des membres aux règlements du *cartel* sont réprimées avec une sévérité extrême.

C'est ainsi que le fabricant qui ne livre pas ses produits à l'Union des raffineurs est puni d'une amende de 25 francs par hectolitre d'alcool pur ainsi frustré ; s'il prend des parts dans une distillerie non unie, il est passible d'une amende de 37.500 francs. L'Union des raffineurs s'expose, au cas où elle admettrait des membres nouveaux à l'insu de la Commission des distillateurs, à une amende de 375.000 francs.

« Les débuts du *cartel* des fabricants et des raffineurs ont été relativement satisfaisants.

« Il devrait, d'ailleurs, s'abandonner à l'habileté et à la sagacité de ses directeurs et profiter graduellement de l'expérience acquise au cours de sa durée.

« Englobant presque tout els producteurs allemands, le *cartel* fut en mesure de baisser librement ses prix de vente. Il le fit en se dirigeant suivant trois principes fondamentaux. Il se préoccupe en premier lieu de l'exportation du surplus de la production allemande. Sa deuxième mission, qui a été très importante au point de vue économique et social, consistait à abaisser le prix de l'alcool dénaturé en vue d'en accroître la consommation et ' se couvrir du déficit par la surélévation des prix de l'eau-de-vie consommé à l'intérieur.

« De 1888 à 1900, le cours moyen annuel le plus élevé de la Bourse de Berlin atteignit 64 fr. 18 en 1891 ; le cours le plus bas fut pratiqué en 1894, à 39 fr. 325 ; or, le *cartel* a versé, pendant son premier exercice, à ses adhérents 50 fr. 875 par hectolitre d'alcool pur, dont 48 fr. 75 au moment de la livraison et le complément à la fin de l'exercice.

« Il s'est donc servi de sa puissance pour établir un cours moyen suffisamment rémunérateur. Les cours qui auraient été pratiqués sous un régime de libre concurrence, auraient certainement été beaucoup moins élevés. Les fabricants et raffineurs, restés en dehors de l'entente, ont réussi à obtenir des prix plus importants, d'abord parce qu'ils n'avaient pas à supporter les mêmes frais que le *cartel*, et ensuite parce que tous leurs produits furent transformés en eaux-de-vie de consommation.

« Grâce à l'influence du *cartel*, la consommation de l'alcool dénaturé est entrée dans une voie nouvelle, pleine de promesses pour l'avenir. Elle était, en 1'97-98, de 88.940.000 litres et elle atteignit en 1899-1900 le chiffre élevé de 104.310.000 litres. Les moteurs à alcool, les lampes et autres ustensiles ont été perfectionnés); le prix de l'alcool dénaturé a été maintenu à un taux égal, presque invariable. Toutes ces conditions contribueront certainement à répandre l'usage de l'alcool dans toutes les familles.

« On ne peut donc nier que le *cartel* de l'alcool, contrairement au *cartel* sucrier, loin d'abuser de sa puissance, s'en soit sagement servi non seulement dans l'intérêt légitime de ses membres, fabricants aussi bien que raffineurs, mais encore dans l'intérêt de la collectivité politique tout entière.

« On sait, et nous n'avons pas besoin d'entrer dans les détails, que le *cartel* sucrier a fortement relevé les prix d'une denrée de consommation courante, non pas même au profit des fabricants de sucre et des producteurs de betteraves sucrières, mais dans l'intérêt égoïste des raffineurs. Le *cartel* sucrier a démontré qu'un *cartel*, fût-il agricole, peut devenir un instrument d'opression.

« Le *cartel* de l'alcool nous donne au contraire l'exemple d'un *cartel* bienfaisant ; mais nous ne pouvons savoir ce que l'avenir lui réserve.

« La législation fiscale actuelle lui est favorable. Ne sera-t-elle pas remplacée tôt ou tard par des dispositions moins bonnes? La concurrence faite tant aux fabricants qu'aux raffineurs unis, tout insignifiante qu'elle paraisse, peut exposer l'organisation à de nombreux dangers. Se contentant de produire de l'alcool de consommation qu'ils peuvent vendre à des conditions relativement peu élevées, les concurrents augmenteront leur clientèle et contre-balanceront l'influence du *cartel* dans la fixation des prix. Dès l'année 1901, le *cartel* se vit forcé de déduire l'acompte payé, au moment de la livraison, aux fabricants d'alcool brut, de 39 marks en 1899, à 35 marks, soit une baisse de 5 francs par hectolitre.

« On ne peut savoir si ce léger sacrifice ne ralentira pas le zèle des associés. La disparition du *cartel* nuirait à l'industrie allemande de l'alcool et à l'agriculture nationale ; elle arrêterait l'essor de l'alcool dénaturé et ne serait favorable qu'à l'alcoolisme déjà si déplorablement répandu parmi les grandes masses populaires. »

Telle est l'histoire de ce cartel, histoire des plus intéressante. Elle peut donner une idée de ce que l'on pourrait faire dans l'industrie agricole si l'on y introduisait l'idée de groupement. C'est là l'avenir.

Le Trust de l'Océan

Les Compagnies de navigation allemandes le *Norddeutscher Lloyd* et la *Hamburg Amerika Linie* viennent d'entrer dans un trust formidable qui a fait verser beaucoup d'encre et qui est connue sous le nom de *trust de l'Océan.*

On n'est pas encore entièrement fixé sur cette entente internationale mais pour nous, elle est le prélude éclatant de ce que nous avons appelé dans notre premier volume, l'accaparement international à la deuxième puissance.

La combinaison comprend les lignes suivantes :

	Bâtiments	Tonneaux
White Star	25	213.154
Dominion Line	3	12.360
Leyland Line	54	202.363
Atlantic Transport Line	11	58.602
American Line	9	85.970
Red Star Line	9	28.676
	111	606.125

La Cunard Line, dont l'opposition avait fait échouer en mars dernier les pourparlers engagés, a définitivement refusé d'entrer dans l'Union, de même l'Allan Line entend rester indépendante.

La Norddeutscher Lloyd et la Hamburg America Line ont conclu une convention spéciale.

D'autres négociations continuent cependant.

Voici d'abord la Convention anglo-américaine :

Le contrat établit que les parties sont : 1° Ismay Imrie et C° (appelés White Star vendeurs), Richard, Mills et C° (appelés les Dominion vendeurs), Peter, A. B. Widener et Clément A. Griscom (appelés les Vendeurs américains), Bernard N. Baker (appelés les Vendeurs Atlantiques); 2° J. P. Morgan et C° (appelés les Banquiers). Les deux premières clauses sont les suivantes :

Clause 1. — L'objet et le but du contrat sont l'acquisition avant le 31 décembre 1902 des propriétés maritimes et des affaires décrites ci-après par une corporation (appelée ci-après la Corporation), à organiser sous la direction des vendeurs à la satisfaction des banquiers, en se conformant aux lois de l'Etat de New-York ou de tel autre Etat qui sera choisi par eux, pour et en conformité de l'émission, en faveur des vendeurs ou de leurs représentants, d'un capital total de la corporation de 120 millions de dollars, dont 60 millions de dollars d'actions de préférence ayant droit aux dividendes cumulatifs (de la même manière que le capital de l'United States Steel Corporation) à raison de 6 pour cent par an aussi longtemps que n'auront pas été amorties les obligations ci-après mentionnées, et aussi 50 millions de dollars d'obligations subsidiaires portant intérêt à raison de 4 1/2 pour cent par an, payable par semestre, le principal étant payable en vingt ans, avec droit pour la corporation, à n'importe quelle époque après cinq ans, de le racheter à 105 ;

Clause 2. — Les propriétés maritimes et les affaires à acquérir par la Corporation sont les suivantes :

1. — *a*. — 750 actions de £ 1.000 chaque, complètement libérées, de l'Oceanic Steam Navigation Company (Limited) n° 30, James Street, dans la ville de Liverpool (appelée ci-après la White Star Line) comprenant les nouveaux navires en construction pour ladite Compagnie et tous les droits dans le nom de White Star Line et dans le pavillon de ladite ligne.

1. — *b.* — Toutes les affaires, dettes et propriétés de la maison ou société de Ismay Imrie et C°, telles qu'elles sont apportées par eux, dans les villes de Liverpool, Londres ou ailleurs, comprenant, autant que les vendeurs White Star peuvent les vendre ou en disposer la situation des directeurs de l'Oceanic Steam Navigation Company (Limited).

Mais en sont exclus toutes les propriétés et les droits mentionnés dans les contrats ou conventions légales à ceux-ci entre les vendeurs White Star et les Banquiers (constatés par leurs signatures et marqués respectivement 1-*a* et 1-*b*), auxquels contrats on se réfère pour l'établissement des termes, conditions, examen, et étendue de la transaction acceptée en ce qui concerne les actions, affaires, actif, passif et propriétés ;

2. — *a.* — Toutes les actions de la British and North Atlantic Steam Navigation Company (Limited) (appelée ci-après la Dominion Line) comprenant toutes les actions de la Mississipi et Dominion Steamship Company (Limited), tous les navires en construction pour lesdites Compagnies et tous les droits dans le nom de Dominion Line et dans le pavillon de ladite ligne ;

2. — *b.* — Les affaires, créances et dettes de la Société ou maison de Richard, Mills et C°, comme agents directeurs, agents d'expédition, facteurs, ou autres, en connexion avec les affaires de la British and North Atlantic Steam Navigation Company (Limited) et la Mississipi et Dominion Steamship Company (Limited) tels qu'ils sont apportés, soit en Grande-Bretagne, soit à l'étranger.

Mais en sont exclus toutes les propriétés et droits mentionnés dans les contrats ou conventions latérales à ceux-ci entre les vendeurs Dominion et les Banquiers (constatés par leurs signatures et marqués respectivement 2-*a* et 2-*b*), auxquels contrats on se réfère pour l'établissement des termes, conditions, examen et étendue de la transaction acceptée en ce qui concerne les actions, affaires, actif et passif ;

3. — Le capital, fonds, propriétés et dettes de l'International Navigation Company (appelée ci-après l'American Line), comprenant les nouveaux navires en construction pour ladite Compagnie.

4. — Le capital, fonds, propriétés, et dettes de l'Atlantic Transport Line), comprenant les nouveaux navires en construction pour ladite Compagnie ;

5. — Cent dix-huit mille quatre cent soixante trois actions ordinaires et cinquante-huit mille sept cent trois actions de préférence, du capital de Frédéric Leyland et C° — 1900 (Limited), appelés ci-après la Leyland Line).

Clause 3.— Résume brièvement des détails de moindre importance concernant les lignes et maisons anglaises, lesquels sont fixés au complet dans des conventions annexes accompagnant la convention générale.

Clause 4.— Détermine la « valeur relative des diverses propriétés » dont il s'agit. Dans chaque cas, l'évaluation représente dix fois les profits nets des Compagnies respectives en 1900, sauf réductions, exceptions et autres conditions que relatent les conventions annexes susmentionnées, par exemple : 3-4. — La valeur totale de l'American Line et de l'Atlantic Transport Line, y compris les navires neufs, et en ce qui concerne l'American Line avec 19.686.000 dollars d'obligations 5 pour cent de cette ligne sera de 34.158.000 dollars.

5. — L'évaluation desdites actions de la Leyland Line sera de £ 11.736.000, étant entendu qu'il y a ou qu'il y aura en dehors pour £ 815.000 actions de priorité 5 pour cent et pour £ 500.000 d'obligations 4 pour cent de ladite ligne non compris dans cette évaluation.

Clause 5. — A trait au prix et au mode de paiement.

Le prix et le mode de paiement des diverses « propriétés » à transférer à la Corporation seront les suivants :

1 *a*, 1 *b*. — Pour l'évaluation totale de la White Star Line, et pour l'affaire Ismay Imrie et C°, déterminée comme ci-dessus (non compris le tonnage neuf et sauf indications contraires dans lesdites conventions annexes) :

25 pour cent au comptant et 75 pour cent en actions de priorité au pair, et une somme égale à 37 1/2 pour cent en actions ordinaires, au pair, de la Corporation ;

2 *a*, 2 *b*. — Pour l'évaluation totale de la Dominion Line et de l'affaire Richards, Mills et C°, indiquée comme ci-dessus (à exclusion du nouveau tonnage et de ce qui aurait été stipulé autrement dans lesdites conventions annexes) : 25 pour cent au comptant ;

75 pour cent en actions de priorité, au pair, et une somme égale à 37 1/2 pour cent en actions ordinaires, au pair, de la Corporation ;

3-4. — Pour l'évaluation totale de l'American Line et de l'Atlantic Transport Line (non compris le tonnage neuf et aussi non compris leurs propres fonds pour paiement d'intérêts, 18.314.000 dollars en actions de priorité, au pair, et 9.157.000 dollars d'actions ordinaires, au pair, de la Corporation, et aussi, quand cela sera demandé, 15.844.000 dollars, au comptant, pour tonnage neuf et règlement de charges financières antérieures et telle autre somme, au comptant, pour règlement d'intérêts de leur propre fait, à un taux ne dépassant pas 6 pour cent l'an.

Clause 6. — Se rapporte à la rémunération du Syndicat qui a été fondé pour fournir 50 millions de dollars au comptant Elle attirera beaucoup l'attention, car la somme à transférer audit Syndicat ne s'élève pas à moins de 77.500.000 dollars en titres, dont 27.500.000 dollars représentent son bénéfice.

6. — Tout le reste des actions de priorité et des actions ordinaires de la Corporation, et aussi les obligations du « trust collatéral » susmentionné pour un montant de 50 millions de dollars seront retenues par les vendeurs ou leur appartiendront ; ceux-ci, cependant, devront fournir à la Corporation comme capital d'exploitation 786.000 dollars en actions de priorité et 6.643.000 dollars en actions ordinaires. Ils devront transférer au Syndicat (quand il sera établi par les banquiers) 50 millions de dollars, au comptant, et, comme paiement complet de ses services, lesdits 50 millions de dollars d'obligations, ainsi que 2.500.000 dollars d'actions de priorité et 25 millions de dollars d'actions ordinaires de la Corporation.

Il y a encore une convention de construction entre MM. Harland et Wolff (Limited) et MM. J.-J. Morgan et Cº.

Ladite maison de Belfast est tenue par ce traité à ne plus construire pour d'autres armateurs que ceux qui ont signé les traités dont il s'agit, sauf pour la ligne Hambourg-Amérique. La corporation pourra, s'il lui convient, faire des commandes de navires, etc., aux États-Unis ; mais tout le travail qu'elle aura à faire faire dans le Royaume-Uni sera exécuté par MM. Harland et Wolff.

Le trust-cartel ou la convention avec les compagnies allemandes

La Convention que nous venons de lire ne concerne pas les Compagnies allemandes. Elles se rattachent au trust de l'Océan par un lien moins étroit qu'il est intéressant de connaître et qui conserve, en ce qui les concerne, les allures d'un cartel. C'est en réalité un *trust-cartel* dont nous avons vu la naissance.

Il s'agit du Norddeutscher Lloyd et de la Hamburg Amerika Linie. Ces deux sociétés allemandes ont tenu beaucoup à ce qu'il soit affirmé qu'elles ont décliné l'offre de faire partie du Syndicat anglo-américain, afin de conserver sous tous les rapports leur indépendance. Mais il pouvait y avoir pour les Sociétés allemandes d'autant moins d'hésitation, sous réserve de leur entière autonomie, à passer avec le Syndicat des conventions ayant pour objet la délimitation des sphères d'intérêts réciproques et l'exclusion d'une concurrence de toute façon ruineuse pour les deux parties.

Parmi les dispositions relatives à cet accord, la plus importante pour les intérêts allemands consiste en ce que les lignes du Syndicat se sont engagées pour toute la durée de l'accord, qui est de vingt ans, à ne faire venir à un port allemand aucun de leurs navires sans le consentement des lignes allemandes ; en échange de quoi les Sociétés allemandes ont pris l'engagement de ne pas développer au delà d'une mesure déterminée le trafic qu'elles font actuellement en Angleterre. En outre, une série d'autres conventions ont été passées entre les deux grands groupes : le Syndicat anglo-américain et les Sociétés allemandes, qui sont tout d'abord destinées à empêcher toute concurrence entre les deux groupes. Pour assurer d'une manière toute spéciale l'efficacité pratique de ces conventions, des dispositions ont été prévues d'où il résulte que chacun des groupes est intéressé jusqu'à un certain point aux résultats financiers de l'autre, de telle sorte que la considération même de son propre intérêt empêche une quelconque des parties d'entrer en concurrence avec l'autre ; toutefois, l'acquisition par le Syndicat d'actions des Sociétés allemandes est défendue, et réciproquement.

De plus, les deux groupes se sont mis d'accord pour se prêter un concours amical, qui trouvera à se manifester entre autres circonstances, dans une assistance réciproque contre un tiers concurrent, de même que dans l'affrètement réciproque de vapeurs en cas de besoin. Pour vider toutes les questions d'intérêt général touchant les deux groupes, parmi lesquelles figure particulièrement l'emploi plus économique du matériel naval existant, il a été constitué un Comité composé de deux représentants du Syndicat anglo-américain, et de deux représentants des Sociétés allemandes ; conformément au caractère de l'ensemble de l'accord, ce Comité n'aura pas de pouvoir exécutif, mais disposera des affaires, dont il sera saisi, en-vue d'une entente amicale. Les divergences d'opinions relatives à l'interprétation de l'accord seront soumises à un tribunal arbitral. La durée de l'accord est, comme il est dit plus haut, fixée à vingt ans, sous réserve toutefois, pour chacune des parties, du droit, de demander, après une période de dix ans, une révision de l'accord, et de se retirer dans le cas où cette révision n'aboutirait pas.

De ce qui a été dit, il ressort déjà qu'on commettrait une grave erreur si, en envisageant l'accord, on croyait que les Sociétés allemandes se sont accommodées le mieux possible de la situation qui résultait pour elles de la fondation du Syndicat anglo-américain, et qu'elles ne désiraient pas. Les choses se présentent sous leur véritable aspect, de la manière suivante : les réformes dans l'exploitation des transports transatlantiques, dont M. BALLIN, directeur général de la Hamburg America Linie, proclamait la nécessité dans une récente interview, supposaient précisément la fondation d'un syndicat de ce genre, surtout en présence de la concurrence des lignes anglaises, qui se manifeste en toutes occasions. Aussi, de l'union des grandes Compagnies de navigation anglaises et américaines, qui vient enfin de s'accomplir, après avoir été jusqu'alors irréalisable, les Sociétés allemandes attendent, à juste titre, un essor de leurs propres affaires ; c'est pourquoi la négociation de toute cette affaire doit être regardée comme un gros succès obtenu par les Sociétés allemandes.

Nous ne savons pas quel sort est réservé par les gouvernements européens au Trust de l'Océan. S'insurgeront-ils contre son omnipotence. La Russie fera-t-elle prendre des mesures protectrices ? Il y aura lieu d'attendre croyons-nous, d'avoir vu à l'œuvre ce grand organisme maritime pour juger s'il ne servira pas dans une certaine mesure l'intérêt général.

Et puis l'on parle de constitution d'un trust anglo-canadien de même nature.

Qui sait si la concurrence que l'on a la prétention d'anéantir avec les trusts, ne se réveillera pas un jour, non plus entre une foule de petits compétiteurs, mais entre deux ou trois colosses. Et alors, il y aura lieu de voir encore dans cette hypothèse si l'intérêt général n'y trouve pas son compte.

En somme, attendre, étudier, voilà ce qui s'impose à l'heure actuelle vis-à-vis des *trusts*.

HAMM

Hamm possède un syndicat important faisant partie du groupe des syndicats métallurgiques que nous avons étudié à Dusseldorf.

Le Syndicat des Tréfilés

L'Association des Tréfileurs, formée en 1899, et dont le siège principal est à Hamm (Westphalie), a réparti son action commerciale en quatre zones : l'Allemagne du Nord et du Nord-Ouest, avec un comptoir à Berlin ; la Saxe, la Silésie et l'Allemagne du Sud, dont le comptoir est établi à Mannheim.

Les affaires d'exportation se traitent à Hamm.

Au début de leur existence, ces syndicats de vente ont eu une action assez modérée. Ils ont recherché, comme les syndicats houillers, une hausse légèrement progressive pour affermir les prix et ne pas provoquer trop de protestations de la part de leur clientèle forcée.

Fédération des Syndicats autrichiens et allemands des Tréfilés

Le Syndicat des Tréfilés présente l'exemple d'une fédération de syndicats. En effet, un contrat existe contre les tréfileries allemandes et autrichiennes, avec l'idée d'empêcher la lutte sur les marchés intérieurs. L'arrangement s'applique aux tréfilés et aux clous et les mêmes arrangements déjà existants pour le Syndicat des Cokes en Allemagne et en Belgique, et les Syndicats des Poutrelles allemands et étrangers. On voit dès lors que les syndicats allemands ont déjà inauguré l'ère des conventions commerciales internationales.

Ce comptoir comprend quatorze membres ayant produit en 1901 environ 500.000 tonnes de fils, dont 7 pour cent environ ont été exportés comme fils bruts.

Voici les firmes qui font partie de ce syndicat :

Westfœlisch Draht-Industrie (Hamm), Unten, (Hamm, Lippstadt und Nachrodt), Aachener Hüttenaktienverein (Rothe Erde), Becker und C° (Schalke), Eisen-Industrie Menden und Schwerte (Schwerte), Eisen und Stahlwerk Hoesch (Dortmund), Gutehoffnungshütte (Oberhausen), Hasper Eisen und Stahlwerk (Haspe), Gewerkschaft Deutscher Kaiser (Dinslanen), Fried Thomée, Aktien-Gesellschaft (Werdohl), Düsseldorfer Eisen und Drahtindustrie (Düsseldorf), Düsseldorfer Eisenhütten-Gesellschaft, Boecking und C° (Mülheim am Rhein), Funke und Elbers (Hagen), Eschweiler Atpien-üesellschaft für Drahtfabrikation (Eschweiler), Eisenwalzwerk, Eschweiler, Osnabrücker Kupfer und Drahtwerk (Osnabrück), Eisenwerk Kraemer (Saint-Ingbert), Gebr Stumm (Neunkirchen), de Wendel und C° (Hayingen), Oberschlesische Eisenindustrie.

On le voit, c'est un syndicat puissant et comprenant les plus grandes maisons d'Allemagne.

Il a été fort éprouvé par la crise 1901-1902, mais il subsiste.

HANOVER

Le Cartel du Papier

C'est un des cartels les plus puissants d'Allemagne et qui a eu l'histoire la plus mouvementée. Après s'être établi régulièrement et avoir haussé les prix comme à l'ordinaire, il a été tout à coup combattu par un syndicat de consommateurs, c'est-à-dire par les éditeurs de journaux.

A l'assemblée générale des Editeurs de journaux allemands tenue à Leipsig en mai 1902, il fut décidé que l'on construirait des fabriques de papier pour résister aux prétentions des papetiers. Immédiatement, le capital devant être souscrit par tous les membres se trouva réalisé.

Un comité fut chargé de réunir une assemblée à Berlin, dans laquelle les éditeurs des grands journaux n'appartenant pas à l'association devaient être invités et indiquer à quels endroits, en Allemagne, des fabriques de papier devaient être construites sur une grande échelle.

Le bureau central de Hanover reçut la souscription aux actions. Plusieurs éditeurs représentaient une consommation annuelle de plus de 80 millions de livres de papier d'impression ; ils déclarèrent leur intention de souscrire aux actions susdites.

Le cartel du papier revint à de meilleurs sentiments en présence de cette coalition.

Nous voyons là un exemple intéressant, une confirmation de la loi que nous avons formulée : « *La consommation a toujours raison de la production* ».

Il suffit d'alarmer en effet quelques gros intérêts pour les voir se coaliser dans le but de combattre le trust ou le cartel, et, comme remède souverain, adopter la même tactique et opposer cartel à cartel.

C'est là un des exemples qui, certainement, servira le plus dans les luttes que fait présager l'avenir.

LEIPSIG

Le Cartel des Imprimeurs allemands

Le *Journal de Francfort* du 8 mai 1902 parle de l'augmentation des prix par les imprimeurs. Tous les imprimeurs d'Allemagne venaient de former une union de 7.000 membres environ, dans le but unique d'élever les prix de 10 à 15 %.

C'était, on le voit, une union un peu rudimentaire et visant simplement un point important, celui des prix.

C'est la première fois que l'on voit fonctionner une entente commerciale proprement dite entre un si grand nombre de personnes. Cela prouve qu'en matière d'intérêt, rien n'est impossible.

MAGDEBOURG

Magdebourg est le siège du grand Syndicat de la Potasse, que nous avons décrit dans un chapitre spécial précédent.

En outre, Magdebourg est le siège du Syndicat des Sucres, dont nous avons parlé également plus haut.

De sorte que cette ville d'Allemagne a le privilège d'abriter les deux plus grands cartels après celui des Charbons de la Westphalie.

Cartel des Fabricants de Bougies et stéariniers

On connaît à Magdebourg un cartel des fabricants de bougie.

Sauf la Maison Spielhagen, de Berlin, qui est en état de faillite, tous les stéariniers connus font partie du syndicat lequel existe depuis deux ans. La durée de l'entente est toujours d'une année, renouvelable d'année en année. Les prix sont différents suivant qualité, contrée et quantité. Là où la production étrangère gêne le syndicat, les prix sont réduits.

Voici les principaux stéariniers faisant partie du Syndicat allemand :

Motard et Cie, Berlin ; Overbeck et fils, Dortmund ; Munzing et Cie, Heilbronn ; Hammonia Stearinefabrik,

Hambourg ; Volmar et Cie, Offembach ; Stettiner Herzenfabrik, Stettin ; Victor Haehl et Cie, Strasbourg.

Prix généralement pratiqués en Allemagne

Qualité III, 92 marks les 100 kilos ; qualité première, 111 marks ; qualité extra, 120 marks. Franco avec 4 marks de bonification à la fin de la campagne.

Néanmoins, chose curieuse et suggestive, l'industrie française a pu pénétrer parfois en Allemagne malgré ce syndicat. La firme Félix Fournier et Cie, grâce à la prime de 30 francs environ par 100 kilogrammes dont jouit la marque Etoile peut supporter d'assez gros droits de douane. Les produits de fantaisie (bougies torses, bougies de couleurs) qui n'ont pas un marché suffisamment suivi et surveillé pénètrent aussi en Allemagne.

Cartel des Vitres et des Glaces

Il existe également un cartel important des « Vitres et Glaces ».

Il a un caractère international, attendu qu'il est relié à la Compagnie française de Saint-Gobain et à certaines fabriques belges, et peut-être autrichiennes.

Ce cartel a donné un exemple bien rare. Au lieu d'augmenter les prix, il les a diminués de 10 pour cent après sa constitution.

C'est un des exemples les plus intéressants ; il est peut-être unique.

MAYENCE

Peu de cartels à Mayence.

Cartel de la colle

Les fabricants de colle de ce district ont formé un cartel pour régulariser le prix de vente et spécialement pour assurer aux fabricants le plus bas prix pour la matière première. Cela s'est accompli de la manière suivante : A chaque fabricant est alloué un district spécial dans lequel il adresse sa matière première et aucun fabricant n'a la permission d'acheter dans un autre district que le sien. Cela réduit la demande pour la matière première à une seule personne qui peut ainsi acheter très avantageusement.

Cartel des tanneries

Les tanneurs ont également fait un semblable contrat.

Ces ententes sont formées seulement pour le bénéfice du fabricant et non pour la consommation et tendent plutôt à augmenter qu'à diminuer le prix, dit M. Walter Schumann, consul des Etats-Unis, à Mayence.

MANNHEIM

Il existe des cartels à Mannheim, indubitablement, mais ils ne sont pas très connus.

Bureau du Kohlen Syndikat

Une succursale du grand syndicat des charbons d'Essen existe à Mannheim. Elle est gérée par des capitalistes de Cologne et autres villes voisines des houillères de la Rhur.

Le syndicat d'Essen contrôle pratiquement par ce bureau local la vente de charbon à Mannheim et dans la région adjacente. C'est cette succursale qui conclut les marchés avec les gros et moyens consommateurs.

Cette organisation est intéressante. C'est la police économique du syndicat d'Essen établie ainsi dans tous les grands centres de consommation. Mais elle ne va pas sans de nombreuses plaintes sur les prix élevés du charbon et les contrats imposés.

Il ne saurait en être autrement.

Le syndicat répond que les prix ne sont pas augmentés en fait et que s'il y a accroissement c'est le résultat d'une demande active et de la limitation de la production dans toutes les houillères allemandes.

Le cartel du pétrole en Allemagne

Il est reconnu que les quatre agences du Standard Oil Co : Le Mannheimer Bremen, Petroleum Stock Co, Rieth et Co, la Compagnie Allemande et Américaine de pétrole et la Compagnie du Pétrole américain, ont passé une convention pour le monopole complet de la vente du pétrole en Allemagne. La coopération des petits vendeurs de pétrole a été réalisée sous différents prétextes.

Les vendeurs ont la promesse d'être approvisionnés sans aucuns frais au moyen de réservoirs de dépôt, de l'huile convenable mise à leur disposition. Mais les réservoirs restent la propriété de la compagnie et elle peut en disposer à son gré.

Une demande formulée par les vendeurs pour être laissés libre de se procurer le pétrole comme autrefois à qui bon leur semblerait, fut repoussée dernièrement et une contestation s'éleva entre les vendeurs et le Monopole.

Les marchands, assurés de l'aide des vieilles maisons avec lesquelles ils travaillaient autrefois et qui étaient étroitement liées avec l'*American pure Oil Co* et la firme russe *Card W. Gehlg de Hambourg* acceptèrent d'acheter leurs réservoirs d'étain à leurs propres frais, cela n'entraînant pas une dépense élevée.

Les *monopolistes* surpris de cette action déclarèrent qu'il n'était pas dans leur intention de forcer les marchands et qu'ils fourniraient les réservoirs sans condition.

Cependant les marchands craignant qu'après l'installation des réservoirs on ne les fermât à clef citèrent une lettre que la Compagnie du Pétrole américain écrivait peu de temps auparavant à l'Association pour la protection du commerce de Luswigshafen, laquelle avait réussi dans sa guerre contre les monopolistes. Dans cette lettre on trouve les phrases suivantes :

« Il a été prouvé que quelques clients, quelques-uns
« même sur une large échelle, ont usé de nos réser-
« voirs pour emmagasiner et vendre du pétrole à nos
« concurrents. Contre une pareille action, il nous est
« impossible de nous protéger autrement qu'en fermant
« les réservoirs, sans cela il est impossible d'exercer
« aucun contrôle ».

Néanmoins, les marchands cédèrent, mais ils regardent toujours avec défaveur ce contrôle, spécialement sur les prix, car ils ont préservé leur indépendance et ont réussi dans la dernière année à acheter du pétrole à six pfennigs par litre au-dessous des prix du Monopole.

Le pétrole monte en 1899 à sept pfennigs par litre la consommation annuelle passant à 120 millions de litres d'une valeur de 84.000.000 de marks.

Combien plus le prix aurait augmenté si pour le système de réservoirs fermés, toute concurrence avait été étouffée. On ne peut que le supposer.

Plusieurs centaines de réservoirs fonctionnent, mais jusqu'ici il n'a pas été possible de briser l'opposition des marchands.

L'exemple que nous venons de citer est intéressant. Il montre que le petit commerce peut, jusqu'à un certain point, lorsqu'il résiste intelligemment au trust, faire baisser ses prétentions.

Cartel de l'Huile de pavot

Le cartel de l'huile de pavot comprend les maisons suivantes :

1° Bremen-Besigheimer Oelfabriken. — Bureaux à Brême, fabrique à Besigheim (Wurtemberg) ;

2° Verein deutscher Oelfabriken, fabrique à Eberturkheim (Wurtemberg). — Bureaux à Mannheim ;

3° August Reichert et Cie, à Nagold (Wurtemberg) ;

4° Ludwig Kahn, à Heilbronn ;

5° Hagenbucker et Sohn, à Heilbronn.

Ces maisons ont formé un cartel depuis environ six ans ; depuis la formation, les prix sont montés d'environ 10 pour 100 et sont restés à peu près les mêmes depuis ce temps-là.

Le cartel a donc fonctionné comme régulateur immuable des prix après un relèvement nécessaire.

C'est cette fonction qui paraît devoir être l'apanage des cartels raisonnables et sans histoire.

Cartels divers du bicycle, de la brasserie, etc.

Il y a à Mannheim des industries intéressantes, mais on ignore si elles sont en cartels.

L'industrie du bicycle est représentée par cinq ou six fabriques puissantes, la brasserie compte de très nombreuses usines, etc., etc.

MUNICH

Cartel des biscuits et gâteaux

Les fabricants de biscuits et de gâteaux d'Allemagne ont formé un cartel et ont fixé des prix minimum pour les marchandises en gros « Nakte Waare » les biscuits communs (Wolksbisquits), les Albert, etc., afin de dominer toute l'industrie allemande dans ce genre.

On le voit, rien n'échappe au cartel, même les articles les moins susceptibles de s'y prêter en apparence.

Syndicat des glaces

Il existe un syndicat des glaces et du verre en Bavière avec ramification dans les principaux centres de production. Nous en avons déjà parlé.

Ce syndicat est puissant et bien tenu.

NUREMBERG

Le Syndicat des batteurs d'or de Nuremberg, Furth Schwabach

Les maîtres batteurs d'or ont formé un syndicat pour régler les heures du travail et les salaires payés aux ouvriers, établir un prix type, protéger les intérêts des fabricants en cas de grève et éviter la surproduction. Par exemple dans ce dernier cas, on peut dire que il y a quelque temps, beaucoup de manufacturiers avaient des stocks importants, le syndicat convint de fermer toutes les usines pour une quinzaine de jours. Cela fait, les ouvriers reçurent une certaine indemnité, montant à environ 7.500 francs, provenant des fonds du syndicat, indemnité qui représentait en moyenne le dixième des salaires ordinaires.

Il est intéressant de voir les cartels se préoccuper ainsi des problèmes sociaux et les résoudre généreusement. Cela est plutôt rare cependant.

Le syndicat des brûleurs à gaz

Il y a seulement sept fabricants de brûleurs à gaz en Allemagne demeurant soit à Nuremberg, soit à Wunsiedel en Bavière. Cette dernière localité étant le seul endroit en Allemagne où l'on trouve d'excellente stéatite pour la fabrication du brûleur à gaz. Les firmes sont les suivants : Lauboeck et Hilpert, à Wunsiedel, J. Von

Schwarz, Jeen Stadelmann et Co, G. Jondorf, Wilhelm Hoffmann, Adam Weber et Co et Georg Rauber, à Nuremberg.

Ils ont fait un arrangement pour vendre à des prix plus élevés et ont permis seulement à certains fabricants de vendre dans certaines contrées. Par exemple, il n'est permis qu'à J. Stadelman et Co et à J. von Schwarz, de vendre certains brûleurs à acétylène en France.

J. Jondorf et Wilhelm Hoffmann n'ont le droit de vendre aucune marchandise aux Etats-Unis pour une période d'environ cinq années.

On le voit, ces ententes ne vont pas toujours sans quelques bizarreries qui tiennent à des situations existantes ou des personnalités prépondérantes.

Syndicat des brosses

Il existe à Nuremberg un syndicat des fabricants de brosses.

C'est une des choses remarquables et je le répète ici souvent, que la possibilité de faire des ententes commerciales pour les plus petits objets et les plus petits commerces.

C'est un exemple de la démocratisation du cartel, et si on le conçoit très bien pour les grandes entreprises, les fers, les charbons, les Compagnies de transport et de navigation, on voit qu'il peut exister aussi pour les brosses, les gâteaux, les bandages médicaux, etc.

Le Cartel des Usines électriques

Il est certain qu'il existe ou qu'il a existé entre l'immense établissement de constructions électriques *Schuckert et Cie*, à Nuremberg, et les autres établissements colossaux similaires de *Siemens et Halske*, de l'*Algemeine Electricitats Gesselschaft*, de Berlin, une entente durant la période de grande prospérité tout au moins.

On dit qu'à l'heure actuelle MM. Schuckert et Cie ont été très éprouvés par la diminution des affaires et une administration technique qui a voulu tout subordonner à elle-même, y compris l'élément financier qui, finalement, lui a fait défaut.

Néanmoins, on peut considérer que le Cartel de l'Electricité est de ceux qui sont tout indiqués en Allemagne, où cette industrie a pris un développement inouï.

OPPELN

Syndicat des Ciments Portland

Il existe à Oppeln une société pour la vente du ciment Portland de Silésie.

C'est une ramification du grand cartel, probablement. Elle a été fondée à Oppeln en 1893.

Ce syndicat sert à mettre la production du ciment Portland en rapport avec la consommation et à régulariser autant que possible les prix ; le but de certaines fabriques est d'établir pour toujours de hauts prix, mais ce n'est pas le but poursuivi par ce Syndicat. Il admet que, dans une période favorable, les prix doivent rester à une hauteur normale, et dans une période de véritable déroute comme la période actuelle, rester à une valeur moyenne.

Ce Syndicat vient de finir sa huitième année d'existence, et il a fonctionné dans la bonne comme dans la mauvaise fortune.

La crise que traverse en ce moment le Centralverkaufsstelle der Schleseschen Portland-Cement Fabriken est la plus pénible.

Y survivra-t-il ?

SOLNHOFEN

Les plus petites localités ont leurs ententes commerciales.

Syndicat des pierres lithographiques

Ainsi, il existe un centre de production de la pierre lithographique en Bavière, qui est célèbre dans le monde entier, mais ne constitue pas une grande concentration industrielle.

L'industrie du pays y est cependant centralisée dans une certaine mesure. Il n'y existe pas de contrat écrit entre les industriels, mais les exportateurs et propriétaires de carrières, il y a environ un an, se sont entendus pour ne pas vendre au-dessous de certains prix types.

Jusqu'à ce jour les affaires sont plus prospères, malgré qu'on ne puisse pas les dire excellentes.

Le fait est que les indigènes de Solnhofen (le seul endroit au monde où il y ait de la pierre lithographique à l'abri de tout reproche) n'ont pas encore réalisé le monopole, mais ils le possèdent de fait.

N'ayant aucune concurrence, ils peuvent demander n'importe quel prix pour leurs pierres.

Tous les lithographes du monde en usent.

Lorsque la concurrence viendra, si le monopole que la nature a constitué cesse un jour par suite de la découverte d'autres gisements, le cartel se formera.

« La nécessité est la mère des trusts. »

SOLINGEN

Un Cartel de famille

Une des choses qui étonnent à Solingen, c'est qu'il n'y ait pas de cartels proprement dits.

Mais l'industrie de la coutellerie, qui y est la principale (comme à Thiers, en France, par exemple), est concentrée dans une centaine de petites fabriques de couteaux qui, depuis un grand nombre de générations, sont aux mains des mêmes familles et constituent une sorte de pacte sentimental tenant lieu de cartel.

La collectivité ne fait presque pas d'affaires directes avec la consommation, mais travaille presqu'exclusivement pour des exportateurs.

Tous les courtiers dans ce commerce, comptant une trentaine de membres et faisant des affaires à Solingen, Wald, Graefrath, Hœscheid et Ohligs, sont entrés dans des combinaisons pour demander l'élévation de prix plus hauts que ceux pratiqués par d'autres courtiers d'Allemagne.

On le voit, tous les genres de solidarité sont bons dans l'industrie de la production, et quels que soient les liens qui unissent les membres d'un cartel, liens de famille, patriotisme, traditions, tout est propice pour rapprocher les hommes que la concurrence avait jusqu'à ce jour divisés.

STUTTGARD

Stuttgard est célèbre par le Syndicat des Savons.

Syndicat du Savon
Un Syndicat dissident

Pendant l'été de 1899, un cartel des fabricants de savon des provinces rhénanes de Westphalie-Oldenbourg et Brême a été formé dans le but d'établir des prix uniformes pour le savon.

Nous en avons parlé déjà à notre chapitre de Francfort.

L'intention du Syndicat était d'étendre le cartel à tous les fabricants de savon de l'Allemagne, et aussitôt ceux de Hesse, de Nassau et du Palatinat se sont joints à eux. Un prix uniforme a été établi pour le savon en pains, qui a augmenté d'environ 14 pour cent les anciens prix.

Dans le désir de forcer tous les fabricants à se joindre au cartel, certains procédés ont été employés, lesquels ont fait l'objet d'enquêtes judiciaires. Il a été allégué que les fabricants qui n'avaient pas voulu s'unir au cartel avaient été *boycottés*. Voici ce qui s'est passé : Plainte a bien été déposée il y a plusieurs mois contre le directeur du Syndicat dont il s'agit par les fabricants de savon de Stuttgart, fondée sur ce que le directeur les aurait menacés de mettre obstacle aux livraisons de matières premières dans le cas où ils refuseraient d'entrer dans le cartel.

Voici les pièces de cet intéressant débat, la lettre d'envoi de la décision du Comité délégué des Sociétés qui a été incriminé :

Monsieur,

Je me permets de vous envoyer une copie de la décision prise dans la séance de la délégation à Berlin, où ont pris part 700 fabricants de savon, tous allemands, et vous prie de bien vouloir me dire, s'il vous plaît, quelle place vous occuperez dans cette décision.

Je me permets de vous faire remarquer que, dans certains cantons de toutes ou de presque toutes les fabriques de savon appartenant aux sociétés en question, existe un lien étroit, tandis que dans d'autres provinces ce lien n'existe pas. Mais l'Union des Fabricants de savon, réunis en sociétés avec leurs fournisseurs n'est plus qu'une question de temps.

Il est inutile d'attirer votre attention sur l'immense service que nous a valu le raffermissement de l'industrie du savon en Allemagne et c'est pourquoi je crois devoir compter, avec raison, sur votre aide en ce point.

Comme je vous l'ai promis, je vous ferai envoyer rapidement la liste de tous les membres et vous prie de compter sur moi pour ce qui a rapport aux renseignements. J'attends une prompte réponse de votre part.

THEODOR FLEMMING,
président du comité-délégué des
Fabricants de savon en Allemagne.

Décision du Comité délégué des Sociétés de savon d'Allemagne.

En Allemagne, les fabricants de savon, poussés par la nécessité, se sont réunis en assemblées dans presque tous les cantons. Ils comptent à peu près 700 établissements jusqu'à présent, et leur but consiste à préserver de la ruine l'industrie du savon, dans ce pays. C'est pourquoi les fabricants doivent être suffisamment prévoyants pour se soutenir contre les sociétés du dehors qui menacent de bouleverser le travail exigé par toute l'industrie du savon.

La société déléguée décide donc ce qui suit:

« Les premières de toutes les réunions présidées en Allemagne se fondent en une Commission durable sous la présidence de M. Théodor Flemming, à Neuss. Cette commission a la tâche d'entrer en relation avec les fabricants et négociants de toutes les matières brutes qui sont employées dans la fabrication du savon et cela au nom de tous les membres de toutes les sociétés.

« Pour que fabricants et négociants cherchent à soutenir les efforts des sociétés réunies, et leur marque, les membres de chaque société sont obligés d'avantager ceux des fournisseurs qui, par leurs efforts, aident à rehausser l'industrie du savon.

« Les fournisseurs qui promettent la fourniture, d'une façon exclusive à la convention, d'après des conditions déterminées, sont ensuite nommés seuls membres de toutes les sociétés et sont à recommander en première ligne comme fournisseurs. »

Le Comité:

Theodor Flemming, Neuss a. Rh., Président des sociétés de savon de Rheinland, Westf. u. Nordwestdeutchland;

Otto Anstatt, Firma J. G. Böhlke, Bromberg, président des sociétés de fabricants de savon de Ost- u. Westpreussen, Posen u. Pommern;

Alois Bacheberle, Renchen, président des sociétés de fabricants de savon pour le Südwestl. Deutschland. (Baden u. Elsass);

Ferd. Jacobi, Commerzienrath, Darmstadt, président des sociétés de fabricants de savon de Grossherzogthum Hessen, Provinz Hessen-Nassau, Pfalz, Saargebiet, Lothringen, Luxemburg

Dr. W. Koch i. Firma J. C. Lange Erben, Rostock, président des sociétés de fabricants de savon de Meclenburg;

Wilh. Pauling, Leipzig-Lindenau, président des sociétés de fabricants de savon de Mitteldeutschland. (Königreich und Provinz Sachsen, Thüringische Staaten.);

Fritz Ribot, Commerzienrath, Schwabach i. Bayern, président des sociétés de fabricants de savon de Bavière;

E. A. Spielhagen, Berlin, président des sociétés de fabricants de savon de Mark Brandenburg.

Une instruction a été ouverte à la suite de la plainte dont nous avons parlé et qui visait les deux documents assez inoffensifs ci-dessus. Mais la plainte aurait été abandonnée sur la déclaration d'un des fabricants stuttgartois qu'il n'avait pas pris cette menace au sérieux.

Le juge d'instruction aurait été d'avis qu'il n'y avait pas là un acte de pression punissable aux yeux de la loi.

Au fond il nous a été possible de connaître la vérité.

Les principales matières premières de la fabrication des produits du Syndicat sont l'huile de palme, la potasse et les sels de soude.

Le nombre des importateurs d'huile de palme et de sels alcalins est peu nombreux, et des tentatives furent faites en effet par le cartel pour faire un arrangement afin que les importateurs ne puissent pas vendre ces matières premières à ceux qui n'étaient pas membres du cartel.

Ces tentatives furent dirigées tout particulièrement contre l'association de Fabricants de Stuttgard, qui s'étaient affirmés d'importants concurrents.

Cette association est connue sous le nom de Verband der Seifenfabriken Sud-Deutschland. Elle comprend :

1° Vereinigte Seifenfabriken, à Stuttgard ;
2° Gebruder Hass, à Aalen ;
3° Gebruder Rösseler, à Durrmenz, près Mutlacker ;
4° Eugen Eck, à Ulm sur le Danube.

Cette union existe depuis environ huit années.

Elle fut invitée par le cartel à se réunir dans des

conditions favorables, on doit le reconnaître. Sur son refus, l'Union fut menacée d'être privée de ses matières premières.

Dans une circulaire du directeur du cartel, il était établi que pour la suppression de la concurrence un remède allait être essayé qui promettait un succès complet.

Rien ne put convaincre les fabricants de Stuttgard. Les menaces furent mises alors à exécution. Tous les vendeurs d'huile de palme refusèrent simultanément de vendre à l'Association de Stuttgard les matières premières dont elle avait besoin, quoique beaucoup de maisons comprises dans cette association se fournissaient chez eux pendant des années.

Plusieurs de ces vendeurs d'huile de palme déclarèrent même ouvertement que le cartel du savon leur avait défendu de vendre à l'association de Stuttgard.

Les mêmes tentatives furent faites en ce qui touche les résidus de potasse, mais avec moins de succès ; l'association de Stuttgard réussit à faire des contrats pour toute l'année 1901.

Comme suite à ces agissements, des plaintes ont été déposées contre deux des directeurs du Cartel entre les mains du procureur de Stuttgard, et la décision de la cour sera d'un grand intérêt.

M. Guenther rapporte que 85 pour cent des fabricants de savons font partie du Cartel, et le reste, dit-il, a été forcé de baisser ou de supprimer les matières premières.

Le cartel paraît avoir remporté la victoire et, information prise, les tribunaux n'interviendront pas.

On voit par ce qui précède ce que peut produire la lutte de deux groupements d'inégale puissance. Il est certain que le plus faible, à moins de développer une rare énergie et une grande persévérance, succombera toujours fatalement.

Une seule puissance pourrait se dresser contre ces lutteurs qui n'ont en vue que le triomphe de leurs intérêts privés, c'est la Consommation, maîtresse de la Production.

Mais comment la grouper, comment la diriger ?

C'est un grand problème qui se résoudra inopinément et tout à coup, le jour où la production aura exaspéré la consommation dans un cas bien défini et bien général.

Cartel de l'Amidon

David Laible, à Ulm-sur-le-Danube, fait partie du Cartel de l'Amidon de l'Allemagne du Sud, qui existe depuis environ quatre années. Depuis sa création, les prix sont montés d'environ 5 pour cent et sont restés à peu près les mêmes depuis ce temps.

Cartel des Bougies

La maison Munzing et Cie, à Heilbronn-sur-Neckar, fabrique de stéarine et de bougies de stéarine, fait partie du cartel allemand qui existe depuis environ trois ans. Les prix sont montés par cette combinaison d'environ 10 pour cent. La maison A. Motard et Cie, à Berlin, a bien menacé de sortir du cartel, mais on l'a persuadée d'y rester, et le cartel demeure invariable.

C'est M. DOBERT, directeur de la Cie Motard, de Berlin, qui est président du syndicat des bougies.

Le siège social est à Francfort, hôtel Drexel, mais nous n'en sommes pas sûr.

La France a réussi à faire entrer des bougies de stéarine de la maison Fournier, de Marseille, grâce à ce cartel et à ses prix élevés.

On le voit, les cartels ont quelquefois du bon pour les nations voisines, mais rarement, il faut le reconnaître.

Cartel des Tuileries à vapeur

Les usines de tuileries à vapeur (Dampfziegeleifabriken), de Feuerbach, Zuffenhausen, Waiblingen, Hedelfingen, Schorndorf, Winnenden, Ludwigsburg, ont formé un cartel, afin d'éviter des frais inutiles et pour arriver à une prospérité plus grande. La Ziegelverkaufstelle, bureau de vente, se trouve dans le Friedrichsbau, à Stuttgart, et les commandes sont distribuées aux fabriques se trouvant le plus près des places où l'on a besoin des marchandises, ce qui épargne des frais inutiles.

SYNDICATS ET CARTELS DIVERS

Il existe en Allemagne un grand nombre de syndicats, cartels ou ententes, qui ont dissimulé soigneusement leur existence.

Ne sachant pas où allait le grand mouvement des cartels en Allemagne et craignant sans doute que les excès de quelques-uns n'attirassent l'attention du gouvernement ou de la justice, bon nombre de cartels ont tenu à rester dans l'ombre. On les soupçonne, on les connaît parfois, mais non officiellement, comme les bureaux de vente établis au grand soleil des cartels les plus en vue, dont nous venons de donner les monographies.

Nous avons dû néanmoins nous préoccuper de ces syndicats modestes ou prudents. Ils sont très nombreux, bien entendu.

Nous les mentionnerons succinctement pour bien faire voir leur diversité, leur champ énorme d'activité.

Syndicat du Lait

Il a été fondé en 1900, à Berlin, dit-on, un syndicat du Lait.

Ce syndicat se soumet volontairement à tous les contrôles, à toutes les visites, et il comprend un nombre considérable de fermiers et de propriétaires des environs de la capitale.

Il y a là, au point de vue de l'hygiène publique, un

progrès, car il est évident que certaines méthodes de production, de conservation et de distribution du lait doivent être le résultat de l'entente générale des producteurs et conseillés par les savants de Berlin.

La municipalité ne voit pas d'un mauvais œil ce groupement qui empêche le laitier isolé et pauvre de se livrer à une falsification éhontée et dangereuse pour la santé publique.

C'est l'exemple d'un cartel favorisé par une municipalité.

Syndicat des Marbres

Il existe un Syndicat des marbres qui groupe non-seulement certains producteurs de marbre allemands, mais aussi certains vendeurs de marbre italiens, grecs, pyrénéens et belges.

L'augmentation de prix a été un des premiers actes de la formation du cartel, comme toujours, car le cartel ne se forme, nous l'avons répété souvent, que lorsque l'industrie est tombée dans le marasme le plus complet.

Syndicat du Caoutchouc

Ce syndicat existe réellement aussi, mais il a des ramifications internationales, et les grandes maisons anglaises qui font le commerce de la matière première n'y sont certainement pas étrangères.

On le voit, par cet exemple, on peut faire des cartels, même pour des industries dont la matière première est essentiellement exotique. Ce n'est pas là un monopole très dangereux, puisqu'il ne peut être question d'accaparer le caoutchouc dans le monde ; mais les fabriques de caoutchouc, qui ont un outillage compliqué et coûteux, une fabrication délicate, sont à l'abri de la concurrence du premier venu.

Le Syndicat du Caoutchouc est un des mieux tenus d'Allemagne au point de vue des prix.

Syndicat des Fabricants de Vis à bois

Ce syndicat a donné lieu à des observations intéressantes. On a dit qu'il fixait à l'industrie des prix extrêmement élevés et soumissionnait aux livraisons pour l'Etat en lui accordant des concessions de prix scandaleuses. Le syndicat a donc, d'après ces critiques, grandement manqué à sa raison d'être qui est la lutte contre l'avilissement des prix. Plus tard, ce même syndicat se serait livré à de telles variations de prix que les consommateurs et intermédiaires approvisionnés ou conventionnellement liés auraient subi de grosses pertes.

Mais il faut tenir compte qu'il y a dans ces attaques des exagérations et qu'une grande crise a sévi en Allemagne.

Il n'en paraît pas moins acquis que le consommateur ordinaire a été traité au tarif, tandis que le gros consommateur, l'Etat, a été favorisé aux dépens de la masse.

Il y a donc eu deux poids et deux mesures, et il est nécessaire que le cartel, s'il veut durer et transformer le monde économique comme il en a la prétention, soit aussi invariable que possible dans sa manière d'opérer.

Syndicat des pointes de Paris

Ce syndicat a donné lieu aux mêmes plaintes plus ou moins fondées. On lui a reproché sa gestion bureaucrate, mesquine et maladroite ; le dit syndicat aurait amené tous les consommateurs et marchands réguliers à s'approvisionner en abondance et, une fois les livraisons faites ou les marchés arrêtés, il aurait abaissé les prix de façon notable. C'est là une grosse accusation.

Ce procédé irait en effet à l'encontre du principe fondamental des cartels, qui est le nivellement et la fixité de l'écart entre les prix de revient et les prix marchands, en même temps qu'une certaine sollicitude pour la clientèle. Mais il s'est produit un fait général lors de la baisse subite des affaires ; c'est que pour les marchandises achetées en période de hausse il a semblé bien cruel de payer en période de baisse, aux cours anciens. Les tribunaux, notamment ceux de Siegen, ont été saisis de demandes de commerçants ne voulant pas prendre livraison de marchandises achetées aux prix de hausse. Mais les tribunaux ont été inflexibles et ont forcé les commerçants à respecter leurs engagements.

Voilà la cause des quelques récriminations auxquelles le régime des cartels a donné naissance.

Cartels de Produits chimiques

Les cartels de produits chimiques sont légion. Donnons-en une idée :

Il y a un cartel de l'ammoniaque, nous l'avons vu, mais aussi du borax, de l'acide chlorhydrique, du sucre de lait, du chloral, de l'alizarine, des couleurs d'urane, de l'acide oxalique, de l'iode, du strontium, de la bromine (?), du chromate, des produits salins, de l'acide salicilique, de la saccharine, etc., etc.

Ces ententes ont lieu entre spécialistes, toujours en nombre très restreint, et elles sont faciles, fructueuses et respectées, car la clientèle est souvent très limitée et très tangible.

Cartel de l'alizarine

L'*Anilin Soda Fabrik* est à elle seule un cartel, un monopole, car par la science profonde de cet établissement, par ses recherches incessantes, il a créé un accaparement légitime, l'accaparement par la science et par l'étude. Le monde entier lui rend hommage.

Cartels des transports maritimes et internationaux

Le Trust de l'Océan a, comme nous l'avons vu, dû lutter contre l'esprit du cartel avec les deux compagnies du Norddeutscher Lloyd et de la Hamburg American Linie, et c'est cet esprit qui a fini par l'emporter, les deux compagnies allemandes étant restées indépendantes malgré tout.

C'est que déjà six cartels existaient en Allemagne pour les transports maritimes et internationaux.

Ce n'est donc pas nouveau pour l'Allemagne que de faire des conventions pour ces transports, et l'Amérique n'a donc pas le mérite de la nouveauté, le trust de l'Océan était depuis longtemps en germe en Europe.

C'est ce qui a permis à M. Morgan de le faire si rapidement et si facilement même.

Cartel des Engrais

Il y a un cartel des engrais, et incontestablement aussi un cartel des phosphates, qui a même des ramifications avec les sociétés exploitant des phosphates d'Algérie et de Tunisie.

Cartel des Phosphates

Ce cartel comprend les maisons : David et Carl Simon, à Mannheim, agents généraux des Phosphates algériens et tunisiens ; Muller et C°, de Rotterdam ; Schlütter et Maak, de Hamburg.

Cartel des Fabricants de machines à coudre

Ce cartel est puissant et englobe presque toutes les maisons allemandes ; il est organisé pour repousser autant que possible la concurrence américaine ou tout au moins la réglementer.

Cartel des Fabricants de Cuir

Dans le Nord de l'Allemagne le cartel a commencé par une réduction de production et une augmentation de prix de 3 à 5 marks par 50 kilogrammes de cuir pour semelles.

Cette mesure a eu sa répercussion sur les prix des autres sortes de cuir, notamment des tiges et même des chaussures fabriquées.

Elle a eu aussi pour effet de déterminer les marchands de cuir à se syndiquer.

On le voit, le syndicat entraîne le syndicat, comme nous l'avons dit déjà. C'est un mouvement irrésistible.

Cartel des Minotiers du Rhin

Si une industrie a besoin de cartel, d'entente, c'est l'industrie de la minoterie tellement éprouvée par la concurrence et la spéculation, qu'elle est partout considérée comme une industrie perdue.

Les minotiers du Rhin ont pensé avec raison qu'en s'associant, les choses changeraient de face.

C'est ce qui a eu lieu. Du premier coup on a réussi à limiter la production et à consolider les prix.

En France, un cartel des farines s'imposera un jour ou l'autre, car c'est un commerce impossible à continuer avec les anciens errements.

Cartel des Fabricants de cacao et de chocolat

M. Menier, de l'autre côté du Rhin, ferait certainement partie du grand cartel constitué en association libre qui lie tous les fabricants de cacao et de chocolat.

Ces industriels ont en même temps constitué leur entente pour veiller spécialement à la pureté de fabrication des produits.

C'est une initiative très louable, car il ne suffit pas en effet de s'associer pour gagner de l'argent et constituer un monopole ; il faut aussi veiller à ce que la consommation ne soit pas lésée, et cela est très important, surtout en matière de denrées alimentaires.

Cartel des Fabricants de Chaux

Les fabricants de la Ruhr et de la Sarre ont conclu une entente.

Ces cartels, pour des denrées d'une valeur peu considérable et ne pouvant être, par conséquent, concurrencées par des marchandises venant de loin, sont en réalité en possession d'une sorte de monopole régional de fait. Il n'y a donc qu'à s'entendre pour ne pas se faire concurrence dans une même région. C'est ce qui a eu lieu fort sagement.

Le nombre de fours à chaux syndiqués est considérable. Il y en a des milliers.

Cartel des Fabricants de Mèches de lampe

Les plus petits objets, nous l'avons vu, peuvent donner lieu à des ententes. Les fabricants de mèches de lampes sembleraient devoir centraliser facilement une toute petite industrie. Or, la mèche de lampe est un article plutôt important et il a donné lieu à un cartel puissant.

*Cartels des Socs de charrue, des Cages d'horloges,
des Faïences et du Papier de soie*

Comme exemple de ces cartels pour spécialités nous citerons les socs de charrues, les cages d'horloges, de pendules, et les papiers de soie. Il y a aussi des cartels plus indiqués, comme celui des faïences.

Le Cartel des Tisseurs

Voilà un cartel bien puissant, mais il est très combattu.

Les consommateurs de fils de coton agitent la question de former une association dans le but d'acheter des marchandises pour contrecarrer l'élévation du prix fixé par le *ring* des tisseurs en faisant des contrats avec les filateurs allemands dissidents du ring ou avec des filateurs anglais.

On le voit, la consommation, quand elle est lésée, ne se laisse pas beaucoup impressionner par la question de patriotisme, et l'idée d'avoir recours à l'étranger est une de celles qui viennent le plus naturellement à l'esprit en cas de nécessité.

Le Cartel du Jute

Dans le même ordre d'idées, le Syndicat du Jute est tout indiqué. En effet, la culture de la matière première est encore très localisée dans quelques pays lointains comme l'Inde.

De grandes spéculations ont eu lieu sur cet article et

on a connu des industriels qui ont réussi à accaparer momentanément le stock de jute dans le monde.

Syndicats des Récipients en acier, des Chaînes, des Instruments agricoles, des Tôles finies

Les syndicats métallurgiques, déjà si nombreux, possèdent encore beaucoup de représentants dans l'industrie du fer et de l'acier.

Il y a les syndicats des chaînes, des récipients en acier, ou mieux des corps creux, des tôles finies et des instruments agricoles. Ce dernier est un grand cartel.

Cartel des Libraires allemands

Il existe un cartel des Libraires très nombreux et comprenant toute l'Allemagne ; ce cartel est mené avec une discipline de fer.

Un fait, dont nous avons été témoin, donnera une idée de la rigueur impitoyable, avec laquelle les contractants maintiennent la discipline dans ces sortes d'associations. A Fribourg-en-Brisgau, un bon libraire avait vendu, à des élèves du lycée de jeunes filles, des livres de classe à un prix légèrement inférieur au prix fixé par le Syndicat des Libraires allemands. Il fut dénoncé et mis en interdit, quelques jours avant les fêtes de Noël.

Ce fut pour ce commerçant un véritable désastre. Il lui fallut acheter, dans les autres maisons, des livres d'étrennes, qu'il revendait ensuite à sa clientèle sans le moindre bénéfice. Il ne fut réadmis dans l'association qu'après avoir payé une amende considérable et tout à fait disproportionnée avec la faute commise.

Tous les cartels, quels qu'ils soient, procèdent avec la même dureté. Chacun le sait, d'ailleurs, et il est rare qu'ils aient à sévir.

Il est dans tous les cas remarquable de voir que l'on peut enrégimenter à ce point un grand nombre de petits commerçants détaillants. Cela ne pourrait se faire, à notre avis, dans aucun autre pays que l'Allemagne.

Le Trust des Pinceaux

Le syndicat pour la fabrication des pinceaux a été fondé le 4 novembre 1889, dit la *Revue des Questions diplomatiques et coloniales*.

L'histoire de ce cartel a été clairement exposée par notre chargé d'affaires à Berlin, dans son rapport du 15 septembre 1896 :

« Ensuite, il fut dressé un tableau des créances,
« et des actions furent émises pour une somme qui re-
« présentait la valeur de toutes les fabriques. Une
« commission formée de plusieurs fabricants de pin-
« ceaux estima la valeur totale des marchandises, des
« approvisionnements, des immeubles, etc., de chaque
« fabrique.

« De plus, on estima ce que valaient les marques
« de fabrique, les patentes, la clientèle entière, la re-
« nommée de la maison, la durée des affaires, etc.

« On établit exactement le prix de chaque fabrique,
« pour lesquelles les intéressés devinrent responsa-

« bles. Le capital ainsi calculé s'élevait à 3 millions de
« marks, qui furent divisés en actions de 1.000 marks;
« ces actions devinrent presque exclusivement la pro-
« priété des fondateurs de la Société, à qui il fut attri-
« bué 5 pour cent sur les affaires des cinq dernières
« années et 1 1/2 pour cent pour chaque année de
« fonctionnement de leur fabrique.

« La plus considérable des fabriques de pinceaux
« hésita longtemps à adhérer à l'association qui, sans
« elle, n'aurait pu subsister. Pour prévenir les me-
« naces pour l'avenir, à savoir l'établissement de nou-
« velles fabriques, il fut interdit aux parties contrac-
« tantes de prendre part à aucune entreprise concur-
« rente, *dans toute l'Europe*, pendant quinze ans, sous
« peine d'une amende pouvant varier entre 40.000 et
« 350.000 marks. Pour le reste, cette compagnie par
« actions est administrée, comme toute autre, par un
« directeur, un conseil de surveillance et une assem-
« blée générale. »

C'est en réalité un des rares exemples d'une organisation à forme américaine, c'est le seul *trust* véritable qui nous soit connu en Allemagne.

Le siège de ce trust est vraisemblablement à Berlin, mais nous n'en sommes pas certain.

Le Cartel Guillaume II et Friedrich Krupp

Un véritable cartel existe de fait sous la firme si haute et si respectée de Friedrich Krupp, ou de sa veuve, puisque ce dernier vient de mourir.

Il n'est pas nécessaire, en effet, d'un cartel, d'une convention et d'engagements solennels quand un nom puissant réunit et coordonne toutes les forces industrielles d'un certain nombre d'établissements tels que la Germania, à Kiel, les usines d'Essen, les ateliers de construction de Magdebourg Buckau, des mines un peu partout, etc.

Il ne nous appartient pas de faire connaître les statuts de la Germania, ni l'organisation intime de Krupp à Essen. Qu'il nous suffise de dire que tout cela marche avec un ordre et une discipline parfaits, sous une même impulsion.

Une plus haute personnalité encore que celle de M. Friedrich Krupp plane au-dessus de ce cartel spécial, c'est celle de l'empereur Guillaume II lui-même, qui a d'assez forts intérêts dans la grande compagnie de la Germania de Kiel, constituée pour la construction des navires et des cuirassés allemands.

C'est une des choses les plus caractéristiques que celle de l'immixtion personnelle de l'Empereur dans la Concentration industrielle allemande.

Et loin de trouver à cela quelque chose de choquant et de blâmable, nous voudrions que les hommes d'Etat français y vissent un encouragement à ne pas fuir avec une sorte d'horreur tout ce qui peut être industrie, commerce ou finance.

Ils peuvent, en effet, répondre hardiment : l'empereur Guillaume II fait bien partie d'un cartel spécial et il ne dédaigne pas d'aller visiter lui-même le Grand-Turc pour tâcher d'avoir des commandes pour les chantiers maritimes et les usines de son pays.

Les consuls et les ambassadeurs français ne feraient-ils pas bien de l'imiter un peu ?

Le Cartel des Fontes du Luxembourg

Dans le Luxembourg existe et fonctionne un des syndicats les plus importants : celui des Fontes.

Nous comprenons ce syndicat dans ceux de l'Allemagne, avec laquelle il est ramifié par ses associés lorrains.

Malgré le soin jaloux avec lequel ce syndicat se garde de tous renseignements en ce qui le concerne, voici les principales données sur son existence et son fonctionnement. Ces données sont officielles. C'est le contrat signé entre les intéressés.

1° Le Syndicat indiquera pour chaque marché l'usine ou les usines appelées à fournir, en se réservant toutefois le droit de changer les fournisseurs aussi souvent qu'il le jugera opportun ;

2° L'acheteur doit agréer la marchandise et en prendre livraison aux usines fournisseurs ;

3° La livraison s'effectuera par des quantités mensuelles à peu près égales, et proportionnellement au nombre de jours ouvrables pendant la durée du contrat ; toutefois, ni le Syndicat, ni l'usine ou les usines appelées à fournir, n'assumeront aucune responsabilité pour irrégularité dans les expéditions journalières ;

4° La mise hors feu d'un fourneau ou l'arrêt complet de l'usine ou des usines appelées à fournir, seront considérés comme cas de force majeure ayant pour effet d'annuler l'obligation de livrer, dans la proportion de la diminution de la production de fontes, les quantités restant à solder sur le marché ;

5° Les entraves et interruptions dans la fabrication des fontes par l'usine ou les usines appelées à fournir, provoquées tant par la force majeure, les mobilisations et les guerres, que par les grèves ou coalitions, ainsi que pour la non fourniture des cokes, délient réciproquement de la fourniture, respectivement de la réception, pendant la durée et dans la proportion de la réduction dans la fabrication des fontes, résultant de ces cas de force majeure ;

Ne pourront être exigées ni la fourniture par l'usine ou les usines appelées à livrer ou par toute autre usine du Syndicat, ni la réception ultérieure des quantités de fontes non fournies pour ces motifs.

Il est cependant réservé au vendeur le droit de fournir, en tant qu'il en ait de disponibles, des fontes d'autres usines du Syndicat;

6° Si la production de la société appelée à fournir la fonte éprouvait une réduction momentanée pour d'autres motifs que ceux mentionnés à l'article 5, la fourniture serait réduite proportionnellement, mais les arriérés provenant de cette réduction seront fournis et reçus aussitôt que faire se pourra. Cette clause est réciproque.

7° La place de Luxembourg est considérée comme lieu d'accomplissement de l'engagement.

Tel est ce grand cartel, rival de celui de Longwy en France, plus jeune que lui, mais pondéré et estimé comme son aîné.

CONCLUSIONS

Nous avons le devoir, maintenant que l'organisation intime des nombreux cartels allemands est connue, de donner notre appréciation sur leur rôle économique.

Certes, si l'on nous disait : « « Les cartels n'existent pas, doit-on les créer ? » nous répondrions résolument « Non ! »

Nous estimons, en effet, que jusqu'à présent, le système qui a consisté à faire litière de la liberté et de la concurrence — sur lesquelles était basé tout l'ancien commerce — n'a pas encore démontré sa supériorité d'une façon tellement incontestable qu'on doive s'incliner et dire adieu pour toujours au passé économique. Donc, s'ils n'existaient pas, il ne faudrait pas inventer les cartels, croyons-nous.

Mais les *cartels*, les *trusts*, les *combinaisons* de toutes sortes existent. Comme pour un virus profondément inoculé dans l'organisme, il semble que le corps social n'ait d'autre ressource que de s'accommoder pour vivre avec son ennemi et devenir assez vigoureux pour éliminer ses poisons.

Et alors, si l'on nous pose une autre question :

— Parmi ces ententes commerciales — ces coalitions, disons le mot juridique — quelle est celle qui vous paraît devoir être le mieux tolérée, je répondrai sans hésiter : « C'est le cartel allemand, le cartel dont le type pur est le *Kohlen syndikat* de la Westphalie. Voici pourquoi :

Ce cartel est d'abord une école de discipline commerciale. Il représente un grand effort de l'individu-patron, pour coopérer à une œuvre commune et dans un domaine où l'abnégation, la générosité, l'altruisme ne sont pas ordinairement de mise.

Certes, c'est un effort en commun vers le lucre, vers les bénéfices plus grands, soit ! C'est « une discipline intéressée » — d'accord ! — Mais nous sommes obligés aujourd'hui de reconnaître que cela réussit mieux que les efforts isolés, divergents, antagonistes même, qu'amène la concurrence dans la surproduction.

Ce mot de discipline caractérise même un mouvement économique qu'on nous permettra d'assimiler à la guerre proprement dite.

En effet, dans la guerre à main armée, voici ce qui se passe :

Au début, l'homme attaqué se défend individuellement ; ensuite il se groupe pour constituer des tribus, puis des armées afin de conquérir, sous la conduite de chefs puissants, des avantages territoriaux et autres. C'est la période de conquête, et la discipline apparaît alors comme l'instrument suprême des grandes actions collectives. Les Napoléon naissent pour ainsi dire spontanément à ce moment-là et tirent parti à leur profit des forces ainsi organisées. L'enjeu de cette guerre, c'est le pouvoir politique ou religieux.

Dans la guerre commerciale, l'enjeu est la fortune et le pouvoir économique. Les mêmes phases se succèdent. Au début, le patron attaqué individuellement par un autre patron se défend avec ses propres armes, son talent professionnel, son habileté commerciale, ses qualités personnelles. Mais il faiblit lorsque le groupement commercial, la tribu économique, la Corporation, la Société anonyme ou le trust viennent opérer des concentrations nouvelles.

Enfin, la discipline apparaît dans ces collectivités économiques : les cartels, les trusts, les syndicats constituent des armées solides, évoluant comme un seul homme sur le champ de bataille commercial, et les grands capitaines d'industrie, les Pierpont-Morgan, les Carnegie, les Schwab s'avancent à la conquête du pouvoir par le Capital, laquelle se substitue lentement à la conquête du pouvoir par la Force.

Ce sont donc deux mouvements parallèles et successifs. Le monde territorial, à l'heure actuelle, est partagé, ou à peu près. La conquête à main armée va finir dans un siècle ou deux, la conquête à main... dorée, pourrait-on dire, commence aujourd'hui par les trusts, qui sont les armées des conquérants nouveaux.

Oui, les monarchies économiques sont en train de se constituer sur les ruines des monarchies de droit divin.

C'est un moment palpitant dans l'histoire de l'Humanité. Est-ce un progrès ? Oui, à notre avis, car ce ne sera plus le sang qui coulera, mais l'argent.

C'est déjà une amélioration.

La vie humaine ne sera plus le suprême enjeu, mais ce sera la richesse, et l'on pourra toujours échapper à l'oppression du capital par la simplicité de la vie, la vertu et le sacrifice d'un certain bien-être coûteux.

Envisagé à un point de vue moins général, il est clair que le cartel élargit les vues commerciales, fait voir de plus haut et plus loin que le simple petit patronat isolé.

C'est comme un point culminant d'où l'on découvre tout l'horizon d'une même industrie.

En cela, le cartel a du bon ; il contribuera à faire l'éducation économique si incomplète du citoyen. Il se constituera d'abord une sorte d'aristocratie économique (c'est un processus fatal) parmi les premiers initiés et ceux qui approcheront les puissants de l'argent.

Cette ploutocratie aura ses grandeurs et ses décadences comme toutes les aristocraties.

Elle les a déjà.

Au point de vue de la masse, je ne crois pas que le cartel rende de grands services. Le prix des choses se régularisera en s'élevant ici et s'abaissant un peu là. Mais comme amélioration directe du sort du plus grand nombre, il ne faut pas se faire d'illusion : le cartel n'est pas efficace. Il n'est pas fait pour le peuple.

Est-il fait pour augmenter la grandeur, le rayonnement économique d'une nation ? Je le croirais volontiers. Il n'y a qu'à se rendre compte de l'élan donné par les syndicats à l'Allemagne industrielle dans les vingt dernières années, de l'importance inouïe qu'a prise l'Amérique dans les préoccupations commerciales du monde et de l'ambition commerciale du peuple américain pour être convaincu du rôle national du cartel.

M. Jullemier, notre consul général à Stuttgard, a dit avec raison :

« Quels que soient les griefs que l'on invoque contre

« les cartels à un point de vue économique général et
« supérieur, comme à un point de vue moral, on peut
« soutenir qu'ils aident l'Allemagne à traverser la crise
« actuelle et qu'ils contribuent à maintenir son crédit et
« sa réputation sur les marchés extérieurs. Ce n'est
« pas là un service à méconnaître. »

Cela créera indubitablement un chauvinisme nouveau, le chauvinisme économique qui amènera les conflits de l'avenir.

La guerre nouvelle viendra d'outre-mer et les armées des trusts se rueront certainement à la conquête des marchés du vieux monde un jour ou l'autre.

Oui, le trust sera tout d'abord un instrument de gloire nationale comme la première armée victorieuse d'un conquérant ; mais — cela est presque fatal — le trust vainqueur amènera la coalition des trusts similaires chez les autres nations, c'est-à-dire la fédération des vaincus. Alors, comme pour Napoléon Ier, cette coalition aura raison de l'envahisseur. (Exemple : le trust du pétrole, maître absolu du marché universel à un moment donné, commence à être combattu par des trusts similaires qui en auront raison un jour.)

Il est vrai que l'on peut envisager la coalition internationale des trusts et alors, cette ligue des monarchies industrielles et économiques, cette Sainte Alliance nouvelle serait en effet un grand danger pour les peuples.

Ils feront peut-être un jour une révolution pour s'en affranchir.

Dans tous les cas, pour le moment, nous ne sommes pas encore dévorés par les monopoles, sans compter que devant les Goliath du capital se dresseront de petits David qui pourront parfois les terrasser.

En résumé, la concentration industrielle est un nouveau levier qui est offert à l'activité économique des hommes ; usons-en au profit de nos pays respectifs, afin de rendre nos patries plus grandes et plus prospères, mais évitons de faire du cartel et du syndicat un instrument de combat et de provocation économique.

Efforçons-nous de faire participer le peuple aux bénéfices de ces concentrations industrielles et commerciales. Ce n'est qu'en abaissant le prix des choses et haussant le prix des salaires, que ces coalitions pourront ne pas attirer l'attention des gouvernements — toujours funestes dans leurs interventions.

Inspirons-nous, enfin, puisque la marche vers les monopoles paraît aujourd'hui inévitable, de la belle définition de M. Solvay, dont nous parlerons dans notre troisième volume :

« Le monopole, pour subsister légitimement, doit
« être un incessant compromis entre l'intérêt privé et
« l'intérêt général. »

Imp. des Mines et Usines, Fr. Laur, 8, rue du Débarcadère, Paris.

TABLE DES MATIÈRES

	Pages
Préface, de M. Jules Méline	I — XXI

I. — Où nous mène la concentration industrielle et commerciale dans le monde ... 1
II. — Les formes de la concentration industrielle ... 17
III. — Allemagne (opinion sur l') ... 47
IV. — Un trust d'État (les mines fiscales) ... 73
V. — Le syndicat de l'agriculture en Allemagne ... 145
VI. — Les cartels dans les villes allemandes ... 173

Aix-la-Chapelle. — Le syndicat des épingles ...

Berlin. — Cartel du zinc laminé de Silésie ... 185
    Cartel des tôles ... 190
    Cartel des pointes ... 190
    Cartel des fabricants de wagons et de locomotives ... 193
    Cartel des mèches de sûreté ... 199
    Cartel des bandages médicaux ... 201
    Cartel de la quincaillerie émaillée ... 201

Bochum. — Syndicat du coke ... 203
    Syndicat de l'ammoniaque ... 225
    Syndicat des goudrons ... 230
    Syndicat du benzol ... 230
    Effets du syndicat des sous-produits de la houille sur la métallurgie de l'acier en Allemagne ... 231

Bonn. — Syndicat des briquettes de lignite ... 233

Breslau. — Les cartels du ciment ... 235
    Le cartel du béton ... 245
    Le cartel des filateurs de coton ... 255
    Le cartel des fabricants de fils de fer, de fers à cheval, de clous pour chaussures et de chaînes ... 255
    Ententes de prix entre petits commerçants ... 256

Brunswick. — Le cartel sucrier allemand ... 258
    Syndicat du sel de potasse ... 296

Cologne. — Syndicat des étains laminés ... 302
    Comptoir de vente des feuilles de fer blanc ... 302
    Syndicat de l'acier à ressorts ... 303
    Syndicat de vente des fils métalliques ... 303
    Syndicat des tuiles ... 304
    Cartel des briquettes de lignite ... 304

Coblentz. — Syndicat de défense des établissements métallurgiques ... 319

Dortmund. — Syndicat des briquettes de houille ... 320
    Syndicat des briques ... 323

Dresde. — Cartel des papiers photographiques ... 324

TABLES DES MATIÈRES

	Pages
Dusseldorff. — Syndicat des fontes	327
Syndicat des aciers ouvrés	328
Syndicat des poutrelles	328
Syndicat des usines allemandes de tuyaux à gaz et de tubes bouilleurs	334
Elberfeld. — Syndicat des fabricants de satin de Chine (Zanella)	335
Le cartel des peluches	341
Essen. — Syndicat des houilles	343
Syndicat des tôles	367
Entente entre le cartel des tôles fortes et le cartel des tôles fines	368
Syndicat des gros rails d'acier	369
Syndicat des briqueteries	371
Syndicat des savons	388
Furth. — Cartel des glaces	390
Hagen. — Syndicat des fils laminés	391
Syndicat des fers marchands	391
Syndicat des fourches	391
Hambourg. — Le trust de la dynamite	393
Syndicat de l'alcool	395
Le trust de l'Océan	409
Hamm. — Syndicat des tréfilés	420
Fédération des syndicats autrichiens et allemands des tréfilés	420
Hanover. — Cartel du papier	422
Leipsig. — Cartel des imprimeurs allemands	424
Magdebourg. — Cartel des fabricants de bougies et stéariniers	425
Cartel des vitres et des glaces	426
Mayence. — Cartel de la colle	427
Cartel des tanneries	427
Mannheim. — Bureau du Kohlen Syndicat	428
Cartel du pétrole en Allemagne	429
Cartel de l'huile de pavot	431
Cartel du bicycle, de la brasserie, etc.	431
Munich. — Cartel des biscuits et gâteaux	432
Syndicat des glaces	432
Nuremberg. — Syndicat des batteurs d'or de Nuremberg, Furth, Schwabach	433
Syndicat des brûleurs à gaz	433
Syndicat des brosses	434
Cartel des usines électriques	435
Oppeln. — Syndicat des ciments Portland	436
Solnhofen. — Syndicat des pierres lithographiques	437

TABLE DES MATIÈRES

	Pages
Solingen. — Un cartel de familles.	439
Stuttgard. — Syndicat du savon. Syndicat dissident.	440
Cartel de l'amidon.	445
Cartel des bougies.	445
Cartel des tuileries à vapeur.	446
Villes diverses. — Syndicat du lait.	447
Syndicat des marbres.	448
Syndicat du caoutchouc.	448
Syndicat des fabricants de vis à bois.	449
Syndicat des pointes de Paris.	450
Cartels des produits chimiques.	450
Cartel de l'alizarine.	451
Cartel des transports maritimes et internationaux.	451
Cartel des engrais.	452
Cartel des phosphates.	452
Cartel des fabricants de machines à coudre.	452
Cartel des fabricants de cuir.	452
Cartel des minotiers du Rhin.	453
Cartel des fabricants de cacao et de chocolat.	453
Cartel des fabricants de chaux.	454
Cartel des fabricants des mèches de lampes.	454
Cartel des tisseurs.	455
Cartel du jute.	455
Syndicat des récipients en acier, des chaînes, des instruments agricoles, des tôles fines.	456
Cartel des libraires allemands.	456
Trust des pinceaux.	457
Le Cartel Guillaume II et Friedrick Krupp.	458
Cartel des fontes du Luxembourg.	460
CONCLUSION	462

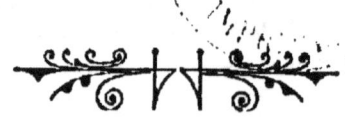

DU MÊME AUTEUR :

Les Calamines dans le Monde (médaille d'or 1872) 1 vol. in-8	10
La Construction des Usines à Zinc (1873) 1 vol. in-8.	
L'expulsion du Grisou par les dépressions brusques 1 vol. in-8	
Les Mines et Usines en 1878, 1 vol. in-8	
La Révision de la Législation des Mines, 1 vol. in-4.	5
La Mine aux Mineurs (1887) (Dentu), 1 vol. in-12 .	3
La Révision du Code Minier (1888), 1 vol. in-4. . .	25
Paris, Hanoï, Pékin (Étude des Chemins de fer Chinois avec Carte), 1 vol. in-4.	5
L'Écho des Mines et de la Métallurgie, 30 vol. in-4 colombier. . . . . le vol.	30
Moyens préventifs contre le Grisou 1° Aérage, 2° Éclairage électrique, 1 vol. in-8	5
Le Tarif général des Douanes en 1892 (Une victoire métallurgique)	5
Comment nous pourrions être battus	1
Les Bauxites (1894), 1 vol. in-8	2
La Défense Nationale assurée par le maintien des Droits sur les Produits métallurgiques, 1 vol. in-8.	
La France sans Houillères	2
Les Mines et Usines en 1889 (nombreuses gravures) .	25
— — *à Moscou*, 1 vol. in-8 . . .	10
— — *à Chicago*, 1 vol. in-8 . . .	10
— — *à Lyon et Anvers*, 1 vol. in-8	
— — *à Bruxelles*, 1 vol. in-8 . .	10
Le Tarif Douanier officiel pour les Mines, la Métallurgie et les Machines, 1 vol. in-8	2
L'Année Minière et Métallurgique, 10 vol. album .	25
L'Annuaire des Mines et de la Métallurgie, 1 vol. .	15
Les Mines et Usines au XX° Siècle, 5 vol	50
De l'Accaparement, 2 vol	15

www.ingramcontent.com/pod-product-compliance
Lightning Source LLC
Chambersburg PA
CBHW050559230426
43670CB00009B/1191